새로 쓴
가야사

# 미완의 제국

# 가

## 加耶

# 야

### 제4의 제국, 광개토대왕에 날개 꺾이다

서동인 지음

# 미완의 제국 가야

**지은이** 서동인

**펴낸이** 최병식

**펴낸날** 2017년 11월 20일

**펴낸곳** 주류성출판사

서울시 서초구 강남대로 435 (서초동 1305-5)

TEL | 02-3481-1024(대표전화) • FAX | 02-3482-0656

www.juluesung.co.kr | juluesung@daum.net

값 22,000원

잘못된 책은 교환해 드립니다.

ISBN  978-89-6246-327-9  03910

새로 쓴
가야사

# 미완의 제국

# 가
## 加耶
# 야

## 제4의 제국, 광개토대왕에 날개 꺾이다

### 서동인 지음

| 목차 |

## 머리말

우리의 역사를 거슬러 올라가다 보면 최종적으로 '한국인은 누구이며, 우리는 어디서 왔는가?' 하는 문제에 부딪히게 된다. 연구자 자신에게 던지기 마련인 이런 근원적인 질문은 고대 한국인의 형성과정과 한국인의 원류에 대한 성찰이라고 할 수 있다. 사실 2011년에『흉노인 김씨의 나라 가야』를 낸 것도 그 답을 찾기 위한 노력으로 볼 수 있다. 이제 다시 6년 만에『미완의 제국 가야』·『영원한 제국 가야』두 권을 내놓게 되었는데, 이것도 따지고 보면 동일한 여정에서 얻은 결과물이라고 할 수 있다. 그러니까 한국인의 뿌리를 찾아가는 노정의 한복판에 가야와 가야사가 있는 것이다. 적어도 기원전 3세기부터 기원후 3세기까지의 가야는 한국인의 형성과정을 추리해볼 수 있는 표본적인 대상이 된다.

쉽게 말해서 3세기 중반경까지의 함안과 김해를 포함한 변진의 역사는 고조선 유민들의 역사이다. 기원전 2세기 전반 언젠가, 고조선 왕위만衛滿을 비롯하여 고조선의 제후 회淮와 같은 지배층이 변진 지역에 내려와 그곳의 왕이 되었다. 물론 그 전이나 후에도 고조선의 유민이 변진 지역으로 내려왔다. 김해 양동리나 창원 다호리 유적 등에서 확인하였듯이 변진의 지배층은 고조선인들이었다. 즉, 변진의 주류는 고조선 사람들이었으며 그 역사는 고조선의 역사이다. 이런 근거에서 이제 저자는 최초로 변진을 '변진조선'으로 정의하는 바이다. 우리가 아는 가야는 가야이기 이전에 변진이었고, 변진의 문화와 역사는 고조선 사람들이 남긴 것이므로 변진은 변진조선인 것이다. 따라서 압록강 너머 요령성과 하북성 일부에까지 걸쳐 있던 위만조선 그리고 저 중원의 한복판에서 천하를 호령했던 기원전 11세기 이전의 고조선 역사를 찾아가는 데에도 변진조선과 가야의 역사는 하나의 징검다리이자 중요한 연결고리이다.

이토록 중요한 것이 가야의 역사이건만, 사료의 제한과 그 외 몇몇 여건으로 말미암아 그간 가야사를 등한시한 경향이 있었다. 고구려·백제 등과 달리 가야(변진)는 그 구성원의 상당수가 고조선 사람들이었다. 여기에 부여인을 포함하여 선비계 및 흉노인 그리고 일부 고구려 사람들이 섞였을 것이다. 예나 옥저 등은 당시 고조선(위만조선) 땅의 동쪽 편에 있었으며, 삼한 지역에는 그 전부터 북에서 내려온 예濊나 옥저 등의 유이민과 한계韓系 유민이 뿌리를 내리고 있었다. 변진 지역에 내려온 고조선 사람들은 그들과 잘 융화하였고, 나름의 독특한 문화를 간직하였다. 그리하여 적어도 3세기까지는 함안 안라국이나 김해 변진구야국의 왕가와 지배층은 고조선계였다. 이들 고조선의 유민과 삼한 사람들이 중심이 되었던 사회였던 만큼 변진 즉, '변진조선'과 가야는 우리의 고대사에서 독특한 위치를 갖고 있다. 우리 문화와 역사의 뿌리인 고조선 탐구에 변진(가야)은 빼놓을 수 없는 부분인 것이다. 이제 비로소 가야의 역사가 제 위치를 찾기를 바라면서 저자 자신이 오랜 기간에 걸쳐 고민하고 연구해온 내용을 정리하여 이번에 두 권의 가야사로 내게 되었다.

『미완의 제국 가야』, 『영원한 제국 가야』 두 권에서 저자는 지금까지 누구도 주목하지 않았거나 제대로 연구되지 않은 것들을 분석하여 새로운 견해를 제시하였다. 그간 해석을 포기하고 외면한 사료 일부를 최초로 해석, 아무도 알려주지 않은 새로운 사실들을 밝혀냈으며, 잘못된 연구들에 대해서도 정확한 분석과 해석 그리고 앞으로의 연구 방향을 제시하였다. 두 권의 책에 발표한 내용은 이제까지의 연구와는 판이하게 다르다. 물론 그간의 고고학 연구 성과를 바탕으로 하였으나 기존의 연구와는 전혀 다른 시각에서 완전히 새로 쓴 것도 많다. 그들 대부분은 저자가 최초로 제기한 견해로서 그것은 어디까지나 지금까지 있어 온 주장과는 전혀 다른 시각에서 새롭게 풀어낸 것이므로 이 책에 적합한 부제를 '새로 쓴 가야사'로 정해놓고 시작하였다.

어디까지나 이 책은 전문 연구서인 까닭에 일반 독자 여러분에게는 쉽게 와 닿지 않거나 어려운 부분이 있을 수 있다. 그래서 될수록 쉽게 이해할 수 있게 풀어서 쓰려고 하였다. 그렇지만 원체 전문용어도 많고, 1천5백 년 전의 이야기인데다 상상력을 동원해서 읽어야 하므로 독자에 따라서는 어렵게 느끼는 내용도 있을 것이다. 내용을 잘 이해하기 위해서는 차근차근 읽어나가야 하겠지만, 아무래도 어느 정도의 배경 지식도 필요할 것이다. 역사서는 그 성격상 어쩔 수 없는 일인 만큼 먼저 그 점을 헤아려 주기를 독자 여러분에게 부탁드린다.

먼저 이 책에서 저자는 가야사를 논할 때 으레 거론되는 주제들을 선별하고, 그것들을 다시 세분하여 정리한 내용을 각 장 별로 묶었다. 그러므로 굳이 앞에서부터 차례로 읽지 않아도 되고, 선후순서에 구애받지 않아도 된다. 어떤 파트 하나만을 따로 읽더라도 의문이 남지 않게 하려고 힘썼으며, 독자의 이해를 위해 될수록 자세한 설명을 붙이다 보니 각각의 장마다 간혹 중복되는 부분이 있을 수 있다. 이 점에 대해서도 독자 여러분의 양해를 구한다.

흔히 우리가 가야를 말할 때 가장 먼저 갖게 되는 생각은 '가야 사람들은 어떤 생활을 하였을까' 하는 의문일 것이다. 무엇을 먹고, 어떤 옷을 입었으며 어떤 집에서 살았는가? 또, 그들의 말과 글은 어떠했으며 마을과 사회, 나아가 국가는 어떤 체제를 갖고 운영되었을까 하는 것에 이르기까지 사실 의문투성이이다. 과연 그들은 지금의 우리와 어떻게 다른 삶을 살았을까? 우리 역사에 관심이 있는 이라면 누구나 갖게 되는 이런 일차적인 의문점들, 다시 말해 1500~1600여 년 전 이 땅에 살았던 '가야 사람들의 생활과 문화'를 살펴보는 일이야말로 가야의 역사에 가장 손쉽게 다가가는 방법이 될 것이다. 그래서 '기록이 말하는 가야사'와 지금까지 가야 지역에서 나온 발굴 자료를 분석하여 가야 시대의 생활상을 될수록 상세하게 구성해 보았다. '가야인들의 생활과 문화'를 시작으로 가야 사회 전반에 관하여 쉽게 이해할 수 있도록『미완의 제국 가야』편에서는 다소 쉬운 주제들을 선택, 가야 사람들의 생활과 문화를 다양한 시각에서 훑어봄으로써 가야 사회를 입체적으로 조명해 보았다(제1장).

고구려·백제·신라와 함께 가야는 고대 한국인과 한국 문화의 원형을 일구어낸 나라였다. 성장기의 가야는 인접국 백제에도 꽤 많은 영향을 주었고, 신라에 병합된 뒤로는 신라 문화의 원형을 형성하는 데 크게 기여하였다. 문화적으로도 매우 선진적인 사회였던 가야의 성장과 해체를 가져온 사건으로서 고구려·신라를 상대로 벌인 5세기 초의 가야대전에 대헤서도 다면적인 분석을 시도해 보았다. 제2장에서 다룬

'한국사 최초의 대규모 남북전쟁'은 고구려와 신라의 연합군이 가야를 정벌한, 바로 그 '가야대전加耶大戰'에 관한 이야기이다. 가야 사회에 가장 큰 소용돌이와 변혁을 불러일으킨, 고구려·신라 연합군과 가야 사이의 이 전쟁은 한국고대사에서 고구려의 백제원정(396년)에 버금가는 일대 사건이자 대규모 국제전이었다. 이 전쟁으로 고구려와 신라는 백제·가야·왜의 연합세력을 약화시켰으며, 김해가야(임나가라)가 쇠락하고 가야권은 여러 지역 세력으로 분산되었다. 이 전쟁 이후 한반도 남부지방에서의 패권은 가야에서 신라로 옮겨갔다. 나아가 한강 이남으로부터 왜에 이르는 지역은 물론, 고구려와 그 서쪽 후연에 큰 변화의 바람을 몰고 왔다. 뿐만 아니라 전쟁의 소용돌이를 벗어나 적지 않은 수의 고대 한국인이 일본 땅으로 대거 건너갔으며, 그들에 의해 왜에서는 새로운 문화의 변혁이 일어났다.

한국 남부 지방에서 신라가 주도권을 쥔 전기를 마련한 가야대전은 '한국사 최초로 주변 여러 나라가 개입된 국제전'이었다. 후연-백제-가야-왜가 연계되었고, 고구려·신라가 한 편이 되었다. 이 전쟁 뒤에 북에서는 고구려, 남에서는 신라가 부상하게 되었으며, 고구려는 후연을 멸망시키고 서쪽으로 진출하여 북경北京 이남에 이르는 광대한 영역을 아울렀다. 이는 과거 고조선 영역의 상당 부분을 회복한 것이었다. 물론 이 전쟁이 당사국들에 미친 영향과 더불어 전쟁의 시말에 대해서도 상세하게 살펴보았다. 고구려와 신라를 상대로 가야·왜·백제가 같은 편에서 서서 힘을 겨룬 이 '가야 대전' 이후에 가야 사회는 열국(임나소국)들의 분권적 체제로 근근이 유지되었다.

그러나 가야 대전 이전의 가야는 신라보다 월등한 힘과 국력을 갖고 있었다. 그런 가야가 쇠락의 길을 걷게 된 까닭은 군사력이나 경제력이 약한 데 있던 게 아니다. 깊숙이 따져보면 그 원인은 외교적 실패에 있었다. 좀 더 정교하고 세련된 외교력을 발휘했더라면, 그리고 가야권이 좀 더 적극적으로 힘을 합쳐 대응했더라면 가야는 신라를 흡수하고 역사의 승자가 되었을 수도 있다. 그러나 가야는 승자의 길을 가지 못했다. 가야 대전으로 임나가라 본국의 정치체제가 와해되었고, 그로 말미암아 가야권 전체에 대한 강력한 통제력을 갖지 못하였다. 끈끈한 결속력을 갖지 못했으므로 임나가라 각 소국들은 끝내 역사 저 편으로 사라졌다. 532년 김해가야(임나 본국)의 멸망에 이어 562년 고령 대가야·함안 안라국·합천 다라국·고성 소가야가 신라에 통합됨으로써 7백 년 가까운 역사를 가진 가야는 드디어 그 막을 내리고 역사의 뒤안길로 사라졌다. 하지만 가야는 한국 고대사에서 결코 무시할 수 없는 나라였고, 그 역사 또한 가볍게 볼 수 없는 것이다.

한편 가야 대전에서 부산 복천동 세력은 어떤 입장이었을지, 고고학 자료와 여러 기록을 견주어서 복천동 지배층의 향배를 살펴본 것이 3장 '고·신연합군의 가야대전과 복천동 세력'이란 내용이다. 400년의 가야 대전 당시 동래 복천동에 근거를 두었던 사람들은 누구였으며, 그들은 김해나 신라에 대해 어떤 입장이었을지에 대해서 추론해 보았다. 복천동고분군에 묻힌 유물들로 보아 가야시대 복천동의 주인들은 어떤 토대를 갖고 있었으며, 그들의 정치적 입장은 어떠했을지 그에 대해서도 여러 가지로 분석을 시도해 보았다. 그와 더불어 가야대전에서 함안 안라국은 가야와 신라 어느 편에 가담하였는지, 광개토왕비와 함안 말이 산고분군의 발굴결과를 감안하여 안라국의 입장과 향배를 살펴보았다. 이것은 가야사를 이해하는 중요한 열쇠가 될 수 있기에 별도의 주제로 다루었다. 그리고 고구려 광개토왕 군대가 쳐들어간 임나가라 종발성의 위치에 대해서도 검토해 보았다. 이에 관해서는 지금까지의 발굴 및 연구 자료를 토대로 그 위치를 추적, 김해의 봉황동토성으로 추정하였다.

다음으로, 가라와 가야 그리고 임나가라에 대해 알아보았으며, 가라국의 탄생과 '임나'의 의미에 대해서도 최초로 정확히 분석하였다. 그간 아무도 이 문제를 해결하지 못했기에 가야 사회를 제대로 분석하고, 올바르게 들여다볼 수 없었다. '임나' 문제는 사실 가야 사회의 본질을 이해할 수 있는 키워드가 될 수 있는 것이기에 그 의미를 아는 일은 대단히 중요하다(제4장). 저자는『흉노인 김씨의 나라 가야』에서 임나의 일차적인 정의를 설명한 바 있다. '임나'란 말이 탄생한 계기와 그 의미가 분화된 과정까지 살펴보고 임나의 정확한 뜻과 정의를 제시함으로써 가야 사회가 어떤 체제로 유지되었는지, 그리고 임나본국과 임나소국의 관계에 이르기까지 그 지배체제는 물론 임나일본부와 같은 문제까지도 단번에 해결하였다.

아울러 제5장 '가야는 가 계층 중심의 열국사회였다' 편에서는 가야의 지배층이 가 계층이었으며, 가야 사회는 이들 가 계급을 중심으로 한 소국들의 분립체라는 견해를 처음으로 제시하였다. 아울러 '가라'라는 말의 의미로 보아 '가라'는 복수의 '가' 집단에 의한 공동정권이었을 것으로 파악하였다. 여기서 한 걸음 더 나아가 고대 한국어와 흉노어·돌궐어의 상관관계를 바탕으로 안야국의 의미를 마국馬國으로 파악한 것도 상당한 의미가 있을 것이다(제7장). 나아가 가야사 연구자들에게 중요한 쟁점이 되고 있는 부체제론에 대해서도 설명하였다. 고령 대가야는 부체제의 왕권국가였을 것으로 보는 견해와 부체제를 넘어 고대국가 단계에 접어들었다는 주장들에 대해서도 설명하였으며(제8장), 가야시대를 4국시대로 파악하려는 의도와 문제점에 대해서도 알아보았다. 또 가라국의 주인 김수로라는 이름에는 어떤 의미가 숨어 있는지, 지금까지 아무도 알려주지 않은 이 문제에 대해서도 보다 깊이 있는 분석을 하였다.

한편, 고고학이 써낸 연구성과로서 창녕 송현동고분에서 나온 인골을 바탕으로 1500년 전 창녕에 살았던 16세 가야 소녀와 창녕 수장층의 삶 그리고 그들이 남긴 흔적에 대해서도 알아보았다(제9장). 한 소녀의 주검으로 그 여인의 삶을 되살려내 이 가야 여인의 평소 삶을 들여다볼 수 있었고, 그것을 바탕으로 가야인들의 생활과 가야 사회를 좀 더 심층적으로 이해할 수 있을 것이다.

또 가야 왕가와 상류층의 전유물이었던 로마유리와 유리의 제작에 대해서도 살펴보았다(10장). 가야 시대의 로만글라스와 영남지방 유리는 멀리 중동 지역에서 사마르칸트(=강국)·간다라 지역을 거쳐 북중국과 가야·신라에 전해졌다. 가야권에서는 이미 1~2세기에 소형 유리구슬을 대량으로 생산하였으며, 상류층에서는 그것을 장신구나 의복의 치장물로도 사용하였다. 4~5세기에는 로마 지역에서 생산된 유리잔이라든가 여러 가지 모양의 유리용기가 가야와 신라로 유입되었다. 이러한 로마유리는 지금의 이란·이라크를 포함한 중동 지방에서 생산되어 실크로드와 북중국을 거쳐 영남지방에 전달되었다. 최근 김해 대성동에서 4세기 초반에 생산된 로마유리(로만글라스)가 확인되었고, 이로써 신라보다 가야가 로마유리를 먼저 받아들였음을 알 수 있었다. 로마유리의 전파경로라든가 고대 유리제작 기술 등, 로마유리와 관련하여 우리가 몰랐던 새로운 사실들을 살펴보았는데, 이러한 것들은 가야인들이 외부세계와 어떻게 교류하였으며, 그들의 세계관은 어떠했을지를 알아보는데 중요한 기준이 될 수 있다.

6세기로 들어서 대가야는 낙동강 서편의 영남 지역을 중심으로 제국을 이루기 위한 꿈을 키워나갔다. 그러나 낙동강 서편의 좁은 영남 산간 지역을 무대로 신라와 백제 사이에 끼인 채 강력한 힘을 갖지 못했고, 두 나라 사이에서 역경을 헤쳐나갈 지도력을 가진 출중한 인물이 없었으므로 가야는 역사의 승자가 되지 못하였다. 가야와 가야인들은 6세기 중반 이후 신라인으로 편입되었고, 제국의 꿈은 실현되지 않았다. 비록 역사의 무대에서 사라졌지만 가야는 결코 초라한 모습이 아니었다. 그 역사는 미완성으로 끝났고, 그 나라는 미완의 제국으로 끝을 맺었지만 가야는 한국 고대사를 빛내준 당당한 독립국으로 우리의 마음에 새길 필요가 있다. 가야의 문화는 후일 신라의 역량을 키우는데 중요한 축이 되었고, 신라의 가야 통합은 그로부터 1백여 년 뒤 삼한 통합의 발판이 되어주었다.

끝으로, 제11장에서는 전남 및 전북 동부 지역이 5세기 이후 가야 서부권에 편입되어 백제와 다투게 된 전후사정에 대해서도 알아보았다. 가야가 영남 지역을 넘어 전남 지역으로 영역을 확대한 계기와 아울러 6세기 초 그 지역을 백제에 빼앗기는 과정이라든가 가야와 백제 사이의 관계에 대해서도 자연스럽게 어느 정도 이해할 수 있을 것이다.

이 책에서 저자는 가야 사회를 이해하기 위해서라면 가장 먼저 접하게 되는 내용들을 중심으로 주제를 선정, 일반 독자를 위해 될수록 간결하게 정리하였다. 그래서 오히려 섬세하게 다뤄야 할 내용이라든가 보다 깊이 있는 분석이 필요한 것들을 배제한 느낌이 없지 않으나 가야사 전체의 윤곽을 보다 선명하게 그려낼 수는 있으리라 믿는다.

2017년 9월 8일

저자 서 동 인

미완의 제국 가야

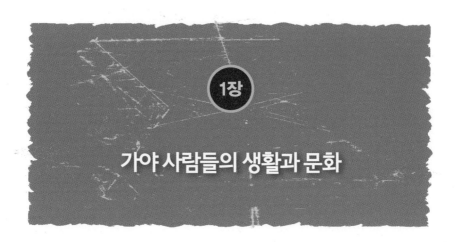

# 1장

# 가야 사람들의 생활과 문화

    고구려·백제·신라와 함께 '제4의 제국'으로도 불리는 가야. 6세기 중반까지 영남지방에 존속했던 한국의 고대국가이다. 그러나 가야는 하나로 통일된 국가를 완성하지 못한 채, 신라에 통합되었다. 그래서 가야를 '미완의 왕국'이라고 말하기도 한다. 더구나 가야는 제 자신의 역사 기록을 남기지 못했으므로 흔히 '지워진 역사, 잃어버린 왕국'이라고도 한다. 『삼국유사』 가락국기와 『삼국사기』의 몇몇 기사 그리고 중국의 『삼국지』 위서 동이전 변진 조 및 『일본서기』, 가야 지역의 여러 유적과 유물 외에는 가야의 역사를 알려주는 자료가 별로 없다.

    그럼에도 지금의 우리는 가야에 대해 꽤 많은 것들을 알고 있다. 1970년대 말부터 계속해온 발굴에서 얻은 다양한 정보들을 바탕으로 가야인들의 삶과 죽음을 보다 사실적으로 알게 된 것이다. 가야 지역에서 쏟아져 나온 많은 유물들은 가야 사회의 실제 모습을 보다 생생하게 알려주었을 뿐 아니라 가야의 역사를 새로 쓸 수 있도록 해주었다.

■ 가야권 통합과 대제국으로 가는 꿈을 꾸며, 새로운 제국의 아침을 그렸을 지배자들이 잠든 고령 대가
야고분군 일대의 모습

가야는 3~4세기 이전에 이미 한국 남부 지방에서 풍요로운 문화를
일구었으며, 2~3세기에 영남의 패권을 쥔 세력으로 성장하였다. 가야
사람들은 해양과 대륙의 문화를 매개로 하여 새로운 금속혁명을 주도
하였다. 그들은 이 땅에서 처음으로 철의 생산과 교역을 주도하였다.
한 마디로 가야의 문화는 철의 문화이고, 그 역사는 철의 역사라 할 수
있다. 금과 은·청동(구리·주석)에 이어 인류가 찾아낸 다섯 번째의 금속
은 가야 사람들에게 풍요와 번영을 가져다주었다. 그것은 이제까지 인
간이 경험하지 못한 새로운 문명의 역사였다. 이런 배경을 감안하여 이
제 우리는 가야를 철의 제국이라고 부르기도 한다.

하지만 가야는 제국으로 가는 꿈이 좌절되었고, 그 역사는 지워졌다.

가야의 유적과 유물은 남아있지만 그 기록은 사라졌다. 이런 까닭에 가야의 역사는 아직도 많은 부분이 베일에 가려져 있다.

일반적으로 우리가 생각하는 가야는 변한 또는 변진으로 불리는 나라이다. 다만 이 경우의 가야(가라)는 3세기까지의 가야이다. 대략 낙동강 동편의 양산 이남과 낙동강 서편의 영남 지역이 여기에 해당한다. 간단히 말해서 변진12국[1]이 가야의 범위라고 할 수 있다. 그런데 『삼국지』 변진 조에서 '진한과 변한에는 각기 12국이 있다'고 하였으면서 실제 진한 및 변진 소국의 명단은 26국으로 되어 있다. 또 우리가 통상 알고 있는 가야 소국 외에도 『삼국사기』와 『삼국유사』에는 영남 해안에 포상팔국이 있었다고 한다. 그들은 변진의 포구에 있는 소국이었으니 변진 지역에는 총 20개의 나라가 있었던 것이다. 이런 나라들이 3세기에는 통합되기 시작하였다. 몇몇 기록을 토대로 전후 사정을 살펴보면 3세기 변진(가야) 지역은 김해와 함안의 두 패자 중심으로 통합되어 가면서 소국에 변화가 있었던 것이다.

그러나 3~4세기, 전기 가야의 중심은 김해의 변진구야국弁辰狗耶國에 있었다. 변진구야국은 쉽게 말해 김해가야의 전신이다. 김해가야는 금관가야·가락국·가라 또는 임나가라로 불렸으며 이 나라를 포함하여 변진 지역에는 많은 수의 소국들이 있었다. 하지만 그들 각 소국에 대해서조차 그 실체를 분명하게 아는 것이 적으니 가야시대 당시의 사정을 복원하는 데도 한계가 있다.

이어 5세기 이후 가야 지역은 고령·합천·창녕·남원·장수·함안·고

--------------

1. 『삼국지』 위서 동이전 변진 조에 변진(弁辰)과 변(弁) 13국의 명칭이 나열되어 있다. 변진12국과 함께 변(弁)이라는 나라가 더 기록되어 있는 것이다. 변진미리미동국·변진접도국·변진고자미동국·변진고순시국·변진반로국·변락노국·변군미국·변진미오야마국·변진감로국·변진구야국·변진주조마국·변진안야국·변진독로국 13국인데, 이중 2개의 변국을 제외하면 변진은 11개이다. 변·변진을 가야로 보면 실제로는 가야가 13국으로 기록되어 있는 것이다.

**〈도표〉5가야와 6가야**

| | 구분 | 가야 |
|---|---|---|
| 1 | 6가야 | 대가야(고령)·금관가야(김해)·소가야(고성)·성산가야(성주)·<br>비화가야(창녕)·아라가야(함안) |
| 2 | 6가야(삼국유사) | 아라가야(함안)·고령가야(상주 함창)·성산가야(성주)·소가야(고성)·<br>금관가야(김해) |
| 3 | 5가야(본조사략) | 금관가야(김해)·고령가야(상주)·비화가야(창녕)·성산가야(성주)·<br>아라가야(함안) |

성 등지를 각기 소국들이 분점한 상태였으며, 이들 가야 소국들은 하나로 통합을 이루지 못하고 6세기 중반을 지나면서 신라에 흡수됨으로써 한국 고대사에서 영원히 사라졌다.

통상 우리가 가야라고 생각하는 변진 지역에는 12국이 있었다고 한다. 앞에서 설명한 대로 중국의 역사서인 『삼국지』 위서 동이전 변진조에는 변진·진한 24국이 있다고 하였으면서 실제 변·변진·진한이 모두 26국으로 제시되어 있다. 여기에 기록된 변#은 변한을, 11개의 변진은 변한인과 진한인이 섞여 사는 곳(우리가 통상 가야라 부르는)을 의미한다. 그런데 이와 달리 우리의 기록엔 5가야 또는 6가야설도 함께 전해지고 있다. '○○가야'라는 식의 이런 이름들은 고려시대 이후에 생긴 것으로 볼 수 있는데, 『삼국유사』는 김해가야와 함께 아라가야(함안)·고령가야(상주 함창)·대가야(고령)·성산가야(성주)·소가야(고성)의 5가야를 들고 있다. 5가야 조에는 창녕 비화가야 대신 고령가야가 들어 있는 것이다. 그러나 현재는 〈도표〉 1에서 보는 바와 같이 고령 성산가야(대가야)[2]와 창녕 비화가야非火伽耶를 포함시켜 6가야로 이해하고 있다.[3]

••••••••••••

2. 『삼국사기 지리지』에 "星山郡―新安縣本本彼縣"으로 되어 있어 이것이 고령 신안에 있었던 가야이며, 신라의 본피부인 본피현이었을 것으로 추정하는 견해가 있다.

3. 상주 함창에는 가야토기나 가야유물이 없으며 성주의 성산가야는 성주에 있었던 게 아니라 고령

이와 같이 가야 소국의 주체나 명칭에 대해서도 일찍부터 서로 다른 이야기들이 전해왔다. 하지만 언제, 어떻게 해서 변진13국(또는 12국)이 5가야나 6가야로 간추려서 전해지게 되었는지는 알 수 없다. 위 〈도표〉 2에 제시한 6가야도 그 대상을 추려보면 실제로는 7가야가 된다. 더군다나 『삼국유사』에서 가야를 5가야니 6가야니 하여 그들 가야의 주인을 형제관계로 기록하였는데, 이것은 변진 및 진한 각 12국과는 또 다른 이야기이다. 이런 것들이 우리가 가야를 이해하는데 커다란 혼란을 주고 있다.

그러면 5가야나 6가야 또는 가야 소국들이 한 형제에서 시작되었다는 이야기들은 과연 믿을 수 있는 것일까? 그런 것들은 가야시대 당시의 사실이 아니며, 오랜 세월을 거치면서 사람들이 이리저리 굴절시켜 온 내용이다. 예를 들어 5가야가 한 형제로부터 생겨났다는 이야기는 사실이 아니라 허구이다. 이것은 가야 말기에 신라 및 백제와 대응하며 가야권의 통합을 외치는 과정에서 생겨난 이야기였을 것으로 보고 있다. 그것이 아니면 통일신라 또는 후삼국시대 가야 지역의 결속을 위해 내세운 이야기들이 구전으로 전승되면서 생겨난 설화로 볼 수 있다. 그 과정에서 가야 시대의 사실이 왜곡되었으며, 그래서 지금 우리가 아는 가야는 실제와 많은 차이가 있다. 더구나 자세한 기록이 없으니 가야 초기의 여러 나라 이름이라든가 가야 소국들 사이의 영역과 경계를 분명하게 알 수 없으며, 더 나아가 가야 시대 전기에 어떤 나라들이 있었는지, 그리고 여러 가야 소국들의 사회구조와 체제·생활상 등 그 실체를 자세하게 알 수 없다. 현재 우리는 5세기 이후의 가야에 대해서는 그 이전보다는 조금 더 알고 있기는 하지만, 명쾌하게 알 수 있는 것

성산면에 있었다고 보는 견해가 있다. 근래 상주 지역에서도 가야 토기가 일부 나왔다는 보고도 있으나 정식으로 확인되지는 않았다.

은 적고 모호한 것들이 더 많다. 다만 한 가지 가야의 범위와 영역에 대해서만큼은 '진한 또는 신라 이외의 영남 지역'[4]이라고 비교적 분명하게 한정해서 정의할 수는 있을 것이다.

뒤에 자세히 설명했지만 4세기까지 영남 지역의 패권은 김해가야에 있었다. 다시 말해 5세기 이전의 영남지역을 대표하는 정치 세력은 신라가 아니라 김해가야이다. 이때까지 가야는 신라보다 강력했다. 그 무렵 신라는 사로국 범위에서 크게 벗어나지 못한 진한의 한 소국으로서 '나라'라고 하기에는 너무도 가냘픈 존재였다. 쉽게 말해서 현재의 경주시 일원을 신라의 전신인 사로국 범위였다고 생각하면 이해하기 편할 것이다.

이 시기 가야의 영역은 낙동강 동편의 부산·울산과 양산 지역 일부, 그리고 창녕을 아우르는 범위로 본다.[5] 신라의 북방 지역인 청송·진보·울진·포항 청하 일대를 지나 그 위로는 고구려에 막혀 있었고, 신라의 서쪽과 남쪽은 가야가 에워싸고 있었다.

그러나 5세기부터 가야의 중심은 합천 옥전이나 고령 등 몇몇 지역으로 분산되었다.[6] 그래서 "가야의 중심이 4세기까지는 김해, 5세기부터는 고령에 있었다"고 말하기도 한다. 이것을 "전기가야는 김해, 후기가야는 고령"이라는 말로 표현하기도 한다. 우리가 가야를 말할 때 전기의 김해가야(=임나가라), 후기의 대가야(경북 고령)로 얘기하는 것은

••••••••••

4. 전남북 동부 지역이 5세기 이후 6세기 초까지 가야의 영역이었던 사실에 관해서는 따로 설명하였다.

5. 진한12국 가운데 불사국(不斯國)을 창녕으로 본다면 창녕 비화가야는 그 이름과 달리 변진(가야)이 아니라 진한이므로 가야의 명단에서 제외해야 한다. 이 문제 때문에 창녕 지역은 3세기 후반에 가야권에 편입되었다가 5세기 중반경부터 신라의 간섭과 영향을 받아 6세기부터 신라의 통제 안에 들어가는 것으로 이해한다.

6. 함안과 고성, 전북 남원·장수 그리고 동래 지역도 해당 지역의 중심으로 남아 있었다.

가야가 김해에서 시작되어[7] 5세기 초 고령으로 옮겨갔다고 보는 고고
학적 연구결과에 근거를 둔 것이다.[8] 가야는 처음 김해에서 건국되어
3~4세기에 비약적인 발전을 이루었으므로 가야의 시작은 김해에 있
었지만 5세기 이후의 패권은 고령의 대가야가 갖고 있었다고 이해하는
것이다. 김해에서 고령으로 가야의 중심을 옮겨 놓은 사건은 고구려
군대의 가야 원정이다. 기원후 400년 광개토왕 군대와 신라의 연합군
이 임나가라를 정벌하였고, 이로 인해 김해의 지배층이 김해를 떠났거
나 와해되어 크게 위축되었다는 견해를 고고학이 제기함으로써 전기
는 김해, 후기에는 고령이 중심이었다고 보게 된 것이다.

　실제로 5세기 초 가야 사회 내부의 세력 판도에는 적잖은 변화가 있
었다. 임나가라 도성이 함락되어 김해가야의 정권은 분열되었다. 김
해가야의 세력이 크게 약화됨으로써 이후 영남에서의 주도권은 신라
로 넘어갔다. 고구려와 신라 연합군의 가야 원정으로 김해가야의 지도
층 유민은 합천이나 고령 등지로 자리를 옮겼다. 전란으로 유민과 난민
이 발생하여 낙동강 서부의 영남 지역과 전남북 산간지대 및 남해안 지
역으로도 가야인들이 분산되었다. 고구려와 신라 군대의 가야 원정은
낙동강 서편 지역에 가야인들을 확산시키는 결과를 가져왔다. 물론 김
해에 잔류한 세력도 일부 있었으며, 백제 또는 일본으로 망명한 이들도
많았다. 대개는 가야권 중에서도 인구가 별로 없는 지역을 찾아가서 새
로운 터전을 개척하였다. 5세기 초 전란으로 빚어진 급격한 인구이동을
보여주는 곳이 고령 및 합천 쌍책(다라국) 그리고 전북 남원·장수와 같
은 지역들이다.

•••••••••••
7. 중국 후한 광무제 18년(기원후 42)으로 전해오고 있다.
8. 물론 여기에 대해서도 서로 다른 견해가 있다. 5세기 이후 김해와 고령에 각기 정치 중심이 존속
　했다고 보는 견해도 있다.

고령의 대가야는 김해의 유민이 세운 일종의 피난정부로서 그들 유민은 고령 지방의 이전 정치 세력을 바탕으로 집단지도체제를 유지하였으며 그 중심에 왕이 있었을 것이라고 보고 있다. 고령 지역에 있던 반로국 세력이 고령읍내로 이동, 김해에서 온 세력과 합쳐 새로운 정치력을 형성한 것이 고령 대가야라는 이해이다. 고령읍내의 왕릉급 대형 무덤들이 5세기 초부터 들어선 사실로부터 고령에 새로운 정치집단이 형성된 시기를 추정하고 이런 견해를 내놓은 것이다. 고구려·신라의 고신연합군이 김해로 쳐들어가 김해가야의 정권이 와해된 직후인 5세기 초부터 김해가야와 그 중심 세력은 근거지를 합천 옥전·고령·남원 등지로 옮겨갔고, 일부는 지금의 전남북 동부 지역으로까지 이동하였다. 함안·동래와 같은 기존의 가야권 외에 장수나 남원·산청과 같은 서부경남 및 전남북 동부 지역을 새로이 개척하게 되었으며 멀리 임실·담양 등지로까지 나간 이들도 있었다.

　　그러나 5세기 말이 되면 창녕 비화가야 세력은 신라의 영향권에 서서히 흡수되었고, 동래 복천동에 중심을 둔 부산 지역도 신라의 영향권에 들어가 친신라적 입장에 섰다. 그렇지만 고령은 가야의 북부권을 지키는 버팀목이 되어 신라의 영향력 확대에 맞섰다. 고령의 대가야와 기타 가야인들은 영남 서부의 거창·산청·함양을 넘어 남원·장수·장성·담양·여수·순천 등지의 전남북 동부 지역으로 그 세력을 확대하였다. 동시에 함안의 안라국이나 고성 소가야도 고령에 못지않은 세력을 확대해 가고 있었다. 산간내륙에 위치한 대가야는 중국 및 일본과의 교역항을 마련하기 위해 안간힘을 썼으며, 서해와 남해로 나가는 육로 또한 여러 갈래로 개척하는데 공을 들였다. 섬진강을 따라 하동으로 내려가는 코스와 산청·진주의 경호강을 따라 내려가 사천·삼천포·고성에 이르는 내륙로 뿐만 아니라 영산강 줄기를 따라 담양－광주－영산포－

신안군 지역으로 나가는 이동로를 개척하였다. 이런 노력의 흔적을 보여주는 사례가 전남 장성·담양 지역의 가야계 무덤과 2010년 전남 신안군 안좌도에서 발굴한 가야시대 유적이다. 이 외에도 장수읍과 장계면·천천면 지역의 가야 세력은 금강 상류로부터 충남 동부 지역 또는 전북 지역으로의 진출을 시도하였다. 한 예로, 전북 김제와 부안 사이를 관류하는 동진강 하구에 있던 가야포加耶浦는 대가야권 세력이 서해와 중국으로의 진출을 시도한 흔적으로 간주할 수 있을 것 같다. 대가야가 동진강 하구에 해상거점을 마련하고 중국과 직접 교류를 했다면 대가야와 백제 사이엔 어떤 교환 조건이 있었을 것이고, 나아가 앞으로 남원·임실−전주−김제·부안으로 이어지는 노선 주변에서 가야 문화의 흔적이 더 나타날 가능성이 있다.

이렇게 여러 지역으로 흩어진 가야인들은 자신들이 발전시킨 철기 생산기술을 바탕으로 자신들만의 고유한 문화를 향유하였다. 가야인들이 사용한 철기와 더불어 영남 각지에 남아 있는 제철유적이라든가 무덤·주거지유적 등으로부터 그간 추적해온 가야의 실상은 우리가 알고 있는 것보다 훨씬 더 화려하였다. 가야 사람들은 한국의 후기 철기시대[9] 문화를 창의적으로 발전시켰다. 그들의 독창성은 각종 철기와 토기 등에 잘 남아 있으며, 그것들은 시공을 뛰어넘어 우리에게 깊은 인상을 안기고 있다.

가야인들은 기원전 2세기부터 철기를 알았으나 가야 사회에 철기가 빠르게 보급되기 시작한 시기는 기원후 1~2세기부터였다. 철기의 유익함을 익히 경험한 가야인들은 철을 실생활의 여러 분야에 적용하였다. 가야 지역에서는 어디나 철이 많이 생산되었다. 가야인들은 기원전 1세기 중반 이후 이미 철제 무기를 사용하기 시작하였으며, 농기구도 점차

--------

9. 기원전 4세기~기원후 3세기의 철기시대를 통상 기원전의 전기와 기원후의 후기로 구분하여 이해한다.

철기로 대치되었다. 가야인들은 철기의 유용함을 너무나도 잘 이해하였고, 그것이 상업적으로 대단히 가치가 있음을 잘 알고 있었다. 그래서 상업과 국제교역에서 가야의 철기가 차지하는 비중이 컸다. 가야의 철은 중국 뿐 아니라 마한과 동예·왜에서도 가져갔다. 4세기 초까지 낙랑과 대방의 2군(한사군)에도 가야 사람들은 자신들이 생산한 철을 공급하였다. 철이 널리 보급되어 동네마다 대장장이와 쇠를 부리는 사람들이 있었다. 그들은 철정을 두드려 농기구나 무기며 실생활에 필요한 여러 가지 물건들을 만들어냈다. 지금까지 낙동강 하류 지역에서 출토된 가장 이른 시기의 철기는 기원전 3세기 부산 복천동의 내성萊城 유적에서 나온 쇠화살촉(1점), 그리고 용도불명의 철기(1점)이다.

농기구를 비롯한 가야 사회의 생산도구는 기능과 효율성이 증대되었다. 따비와 살포·쇠스랑·가래·삽·낫·도끼와 같은 농기구가 개발되어 논밭에서 오곡을 가꾸어 풍족한 생활을 누렸다. 생산력의 증가로 인구도 늘어났으며 면포와 삼베·모시·명주·비단, 각종 농산물과 수공제품들이 교환되면서 시장이 활발하게 형성되었다. 철의 보급에 따라 그 수요가 폭발적으로 늘어나면서 시장에서 철은 화폐를 대신하였다.

가야 사람들은 화폐 대신 납작한 도끼 모양의 철정을 사용하였다. 그래서 『삼국지』 위지 동이전 변진 조에서 "시장에서는 물건을 살 때 모두 철을 사용하는데 그것은 중국에서 돈을 사용하는 것과 같다"고 하였다.[10] 시장에서 철정으로 물건과 교환할 때 그들은 십진법을 사용하였다. 양동리 등지에서 나온 철정이 10매 단위로 묶여 있는 것으로 알 수 있는 사실이었다. 철정은 일정한 크기와 무게로 만들어졌다. 그 모양은 도끼[斤]를 닮았다. 무게를 달 때 전통적으로 척관법에서 사용해온

●●●●●●●●●●

10. …諸市買皆用鐵如中國用錢…(『三國志』 魏書 東夷傳 弁辰 條)

근斤이란 단위는 전국시대 중국의 명도전이나 가야의 철정처럼 도끼[斤] 형태로 만들어져서 화폐의 기능을 대신한 것으로 볼 수 있다. 한 근의 무게가 6백 그램에 해당하는 것을 보면 아마도 애초 철정은 600g 무게로 만들어 유통시켰을 가능성이 있다.

가야의 철정은 시장과 거래에 꼭 필요한 화폐인 동시에 철을 보급하기 위한 수단이었다. 이로 인해 가야 지역에서는 사람이 사는 곳마다 철기가 빠르게 보급되어 갔다.

가야에서는 사철砂鐵과 철광석을 원료로 하는 두 가지 철을 다 생산하였다. 가야권에서 확인한 제철유적으로는 대표적으로 김해 상동면 우계리, 김해 진영읍의 여래리·하계리, 밀양 단장면의 사촌유적,[11] 합천 야로리유적(경남 합천군 야로면 야로리), 고령 용리유적(쌍림면) 등이 있다. 고려~조선 전기의 제철유적인 용리유적은 지표조사에서 용광로 벽체편과 송풍관편·철재 등이 사철 결정편과 함께 발견되어 아마도 이 유적은 가야시대의 제철 전통을 이어온 곳이 아니었을까 추정하게 되었으며, 야로리유적은 가야권에서 가장 유명한 제철유적이다. 야로리 유적에서 나온 "7점의 시료 분석 결과 사철을 원료로 한 것으로 판단되었다."[12]는 분석 내용에서 보듯이 가야에서는 사철도 꽤 많이 생산된 것을 알 수 있다. 이 외에 제련 중인 덩어리 철(=철괴)로 짐작되는 것이 다호리에서 나온 바 있다. 또 김해시 진영읍 퇴래리 유적에서 가까운 낙동강변에는 '철을 생산하는 마을'이라는 뜻을 가진 '생철리生鐵里'라는 동네가 있어 인근 여래리·하계리 제철유적과 함께 생철리 역시 가야 시대부터 철을 생산해온 게 아닌가 짐작해볼 수 있다(참고로 '생철'은 무쇠를

....

11. 가야권 제철유적의 하나로서 2001년 조사 때 철광석과 철 분말이 확인되었다.
12. 「합천 야로리 야철지 제철 관련 자료의 분석 고찰」, 신경환, 「합천 야로 야철지 시굴조사보고서」, 경남고고학연구소, 2006

■ 고대인들의 주거방식과 삶을 재현해본 그림. 냇가의 둔덕에 움집이나 다락집을 짓고 생활하는 예전 고령 사람들의 모습(고령 대가야박물관)

의미하는 말이기도 하다).

비록 한국 최남단에 치우쳐 있는 작은 나라였지만 가야의 문화는 이미 국제성을 띠고 있었다. 가야인들은 왜와 중국으로 영역을 넓혀 활발하게 교역을 하였으며 고구려와도 그 실력을 다투었다. 교역의 중심에 가야의 철과 철기가 있었다. 가야의 철은 대외교역에서 차지하는 비중이 매우 높았다. '낙랑군과 대방군 2군에 철을 공급하였다'는 것은 가야가 중국보다도 제철 분야에 한결 앞선 기술을 가진 나라였음을 뜻한다. 철의 순도나 강도, 철제품의 품질이 우수하였던 것이다. 일찍이 백제·신라보다 월등한 제철기술을 갖고 있었고, 이로 말미암아 지금의 우리는 가야를 철의 왕국이라고도 하는데, 그것은 지나친 말이 아니다. 철

을 매개로 상업이 발전하였기 때
문에 가야를 고대 그리스나 로마
의 도시국가와 비슷한 형태로 파
악해 한국의 고대 폴리스 또는
상업국가라고 말하는 이도 있다.
물론 이것은 철의 생산과 교역
에 가야인들이 중추적인 역할을
했다는 점을 강조하는 이야기이
지만, 그것이 결코 과장된 말은
아니다.

가야의 철기 제작기술과 불을
다루는 기술은 각종 토기에도 큰
변혁을 가져왔다. 여러 가야 소
국 중에서도 일찍이 볼 수 없었
던 철기문화의 꽃을 피운 나라는
김해가야이다. 김해 양동리나 대
성동 지역에서 출토되는 토기는

■ 철광석 및 철의 제련에 필요한 연료 등을 추정하여 제철유적
을 재현해본 것이다(고령 대가야박물관 왕릉전시관).

그것을 잘 반영하고 있다. 물론 부산 지역도 가야의 철 생산지로 빼놓
을 수 없다. 이런 토기나 철기는 북방 유민과 함께 유입된 새로운 기술
로 만들어진 것이다.

가야시대 영남 지역에는 북방으로부터 유민이 몇 차례 유입되었다.
기원전 3~4세기 전국시대 말기의 혼란한 상황에서 중국 연燕 지역으
로부터 전역戰役을 피해 내려온 이들이 있었고, 진秦의 통일전쟁으로 기
원전 229~221년 무렵의 혼란기와 기원전 209년의 진승陳勝·오광吳廣의
난으로 많은 유민이 한반도로 내려왔다. 그리고 다시 기원전 2세기 초

(B.C. 194) 고조선의 유민에 이어 기원전 108년 위만조선의 멸망으로 상당히 많은 유민이 내려왔다. 그들은 가야 문화를 일군 중요한 축이었다. 기원 전후로부터 기원전 1세기~기원후 2세기에는 상당수의 흉노인과 선비족들이 유입되었으며, 기원후 2세기 중엽~4세기에도 선비족이 남하하여 고대 한국인으로 편입되었다.

3세기 중엽에는 유성(柳城, 당시의 朝陽)으로 쳐들어간 조조의 군대가 조조 휘하의 장수 답돈踏頓을 중심으로 오환선비족 20만을 학살하는 끔찍한 대참사가 있었다. 이로 말미암아 현재의 요령성 일대로부터 많은 오환선비족들도 남하하였다. 3세기 중반 위魏 관구검의 고구려 침입으로 현재의 요령성遼寧省과 길림성吉林省 남부 지역으로부터 내려온 이들도 많았다. 중국의 『요사』에 의하면 개주蓋州[13]·복주復州·대련大連 일대가 본래 진辰의 세력 범위였다고 하였으니 그에 따르면 기원전 2~3세기 이전에 현재의 요령성 남부, 즉 남만주 지역에서 남하한 이들이 진한에 정착한 것으로 볼 수 있다. 기록에는 없지만 3세기 말, 부여인도 꽤 내려왔을 것으로 추측해볼 수 있다.[14] 그리고 313년 낙랑군의 멸망, 314년 대방군의 소멸로 기원후 4세기 초에는 요령성遼寧省 남부와 요동지역에서도 많은 사람들이 유입되었을 것이다.

일찍이 김해 양동리에는 위만조선의 멸망과 함께 내려온 고조선인들이 정착하였으며, 기원후 1세기 전반에도 김씨들을 비롯한 북방 유민이 내려와 합류하였다. 이와 같이 기원전 3세기~기원후 3세기에 북방에서 내려온 다양한 유민들이 영남 지역에서 선주 세력과 어울려 살면서 가야와 신라의 문화를 만들어낸 것이다.

· · · · · · · · · · ·

13. "본래 고구려의 개모성이 요(遼) 나라의 진주이다(本高麗蓋牟城遼辰州)." – 『요사(遼史)』.
14. 부여는 494년, 고구려 문자명왕(文咨明王) 3년 2월에 '부여 왕이 처자와 함께 나라를 들어 항복'함으로써 멸망하였다.

한국 남부 지역에서 대단히 선진적인 문화를 일군 가야인들은 4∼5세기에는 일본으로 진출하여 고대 일본의 문화발전에도 크게 기여하였다. 따라서 가야사를 이해하기 위해서는 중국 북방으로부터 한국과 일본으로 이어지는 광대한 영역을 배경으로, 문화의 전파와 새로운 정치집단의 형성 및 사회변화를 이해하는 눈이 필요하다. 부산이나 함안·고성·김해·고령 등지에 남아 있는 가야의 유적과 유물 상호간의 차이나 동질성을 비교적인 시각에서 들여다보고, 동북아시아의 거대한 흐름 속에서 함께 맞물려 돌아간 '가야' 사회를 북방민족사의 하나로 인식하는 자세와 거시적인 안목이 필요한 것이다.

## 가야 사람들은 어떻게 살았을까?

가야 사람들의 삶은 기본적으로 고려나 조선시대의 전통적인 농경사회와 크게 다를 것은 별로 없었다. 지금처럼 공업이 고도로 발전한 사회도 아니었으며 대규모로 상업이 발전하여 번성한 것도 아니었기 때문이다. 하지만 5세기까지의 가야는 마한이나 백제보다는 훨씬 활기가 있었고 교역도 활발하였으며 철기 생산량도 많았다. 철기의 보급은 농업생산력에 혁명을 가져왔으며, 동시에 전쟁의 양상을 바꾸어 놓았다. 가야인들은 농사를 짓는 데에 주로 철제 농기구를 사용하였다.[15] 삽이나 따비·낫과 살포·쇠스랑 같은 도구로 곡물을 재배하였다. 낫(철겸)·쇠스랑(김해 양동리)·살포[16]·따비·U자형 삽날(대성동 1호 주곽 출토)·도끼와 같은 농기구들은 가야인들이 논농사와 밭농사에 치중하였음을 알려

---

15. 가야의 발전상은 전남 광주 신창동 유적과 비교해 보더라도 쉽게 알 수 있다. 1∼2세기의 신창동 유적에서 나온 유물은 철기 대신 나무로 만든 농기구와 도구가 대부분이기 때문이다.
16. 김해 양동리 21호분, 함안 도항리 27호분, 김해 예안리, 합천 옥전고분군에서 고루 출토되었다.

■ 가야의 토기와 철기(고령 대가야박물관)

주는 유물이다. U자형 삽날은 아마도 삽날 바로 위의 자루에 줄을 매어 양쪽에서 잡아 끄는 농기구인 '가래'였을 것으로 짐작된다. 가야 지역에서 나온 쇠스랑과 U자형 삽날·주조철부와 같은 농공구들은 신라 황남대총 남분에서도 많이 출토되었다. 이런 것들로 미루어 보더라도 그 당시 가야나 신라의 농경 및 생활방식은 비슷했음을 미루어 알 수 있다.[17]

▲ **가야인들의 농업과 식생활** 밭에서는 보리와 콩·팥·기장·수수·조·율무와 같은 곡식을 경작하였다. 논에서는 벼와 피를 재배하였다. 기후는 온난하였다. 기원후 200년경에는 해수면이 2~2.6m 가량 높아져 김해만의 물이 육지로 밀고 올라오는 해침海浸 현상이 있었다. 땅은 비옥

••••••••••
17. 황남대총에서는 쇠스랑 20개와 쇠삽날 14개가 나와 단일 무덤에서 나온 농기구로는 지금까지 최대치로 기록되었다.

■ 가야의 주조철부(국립중앙박물관)

■ 가야의 따비(국립중앙박물관)

하였고 오곡을 가꾸기에 적합하였다.[18]
가야인들은 벼농사를 하면서 살포로 논
의 물꼬를 관리하였다. 논에 물을 대거나 뺄
때, 물꼬를 관리하는 용도의 농기구인 살포는 논
에서 벼를 경작하였음을 알려주는 대표적인 유
물이다. 특히 가야 전지역에서 발견되는 살포는
수전경작용 도구로서 상당한 지위에 있는 사람만
이 소유하였다. 고대 사회에서 살포는 권력과 부,
나아가 수조권을 상징하는 도구이다. 후일 신라에
서도 그랬지만 고려에 이어 조선에서는 공이 있는
기로신耆老臣들에게는 국왕이 직접 지팡이와 함께
살포를 내려주는 전통이 있었다.

■ 납작도끼라는 이름으로도 불리는
판상철부(국립중앙박물관)

　지금까지 가야시대의 볍씨는 김해 부원동 유
적이나 성주 성산동, 진주 상촌리 등 여러 곳에
서 확인되었으며 앞으로도 더 많은 유적에서 벼
농사의 흔적이 나타날 것이다. 그러나 가야시대 사람들에게는 피[稷]도
중요한 식량원이었다. 함안의 성산산성에서는 식량으로 받은 피[稷]를
적은 목간이 나왔는데, 이것으로도 신라인은 물론 가야 시대 사람들 역

18. 土地肥美宜種五穀及稻…(『三國志』魏書 東夷傳 弁辰 條)

시 쌀 외에 피를 재배하여 먹고 살았음을 알 수 있다. 김해 부원동에서
는 밀과 콩·팥도 나와 지금의 우리가 식탁에 올리는 오곡과 주요 곡식
을 가야시대에도 똑같이 경작하여 먹고 살았음을 알 수 있었다. 송현동
15호분에 순장한 인골을 생화학적으로 분석한 결과에 의하면 당시 창
녕 지역 사람들도 쌀과 보리·콩을 주식으로 하였으며 수수와 기장·조
등을 먹고 살았다. 같은 시기 백제의 유적에서도 보리와 피 등이 나왔
고, 창원 다호리 유적에서는 아주 드문 사례이지만, 율무가 나왔다. 그
당시에 이 땅에서 율무까지 재배하여 먹고 살았던 것이다. 또한 기원후
1~3세기 대규모 마을 유적인 산청군 단성면 소남리에서는 다양한 형태
의 집자리와 유물이 출토되었다. 그런데 화재로 불탄 소남리의 가야시
대 창고에서는 탄화된 쌀과 보리·밀·콩·팥이 나와 가야 지역에서 경작
한 곡물은 대략 지금과 같았음을 알게 되었다.

가야인들은 감이나 밤·복숭아와 같은 다양한 종
류의 과일을 먹고 살았다. 이것은 창원 다호리 유적
에서도 확인된 사실로, 가야인들은 그 외에도 산과

■ 가야의 도끼
(국립중앙박물관)

■ 가야의 도끼와 자루
(국립중앙박물관)

들에 널려 있는 각종 과일을 채집하여
먹었다. 야생 밤·도토리·상수리·개
암·살구·오디·앵두·버찌와 같은 야생
실과들을 채집하여 식량에 보태었다. 경
작 외에 채집경제도 중요한 부분이었던 것
이다. 창녕 송현동 6호분과 7호분에서는 복
숭아·참외·밤과 같은 과일들이 꽤 많이 나
와 가야 사람들의 식생활의 일면을 엿볼 수

■ 창원 다호리에서 나온 율무
(국립중앙박물관)

있었다. 서긍의 『고려도경』엔 복숭아는 원래 일본에서 온 것이라고 하
였다. 이 기록이 신뢰할 수 있는 것이라면 창녕 송현동고분에서 나온
복숭아씨는 일본에서 온 복숭아일 가능성도 있다. 아직 확실하게 종(種)
을 특정하지 않아서 장담할 수는 없으나 야생복숭아일 수도 있다.

　자연에서 채집한 실과나 식재食材들은 소쿠리나 대바구니 등에 담아
두었고, 기타 식량으로 쓸 곡식은 항아리나 창고에 보관하였다. 곡식과
구근류 등은 쥐나 새에게 빼앗기지 않기 위해 수혈이나 그릇에 넣어 보

■ 창원 다호리 출토 옻칠 반.
　사진은 복원품이다(국립중앙박물관).

■ 창원 다호리 출토 칠기고배
(국립중앙박물관)

■ 창원 다호리 출토 칠기국자
(국립중앙박물관)

■ 왕골로 꼰 노끈. 창원 다호리 출토
(국립중앙박물관)

관하였으며, 특히 가야 지역에서는 수혈구덩이 외에도 고상가옥을 짓고 그곳에 곡식과 각종 먹을 것을 보관하였다. 경기도와 충청도 및 호남 지역에서는 수직으로 파내려간 깊은 수혈구덩이에 곡식이나 각종 식재료를 주로 저장하였던 것으로 확인되었는데, 그것은 가야 지역에서도 대략 같았다. 근래 산청 하촌리 유적에서는 428기의 수혈을 확인했는데, 이런 수혈은 청동기시대부터 계속 사용해온 것이었다. 김해 회현동에서는 100기의 수혈을 확인하였고, 김해 본산리에서도 20기의 가야시대 수혈을 찾아낸 바 있다.

　가야인들 역시 음식은 조두俎豆라고 하는 그릇에 담아 먹었다. 이런 전통은 멀리 고조선과 가야 사람들이 공유하고 있었다. 양이부호나 대호와 같은 크고 작은 항아리는 국이나 술 또는 기타 음료를 저장해두고 먹는 용기로 사용하였다. 물이나 술과 같은 음료는 광구소호나 머그잔처럼 생긴 컵형토기(파수부배)에 따라 마셨다. 특히 가야와 신라 지역에서는 컵을 많이 사용하였다. 파수부배라는 이름의 컵형 토기는 가야인들이 일상생활에서 애용한 용기였던 것 같다. 이 컵형 토기로 보아 가야인들은 대단히 실용적이었음을 알 수 있다. 가야인들의 컵형토기

■ 함안 성산산성 동성벽 남편 입수구(국립가야문화재연구소)

는 세련된 가야문화를 보여주는 하나의 사례인 동시에 가야 문화의 독특한 일면이다. 물론 신라와 백제에서도 컵형토기가 사용되었으나 그것은 상층 가야인들에게 더욱 친숙한 토기였던 것 같다. 가야인들은 솥 외에 시루를 사용하여 산에서 나는 마(산약)나 칡뿌리·연근·토란과 같은 각종 구근류를 쪄서 먹었고, 아궁이를 갖춘 정갈한 부엌에서 음식을 조리해 먹었다. 부엌에는 단경호나 장경호(대부장경호)·연질 옹·고배·파수부배(컵형토기) 등을 갖추어 두고 살았으며, 음식물을 넣은 단경호를 기대 위에 올려놓고 필요할 때마다 음식물을 덜어 먹었다.

비록 신라 때의 것이기는 하지만 함안 성산산성에서 나온 목간에서는 '奴人鹽노인염'이라는 글자가 여러 개 확인되어 당시 가야 사회에서도 노비들이 소금을 구워 공급한 것으로 볼 수 있다.[19] 소금은 중국 한나라

──────────

19. 함안 성산산성은 신라가 가야를 병합한 이후에 수축하였고, 이 목간에 적힌 노인(奴人)이란 명칭은 신라의 신분 체제를 알려주는 것이지만 노예를 소금 생산에 동원한 것은 신라나 가야 모두

■ 함안 성산산성에서 나온 목간(국립가야문화재연구소)

때부터 자염으로 생산되었다. 가야나 신라·고구려 모두 그 당시의 소
금은 자염이었다. 자염은 솥에 바닷물을 길어다 붓고 불을 때어 만든
것으로, 18세기 천일염 생산기술이 보급되기까지 사람들은 매우 오랜
기간 자염을 썼다.

'노인염'은 소위 염간鹽干이라 해서 소금을 생산하는 노예가 만든 소금
을 뜻하므로, 가야 사회에는 농업을 담당한 농노, 소금을 생산하는 염노
와 같은 천민층으로서 노인奴人 그룹이 따로 존재했을 것임을 미루어 알
수 있다. 그 당시 이런 체제는 백제나 고구려도 대략 마찬가지였을 것
이다.

▲ **가야인들의 가옥 구조** 가야인들이 짓고 산 집은 남방형으로서 주로

----------

같았을 것이다. 18세기까지 소금은 자염이었다. 자염은 바닷물을 솥에 길어 넣고 불을 때어 만든
것이다.

一자형이었다. 서쪽에 부엌을 두고 동쪽에 방과 굴뚝을 세워 온돌에 불이 잘 들고 연기가 잘 빠지게 한 구조였다. 편서풍을 타고 연기가 잘 빠지도록 집의 서쪽에 부엌을 둔 것인데, 이런 주거형식은 진한과 변한, 가야와 신라가 대략 같았다.[20] 가야 사회에는 통나무집도 많았다. 도끼로 통나무를 자르고 자귀로 다듬어서 목조 가옥을 만들었다. 그러나 5~6세기까지 가야의 유적에서 톱이나 대패와 같은 공구는 아직 발견되지 않았다. 그러므로 가야 사람들이 톱과 대패를 사용했는지는 알 수 없다. 기록에 의하면 통나무로 귀틀집을 짓고 사는 사람이 많았던 것은 분명하다. 사람들이 사는 집은 마치 죄수를 가두는 감옥처럼 나무를 옆으로 차곡차곡 쌓아 벽에서 바람이 들지 않도록 맞춰 통나무로 지었다.[21] 지붕은 갈대를 베어다가 덮거나 짚으로 이엉을 엮어 올렸다. 여유가 있는 집은 기와를 올렸다. 기와는 경도가 낮은 것으로 적색 또는 황갈색을 띤 것이었다. 그렇지만 대개는 초가집이나 흙집을 짓고 사는 이들이 많았다. 백제 지역에서는 구들을 사용한 주거지가 많이 확인되었고, 공주 장선리에서는 북방민족들이 사용한 토실土室도 확인되었다. 그에 비해 가야 지역의 주거지는 온돌 가옥과 더불어 고상가옥 또는 귀틀집과 같은 양식이 많았던 것 같다. 근래 발굴한 유적 가운데 주거지가 확인된 곳으로는 김해 봉황동 토성 내(2002년 발굴), 김해 회현동(주거지 5기, 2001~2002년 발굴),[22] 산청 하촌리(주거지 50기), 진주 평거동(주거지 95기), 김해 본산리(주거지 20기, 2004년 발굴) 등을 대표적인 사례로 들 수 있다. 전체적으로 볼 때 지금까지 발굴된 가야 지역의 주거지 유적은

••••••••••
20. 부엌은 모두 집의 서쪽에 설치하였다(…施竈皆在戶西). (『三國志』魏書 東夷傳 弁辰 條)
21. 위략에 이르기를 그 나라 사람들은 목재를 옆으로 차곡차곡 쌓아 집을 지었다(…魏略云其國作屋橫累木爲之…).
22. 「김해 회현동 소방도로 구간내 유적 II-13·14·15통」, 경남발전연구원

백제 지역에 비해 많지 않은 편이다.

고상가옥은 다호리 외에도 김해시 관동의 바닷가 부두와 잔교棧橋 시설 주변에서도 확인되었다. 김해시 봉황동 남쪽으로 마주보이는 장유면 관동에서는 대형급 고상가옥이 6채나 나왔다. 고상가옥은 그 외에도 진주 평거동(4기, 2004년 발굴), 산청 하촌리(6기, 2008년 발굴) 등 여러 유적에서 확인되었다. 이것은 창고용으로서만이 아니라 가옥으로도 사용되었을 가능성이 있다. 해충이나 독충 및 유해동물로부터의 피해를 줄이기 위해 여름용 가옥으로 사용되었을 수 있는 것이다. 창원 다호리나 김해 관동리 등에서 나온 고상가옥 모양의 토기는 다호리에 살던 사람들은 물론, 가야인들의 주거 형식을 보여주는 하나의 사례이지만, 그것은 벼농사나 밭농사에서 거둔 곡식을 보관하기 위한 용도의 건물로도 이용되었을 것으로 보인다. 김해 관동리에서 확인한 고상가옥이라든가 가야 지역에서 나온 고상가옥 모양의 토기는 고구려의 부경桴京과 유사한 시설로 추정해볼 수 있을 것이다.

▲ **가야인들의 의복과 장신구** 가야 사람들은 누에를 칠 줄 알아 봄가을 누에고치에서 명주실을 내어 실을 잣거나 비단을 짜서 옷과 이불을 만들어 입었다. 면포를 만들 줄 알았고, 길쌈을 하여 삼베로 짠 베옷은 일상생활에서는 물론 장례에도 사용하였다.[23] 가야 지역에서는 특히 올이 곱고 색이 짙은 삼베를 많이 생산하였다. 이런 삼베를 세포라 하였는데, 가야의 세포는 폭이 넓어서 옷을 만드는데 좋았다. 그래서 가야의 광폭세포廣幅細布는 중국에서도 그 이름이 잘 알려져 있었다.[24]

고령 지산동고분 10여 기와 2기의 산청 생초고분(M13호분, 9호분)에서

----------

23. …宜種五穀及稻曉蠶桑作綿布…(『三國志』魏書 東夷傳 弁辰 條)

24. …亦作廣幅細布…(『三國志』魏書 東夷傳 弁辰 條)

미완의 제국 '가야'

<table>
<tr><td>옥전 M1호분 출토<br>귀면문금구 수착 직물 조직 분석<br>(박윤미·정복남 복원)</td><td>옥전 35호분 (5세기 3/4분기) 출토<br>성시구 수착 직물 조직 분석<br>(박윤미·정복남 복원)</td></tr>
</table>

■ 합천 옥전 M1호 고분 출토 직물 복원도

나온 유물을 대상으로 각종 금속유물에 녹과 함께 달라붙어 있던 직물을 찾아낸 조사결과가 흥미롭다.[25] 그 연구에 의하면 대가야에서는 삼베와 대단히 올이 가늘고 섬세한 모시를 사용하였음을 알 수 있었다. 특히 생초 M13호분에서 나온 유물을 가지고 작은 타원형(약 2.0×1.0cm)의 문양을 줄 맞춰서 세 가지 색상으로 표현한 모시 직물을 알아냈다. 문양을 만드는 염색기법은 홀치기 기법을 사용했으리라고 파악하였다(엮음직의 조직도 참고). 〈그림〉에서 보는 타원형 문양은 원래는 원형이었을 것이므로 세 가지 색상의 물방울 문양을 표현한 멋스러운 옷을 가야 상층부 사람들은 입고 산 것 같다.

또 생초9호분에서 나온 동경(구리거울)에는 장식 끈이 달려 있었는데, 끈이나 띠로 사용한 직물은 우리나라에서 고대사회부터 전통적으로 '엮음직'으로 땋은 것이었다. 이것은 두 가닥의 실을 엮어서 땋는 방식이다. 이러한 엮음직 방식을 소위 광다회廣多繪라고도 하는데, 바로 이 동경에 매단 장식용 드리개는 여러 가지 색으로 채색한 직물이었다(박

••••••••••
25. 「대가야 직물의 특성과 제직기법」, p.163~175, 박윤미·정복남(경상대), 『服飾』 제 57권 1호, 2007년 1월

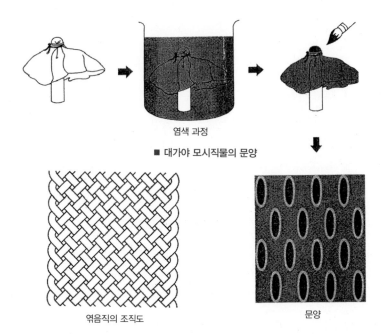

염색 과정

■ 대가야 모시직물의 문양

엮음직의 조직도

문양

■ 대가야 사람들이 만들어 입은 견직물의 조직도와 문양(박윤미·정복남 복원)

윤미·정복남). 대가야 왕과 산청의 수장들도 삼베와 모시를 실생활에서 사용하였으며, 모시는 화려하게 염색을 하여 입었음을 알 수 있었다.

또 대가야 유물에서도 각종 비단과 같은 견직물을 확인하였다.[26] 지산동 30-2호분에서 나온 금동관에는 평직으로 짠 견직물 조각이 나왔는데, 실은 대단히 가늘었다. 지금처럼 아주 고운 명주로 볼 수 있다. 이것은 소위 세초細綃[27] 또는 생초生綃라고 부르는 견직물로서 가는 명주

••••••••••

26. 견직물은 평직(平織), 능직(綾織), 익직(溺職)의 세 가지 조직이 확인되어 당시 견직물을 짜는 데 여러 가지 방법이 이용되었음을 알 수 있다.

27. 『삼국유사』 연오랑(延烏郎)과 세오녀(細烏女) 기록에도 이 세초에 관한 내용이 보인다. 이 설화는 신라 아달라왕(阿達羅王) 때인 158년을 배경으로 하는데, 여기에 "내가 이 나라에 온 것은 하늘이 시킨 일인데 어찌 돌아갈 수 있겠는가. 그러나 나의 비(妃)가 짠 고운 초(綃)가 있으니 이것으로 하늘에 제사를 드리면 될 것이다(我到此國 天使然也 今何歸乎 雖然朕之妃 有所織

실로 짠 얇고 촘촘한 직물이지만 염색이나 채색을 하지 않은 것이었다.

그 당시 어느 나라든 일반 사람들은 추운 겨울에는 개나 각종 짐승의 털을 갖옷으로 만들어 입었으니 그것은 가야인들도 다르지 않았을 것이다. 그러나 정작 가야인들이 어떤 형태의 옷을 입고 살았는지 그들의 복식 디자인을 알려주는 기록은 없다. 현재 우리가 알 수 있는 것은 가야와 신라의 의복이 대략 비슷했다는 것 정도이다. 『삼국지』 위서 변진조에 변진과 진한인의 의복과 주거 양식이 같았다고 하였으니 그것으로 대충 짐작할 뿐이다. 다만 관복만은 같지 않았다. 가야와 신라의 관복이 달랐음을 알려주는 자료가 있다.

"신라가 처음 딸을 (己富利知伽에게) 시집보낼 때 100명의 종자를 딸려 보냈다. 그런데 이들을 여러 곳에 분산시켜 놓고 신라의 의복을 입혔다. 아리사등 阿利斯等이 나라(가야)의 복제服制를 따르지 않은 것을 보고 노하여 사람을 보내어 여자들을 (신라로) 돌려보냈다." (『일본서기』 권17 계체기 23년 3월)

고구려·백제·신라의 복식은 그 기록이 남아 있어 어느 정도 알 수 있지만 가야인들의 관복 복식과 디자인은 파악할 길이 없다. 다만 몽고 노인울라에서 나온 바지저고리와 유사한 형태의 옷을 당시 가야 사람들도 입고 살았을 것이라고 짐작해볼 수는 있다.

이 무렵 가야시대 제주도에는 선비족처럼 남자들은 까까머리를 하고 소와 돼지를 기르던 사람들이 살았다. 그들은 아랫도리는 입지 않고 윗도리만 걸치고 살았으며 키가 작았다고 하였으니[28] 고조선과 한韓·

• • • • • • • • • • •
細絹 以此祭天可矣)"고 한 내용이 있는 것으로 보아 신라나 가야 모두 이 시기에 누에를 쳐서 명주실과 비단을 짜고 삼베와 모시로 김쌈을 하였음을 알 수 있다.
28. 『삼국지』 오환선비전

예藏·부여 사람들이 중심이 된 가야인들은 제주도로 들어간 오환선비족 사람들과는 큰 차이가 있었다.[29] 제주도와 달리 가야 사람들은 의복이 정결하였다.[30] 머리는 길게 길렀다. 가야의 상류층은 상투를 틀어 동곳이를 꽂고 관을 썼을 것으로 짐작된다. 변진 사람들은 대부분 고조선의 후예들이었으므로 소위 추결만이복魋結蠻夷服이라 하는, 좌임 상의에 북상투를 하고 갓이나 관을 쓴 사람들이었다고 보면 되겠다. 반면 평민들은 가지런히 머리칼을 모아서 묶는 속발을 하였던 것 같다. 다만 노예는 머리를 짧게 깎거나 신분이 낮은 사람들은 봉두난발을 하였을 것이다. 진한과 가야 사람들은 모두 키가 컸으며, 노예가 아니고는 오환선비족처럼 까까머리는 하지 않았을 것이다.

지금까지의 조사 결과에 의하면 가야의 여인들은 150~155cm 정도로 키가 작은 편이었으며 남자는 대개 160~165cm 정도였다. 물론 그보다 약간 큰 170~180cm 전후의 장신형도 따로 있었던 것 같다. 이것은 김해를 비롯하여 영남 지역에서 발굴한 인골로 알아낸 사실이다. 『삼국지』에는 변진 지역 사람들은 모두 키가 큰 것으로 기록되어 있으니 가야인들은 대부분 키가 컸을 것으로 보인다.[31]

한편 진한과 상류층의 신라인들은 편두를 하였다. 그런데 변진(가야) 지역 상류층에도 편두를 하는 이들이 있었다. 어린이가 태어나면 납작한 나무판이나 돌로 눌러 머리를 납작하게 만드는 편두습속이 상류층

••••••••••

29. 『삼국지』 한전에 "그 사람들은 키가 작고 왜소하여 차이가 있었다. 언어는 마한과 같지 않다. 모두 선비족처럼 머리를 깎았다. 단 옷은 무두질한 가죽옷을 입는다. 소와 돼지를 기르기를 좋아하며 그 옷은 상의는 입었으나 하의는 입지 않았다."(…其人差短小言語不與韓同 皆髡頭如鮮卑但衣韋好養牛及豬其衣有上略無下略如裸勢…)고 하여 『삼국지』 오환선비전과 유사한 내용이 있다.
30. …衣服潔淸長髮…(『三國志』 魏書 東夷傳 弁辰 條)
31. …其人形皆大…(『三國志』 魏書 東夷傳 弁辰 條)

에만 있었는지, 아니면 평민들도 똑같이 했는지는 정확히 알 수 없다. 지금까지의 연구로는 왕가와 상류층에서만 편두를 했을 것으로 보고 있지만, 이런 편두 풍속으로 말미암아 신라는 물론 가야 지역 신생아의 사망률이 높았을 것이다.

3세기만 해도 변진(가야) 사람들이 사는 마을은 큰 곳이라 해야 4~5천 호, 작은 마을은 6~7백 호 정도였다. 큰 마을 중에는 별읍別邑이 있고, 그 수장으로 거수渠帥가 있었다. 거수 중에서 세력이 큰 자를 신지臣 智라 하였고, 그 아래로 험즉險則, 번예樊濊, 살해殺奚, 읍차邑借의 순서로 지도자들이 있었다. 변진(가야) 사람들은 진한인들과 뒤섞여 살았다. 사람들은 성곽이 있는 곳에 주로 몰려 살았다.[32] 물론 그 밖의 작은 마을에 흩어져 사는 이들도 많았다.[33] 성곽 안에 사는 사람과 그 밖의 촌에 사는 사람은 신분에 차이가 있었을 테지만 어디 살든 그들의 의복과 거처는 정결하였다. 신발은 부들이나 짚으로 엮어서 만든 짚신을 신었으며,

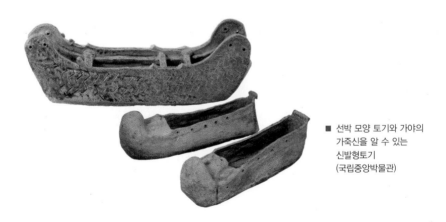

■ 선박 모양 토기와 가야의
가죽신을 알 수 있는
신발형토기
(국립중앙박물관)

32. 弁辰與辰韓雜居亦有城郭(변진과 진한은 뒤섞여 살았다. 역시 성곽이 있었다.) - 『삼국지』 변진전
33. …弁辰與辰韓雜居亦有城郭… (『三國志』 魏書 東夷傳 弁辰 條)

■ 창원 다호리에서 출토된 가야의 옻칠신발
(국립중앙박물관)

신분이 높고 여유가 있는 사람들은 짐승의 가죽으로 지은 가죽신을 신었다. 가야 지역에서 가죽신 모양의 신발형토기와 옻칠신발이 발견되어 가죽신의 존재를 분명히 알 수 있었다. 가야인들의 신발에 관한 기록은 없다. 비록 후대의 자료지만 『삼국사기』 잡지에 신라는 화전靴典과 마리전麻履典이란 관청을 둔 것으로 보아 신라 사람들은 가죽신과 삼베로 삼은 신발까지 신었음을 알 수 있다. 이런 것을 보면 가야 시대에도 신라와 크게 다르지 않았을 것이라 짐작된다.

가야의 남자들은 여인들과 마찬가지로 구슬을 좋아하여 간단한 장신구를 꽤 패용하였던 것 같다. 유리나 수정·마노(곡옥)와 같은 것들은 상류층 여인네들이 즐기는 호사품이었다. 대가집의 여인들은 유리구슬과 수정·곡옥으로 만든 목걸이를 패용하였으며 유리나 옥을 옷에 달아 화려함을 더하였다. 가야 지역의 상류층 무덤에서 유리구슬과 수정·곡옥 등이 많이 출토되는 것은 가야인들의 의복과 장신구가 화려하였음을 말해주는 것이다. 그런데 한 가지 특이한 것은 가야 사람들의 문신 풍속이다. 기록에 의하면 왜와 가까운 곳에 살았으므로 가야인들은 남녀 모두 몸에 문신을 많이 하였다.[34]

이 외에도 가야인들은 생활에 필요한 여러 가지 도구를 만들어 썼을 것으로 보이지만 지금까지 출토된 유물로 볼 때 가야인들의 생활도구

••••••••••
34. …男女近倭亦文身…(『三國志』 魏書 東夷傳 弁辰 條)

는 그리 다양하지 않았던 것으로 짐작된다.

▲ **가야인들의 언어와 습속·음악** 가야인들의 언어와 습속은 진한과 아주 흡사하였다. 『삼국지』에 '(가야에는) 성곽이 있으며 의복과 거주지(집)는 진한과 같고 언어와 습속은 비슷하다'고 하였으니 가야(변진)와 진한은 대략 같았음이 틀림없다.[35] 합천 가야면의 매안리비나 저포리에서 나온 토기 그리고 비록 가야 멸망 후 30여 년이 지난 때의 목간이지만, 함안 성산산성 등지에서 나온 목간으로 보면 가야인들은 의사전달을 위한 문자로서 한자를 사용했으며, 일상생활에서는 우리말을 썼음을 알 수 있었다. 한자음을 빌어 우리말을 기록한 사례들이 확인되어 향찰을 많이 섞어서 쓴 것으로 이해할 수 있는 것이다. 남녀가 한데 어우러지는 마한인들과 달리 가야인들은 남녀의 구분이 뚜렷하였으며 어른과 아이의 구별이 있었고, 어른을 공경하였다. 법속이 특히 엄격하였으나[36] 잘 지켰으며 여자를 취해 혼인을 하는 데도 엄격한 예법이 있었고, 그 또한 잘 지켜졌다.[37]

가야의 각 나라마다에는 관가가 있었고, 세금을 거두어 나라의 일에 보태었으며 관리들은 그 세금으로 살았다. 죄수를 가두는 감옥이 있었으나 사람들은 순박하고 착했으며 흉악범은 찾아보기 어려웠다. 죄수는 별로 없었고, 마을은 평화로웠다. 도적도 없어 밤에는 문을 닫지 않았으며 길에서 사람을 만나면 서로 길을 비켜 양보하였다.[38] 여러 가지 법도와 규범, 남녀노소의 가림이 엄격하였고 도덕과 예절이 훌륭한 나라였던 것이다.

••••••••••
35. …有城郭衣服居處與辰韓同 言語法俗相似…(『三國志』 魏書 東夷傳 弁辰 條)
36. …法俗特嚴峻…(『삼국지』 변진전)
37. …嫁娶禮俗男女有別…(『三國志』 魏書 東夷傳 弁辰 條)
38. …其俗行者相逢 皆往讓路…(『三國志』 魏書 東夷傳 弁辰 條)

사람이 죽거나 태어나고, 기념할만한 일이 있거나 마을에 혼인이 있으면 마을 사람들이 함께 술을 마시고 춤을 추며 놀았다. 그래서 『삼국지』에 "(변진인들이) 가무 음주를 좋아하였다"[39]고 기록하였다. 다만 가야시대에는 술의 종류가 많지 않았을 것이다. 가야인들이 먹고 산 곡물을 감안하면, 아마도 귀한 쌀보다는 보리나 수수·기장 등으로 빚은 술을 흔히 마셨을 것으로 보인다.

참고로, 은상殷商 시대 중원中原의 지배자들은 울창주鬱鬯酒를 제사에 썼으며, 그 한복판에서 중요한 축을 담당했던 고조선 사람들도 이와 같은 고급술을 만들어 마셨을 것이다. 이런 전통에 따라 우리의 경우 조선시대에도 종묘의 제례에는 반드시 울창주를 썼다. 따라서 고조선의 유민들이 중심이 된 가야 사회였던 만큼 이런 술이 제사나 여러 제례 의식에 쓰였을 가능성이 있다. 울창주는 울금을 넣어 향을 높인 물과 기장으로 빚은 술이다. 그러나 굳이 이러한 술이 아니라 해도 그에 버금가는 고급술을 가야 상류층에서는 마셨을 것이다.

한편 다호리를 비롯하여 영남 지역 여러 곳에서 거문고 판과 비슷한 목판이 나왔는데, 이것은 진한과 가야 지역에서 사용한 가야금의 원형이었을 것이다. 그 모양으로 보아 비파[琵]와 비슷한 종류이거나 중국의 축筑과 유사한 악기였을 것으로 짐작하고 있다. 가야에는 "가야금의 원형으로서 슬瑟이 있었는데 그 생김새가 중국의 축筑과 같다"[40]고 한 기록을 통해 그와 같이 유추할 수 있으며 이런 악기로 추정하건대 가야인들은 음률에도 매우 능했음을 알 수 있다. 창원 다호리 유적 발굴자(이건무)는 다호리에서 나온 악기의 목판을 현금玄琴으로 이해한 바

· · · · · · · · · · ·
39. …俗喜歌舞飮酒…(『三國志』 魏書 東夷傳 弁辰 條)
40. …有瑟其形似筑…(『三國志』 魏書 東夷傳 弁辰 條)

있다. 이미 광주 신창동 유적에서 가야금과 유사한 현악기(길이 77.2cm, 폭 28.2cm)의 모습을 확인한 바 있고, 현금과 같은 악기가 창원 지역에서 나온 것은 큰 의미가 있다. 다호리에서 나온 악기는 후일 우륵이 개발한 가야금의 원형이었을 것이다. 대가야 가실왕이 중국의 쟁箏을 본떠서 12현의 가야금을 만들었으며 12현은 12개월을 상징한 것이라는 설도 있는 만큼 일찍이 영남지방에 가야금의 원형이 존재했던 것으로 이해할 수 있다. 대가야 말기 우륵12곡의 가야금 곡명이 전해지고 있어서 가야의 음악과 악기는 상당한 수준이었을 것이라는 추정을 할 수 있다. 같은 시대, 고구려와 이웃 백제에는 현금이나 금琴과 같은 현악기와 여러 가지 관악기(배소 등)·타악기 등 다양한 악기가 있었음을 볼 때 가야에도 그에 못지않은 음악과 노래 그리고 악기가 있었을 것으로 보인다. 『삼국지』 변진 조에 '음주가무를 좋아하였다'고 한 것이나 가야 말기 가야금이나 우륵12곡과 같은 가야인에 관한 기록은 그와 같은 배경을 설명하는 자료로 이해할 수 있는 것이다.

## 가야인들의 수렵과 어로생활

가야인들의 삶은 농업을 기본으로 하였으나 수렵과 어로 의존도가 높았다. 기본적으로 농업과 수렵 외에 채집도 적지않은 비중을 차지하였다. 사람들은 주로 덫을 사용하여 짐승을 잡았으며 때로는 창을 사용하기도 하였다. 겨울철에는 산과 들로 나가 활로 사냥하였다. 창원 다호리에서는 길이가 160cm

■ 창원 다호리 유적 출토 재갈
  (국립중앙박물관)

나 되는 대궁ㅊ릉과 함께 80cm 정도의 단궁도 나왔는데, 대궁은 옻칠을 한 것이었다. 짧은 활로는 새나 작은 짐승을 잡았고, 큰 활은 큰 들짐승을 잡는 데 사용하였을 것이다. 대궁은 사슴·노루·고라니·곰과 같은 사냥물을 얻기 위한 것으로 볼 수 있다.

고구려나 백제와 마찬가지로 국왕과 지배층은 겨울에는 사냥을 즐겼는데, 그것은 전쟁을 준비하고 군사를 조련하는 수단이기도 하였다. 이런 전통은 가야인들에게도 이어졌을 것이다. 가야인들이 대상으로 삼은 사냥물은 지금도 우리의 산야에서 흔히 보는 사슴과 노루·고라니·산토끼·멧돼지·꿩과 같은 것들이었다. 다만 가야 시대에는 사슴이 이 땅에 아주 흔했던 것 같다. 합천 쌍책 옥전고분에서 순장에 사용한 여러 마리의 사슴은 가야인들의 생활뿐만 아니라 그 당시 사냥감의 일면을 반영하는 사례이다. 창녕 교동13호분과 14호분에서는 5점의 사슴 뼈가 나왔는데, 그 당시 지배층에서는 사슴이 사냥 대상물로서 인기가 있었을 것이다. 또 고령 지산동고분에서 확인한 새 뼈는 제물로 넣어준 닭일 수도 있지만 꿩이나 기타 야생 조류와 같은 사냥물이었을 수도 있다.

여름에는 낚싯바늘이나 작살로 물고기를 잡아 단백질과 지방을 보충하였다. 뱀장어나 잉어·누치·가물치·뱀장어 등과 같은 물고기를 찍어 올리기 위해 가야인들은 작살을 만들어 썼다. 합천 옥전고분에서 나온 작살은 가야인들의 수렵과 어로행위가 활발하게 이루어졌음을 가늠하게 해주었다. 신라의 석탈해가 그 어머니를 봉양하기 위해 고기잡이를 하였다는 기록으로 알 수 있듯이 가야시대 영남 지역 바닷가 또는 낙동

■ 창원 다호리 유적에서 출토된
낚싯바늘(국립중앙박물관)

강 주변 사람들도 당연히 그물로
고기를 잡았을 것으로 보인다. 청동
기시대부터 사용해온 어망추가 가야 지
역에서 폭넓게 나타나고 있는 것은
그물을 이용한 어로행위가 있었음
을 알려준다. 당시의 어로활동은
소규모로 이루어졌지만 식생활에서 대
단히 중요한 비중을 차지하였다.

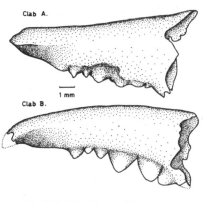

Clab A.

1 mm

Clab B.

■ 고령 지산동 석곽고분(34SE-3)에서는 게
다리의 일부도 나왔다. 이것이 바닷게인 것
은 분명하지만 어떤 종인지는 알 수 없었다.

이와 함께 가야 지역의 여러 고
분에서 나온 낚싯바늘은 당시에도
낚시로 물고기를 낚았음을 알려준다. 가야시대 사람들이 사용한 낚싯
바늘은 고령 지산동고분, 합천 옥전고분, 김해 대성동, 고성 송학동1호
분(1A호분), 창원 다호리 등지에서 나왔다. 다호리에서 나온 낚싯바늘은
2세기, 그리고 나머지는 5세기의 것이다.

그 당시 영남 지역에 서식하던 민물고기는 지금과 크게 다르지 않았
을 것이다. 강이나 웅덩이 등 민물에서는 붕어와 잉어[41]·누치·마자·모
래무지·피라미 등의 잉어과 어류를 비롯하여 메기·가물치·뱀장어 등
을 잡아 식용에 보탰을 것이며, 바다에서는 상어·도미(참돔·감성돔 포
함)·숭어·농어·조기·준치·삼치·고등어·전갱이·망둥어·삼치·조기·문
어·낙지·멸치 그리고 굴·전복·홍합·소라·고둥 같은 패류와 여러 종
류의 게 및 미역·김·다시마 같은 해산물을 채취하여 먹고 살았다. 고
령의 고분에서는 고배에 담은 5년생 대구가 확인되어 고령 사람들도 부
산 지역 사람들처럼 일찍부터 대구를 먹고 살았음을 알 수 있었다. 지

••••••••••
41. 대구 불로동 91호분에서는 잉어 뼈가 나왔다.

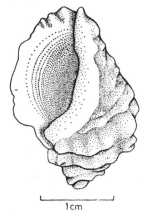

■ 고령 지산동 석곽고분(34SE-3)에서 나온 두드럭고둥 껍질. 78개 중 11개가 완전한 형태로 나왔다. 두드럭고둥은 우리나라 바닷가(조간대)에 흔한 고둥류이다.

금도 부산과 진해만의 대구는 유명한 만큼, 고령의 대구 역시 부산권에서 올라온 것으로 볼 수 있다. 고배에는 여러 토막의 대구가 담겨 있었는데, 그 중에서 6개의 척추 뼈를 확인하였다.[42] 이 대구 뼈는 고령 지산동 34호분 근처 석곽묘에서 나온 것인데, 이것으로 보아 이 무덤의 주인은 대구가 연안에서 잡히는 10월 말~2월 사이에 사망한 것으로 추정할 수 있다. 또 대구 뼈와 함께 6개의 고배에 담아 놓은 78개 분량의 두드럭고둥(Thais bronn ; Dunker)과 소라 그리고 게가 나와 당시 사람들의 어로 및 채집생활을 짐작할 수 있었다. 또 창녕 교동 14호분에서는 삼치·복어·광어(넙치)의 뼈가 나왔다. 복어는 위턱뼈(상악골) 1점이 나왔고, 삼치와 넙치는 척추뼈로 확인되었다. 이 무덤에 묻힌 삼치는 대형급으로 추정되었는

■ 주로 11~2월의 겨울 기간에 잡히는 대구

■ 가야인들은 치명적인 독을 갖고 있는 복어를 요리해 먹을 줄 알았다.

··········
42. 대구는 5년생의 경우 길이 80cm, 무게 4.3kg 정도가 된다(명정구, 국립수산과학원).

데, 삼치는 주로 6~9월에 잡히는 여름철 어종이다. 이와 같은 바닷고기는 부산·진해 등 경남 남해안에서 낙동강을 통해 들여온 것으로 볼 수 있다. 5세기 중후반의 무덤인 대구 불로동고분(91호분)에서는 상어 뼈가 나와 당시 가야권에서도 상어를 먹었을 것으로 짐작된다. 동래패총에서는 상어·참돔·다랑어·방어·대구·숭어 등의 생선뼈가 나왔고, 소라·홍합·전복·굴·따개비 등의 조개류와 함께 돌작살과 조합식낚싯바늘이 나와 후일 가야시대 어로 및 채집대상물 또한 부산·동래 일대에 살았던 신석기시대와 별로 다르지 않았음을 알게 해주었다.

사천 늑도 유적에서는 감성돔이나 참돔·숭어와 같이 연안에서 흔히 접할 수 있는 바닷고기를 잡아먹고 산 흔적을 찾아냈다. 그때도 바닷가 사람들은 고둥·소라나 각종 조개·게 등을 채취하여 먹고 살았는데, 그것만이 아니었다. 늑도 유적에서는 소뼈가 나와 가야인들은 소를 길렀음을 알 수 있으며, 닭과 개 또한 그들에게는 친숙한 가축이었다. 한 가지 흥미로운 사실은 김해와 창녕에서 고양이가 출토된 것이다. 창녕 교동14호분에서는 고양이가 몸통 부위를 제외하고 거의 한 마리에 해당하는 뼈가 나왔으며, 김해 회현동에서도 집고양이가 확인되었다(2011년). 경주박물관 부지 우물에서도 고양이가 나왔다(2011년). 그 사실 여부는 알 수 없으나 조선시대 이익은『성호사설』에서 '고양이는 장건이 서역에서 가져온 것'이라고 하였는데, 신라 및 가야 시대의 고양이는 대략 앞에 소개한 세 가지 출토 사례가 있다.

가야시대에도 소위 육축六畜 가운데 양을 제외하고 개·닭[43]·소·말·돼지를 널리 키웠을 것으로 보인다. 창녕 교동고분에서도 많은 양의 개

---

43. 고령 지산동고분, 대구 불로동 고분(91호분)에서도 닭뼈가 나왔다.

뼈가 나왔다.[44] 또 소나 말은 이동수단인 동시에 재산이며 농업에 유용한 동력원이었다. 신라에서는 6세기부터 농업에 소를 이용해 우경을 하였다. 가야는 쌀·보리 등의 곡물을 재배하는데 우경을 신라보다 먼저 시작하였을 가능성이 있다. 물론 이것은 기록에 있는 이야기는 아니다. 6세기 초(신라 법흥왕 때) 울진 봉평리에 세운 봉평리비에서는 얼룩소를 잡아 백성을 위로한 기록이 확인되었으니 가야에서도 소를 길러 우경과 운송수단으로 이용하였을 것은 분명하다. 참고로, 창녕 교동고분에서는 많은 양의 소뼈가 나왔다. 말뼈도 13호분에서 36점, 14호분에서 8점이 나왔는데, 이것들은 제의용으로서 여러 부분을 잘라 넣은 것으로 추정하고 있다.

가야 및 진한 지역에서는 말이나 소가 끄는 수레를 타고 다녔으며, 수레를 이용하여 물건을 실어 날랐다.[45] 이런 모습은 삼한 사회에 공통된 것이었다. 그러나 3세기까지는 소와 말이 주로 제의용으로 사용된 것 같다. 『삼국지』위서 동이전 한 조에서 "소나 말은 탈 줄 모르며 장례용으로 사용하였다"[46]고 하였으니 그렇게 볼 수 있다. 그러나 4세기부터 다양한 마구가 개발되었고, 승마기술이 축적되면서 말은 전쟁과 운송에 중요한 수단이 되었다. 창원 다호리나 고령 지산동·합천 옥전고분·김해 대성동과 양동리·부산 복천동·고성 송학동 등 가야 전역에서 나오는 재갈과 여러 종류의 마구는 가야인들이 말과 친숙한 생활을 하였음을 알려준다. 소와 말을 키워서 이동수단으로 삼았으므로 그것들을 키우기 위한 외양간과 마구간도 갖추고 살았을 것은 당연하다. 외양간이 없으면 늑대나 표범·호랑이 등으로부터 소와 말을 지킬 수 없기 때문

••••••••••
44. 교동13호분(17점), 14호분(16점) 출토
45. …乘駕牛馬…(『三國志』魏書 東夷傳 弁辰 條)
46. …不知乘牛馬 牛馬盡於送死…

이다.

　이동과 운송 수단으로 실생활에 말을 이용하다 보니 가야인들은 각종 마구를 발전시켰다. 4세기 이후 말과 마구가 일본에 전달된 것은 이런 흐름을 보여준다. 가야인들은 일찍부터 북방 선비족이나 고구려·부여의 마구 및 승마기술을 수용하여 능숙한 솜씨로 재갈이나 등자·행엽·운주와 같은 마구들을 만들어냈다. 이런 여러 가지 생활 이기들은 가야 고유의 양식과 색채를 형성하였다. 등자와 말고삐·안장을 갖춘 말이 짐과 사람을 실은 수레[47]를 끌거나 신속하고 편리하게 이동하기 위한 주요 운송수단이 된 것은 4세기 이후이다. 4~5세기에 들어서면 화려한 안교와 안장을 갖춘 말이 가야의 지배자를 태우고 달렸다. 고령 등 가야 지역에서 확인되는 다양한 마구는 가야 지배자들의 호화로운 삶을 전해준다. 가야 지역에서는 아직까지 소와 말을 이용하여 사람들이 타던 수레나 수레바퀴가 나온 사례가 없다. 그러나 중국의 사례를 포함하여 마구가 발전한 4~5세기 가야 사회를 감안할 때 이 시기에 적과의 싸움에서 전차가 도입되었을 가능성을 배제할 수는 없을 것 같다.

## 가야인들의 죽음과 장송의례

　가야인들은 사람이 죽으면 관이나 곽을 갖춰 묻었다. 그들은 무덤으로 목관묘(1~4세기)·목곽묘(2~5세기)·수혈식석곽묘를 주로 사용하였다. 가야 후기에는 횡구식 석실묘도 등장하였다. 가야의 무덤 형식은 시대에 따라 비교적 다양하게 변했고, 지역마다 약간의 차이는 있었으나 대략 같았다. 무덤에는 그곳에 잠든 사람이 평소 쓰던 물건들을 넣어주

----------

47. 그러나 아직 가야 지역에서 수레가 발굴된 사례는 없다.

었다. 초기에는 와질토기 또는 연질토기라는 이름으로도 부르는 '경도가 낮은 토기'들이 목관묘에 묻혔다. 토기를 굽는 온도가 낮고, 불을 다루는 기술과 제작기술이 발전하지 않은 단계였으므로 경도가 높은 토기를 만들지 못하였다. 그러므로 목관묘에는 경질토기가 없다. 이 시기 목관묘는 폭이 좁고 긴 형태와 폭이 조금 넓은 두 가지 유형이 있었다. 그 계통이 서로 다른 것이지만, 후자의 형식을 고조선계로 본다. 그런데 이런 목관묘 단계에서는 순장이 이루어지지 않았다. 목관에는 부장유물도 별로 많이 넣지 않는 편이었다. 가야 지역의 목관묘는 기원후 1~2세기에 주로 사용되는데, 여기에는 주머니호·우각형파수부호라든가 단경호·간단한 철기(철부나 철도자·화살촉) 등을 부장품으로 넣어주었다.

부장유물이 크게 늘어나는 것은 목곽묘부터이다. 2세기 중반에 이르러 영남지방에 목곽묘가 새로운 무덤 형식으로 등장하면서 가야의 무덤 양식에는 변화가 일어났다. 주곽 끝에 부장 칸을 따로 만들어 日자형의 목곽을 구성하거나 주곽과 별개로 부장곽을 설치하여 그 안에 여

■ 창원 다호리 유적에서 나온 통나무 목관(국립중앙박물관)

■ 가야인들은 산 아래로부터 위로 능선을 따라가며 무덤을 썼다. 가야시대 귀족과 왕의 무덤을 축조하던 모습을 재현해본 그림이다(고령 대가야박물관).

러 가지 물건을 넣어주었다. 부장품은 토기·철기(농구·무기·무장무구류·어구)·장신구 등 일상생활에서 사용하던 물건들이었다. 목곽묘에 넣는 부장품의 종류와 양이 전보다 크게 늘어난다. 뿐만 아니라 상류층의 사치품으로서 수정이나 옥으로 만든 목걸이와 많은 양의 유리구슬을 함께 묻어주었다. 이런 부장유물은 죽어서도 살아서와 다르지 않은 삶을 살기를 염원하던 가야인들의 정신세계와 사생관을 알려준다. 목곽은 마치 통나무집의 네 벽과 마찬가지로 통나무를 다듬어서 빈틈이 없이 가로로 얹어가며 짜 맞추었다. 이런 통나무 곽 안에 시신을 넣은 목관을 안치한 것이 목곽묘이다. 이런 목곽묘 양식은 부여에서 유입되었을 것이라고 보고 있다. 부여에서는 제가諸加가 죽으면 부장품을 후하게

■ 가야의 전형적인 무덤 형식인 수혈식 석곽묘(고령 대가야박물관 왕릉전시관)

넣어주는 후장厚葬을 하였으며, 관을 썼으나 곽은 없이 묻었다(有棺無槨).
가야의 목곽묘 중에도 목관을 쓰지 않은 사례도 있다. 그런데 가야의
목곽묘는 옥저의 영향도 일부 받았을 것 같다. 『삼국지』 동옥저전에 "장
례를 치르는데 큰 나무로 곽을 만든다. 길이는 10여 장丈이다."(…其葬作
大木槨長十餘丈)고 하여 가야의 통나무 목곽묘와 거의 같은 모양을 표현
하고 있기 때문이다. 다만 동옥저에서는 이런 대형 목곽묘를 가족묘로
사용하였다. 다시 사람이 죽으면 가매장을 하였다가 뼈만을 모아 목곽
에 넣는 방식이었다. 즉, 추가장을 한 것인데, 가야의 목곽묘는 대개 추
가장을 하지 않았으므로 이 점에 차이가 있다.

이 시기, 철기의 보급으로 생산력이 늘어나고 전쟁의 규모는 커졌으
며 살상력은 크게 증대되었다. 무기는 보다 대형화하고, 예리해졌으며

종류 또한 늘어났다. 그에 따라 방어 장비로서 투구와 갑옷·경갑과 같은 것들도 성능이 개선되었다. 정복전쟁이 잦아지면서 노예가 늘었으며, 신분이 분화되어 부와 권력에 따라 신분의 서열화가 촉진되었다. 신분의 분화에 따라 기원후 2세기 중후반부터 목곽묘의 부장유물이 더욱 늘어나고 순장이 시작되었다. 순장의 규모도 차츰 커졌다. 목곽묘와 수혈식석곽묘에 사람을 순장한 것은 이런 사회구조의 변화를 반영한다. 특히 5세기부터 수혈식석곽묘가 가야 사회에서 폭넓게 쓰이면서 순장의 규모는 더욱 커진다. 강력한 지배력을 가진 자가 나타나고 지배력에 서열이 정해진 결과로서 그 최정점에 있는 국왕은 살아서의 권력을 죽음에도 표현하였다. 무덤에도 가야 사회의 신분질서가 고스란히 반영되었는데, 이런 변화가 두드러지게 나타나기 시작한 것이 2세기 후반 목곽묘와 5세기 이후의 수혈식석곽묘이다.

한 마디로 무덤은 당시의 사회계층과 신분을 반영한다. 고령이나 함안·부산 복천동·창녕·김해 등지의 목곽묘나 수혈식석곽묘와 같은 대형 무덤에 2명 이상의 사람을 순장하는 것은 가야 사회의 계층구조와 권력을 가늠해볼 수 있는 척도가 된다. 사람의 순장은 절대왕권이 형성되기 전에 취약한 권력구조에서 생겨났다거나 그와 반대로 권력을 과시하기 위한 데서 나왔다고 보는 견해가 있다. 대개는 살아서의 권력을 표현한 것으로 볼 수 있다. 순장 대상은 죽은 이가 평소 거느렸던 첩과 노복이었을 것이다. 저세상에서도 그들로부터 시중을 받아야 했던 것이다. 『삼국지』동옥저전에 순장인의 신분을 추정해볼 수 있는 단서가 있는데, 그것이 바로 "비첩婢妾을 노복과 같이 대우하였다."(…以爲婢妾遇之如奴僕…)고 한 구절이다. 부여에서는 가 계층 신분의 지배층이 여름철에 죽으면 시신의 부패를 막기 위해 얼음을 썼고, 사람을 죽여 순장을 하였다. 많은 경우 백여 명이나 되었다. 그러나 가야의 순장은

■ 가야의 수혈식석곽묘는 폭이 좁고 길이가 길다(고령 대가야박물관 왕릉전시관).

기껏해야 2명에서 5~6명 정도였다.

순장과 함께 동물희생도 이루어졌다. 고령 지산동 44호분에는 희생동물로서 말과 소를 넣었고, 김해 예안리 1호분과 합천 반계제(가-A호)에서도 말 이빨이 확인되었다. 말을 순장 또는 제의에 사용한 것은 중국·한국·일본이 다 같았다. 대표적인 예로 일찍이 중국 은허 유적에서도 말을 순장하였다. 합천 옥전고분에는 사슴을 넣어준 사례가 있다. 그렇지만 과연 이것이 동물 순장인지 아니면 단순히 제사용으로 넣은 것인지는 앞으로 더욱 깊이 있게 검토해야 할 것이다. 본래 순장은 장송 및 제례 의식으로서 제단에 제물을 올리기 위한 것이었다.

중국의 기록에 의하면 마한 지역에서는 오로지 죽은 이를 위해 말과 소를 썼다고 하였다.[48] 무덤에서 나온 동물로 보면 그러한 풍속은 가야권에서도 별로 다르지 않았던 것 같다. 그런 점에서 고령 지산동고분에서 말의 흔적을 확인한 것은 상당한 의미가 있다.

반면 창녕 교동고분에서는 한 마리 이상의 여러 부위에 해당하는 소뼈가 나와 이것을 단순히 순장으로만 볼 수도 없게 되었다. 제물로 쓴 것이 아닐까 의심해볼 만하다는 뜻이다. 더욱이 가야의 수혈식석곽묘에서는 말 이빨만 나온 사례가 있어 제의에 말머리만을 사용했을 가능성도 있다.

··········
48. ···牛馬盡於送死(소와 말은 모두 죽은 이를 보내는 데 쓴다.)···(『삼국지』)

목곽묘는 그것이 수혈식석곽묘로 대체되기까지 대형화하였다. 대략 2~4세기 목곽묘 안에 부장하는 토기는 그 크기가 전보다 크고, 토기의 종류와 수도 많아진다. 이런 것은 생산력의 증대에 따라 저장기능도 확대되었음을 보여주는 것으로 이해할 수 있다. 다시 말해 이전 시대에 비해 한층 풍요로워진 사회를 반영한다는 것이다. 아마도 이런 변화의 바탕에는 다양하게 개발된 철제 농기구가 있었을 것이다. 철기(무기와 무구·공구)는 더욱 예리해지고 농기구는 기능이 개선되어 생산력을 높였다. 그리하여 권력만이 아니라 부의 차이에 따라서 부장유물에도 많은 차이가 생겨났다. 대형무덤일수록 고급 장신구를 무덤에 부장하는 사례가 늘어난 것 역시 사회경제적으로 한층 풍요로워진 가야 사회를 설명해주는 요소로 볼 수 있다.

가야권에서는 무덤을 만들기에 앞서 바닥을 고르고 흙을 다져 깐 다음, 불을 놓아 주변을 태워서 정화하는 의식을 가졌고, 시신을 안치한 뒤에는 그릇을 깨어 던지는 의식을 가졌다. 합천 옥전 M10호분의 바닥 정지면에서도 불에 탄 목탄과 패각(조개껍질)을 일정한 범위에 뿌린 것을 알 수 있었다. 그런데 가야권의 목곽묘에서는 목곽을 만들고 나서 시신을 안치하기 전에 목곽 내부를 불로 태우거나 낫과 같은 철기를 구부려서 못쓰게 만들어 목곽 안에 던지는 풍속도 있었다. 이것은 얼마 전까지 큰 나무를 베고, 그루터기 한가운데에 못 쓰는 칼이나 낫을 구부려서 박아두던 우리의 습속을 연상케 한다. 이 점에서 "봉토 내부·정지면·목곽 안에서 불을 피운 것은 모든 것을 태워서 악귀나 악령을 쫓아버리는 의식이자 묘지를 정화하는 의미로 볼 수 있다"는 분석을 귀담아 둘 필요가 있다. 때로는 목곽묘 안에 귀걸이와 같은 금속제품이나 유리제 장신구를 넣어주었는데, 이 중 일부는 살아있는 자들이 마지막으로 죽은 이에게 건넨 이별의 징표였을 것이다.

시신을 묻기 위해 무덤에 관을 내릴 때는 모시·삼베나 면포로 된 긴 끈을 관 밑에 넣어 양쪽에서 서로 맞잡은 상태에서 천천히 내려 준 사실을 창원 다호리 유적에서 알아내었으며, 묘광을 파고 관을 내리기 전에 먼저 바닥에 밤을 던져 죽은 이의 양식으로 넣어 준 사실도 알 수 있었다. 창녕 송현동 7호분에서는 밤과 참외씨·복숭아씨, 그리고 토기 안에 담긴 참다랑어(참치) 뼈 등이 나와 이것들이 제사 행위에 쓰인 것이었음을 알게 되었다. 밤을 먼저 무덤 바닥에 뿌린 것은 이미 창원 다호리 1호분에서 확인한 사실로서 이런 행위는 전통적인 제사 또는 장송의례로 파악할 수 있다. 다호리 1호분에서는 조두組豆에 따로 밤과 감을 올려두고 장송의식을 치렀으며, 김해 죽곡리 45호 석곽 옆의 제사유구에서도 대호·발형기대·단경호 등을 깨트려 던진 사실을 알 수 있었다.[49] 고령 지산동 44호분에서도 고배형기대나 통형기대와 같은 토기를 깨트려 버리는 제사행위가 이루어졌음을 확인하였는데,[50] 술잔이나 그릇을 깨어 던지는 행위는 부정을 막는 벽사행위이자 장송의례의 한 가지로서 본래 중국에서 유래한 것으로 볼 수 있다.[51] 또한 고령 지산동 44호분에서 5년생 대구가 그릇에 담겨 있는 채로 출토된 것이라든가 고배 등에 담은 누치·닭뼈[52]·새뼈 등은 제의용으로 볼 수밖에 없다. 짐승의 고기와 해산물·어류 등을 제의에 사용한 이런 제례의식은 백제와도 별로 다르지 않았던 것 같다. 4~5세기의 백제 유적인 강원도 원주 법천리에서도 민어·조기·상어·정어리·도미·준치 등의 생선뼈가 나온

●●●●●●●●●●●●
49. 죽곡리 45호 제사유구 외에도 77호, 94호 석곽에서도 대호를 깨트려 던지며 제의를 치른 사실을 알 수 있었다.
50. 지산동 32호, 34호, 35호분 호석 주변에 토기를 깨어서 버리거나 완전한 형태 그대로 놓아두는 제의행위도 있었다. 35호 호석 밖에서는 대옹·기대·고배와 같은 토기가 나왔다.
51. 이런 제의행위는 대구 불로동고분(91호분, 93호분)에서도 확인되었다.
52. 지산동 44호분 11호 석곽에서 닭뼈 출토

것을 감안할 때 가야 지역에서도 제의에 사용한 제물은 크게 다르지 않았을 것이다. 백제인이나 가야인 모두 장례 및 제례 의식으로서 평소 즐겨 먹던 것들을 함께 묻어준 것이다.

김해 대성동의 수장층 무덤과 창원 다호리에서는 큰 새의 깃털로 만든 부채를 죽은 이의 가슴 위에 올려놓았던 것을 확인하였다. 이처럼 가야인들은 매나 독수리와 같은 큰 새를 잡아 그 털을 함께 묻어 주었는데, 그것은 죽은 사람의 영혼이 하늘로 날아오를 수 있도록 해주기 위함이었다.[53] 새의 날개로 만든 부채는 우선羽扇이라 하여 조선시대까지도 상류층에서 흔히 사용하였다.

## 가야 사람들의 종교와 믿음

가야 사람들은 어떤 종교를 믿고 있었을까? 김해가야(금관가야·김해가야·가라국)에서는 불교가 확산되고 있었다. 왕후사王后寺와 장유화상長遊和尙에 대한 이야기며, 『삼국유사』 어산불영魚山佛影 편으로 보아 당시 김해가야에서는 불교가 토착종교를 포용해가는 과정을 알 수 있다. 어산 불영 편에 나오는 독룡은 토착신앙을 믿으며 불교를 반대하는 이들을 대신하는 상징적인 표현

■ 감이 담긴 고배. 창원 다호리 출토(국립중앙박물관)

물일 뿐이며, 토착신앙은 그 당시 영남 지역에 폭넓게 퍼져 있던 여러 종류의 잡신雜神들을 숭상하는 것이었다. 물론 조상신을 섬기는 제례라든가 부엌의 조왕신과 같은 토속신을 믿었을 수도 있다. 변진 지역에는

••••••••••
53. …以大鳥羽送死(큰 새의 깃털로 죽은 이를 보냈다.)…(『三國志』 魏書 東夷傳 弁辰 條)

일찍부터 각종 귀신을 믿는 풍습이 있었으니 다음 기록을 통해 그 무렵의 사정을 짐작할 수 있다.

"변진은 진한과 뒤섞여 산다. 역시 성곽이 있으며 의복과 거처는 진한과 같다. 언어와 법속도 서로 비슷하다. 귀신에게 제사를 지내는데 서로 다른 점이 있다."[54]

■ 흔히 굽접시라는 이름으로도 불리는 조두(국립중앙박물관)

진한과 변한 사이에 제사를 지내는 데도 서로 차이가 있었다는 것은 조상들에 대한 제사만을 의미하는 것은 아닌 것 같다. 서로 계통이 다른 사람들이 모여 살았기 때문에 조상신이나 토속신을 숭배하고 제사를 드리는 데도 다른 점이 조금씩 있었을 것이다.

이처럼 토착종교를 믿고 있던 가야 사회에 불교가 처음 전해지면서 겪은 갈등을 전하는 이야기가 어산불영 설화임은 분명하다. 그리고 왕후사는 가야 질지왕 시대에 지어진 것으로 전하고 있고, 장유화상이나 어산불영은 허황후·김수로와 관련된 설화이니 어산불영 설화와 왕후사는 비록 시기적으로는 많은 차이가 있을지언정 불교와 관련이 있는 이야기이다.

실제로 김해가야에 불교가 전해진 것은 아주 이른 시기였다. 흉노인 김씨들은 중국에 처음으로 불교를 전한 이들로서, 이 땅에 김씨들이 들어오면서 불교를 가져왔음을 『흉노인 김씨의 나라 가야』(p.423)에서 밝

54. 弁辰與辰韓雜居 亦有城郭 衣服居處與辰韓同 言語法俗相似 祀祭鬼神有異(『三國志』魏書 東夷傳 韓條)

■ 고령 양전리의 암각화(고령 대가야박물관)

헌 바 있다. 또한 명월사 구비에 기원후 144년에 명월사 터에 집을 짓고 불교를 믿었던 사실과 4세기 중반 이미 창녕 지역에서는 중국 남부로부 터 불교를 받아들인 사실도 함께 자세히 설명하였다.

5세기 이후 대가야에서도 불교를 믿었다. 그것을 전해주는 가장 강력한 증거가 월광태자와 월광사 및 거덕사에 관한 이야기이다. 『신증동국여지승람』 합천군 고적 조에는 거덕사에 관해서 "절터는 해인사 서쪽 5리에 있다. 최치원이 지은 석순응전釋順應傳에 '그 서쪽 산 두 시냇물이 만나는 곳에 거덕사라는 절이 있는데 옛 대가야국 태자 월광이 결연한 곳'이라고 하였다"고 기록되어 있고, 월광사에 대해서는 "야로현 북쪽 5리에 있다. 대가야 태자 월광이 창건한 절이다"라고 적었다.

562년(진흥왕 23) 신라의 이사부異斯夫가 대가야를 정벌할 때 사다함

■ 가야에서 개발된 12줄의 12현금. 즉, 가야금 복제품이다(고령 대가야박물관).

이 넘었다는 대가야의 성문이 전단량旃壇梁이었다. 전단旃壇은 불교와 직접적인 관계가 있는 용어로서 이것만으로도 대가야가 불교를 믿고 있었다고 볼 수 있다. 고령 대가야는 5세기에 이미 중국 남부지방과 교류하였고, 그 과정에서 남방의 불교를 받아들였던 것 같다. 그 단서가 전단이라는 용어인데, 본래 전단旃壇이라는 말은 힌두어 '찬단Chandan'을 음역音譯한 것이다. 나중에는 이것을 자단이라는 말로 대신하였다. 자단은 자단목紫檀木을 이른다. 자단목은 오랜 옛날부터 문화적으로나 경제적으로 매우 가치 있는 목재로 인식돼 왔다. 자단목의 심재부心材部에서 채취하는 정유(精油, Essential oil)를 따로 단향檀香이라는 이름으로 부르기도 한다. 자단목을 단향으로 부르기도 하였다. 자단목은 동양에서 기원전 5세기 전후부터 사용해 왔다. 특히 불교와 힌두교권에서 오랜 세월 조각품이라든가 장식품·고급 가구 등에 사용하였으며 그 향인 단향 또한 귀중하게 여겨왔다. 기원전 300년경 인도에서는 칼리다사Kalidasa가 자단목판에 산스크리트어로 쓴 서사시가 현재까지 전해오고 있을 정도로 자단목을 사용한 역사가 깊다. 자단목은 인도와 중국인들에게 2천 5백여 년 이상 매우 귀한 목재로 인식되었고, 그 향 또한 종교나 제례 등 각종 의식에 사용해 왔으며, 비싼 값으로 거래되었다. 사다함이 넘은 '전단량'은 대가야 왕성의 정문과 문지방이 바로 이 자단목으로 만들어져 있었음을 의미한다. 량樑은 흔히 상량上樑 즉, 대들보의 개념으로 사용되지만 대가야의 성문 전단량은 '자단목으로 만든 성문의 문지방'을 의미한다. 후일 신라에서도 자단목은 아주 귀한 목재로 여겨져 왕가에서만 사용하였다. 『삼국사기』 잡지[車騎]에 "진골의 경우 수레 재목으로 자단과 침향沈香은 쓰지 못한다.…"고 하였다. 오로지 국왕과 왕가 중에서도 성골만이 수레 제작용 목재로 자단과 침향을 쓸 수 있었던 것이다.

불가에서는 자단을 매우 중시하였다. 그리하여 불상이나 탑·사찰을 자단목으로 짓는 경우도 있었다. 전단栴壇이나 자단紫檀은 대가야에 남방 불교가 유입된 증거로 볼 수 있는 용어이다. 동시에 그것은 당시 중국 남부는 물론 멀리 동남아시아 지역까지 가야와 교류가 있었음을 알려주는 것으로 이해할 수 있다. 이미 창녕 송현동 6·7호분에서 녹나무관이 출토되어 남방 지역과의 교섭을 짐작할 수 있게 해주었듯이 녹나무인 장뇌목樟腦木과 전단栴壇 또는 자단紫檀이라는 용어로써 가야권에서 남방 지역의 문물을 일찍부터 받아들였음을 유추할 수 있는 것이다. 전단이라는 말은 일찍부터 불경에서도 흔히 사용되었다. 하나의 사례이지만, 묘법연화경妙法蓮華經에 "…산 깊고 험한 곳에 전단栴壇 나무 꽃이 피고 중생들 그 가운데 있으니…"라는 구절이 있다. 물론 묘법연화경에는 이 외에도 전단나무나 전단 꽃과 관련된 구절이 꽤 많이 보인다.

　다음으로 대가야의 불교를 짐작케 하는 것이 우륵12곡의 곡명이다. 12곡[55] 가운데 사자기獅子伎를 불교와 관련된 것으로 보고 있다. 최치원은 사자기를 고비사막[流沙]을 넘어온 서역의 풍속으로 파악하고 산예狻猊로 소개한 바 있다.[56] 우륵12곡 가운데 보기寶伎 또한 불교와 관련이 있는 것으로 추정하고 있다. 그리고 『삼국사기』 열전 강수전強首傳에 강수는 임나가라任那加良 사람으로 기록되어 있는데, 거기에 강수가 유교를 공부하게 된 과정을 밝히면서 불교를 언급하는 대목이 있다. 아버지 석체昔諦가 아들 강수에게 불교와 유교 중에서 어느 것을 배울 것인지를 묻자 불교 대신 유교를 택했다는 구절이 있다. 이것 역시 임나가라와 신라에 오래 전부터 불교가 유행하고 있었음을 알려주는 것이다.

　다음으로, 고령 고아동 벽화고분의 천정에 그려진 연화문 또한 대가야의 불교를 전해주는 실증적인 자료이다. 이 연화문은 공주 무령왕릉이나 송산리 6호분의 연화문과 같은 양식으로, 바로 이 연화문으로 말미암아 고령 대가야의 불교는 백제에서 유입되었을 것이라는 견해가 제기되었다. 물론 대가야 불교는 김해가야(금관가야)로부터 전해진 것이라거나 중국 남제南齊로부터 전해졌을 것이라는 의견도 있다. 가라국왕이 479년에 남제에 사신을 파견한 것을 볼 때 가야 지역에 매우 일찍 불교가 전해졌고, 5세기부터 고령 대가야에서는 남방불교를 받아들였을 것으로 파악하는 것이다. 6세기에 백제는 지금의 캄보디아인 부남국扶南國에서 들여온 각종 보화를 왜에 전해주었을 만큼 중국

----------

55. 上加羅都, 下加羅都, 寶伎, 達已, 思勿, 勿慧, 下奇物, 上奇物, 獅子伎, 居烈, 沙八兮, 爾赦

56. 산예(狻猊)는 사자이다. 최치원의 '산예'라는 시가 있다. "멀리 유사(流砂, 사막)를 넘어 만 리를 오니 털은 다 빠지고 먼지만 남았구나. 머리를 흔들고 꼬리를 내둘러 어질게만 보이니 그 호기(豪氣)가 어찌 뭇짐승과 같겠는가(流砂萬里來 毛衣破盡着塵矣 搖頭掉尾馴仁德 雄氣寧同百獸才)." 이것은 사자탈춤을 표현한 것으로 볼 수 있다.

남부 지방과 빈번하게 교류하였으니 백제와 마찬가지로 4~5세기의 가야 역시 중국 남부지방을 통해서 남방불교와 접촉했을 가능성은 충분히 있다.

이상을 정리하면, 고령 대가야의 불교는 애초 김해로부터 확산된 것이며, 후에 고령은 중국 남제 등으로부터 남방불교를 받아들였고, 5세기 말 이후 백제와 대가야의 밀접한 관계가 유지되던 시기에는 백제의 영향도 받았다고 보는 게 자연스러울 것 같다.

## 가야인들의 문자생활과 정보교환

가야인들의 문자생활을 보여주는 자료가 창원 다호리유적에서 처음으로 확인되었다. 다호리 1호분에서 여러 자루의 붓이 출토되어 그 당시 다호리 일대를 지배했던 사람들은 붓으로 글을 써서 기록하거나 의사를 전달했음을 알게 되었다. 붓과 함께 나온 작은 손칼은 종이가 없던 고대 사회에서 나무나 죽편에 글을 쓰는데 사용하던 것이었다. 나무를 잘라 좁고 길게 깎은 목편木片에 글을 쓰기 위해, 그리고 글을 썼다가 지울 때 표면을 깎아내는 데 칼이 반드시 필요하였다. 물론 이런 칼은 때로는 붓을 대신했을 수도 있다. 『한서漢書』에 '소하蕭何와 조참曹參은 모두 진秦 나라의 도필리刀筆吏로서 한나라에 기용되었다'고 하였으니 이런 전통은 가야 사회에서도 이어졌을 것이다. 붓이 있었는데도 도필刀筆이라고 하여 칼로 죽간이나 목간에 글자를 새기는 방식이 통용되었을 수 있다. 옛날에는 간첩들이 도필을 가지고 대쪽에 새겨 글을 썼다. 아마도 그것은 가야나 신라에서도 마찬가지였을 것이다.

지금까지 목간은 김해 봉황동·경주 안압지·경주 월성해자·익산 미륵사지·부여 관북리·부여 능산리사지·부여 궁남지·하남 이성산성·함안 성산산성·인천 계양산성(논어 목간) 등 많은 곳에서 나왔다.[57] 이들은 대개 5~6세기 이후의 것들로서 그 내용은 의사 또는 정보전달을 위한 것이 아니라 기록용이 대부분이다. 함안 성산산성에서 나온 목간 중에는 奴人鹽노인염·稗一石피일석·稗一피일 등과 같은 글자들이 있는 것으로 보아 이것은 각 지역에서 거둔 조세나 소금·피·보리와 곡물의 종류 및 생산자(납세자)를 구분하기 위해 먹으로 써서 표시한 일종의 목패木牌였을 것으로 보인다. 이런 방식은 가야가 왜나 백제와의 교역에서도 흔히 사용하던 것이었으리라고 추정된다.

이런 목패들로 보건대 기원후 5~6세기까지 가야나 신라에서는 한지가 생산 보급되지 않았을 것이고, 설령 종이가 있었다 해도 손쉽게 기록과 의사 전달을 할 때는 모두 목간에 썼음이 분명하다. 당시는 기록 수단으로 한자만을 사용하던 시대였고, 우리말을 한자로 표기한 사례가 백제와 신라 목간에 고루 보인다. 목간의 재료는 주변에서 흔히 구할 수 있는 목재였다. 백제·신라 지역에서는 대략 소나무를 가장 많이 사용하였다. 그런데 함안 성산산성의 사례로 보면 전나무·버드나무·굴피나무·밤나무까지 사용하였다. 함안 성산산성 출토 목간은 가야가 신라에 병합된 뒤, 30년 가량 지나서 신라가 관리하던 때의 것이지만, 목간의 재료를 선택하는 방식은 그 전시대 가야에서도 대략 같았다고 볼 수 있다.

물론 신속하게 또는 비밀스럽게 정보를 전달할 때는 목간보다는 비단이나 명주 또는 삼베나 각종 피륙(사슴가죽이나 기타 가죽)에 먹으로 써서 주고받았을 것이다.

그러나 가야시대 글을 가르치던 전문교육기관이 있었는지는 알 수

----

57. 목간(木簡)이란 용어는 사실 틀린 말이다. 목편은 엄밀히 말하면 독(牘)이고, 죽편으로 된 간찰(簡札)은 간(簡)에 해당하므로 독간(牘簡) 또는 간독(簡牘)으로 써야 마땅하다.

없다. 일찍이 중국 은殷 왕조에서는 글을 가르치는 학교(상庠)가 있었고, 고구려엔 경당扃堂이 있어 귀족의 자제를 가르쳤다. 그러나 가야에는 서당이나 학교와 같은 전문 교육기관이 있었다는 기록은 없다. 하지만 기록이 없다 해서 그 당시에 글을 가르치고 배우는 서당과 같은 것이 없었다고 단정할 수는 없다. 가야인들은 고조선의 정통 후예들이었던 만큼 상층부 지배층은 전통적으로 한자를 사용해온 사람들이었다. 그러므로 어떤 형태로든 교육기관은 있었다고 봐야 하겠다. 하지만 대개의 경우 문자와 지식은 주로 집에서 개인에서 개인으로 전달되었을 것으로 보인다.

## 가야인들의 병장기와 전쟁

가야의 대장장이들은 철의 생산과 단야(가공) 기술에 커다란 진보를 가져왔다. 그들은 자신들의 기술을 바탕으로 철기를 주도적으로 발전시켰다. 철기는 한층 정교해지고 세련되었으며 농기구와 무기의 종류도 다양해졌다. 무기는 살상력이 높아졌고, 각종 판갑옷이나 미늘갑옷(찰갑)·투구·마주와 마갑 등 철갑 병장기의 방어력도 좋아졌다. 가야 지역의 많은 유적에서 확인한 유물로 볼 때, 철기는 가야인들에게 대단히 중요한 것이었다. 아마도 가야의 지배층은 처음부터 철을 국가의 주력산업으로 활용하였던 것 같다.

가야 사람들은 일찍부터 철기의 유용성을 생활에서 체득하였다. 철기 보급에 따라 농기구의 종류가 다양해지면서 농업생산력이 크게 증대되었듯이 각종 방어장비라든가 병장기 등 무기의 발전으로 지배 권력이 더욱 강화되었다. 이렇게 한층 성장한 경제력과 무력을 바탕으로 가야 사회에서는 신분의 분화가 크게 촉진되었다.

■ 가야에서 전쟁을 지휘하는 상층 무관은 기마전을 중심으로 하였고, 별도의 기병부대도 있었다고 볼 수
있다(고령 대가야박물관).

철기의 발달은 도끼나 자귀·낫·칼·삽과 같은 도구 외에 제철 및 단
야를 위한 망치·집게 및 끌과 같은 여러 가지 공구도 함께 발전시켰다.
그 중에서도 창·칼·유자이기(미늘쇠)라든가 투구·경갑·찰갑 그리고 마
구와 같은 여러 가지 무구류의 발전은 놀라운 것이었다. 그러나 마한
과 마찬가지로 3세기까지 가야에서는 보전步戰 즉, 보병을 중심으로 전
쟁을 하였다.[58] 그래서 초기에는 미늘갑옷(찰갑)보다는 여러 종류의 판갑
옷을 먼저 개발하였으며, 경갑과 투구를 실전에 두루 사용하였다. 4세
기 초반까지도 가야에서는 보전을 위주로 전쟁을 하였다. 그러나 가야

• • • • • • • • • • •
58. …便步戰兵仗與馬韓同…(『三國志』魏書 東夷傳 弁辰 條). 뿐만 아니라 동예 사람들도 '보전에
능했다'(能步戰)고 『삼국지』 예전(濊傳)에 기록되어 있다.

인들은 4~5세기에는 찰갑을 적극적으로 사용하기 시작하였다. 찰갑으로의 변화는 한 마디로 전쟁 방식의 변화를 의미한다. 전쟁은 기병전에 보병전을 겸하는 방식으로 바뀌었다. 지배층 전사는 그 자신뿐 아니라 그가 타는 말에도 철갑옷을 입혔으며 말투

■ 가야의 철갑옷과 각종 무기류(고령 대가야박물관)

구인 마주馬冑도 사용하였다. 말에 입히는 철갑옷인 마갑은 고구려의 고분벽화에서 보는 것과 똑같은 찰갑으로, 그것이 함안 마갑총에서 출토됨으로써 가야시대 개마무사의 존재를 알 수 있었다. 동래 복천동과 합천 옥전고분에서는 여러 벌의 마주가 나왔고, 함안 마갑총의 마갑으로써 가야인들이 사용한 마장·마구의 모습을 확인하였다. 왕이나 장수는 전령을 따로 두어 의사를 전달하였으며, 말꽁무니의 기꽂이에 기를 꽂아 전령과 피아를 구분하였다. 군대는 정보를 효과적으로 교환하기 위해 깃발과 북·고각 등을 사용하였다.

상층의 전사와 지휘관들은 찰갑에 경갑을 착용하고 마주와 마구를 갖춘 말을 타고 싸움을 주도하였다. 그들은 여러 종류의 판갑을 입은 보병과 궁수병을 거느리고 싸움터를 내달렸다. 철제 칼과 창(투겁창) 외에 보병과 기병을 막론하고 화살과 활은 전쟁에 필수적이었다. 근접전에서 사용하는 병기는 칼과 창이 중심이었다. 청동기시대 내내 불과 30~40cm 이하의 짧은 칼과 창을 사용하던 전통은 급변하여 철기의 등장과 함께 장신화 하였다. 70~80cm 이상 1m 전후의 대도를 개발하여 실전에 사용하였고, 창의 길이도 크게 늘어나 손잡이까지 포함된 창의 전체 길이는 3~4m 이상으로 길었다. 이것은 동예에서 사용한 창의 길

이로 설명할 수 있겠다. 『삼국지』 예전濊傳에 "창은 길이가 3장(丈, 세 길)으로 길게 만드는데, 간혹 여러 사람이 함께 잡는다"(…作矛長三丈 或數人共持之…)고 하였으니 사람의 키를 1.7m로 계산해도 5.1m나 되는 길이였다. 이런 창은 여러 사람이 마주 쥐고, 창수들이 줄지어 서서 말 탄 기병의 공격을 막아내는 데도 쓰였다. 이와 같은 방식은 가야 군대에서

■ 부산 복천동 22호분에서 나온 화살통

도 같았을 것이다.

화살은 전통적으로 슴베가 있는 것과 없는 것을 모두 사용하였다. 철기의 발달과 더불어 무기의 종류가 한층 분화되면서 방어용 무장무구도 더욱 강력해졌고, 기능 또한 크게 개선되었다. 전사를 보호하기 위해 여러 종류의 투구가 개발되어 실전에 사용되었으며, 목을 보호하는 경갑 그리고 팔이나 정강이를 보호하는 장비도 사용하였다.

전쟁이 일어나면 남녀노소 누구나 전쟁에 참여하였고, 성인은 누구든 보병 또는 기병으로 참전해야 했다. 부여에서는 적이 있으면 제가諸加가 스스로 나가서 싸웠다(有敵諸加自戰). 그때 하호는 식량과 음식을 책임졌다. 이런 방식은 가야에서도 대략 같았을 것이다. 지금까지 가야 지역에서 나온 유물을 보면 이미 3~4세기에 병장기는 크게 발전하였고, 저장수단도 대형화하는 추세를 보였다. 생산력의 증가, 잦은 전쟁

■ 부산 복천동(동래) 22호분에서 나온
　화살통 부속(부분)을 바탕으로 재현한 복원품

으로 인한 포로의 증가, 부와 권력의 차이에 따른 서열화에 따라 가야인들의 신분도 종전보다 더 분화되었다. 권력(무력)과 경제력의 차이로 다양한 계층이 있었고, 신분이 높은 사람일수록 많은 노비를 거느렸다. 고구려에서는 평민도 노비를 거느렸으니 그 또한 가야에서도 크게 다르지 않았을 것이다. 노비는 평소 소유자의 생산력으로, 그리고 전쟁에는 주인을 돕는 노동력 또는 전사로 동원되었다. 부상병을 돕거나 음식을 만들고 정보를 수집하는 일에는 여성들도 참여하였던 것 같다.

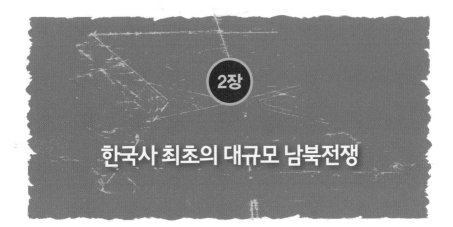

## 2장

# 한국사 최초의 대규모 남북전쟁

## 400년 고구려 군대의 가야 원정과 김해가야의 쇠락

우리의 역사와 문화를 이야기할 때 사람들은 으레 경주의 천마총이나 황남대총 또는 금관과 같은 유물을 먼저 떠올릴 것이다. 4~5세기 이후의 화려한 유물·유적 가운데 대표적인 것들이니까. 하지만 신라는 2~3세기까지는 사로국이라는 소국에 불과했으며 몇몇 가문의 연립정권으로 유지되었다. 신라는 4세기 중반 이후에야 비로소 문화의 전환기를 맞게 되고, 5세기 초 고구려의 후원으로 드디어 영남의 패자로 부상한다. 신라가 비약적으로 발전을 이루게 되는 시기는 5세기 후반, 즉 400년대의 후반으로부터 6세기 초 사이다. 3세기 말까지도 신라는 나라치고는 가난하고 보잘 것 없는 나라였다. 여러 유적에서 나오는 유물들을 보면 이 시기의 신라 사회와 정치 집단은 그 세력이 가야와는 비교가 되지 못했다.

신라가 이제 막 국가로서의 모양새를 미처 다 갖추기도 전인 2~4세기, 신라의 서남쪽 낙동강 건너편 김해에는 철기 문화가 활짝 만개하고 있었다. 신라가 이제 겨우 첫걸음을 떼었을 즈음, 가야는 이미 국제적인 해상왕국이자 상공업 중심의 선진국으로 발돋움하고 있었다. 특히 김해가야의 성립 이전에 변진 각 지역에는 마치 고대 그리스의 도시국가와 같은 형태의 소국들이 형성되어 있었다. 가야 사회는 이들을 통합하여 김해와 함안 그리고 동래 복천동 등 몇몇 지역을 중심으로 변화하여 갔다. 같은 시기 신라 또한 낙동강 동편의 경북 지역에 난립해 있는 소국들을 차례로 통합해 나가기 시작하였다. 그리하여 3세기 후반 경남 남해안의 가야권에서는 포상팔국전이 일어났고, 그것을 계기로 영남 지역은 신라(경주)와 함안·김해 등지에 근거지를 둔 가야 세력을 중심으로 재편되었다.

그러나 빠르게 성장하던 가야는 기원후 400년, 신라와 고구려 연합군의 침공으로 말미암아 갑자기 쇠락의 길로 접어들었다. 이 전쟁으로 많은 수의 가야인들이 영남의 여러 곳으로 유리했으며 적지 않은 수가 이 땅을 떠나 일본으로 건너갔다. 그들은 일본에서 새로운 정착지를 개척했고, 거기서 또 다시 새로운 문화를 일구었다. 그야말로 400년 광개토왕의 고구려와 신라 연합군이 가야를 상대로 벌인 전쟁의 충격과 파급효과는 컸다. 그것은 한반도의 정치세력 간 중심축을 뒤흔들어 버린 대사건이었으며, 3세기의 포상팔국 전쟁과는 비교도 안 될 정도로 전쟁의 규모가 컸다. 이 전쟁에는 신라·고구려와 가야·백제·왜가 직접 맞닥뜨렸고, 가야·왜를 측면에서 돕기 위해 백제와 후연後燕이 외교적으로 손을 잡았다.

가야의 대장장이는 밀가루 반죽보다는 쇠를 다루는 일에 한결 능숙했다. 김해박물관이나 부산 복천동박물관에 가서 가야시대의 갑옷과 투구 그리고 다양한 철제 무기를 보라. 그것들이 과연 1천6백여 년 전, 이 나라의 남쪽 끝에서 한국인의 손으로 빚어낸 물건들인가 찬탄하게 될 것이다.

1592년 임진년壬辰年 사월 열나흘 날, 동래 절영도와 부산진으로 상륙한 왜적倭賊 떼는 남해에 들어오는 첫 멸치 떼만큼이나 많았다. 이날로부터 시작된 7년간의 모진 마파람은 동아시아 주요 정치세력의 축을 뒤흔들었으며 그것은 모진 태풍이자 칼바람이었다. 그러나 화살도 뚫지 못할 만큼 강력하고 화려하며 세련된 왜인들의 갑옷과 챙 달린 철갑투구를 만든 원천기술은 가야의 것이었다. 보병과 기병을 적절히 혼합 편성해 터진 봇물처럼 휩쓸고 지나가며 이 땅의 민초들을 이제 막 허벅지께에 오른 보리를 베듯 토막 내며 짓쳐오던 그 왜적들의 일본도는 보기만 해도 소름이 돋는 명검이지만, 그 원천기술 또한 가야의 것이었다.

임진왜란 당시 이 땅의 죄 없는 백성들을 무참히 베어버린 왜인들의 정교한 철제무기는 일찍이 김해의 가야인들이 일본으로 건너가 그들 자신의 피땀 어린 노력과 기술을 대물림하여 만들어낸 것이었다. 이 땅에서 넘어간 가야의 대장장이들에 의해 전승된 기술로 빚어진 무기가 1천2백여 년 후 자신의 선조들이 뿌려놓은 이 땅의 민초들을 논두렁 잡초 베듯 넘어뜨린 것이다.

그 임진년에 비할 바는 아니지만, 기원후의 역사가 기록한 우리의 첫 대규모 국제전은 400년 낙동강 하류와 영남지방에서 펼쳐졌다. 그러면 과연 경자년(400년) 가야에 불어닥친 전쟁바람은 어떠했을까? 철갑 기마부대와 첨단 철제무기로 무장한 고구려·신라 연합군과 가야·왜군의 대규모 충돌이었다. 그러나 이 전쟁은 임진왜란처럼 오랜 기간 진행되지는 않았다. 단기간에 속도전으로 끝났다. 임나가라의 도성인 종발성을 함락한 직후, 고구려 군대는 신속히 철수하였다. 고신연합군은 임나가라의 항복을 받아내고는 많은 포로와 전리품을 챙겨 귀환하였을 것이다.

자, 이제 무대를 북쪽으로 옮겨서 압록강 건너 중국 길림성吉林省 집안輯安으로 가 보자. 집안현[1]의 광개토왕비[2]에는 400년 고구려 광개토왕 군대의 대규모 가야원정 내용이 들어있다. 고구려·신라군과 가야·왜군이 낙동강 하구를 중심으로 벌인 남부지방에서의 첫 국제전을 낙동강에서 북으로 3천여 리나 떨어져 있는 집안의 저 광개토왕비가 증언하고 있는 것이다. 가야인들이 전하지 못한 가야사의 일면을 이렇게나마 고구려인들이 전해주고 있으니 고마울 수밖에. 광개토왕 비문 가운데 가야의 역사를 이해하는 데 가장 중요한 부분을 보자.

"영락永樂 10년(400년) 경자庚子에 광개토왕은 보병과 기병 5만을 보내 신라를 구원했다. 신라 남거성男居城으로부터 신라성新羅城 사이에 왜가 가득 차 있었다. 바야흐로 고구려 군대가 이르자 왜적이 물러가므로 뒤를 쫓아 급히 추격하여 임나가라任那加羅 종발성從拔城에 이르렀다. 성을 공략하자 성이 곧 귀순해 왔다. 안라인수병安羅人戍兵이 신라성을 함락하였다. 군대는……(비문 글자 마모로 알 수 없음)…○○성을 ○하고 안라인 수병을 두어 지키게 하였다.…옛날에는 신라 매금寐錦이 몸소 와서 섬긴 적이 없었는데 ○○○광개토경호태왕 14년 갑진년[3]에 이르러 신라 매금이…( )…고구려에 조공하였다."[4]

이 비문을 통해 비로소 우리는 임나가라의 왕성이 종발성임을 알게

----

1. 태왕향 구화리 대비가(太王鄉 九華里 大碑街)에 있다.
2. 기원후 414년, 아들 장수왕이 건립. 총 44행 1775자로 이루어져 있다. 고구려의 건국설화와 대외 정복전쟁, 광개토왕의 능묘를 지키는 수묘인(守墓人)을 정복지에서 징발한 내용 등으로 구성되어 있다.
3. 404년에 해당한다.
4. ○○는 광개토왕비문에서 결락되어 판독할 수 없는 글자임

되었고, 종발성은 김해에 있었으리라고 짐작하게 되었다. 왜를 급히 추격하여 다다른 곳이 임나가라이니 그곳에 가야와 왜의 연합군이 있었던 것이다. 신라와 고구려의 연합군이 함께 힘을 모아 몰아붙인 이 싸움에서 지리를 잘 알고 있는 신라군은 고구려군의 선봉 길잡이 역할을 했을 것이고, 고구려의 5만 대군을 중심으로 한 고·신연합군은 바람처럼 짓쳐 들어가 임나가라(김해가야)를 재빠르게 제압하였다. 그 당시 신라성에서 남거성에 이르기까지 왜가 가득하였다 하였고, 왜와 가야가 연합한 상태였으니 고구려 군대에 대항한 가야와 왜군의 규모도 대략 그와 비슷한 숫자였으리라 짐작된다.

이 싸움이 있기 전에 김해 가야는 왜와 함께 가야의 국성國城인 임나가라 종발성을 거점으로 삼아 신라로 쳐들어갔다. 그것이 고신연합군이 가야를 원정하게 된 도화선이었다. 그때 신라는 얼마나 다급했는지 고구려에 사신을 급파하여 구원을 요청했다. 대규모 전쟁이 일어나기 한 해 전인 광개토왕 9년, 그러니까 기해년(기원후 399년)의 기사는 급박했던 신라의 사정을 생생하게 전해주고 있다. 역시 광개토왕비의 내용이다.

"9년 기해(399년) 백잔百殘이 서약을 어기고 왜와 화통하므로 왕이 평양으로 순행하여 내려갔다. 신라가 사신을 보내 왕께 이르기를 '왜인이 우리 국경 안에 가득 차서 성을 무너뜨리고 못을 부수어 노객奴客[5]을 신민臣民으로 삼으려 합니다. 왕께 귀의하여 도움을 청합니다'고 하였다. 태왕이 자애로운 마음으로 그 충성을 칭찬하고 특별히 사신을 돌려보내며 비밀스런 계책을 알려주었다."

광개토왕이 국내성에서 평양성으로 간 것은 가야 출정을 위한 준비

..........
5. 노예처럼 얽혀 사는 존재. 신라왕을 이름

였을 것으로 짐작된다. 아마도 399년에 가야는 신라를 정복할 셈으로 왜군을 불러들였으며, 왜군이 들어와서 줄곧 주둔하고 있다가 이듬해 고구려 군대에 대파당한 것 같다.[6] 광개토왕비에 신라의 요청을 받아들여 고구려 군대가 출정하였으나 '고구려의 가야 원정은 신라를 구원하기 위한 전쟁이었으며 그 틈을 타서 고령이 맹주국으로 등장한다.'고 보는 견해도 있다.

물론 광개토왕 군대의 남정은 단순히 신라를 돕기 위한 것이 아니었다. 그보다는 고구려의 이해와 관련된 전략적 판단에서 추진되었다. 또한 김해의 가야가 왜와 함께 신라를 침입한 것도 그저 단순한 사건은 아니었다. 백제-가라-왜가 한 편에 서서 신라를 압박하였으므로 이런 세력판도에서 신라는 고구려를 끌어들여 가야·왜에 대한 그간의 수세적 입장을 공세적으로 전환시킬 수밖에 없었다. 광개토왕비의 비문 내용으로 보더라도 왜·백제·가야가 고구려·신라의 반대편에 섰음을 알 수 있다. 그러나 광개토왕비의 위 내용만으로는 경자년 원정 대상에 백제가 포함되었는지는 알 수 없고, 백제를 정벌하기 위한 고구려의 구체적인 움직임은 나타나 있지 않다. 하지만 『삼국사기』의 기록을 분석해 보면 이 당시 고구려의 움직임에 따라 백제도 분주히 대비하였고, 양측은 충돌할 듯 긴장국면으로 옮겨 갔음을 알 수 있다. 더구나 백제는 397년(아신왕 7년)과 그 이듬해에 고구려를 치려고 군사와 말을 징발하였는데, 그때 많은 백제인들이 신라로 도망하였다.

이 무렵 고구려가 군대를 움직이게 된 배경이 백제에 있었음을 넌지시 전하고 있다. 광개토왕비에는 고구려와의 약속을 깨고 백제가 몰래

• • • • • • • • • • •

6. 여기서의 왜(倭)는 3세기에 정착하여 가야화한 왜인을 의미하는 것으로 파악하는 연구자가 있다. 즉, 재지화한 왜인으로, 이 속에는 가야인과 왜인 사이에 태어난 왜계 가야인도 포함된 것으로 이해하면 될 것이다. 이런 사람들을 가라꼬(から乙)로 불렀다는 일본의 기록이 있다.

왜와 교류한 것을 문제 삼아 광개토왕이 평양으로 움직인 것처럼 그리고 있는 것이다. 백제의 움직임에 맞서 고구려가 전쟁을 준비하자 이런 긴박한 상황에 미리 대비하기 위해 백제는 397년에 왜와 화친을 맺었다. 한 해 전인 396년 고구려 광개토왕이 수군을 데리고 직접 출정하여 백제를 무너뜨렸을 때 백제 아신왕은 광개토왕에게 무릎을 꿇고 영원히 고구려의 노객奴客이 되겠노라 빌면서 생구(노예)와 세포를 바치고 겨우 고구려 군대를 물릴 수 있었다. 이 사건이 있은 직후인 397년에 백제가 왜와 화친을 맺은 것이니, 백제와 왜의 화친은 고구려의 움직임에 대비하기 위한 것이었음이 분명하다. 가야와 왜의 밀착 그리고 백제와 왜가 연합하여 왜-가야-백제가 한 편이 되면서 가야 및 백제의 요청에 따라 왜가 신라를 침입한 것으로 짐작되는데, 이 사건에 직접 관련된 쪽은 김해가야였다.

고구려가 5만 군대로 김해 가야를 정벌하기 바로 전 해(399)의 상황을 '백잔이 서약을 어기고 왜와 화통하므로…'라고 광개토왕비는 그리고 있는데, 이 내용은 『삼국사기』 백제본기 아신왕 6년(397) 조의 "(백제) 왕이 왜와 우호를 맺고 태자 전지腆支를 인질로 보냈다"는 기록과 아귀가 맞는다.[7] 이 해에 백제는 전지 태자를 왜국에 보내어 친선관계를 맺고,[8] 이듬해인 398에는 군대를 한산[9] 북책까지 보냈다가 철군시켰는가 하면 399년(아신왕 8년)에는 고구려를 치기 위해 병마兵馬를 징발하고 있다. 이런 움직임으로 보건대 백제는 나름대로 분주하게 대비하였고, 고구려군이 백제를 겨냥하여 다시 쳐들어올 것으로 예상했던 듯하다.

· · · · · · · · · ·
7. 백제본기 아신왕 6년(397년) 5월 조
8. 백제의 왕자 전지(典支)가 왜에 가서 요청한 것은 고구려군에 맞서 싸울 왜병 지원군이었을 것이다.
9. 漢山. 현재의 서울. 아마도 한강 이남의 위례성 일대로 봐야 하리라 생각된다.

광개토왕의 원정내용을 볼 때 백제가 왜와의 제휴를 숨가쁘게 추진한 것은 고구려와 신라의 연합공격을 예상하고 그에 대비하기 위한 것이었다. 더구나 396년에 백제 왕은 광개토왕에게 무릎을 꿇고 빈 치욕을 겪었으므로 이때는 보다 적극적인 대비책을 세웠을 것이다. '백잔(=백제)이 서약을 어겼다'는 말은 '왜와 결탁하지 않겠다' 그리고 '고구려를 섬기겠다'는 약속을 깬 사실을 지적한 것이다. '백잔의 서약'은 396년 광개토왕이 백제를 원정할 당시에 백제 아신왕이 광개토왕에게 한 약속이었는데, 그것이 지켜지지 않고 있으니 신라의 요청에 따라 고구려는 왜와 백제의 연결고리인 김해의 임나가라를 쳐야 했던 것이다. 이런 몇 가지 정황으로 보면 광개토왕 5만 군대의 가야 정벌 대상에 백제도 포함되었으리라고 짐작해볼 수 있다. 그렇지만 광개토왕 군대의 가야 원정 때 백제를 공략한 내용은 없고, 또 한 번에 두 개의 적과 싸우는 것은 전쟁에서의 금기이니 가야 원정과 백제원정을 동시에 진행한 것으로 보기는 어렵다. 다만 6세기 중엽 "옛날에 신라가 고구려에 도움을 청하여 임나와 백제를 공격했어도 이기지 못했는데 어찌 신라 혼자서 임나를 멸할 수 있겠소…"[10]라고 한 『일본서기』의 내용으로 미루어 보건대 400년 고구려의 원정 때 임나가라는 상당한 타격은 입었어도 완전히 멸망하지는 않았음을 알 수 있다. 즉 임나가라를 정벌하여 멸망시키는 데 목적이 있었던 것이 아니다. 다만 고구려군의 임나가라 원정 당시 백제도 공격 대상이 되었거나 그것이 아니면 396년 고구려가 백제를 정벌하여 아신왕의 항복을 받아낼 때도 혹시 고구려와 신라 사이의 연합이 있었던 게 아닐까 하는 의구심이 든다.

하여튼 399년 신라의 사신이 고구려 광개토왕에게 가서 '왜인이 신라

----------
10. 『일본서기』 흠명(欽明) 2년(541년)

국경의 성과 못을 파헤친다'며 구원을 요청하자 고구려는 흔쾌히 지원 군 파견을 응락하였다. 그러나 이때 광개토왕이 신라 사신을 통해 '비밀스런 계책'을 알려주었다고 했는데, 그 비밀스런 계책이 과연 어떤 것이었는지는 정확히 알 수 없다. 이 약속을 하고 나서 곧바로 고구려는 신라와 공동작전을 벌여 임나가라(=김해가야)를 신속하게 제압하였다.[11]

그러면 광개토왕이 신라 사신에게 알려주었다는 비밀스런 계책은 무엇이었을까? 여러 가지 정황을 감안하여 추리해 보면 함안 안라국을 끌어들여 왜·가야와 백제의 연합을 차단한 것으로 볼 수 있을 것 같다. 그랬기에 고구려·신라·안라국[12]이 연합전선을 구축하여 왜가 가득한 신라성을 안라인수병(戌兵, =보초병)으로 하여금 함락시키는 상황이 광개토왕비에 기록되어 있는 것이라 하겠다.[13] 안라인수병安羅人戌兵이라는 광개토왕비의 기록으로 보면 고구려와 신라는 김해가야를 정복하고 견제하는데 함안 안라국을 활용한 것 같다. 광개토왕비에는 400년(경자년)의 임나가라(김해) 원정과 관련하여 '안라인수병'이라는 구절이 세 차례나 등장한다. 이것으로 보아 왜군에게 점령된 신라성을 탈환하고 고구려·신라 연합군을 도와 김해를 공격하는데 안라국의 역할이 있었으리라고 추리할 수 있다. '안라인수병'이라는 구절 앞뒤로 마멸된 글자가 많아서

----------

11. 당시 광개토왕비에서 말한 왜의 성격에 대해서는 4세기 일본 기내(畿內) 지역에서 이주하여 가야에 정착한 집단으로 보고 있다. 금관가야 지역 내에 있던 왜계 세력을 용병으로 보는 견해도 있다. 즉 397년·400년 신라를 침입한 왜를 가야의 왜인 용병으로 보는 것이다. 하지만 백제를 위해 움직인 용병으로 보기도 한다. 왜병이 금관가야 영역에서 용병으로 일했다는 근거가 없는 점을 들어 백제의 용병으로 보는 것이다. 아신왕이 397년에 왜국과 결호(結好)하였고, 광개토왕이 399년 백제가 왜와 화통한다는 소식을 듣고 평양성으로 내려가 순행했으며 404년 왜구가 대방계에 나타나 백잔병과 함께 공격하다 궤멸되었다고 하는데, 대방계로 쳐들어간 왜구라든가 신라 국경의 성과 못을 파헤쳤다는 왜인은 모두 백제를 위한 용병으로 본다.

12. 安羅國. 함안 아라가야. 안야국(安邪國)이라고도 한다.

13. …安羅人戌兵拔新羅城…

전체적인 내용과 정확한 뜻을 알 수는 없지만 아마도 안라국의 병사가 신라성과 남거성男居城 주변을 지키고 있다가 고구려군의 도착과 함께 성을 탈환하였고, 임나가라를 정복하고 왜를 물리치는데 안라국이 큰 역할을 한 것으로 볼 수밖에 없다.

"10년 경자에 광개토왕은 보기 5만 군대를 보내어 신라를 구원하도록 했다. 남거성으로부터 신라성에 이르기까지 성에는 왜로 가득 차 있었다. 고구려 군대가 이르자 왜가 퇴각하였다.…급히 등 뒤를 추격하여 임나가라가 종발성에 이르자 성은 즉시 항복했다. 안라인 수병이 왜병으로 가득 찬 신라성과 ○성을 함락했다.…(十年更子敎遣步騎五萬往救新羅從男居城至新羅城倭滿其中官兵方至倭賊退…來背急追至 任那加羅從 拔城城卽歸服 安羅人戌兵拔新羅城 ○城倭滿潰城六…)."[14]

이것은 광개토왕 10년(경자년, 400) 신라와 고구려의 연합군이 임나가라를 공격한 사실을 전하는 광개토왕 비문의 일부이다. 이 내용에서 고구려 군대가 신라성과 남거성을 거쳐 임나가라 종발성으로 짓쳐 들어가는 과정을 그려볼 수 있는데, 그때 왜인들로 가득 찬 신라성을 안라인수병(안라국 경계병)이 함락시켰다고 하였으니 그것은 가야·왜 연합군이 점령한 신라성을 함안 안라국 군대가 탈환한 것으로 이해할 수 있다.[15] 곧이어 고구려 군대가 퇴각하는 왜군과 임나가라 군대를 뒤쫓아 임나가라 종발성으로 추격해 들어가자 임나가라는 곧바로 항복하였다.

..........
14. 廣開土王碑 제2면 更子年(A.D. 400년) 기록
15. 이와 달리 과거 임나일본부(任那日本府) 설을 주장하던 일본인들은 안라인수병을 '왜의 명령에 따라 움직인 안라국 용병(傭兵)이라고 보았으나 이 책에서는 그와 같은 이론들은 인용하지 않는다.

임나가라 종발성을 함락한 기사 뒤에 '안라인 수병(=경계병)이 신라성을 함락했다'고 하였으니 이것으로 미루어 함안 안라국의 군대가 고구려·신라 편에 섰음을 알 수 있으며, 광개토왕의 비밀스런 계책은 신라로 하여금 안라국을 끌어들여 고구려·신라·안라국 연합전선을 구축한 것이라고 추정해볼 수 있다.

그렇지만 지금까지 많은 연구자들이 '안라인수병'을 고구려 군대 또는 신라 군대로 잘못 생각해 왔다. 안라인수병을 신라 병사로 보면 신라인이 남아서 신라성 안의 왜병을 공격하여 성을 함락시키고 되찾았다는 얘기가 되는데, 과연 그랬을까? 그것은 사실이 아니다. 신라인이 왜병에게 빼앗긴 성을 탈환했다면 '되찾았다'고 해야지 '함락했다'고 비문에 표현하지는 않았을 것이다. 그런데 또 어찌 된 일인지 安羅人戌兵안라인수병이란 구절에서 라인羅人만을 따로 떼어내어 이것을 고구려군으로 보고, 고구려 군대가 쫓아 들어간 종발성을 부산·김해로 보는 사람도 있다. 정신 나간 사람이 아니고서야 어떻게 羅人라인을 고구려인으로 보는가? 羅人이라고 썼다면 그것은 반드시 신라인을 가리킨다. 그러나 비문엔 안라인安羅人으로 되어 있다. 안라국의 군사였으니 비문에 安羅人이라고 쓴 것이다. 고구려군이라면 당연히 아군 또는 麗人려인이라고 했을 것이다.

누가 보더라도 安羅人戌兵안라인수병의 안라인은 신라인이 아니다. 비문에 安羅人안라인이라 하였지 羅人라인이라고는 하지 않았다. 안라국安羅國 사람이 안라인이며 안라인 경계병이 안라인수병安羅人戌兵이다. 더구나 "안라인수병이 신라성을 함락했다"[16]고 하였으니 이것은 왜병으로 가득 찬 신라성을 안라인 병사가 공격하여 찾아주었거나 임나가라·안라국·왜가 한 편이 되어 신라성을 함락시킨 것을 말한다. 아마도 왜군에

· · · · · · · · · · ·
16. 安羅人戌兵拔新羅城

게 빼앗긴 성을 공격하여 왜군을 소탕하는 작전을 안라인 경계병이 맡았을 것이다. 이때의 안라인수병 역할은 대단히 컸던 모양이다. 그래서 '안라인수병'은 광개토왕 비문에 세 번이나 등장한다. 전투 관련 내용으로 짐작되는 글자 대부분이 마멸돼 당시의 전투 상황이나 전후 사정을 상세하게 파악할 수는 없지만, 고구려·신라·안라가야가 한 편이 되어 백제·왜·임나가라와 싸운 사실을 충분히 짐작할 수 있는 것이다. 그렇지 않고서야 한정된 비면에 '안라인수병'이 세 번씩이나 등장할 수는 없다. 더구나 임나가라 종발성이 항복한 내용 바로 뒤에 안라인 경계병(수병)이 신라성을 함락한 내용이 이어지고 있으니 고구려·신라가 안라국을 끌어들인 것으로 이해하는 것이 합리적이다. 구원병을 요청하러 온 신라 사신에게 광개토왕은 지원군 파견을 약속하고 돌려보낸 뒤, 고구려와 신라는 임나가라의 배후에 있는 안라국을 끌어들여 전쟁을 승리로 이끈 것으로 볼 수 있다. 신라는 포상팔국전 때 함안을 구해주었으니 '과거의 빚'을 거론하면서 안라국을 끌어들였을 것이다. 이것은 다른 한편으로 임나가라(김해)와 안라국 사이에 오래 전부터 있어온 경쟁과 갈등 관계를 이용하여 임나가라를 제압한 것이 아니었을까 짐작해 볼 수 있는 문제이다.[17]

이와 관련하여 함안 마갑총의 마갑을 거론해야 할 것 같다. 마갑총의 마갑은 고구려가 함안의 수장에게 준 것이거나 고구려의 기술로 함안에서 생산한 것이었을 수 있다. 마갑총의 축조시기가 광개토왕 군대의 가야 원정 이후 20~30년 사이인 5세기 전반인 점을 고려할 때, 마갑총의 마갑은 김해가야의 배후에 있는 함안을 고구려가 지원한 증거물로 볼 수 있으리라는 것이다. 즉, 고구려와 신라 연합군이 함안 안라국을 지원

••••••••••
17. 3세기 후반~4세기 언젠가 함안이 임나가라에 예속됨으로써 반감을 갖고 있던 함안 안라국의 지배층을 가야에서 이탈시켜 고구려와 신라를 돕게 하였을 가능성이 있다고 보는 바이다.

군으로 끌어들여 합동작전으로 신속하게 정복전을 끝낼 수 있었으며 이때 고구려 또는 신라와 함안 사이에는 어떤 거래가 있었다고 판단할 수 있다. 5세기 중엽 이후 함안 지역에 신라적 요소를 가진 유물이 많이 등장하는 것도 이런 배경을 설명해주는 요소로 파악할 수 있을 것 같다.

이 문제와 관련하여 경주 쪽샘 지역에서 출토된 마갑을 보면 함안 마갑총의 마갑은 고구려에서 함안의 수장에게 보낸 것이 아닌가 생각될 정도로 훌륭하다. 이런 수준의 마갑은 4세기까지는 김해가야에도 없었다. 지금까지 발굴한 김해의 주요 유적에서 마갑이 나오지 않았으므로 향후 마갑이 출토될 확률은 지극히 낮다. 아마도 임나가라 종발성 함락 후, 가야에서 잡아간 대장장이들로 하여금 이런 마갑을 만들어 보낸 게 아닐까 하는 상상을 해본다. 4세기 김해 지역에는 선비계의 마구와 갑주가 부장품으로 묻혔다. 김해 지역의 마구와 갑주는 부여 및 북방 선비계의 영향을 받아 자체에서 발전시켜 왔지만, 마갑총의 것처럼 훌륭한 마갑은 아직까지 발견된 것이 없다. 고구려에서 출토된 실물 마갑이 없어 정확히 알 수는 없으나 우리가 고구려 고분 벽화에서 보는 개마무사의 마갑이 함안 마갑총의 마갑과 같은 것임은 분명하다.

참고로, 경남 합천 쌍책면의 옥전고분군 M3호 고분에서 나온 '금동장주'[18] 역시 고구려계의 유물로서 애초 고구려에서 만든 것이거나 고구려의 영향으로 5세기 말에 옥전 지역에서 만든 것으로 보려는 이들이 있다. 그러나 이 금동장주는 광개토왕의 가야원정 당시로부터 80년 뒤인 481년에 백제-가야-신라의 연합세력이 고구려에 대항하는 과정에서 고구려 장수로부터 노획한 것일 수도 있다.

그런데 경자년에 벌어진 고구려·신라·안라 연합군과 임나가라·왜·

18. 금동장식을 한 투구

백제 사이의 가야대전에서 임나가라의 도성인 종발성은 함락된 것이 아니라 순순히 항복한 것으로 되어 있다. 임나가라 지배층의 항복으로 광개토왕 군대의 임나가라 원정은 최단시간에 마무리된 것으로 보인다. 아마도 그때, 지배층 일부는 포로로 고구려에 잡혀가고 많은 수의 제철공인도 붙잡혀갔을 것이며, 임나가라 왕과 최상층 인사들은 겨우 화를 면했을 것이다. 고구려 군대는 김해가야(=임나가라)를 정복함으로써 고구려의 적대세력과 연계하지 못하도록 배후를 차단하고, 제철공인이나 여러 분야의 생산인력을 확보하는데 목표를 두었을 것이다. 다시 말해서 점령과 주둔 및 지배가 목적이 아니었기에 원교근공의 전략적 차원에서 속전속결 식 정복전으로 마무리한 것으로 짐작된다. 고구려로서는 '도랑 치고 가재 잡는 식'의 출병이었고, 신라로서는 임나가라 지배층을 와해시키고 왜·백제와의 연계를 끊어 고립시키는 데 목적을 두었을 것이다. 또한 고구려와 신라는 가야의 공인과 기술력을 전리품으로 챙겼을 것이며, 그로 말미암아 김해의 생산력은 일시에 와해되었을 것이다. 이 전쟁을 계기로 낙동강 서편의 서부경남 지역 패권은 고령과 함안(안라)으로 옮겨갔다. 그것은 가야권의 분열을 의미하는 동시에 신라의 급속한 성장을 예고하는 것이었다.

고구려군의 남정은 신라의 성장에 중요한 계기가 되었다. 다시 말해서 신라의 급격한 성장과 가야의 쇠퇴는 경자년(400년) 고구려 광개토왕의 남정에 따른 결과이다. 그런데 이 전쟁으로 비롯된 가야권의 쇠퇴를 "4세기 우호적인 관계에 있던 부산 복천동 세력의 성장에 따른 결과일 수 있다"[19]고 보는 견해가 있다. 그 당시 동래 복천동과 김해는 서로 독립된 정치 단위로서 복천동이 김해에 우호적이었다는 전제가 깔린 이야

••••••••••
19. 강현숙, 「4~5세기 가야의 성장과 고구려」, 『가야사논집』7, 2007

기인데, 말은 그럴듯해 보이지만 그것은 사실이 아닐 것 같다. 동래 지역은 포상팔국전을 계기로 김해가 지배권을 확보하고, 김해가야 왕가의 친족으로 하여금 통치한 직할지나 다름없는 곳이었다는 새로운 견해를 『영원한 제국 가야』 편에서 따로 설명하였다.

4세기 말부터 고구려는 신라와 밀접한 관계를 가졌다. 이후 고구려는 신라의 내정에 깊숙이 개입했고, 5세기 내내 사실상 신라는 고구려의 속민 신세나 다름없는 처지였다고 할 수 있다. 이러한 구도가 형성된 것은 고구려와 신라의 이해관계가 맞아떨어진 데 있었다. 가야와 백제로부터의 압박이 점차 가중되는 상황에서 생존을 위해 신라는 외부로부터의 도움이 필요하였고, 고구려 역시 백제를 견제하기 위한 전략으로 백제의 경쟁국인 신라와의 연합이 필요한 시점이었다. 더구나 서쪽 배후에는 고구려의 경쟁상대인 후연이 있어 고구려로서는 먼저 친신라 정책으로 남방을 안정시켜야 할 필요가 있었다. 이런 배경에서 고신연합군의 가야대전은 이미 396년 이후 언젠가 고구려의 주도 하에 계획되었을 가능성도 있다.

고구려 5만 원정군의 대규모 공격은 김해의 가야에게 치명적이었다. 고구려 군대는 선두에서 바람처럼 내달으며 주요 공격로를 따라 기병이 치고 나가면서 공략지를 접수하는 방식이었기에 가야의 기마전사나 중장 보병도 고구려군에게는 속수무책이었던 것 같다. 고구려 군대는 길 따라 날렵한 기병부대가 주요거점을 집중 타격하며 제압해 가면 후속 보병부대가 뒷정리를 하는 방식이었다. 따라서 기병부대는 상대의 상층 지휘부와 주요 거점을 제압하고, 뒤이어 중장 보병부대가 따라가며 나머지 포로라든가 공격전에 따르는 제반 문제를 처리하는 속도전으로 전쟁을 주도하여 고구려의 보기군은 빠른 시간에 상대를 제압할 수 있었을 것이다. 현재 우리나라 전국 8도의 도道라든가 원나라의 로路는 바로 이런 전투방식과 역참 및 봉수제도를 반영하는 과거의 유제이다.

당시 고구려는 보병과 기병 외에 수군을 동원했을 것으로 보인다. 물론 광개토왕비에는 수군을 동원했다는 내용은 없다. 하지만 그 당시 보병과 기병의 혼합 부대 편성 및 수군과의 합동 작전은 대규모 전쟁에서는 통상적인 것이었다. 따라서 고구려 수군의 이동로는 대략 두 가지로 요약해볼 수 있다. 원산이나 간성 등 동해안 항구에서 동해 연안을 따라 내려와 낙동강 하구를 통해 김해로 갔거나 포항 도구리(과거 연일읍이자 현재의 포항시 남구 도구동) 일대에 배를 대고 군대를 상륙시켰을 수 있다. 포항에 내렸다면 배에서 내린 군대는 경주로 들어가 신라군과 만나 대열을 정비한 다음, 밀양이나 양산을 거쳐 신속하게 김해로 진군했을 것이다. 그 사이 배는 부산으로 내려가서 김해만을 거슬러 올라갔을 것이다. 물론 이 외에도 울산이나 동래·양산[20] 어딘가에 거점을 확보하고 가야·왜군의 측면을 급습했을 수도 있다.

만일 고구려·신라 군대가 보병과 기병이 중심이 되었다면 낙동강을 건너 김해로 들어가기 위해서는 선박편이 있어야 한다. 고구려군이 일시에 남하하여 김해로 쳐들어갔다면 수군의 도움을 받아야 낙동강을 건너 보다 빠른 기동력을 발휘할 수 있기 때문이다. 이런 점으로 보아 광개토왕의 보기步騎 5만 군대는 공격거점에서 별도의 수군과 만나 강을 건넜을 가능성이 있다. 그 공격 거점이 창녕~밀양~양산~부산에 이르는 범위의 낙동강 어느 나루였을 것이다. 고구려 보병과 기병단이 북에서 남으로 압박해가는 전면전을 펼치는 사이, 낙동강 나루를 건너 김

··········
20. 양산군(梁山郡)은 가야시대 이후 몇 차례 지명이 바뀌었다. "신라 문무왕이 그 땅을 상주(上州)와 하주(下州)로 나누어 삽량주(歃良州)를 두었다. 경덕왕이 양주(良州)로 고쳤다(『신증동국여지승람』)"고 되어 있는데, 이것은 삽주와 양주가 각기 상주·하주였음을 의미한다. 『일본서기』에 의하면 삽주 이전의 이름은 사비시라였다.

해에 이르는 최단거리 공격 지점에서 고구려 수군은 신라 수군과 만나 신속하게 김해로 진격했을 것이다. 여기서 보병(육군)의 진격로와 관련하여 떠올려 볼 수 있는 나루터가 밀양시 삼랑진읍, 양산시 원동면 용당리의 가야진과 그 아래 물금 정도이다. 그곳에서 강을 건너면 김해로 가장 빠르게 진격할 수 있다. 물론 고구려 수군은 울산과 부산의 동해남부 해안을 돌아 낙동강 하구에서 곧바로 강 하구를 거슬러 직접 김해로 들어갔을 수도 있다. 당시 김해가야 사람들은 이 진격 코스를 따라 고구려 수군이 들어오리라고는 상상조차 못했을 수도 있다. 이렇게 되어 신라·고구려군을 감당할 수 없게 되자[21] 왜와 가야의 연합군대(임나가라)는 곧바로 항복한 것이라고 보아야 한다. 이 문제에 관해서 북한 오봉근의 연구도 저자와 같은 결론에 이르고 있어 참고할 만하다.

"400년 고구려 육군은 임나가라로 진격하였고, 수군은 정평·원산·고성 등과 같은 동해안 북부에서 출발해 동해안을 따라 남하, 부산 앞바다에서 진출하여 경계임무를 수행하였다."[22]

철판갑옷과 투구, 목을 보호하는 경갑, 강력한 쇠화살촉과 철제 칼·창 등으로 무장한 보병과 미늘갑옷에 말까지 갑옷을 입힌 기병 지휘부대로 혼합 편성된 고구려 군대와 신라의 연합군에게 왜·가야군이 손쉽게 제압당한 데에는 고구려와 신라의 치밀한 계획과 기습전이 큰 역할을 하였을 것이다. 임나가라(김해가야)가 별 저항을 못해 보고 쉽사리 항복에 이르게 된 배경에 대해 고구려군의 기습적인 속도전과 전략, 수군

21. 『가야사논집』7, 2007
22. 『조선수군사』, 오봉근, 평양 사회과학출판사, 1991

과 육군의 협공이 아니면 설명하기 어렵다. 원산·고성과 같은 동해안 북부 항구에서 출발한 고구려 수군은 동해안을 따라 남하하여 부산 앞바다에서 낙동강 하구로 거슬러 올라가 가야를 공격하였고, 육군은 낙동강을 건너 진격해서 김해가야를 교란하는 것이 가장 효과적인 전략이었을 것이다. 이렇게 양면에서 공격함으로써 고·신연합군은 임나가라 지휘부를 일시에 마비시켰을 것이다. 이런 점에서 고신연합군의 주요 진격 거점이 창녕 남지, 밀양 하남·삼랑진, 양산 가야진·물금 등에 있었을 것이라고 보는 데엔 무리가 없을 것이다.

경남 양산의 가야진加耶津은 김해가야의 후방에 해당한다. 동시에 이곳은 신라 지역에서 김해에 이르는 가장 빠른 단거리 노선의 하나이다. 그러므로 이 코스를 따라 고구려·신라 연합군이 진격했을 가능성이 가장 높다. 함안 안라가야를 이 싸움에 끌어들인 이유 중 하나가 김해가야의 서편에 있는 함안 안라가야의 길을 빌리기 위한 목적도 있었을 것이다. 창녕 남지나 밀양 초동에서 낙동강을 건너 함안에서 동쪽으로 군대를 진격시켜 김해를 압박하면 더욱 효과적이기 때문이다. 이 코스는 김해가야의 서편을 공략하는 것이므로 그 가능성이 충분하다.

이와 함께 동래 복천동을 거점으로 활용했을 가능성도 있다. 하지만 현재까지 동래 복천동고분군에서는 고구려계의 마구나 무기류가 출토되지 않았다. 그래서 복천동 세력이 신라·고구려의 공격 대상에서 제외되었다거나 심지어 광개토왕 군대의 남정은 사실이 아니라 허구일 것이라고 보는 견해도 있다. 복천동 지역이 4세기 말~5세기 초에 신라에 편입되었을 것이라고 보는 견해에 따른 이야기이다. 그와 같이 판단하는 배경은 5세기 초의 복천동 유적에서 나온 금동관이 出자형 신라 금동관이며, 이 무렵부터 토기 양식 또한 신라 계통으로 급격히 바뀌는 양상이 나타나는 데 있다. 지금까지의 연구에 의하면 복천동에서 신라와의 본격적인 교류가 감지되는 것은 4세기 중반이다. 이후 5세기 전반부터 복천동 고분군의 토기에 신라 양식이 뚜렷하게 나타나는데, 바로 이런 변화가 400년의 싸움에 복천동 지역[23]이 고구려·신라 편에 가담했을 가능성을 말해주는 것이라고 분석하는 배경이 되고 있다. 하지만 신라와 복천동 사이엔 그 외의 다른 교환조건이 있었을 수도 있다.

앞서 설명했듯이 고구려와 신라의 주력 부대는 밀양보다는 양산을 거쳐 갔을 확률이 가장 높다. 경주에서 언양을 거쳐 김해로 건너가기 위한 최단거리에 있는 경남 양산梁山은 고구려·신라군의 공격 거점이었을 것이다. 양산은 신라 중앙군의 최단거리 이동로상에 있는 거점일 뿐더러 그 이전에도 가야와 신라의 싸움은 늘상 이 가야진을 사이에 두고 벌어졌다. 그런데 양산은 본래 김알지의 세력 근거지였던 것 같다. 양산김씨 족보에 6세부터 9세까지를 김말구金末仇—내물마립간—복호卜好—습보習寶로 적고 있고, 이것이 『증보문헌비고』에 '미추왕의 동생 김말구는 내물왕을 낳았고, 내물왕의 손자가 김습보'라는 내용과 일치하며 이들이 모두 알지의 후손으로 되어 있으니 이런 근거를 바탕으로 추리해 보면 400년 가야대전 당시 양산이 김해로 건너는 도하지점이 되었을 것으로 보는 바이다. 아울러 김알지가 신라로 진출하게 된 것도 양산 지역을 발판으로 했을지 모른다. 또 신라 내물왕 때의 박제상이 삽량주간揷良州干을 지냈고, 왕경(경주)에서 실각하여 양산으로 밀려난 재지세력이었다고 보는 견해도 있는 만큼, 그 가능성을 배제할 수는 없다. 실제로 양산의 물금은 '勿禁'으로 쓰며 '금지하지 말라'는 뜻을 갖고 있는 지명이다. 이 지역은 강변 나루의 길목에 해당하므로 일찍이 가야와 신라 사이의 통로였을 가능성이 있다. 그런 측면에서 보면 설사 전쟁과 같이

..........
23. 독로국(거칠국)

관계가 좋지 않은 때라 하더라도 신라와 가야 '서로의 왕래와 물화의 이동을 금지하지 말라'는 의미로 해석해볼 수 있다. 더구나 과거 황산진黃山津이 이 일대에 있었으므로 고구려·신라군이 경주에서 가야로 진격할 때 반드시 거쳐야 하는 최단거리 통로로 볼 수 있다.[24]

고구려·신라군의 공격로로서 밀양 하남읍을 더 추가할 수 있다고 앞에서 설명하였다. 하남에서 강을 건너면 김해 진영읍이며 진영에서 주촌면 양동리와 대성동까지는 지척이다.

이 전쟁에서 고구려의 수군이 함대와 해군을 갖고 막강한 힘을 행사한 증거는 없다. 그러나 고구려의 수군은 그 전부터 강력한 전통을 갖고 있었으며, 빠른 시간에 많은 병력을 보내 효과적으로 김해를 공격할 수 있는 방법은 동해안 연안로로 수군을 보내는 것이다. 광개토왕비엔 보병과 기병 5만 군대가 내려간 것으로 되어 있지만 수륙 협공을 바탕으로 임나가라의 항복을 받아낸 것으로 보는 것이 보다 합리적이라는 얘기다. 고구려 군대의 가야 출정 당시 그들이 이용했음직한 고구려의 주요 항구를 짐작할 수 있는 예가 있다. 박제상이 고구려에 들어가 신라왕자를 구해올 때 이용한 항구에 관한 것이다. 418년 박제상은 고구려에 볼모로 가 있던 신라 왕자 복호卜好를 데려오기 위해 강원도 고성의 고성포(구읍리)를 통해 고구려에 들어갔다.[25] 그는 고구려의 동해안 주요 항구인 고성으로 들어갔다가 다시 고성에서 배를 타고 되돌아왔다. 박제상이 고구려에 드나들 때 이용한 방법과 마찬가지로 가야원정 당시 고구려 해군은 함흥이나 원산·간성 또는 고성포에서 출발하여

· · · · · · · · · · · ·

24. 신경준(申景濬)의 『강계고(疆界考)』에는 "황산강은 양산군에 있다…속칭 삼차수라고도 부른다. 김해부 동쪽에 있다(黃山江在梁山郡黃山江水奔流五十餘里 分三浦入海俗號三叉水在金海府東)"라고 하였다.

25. 『삼국유사』 권1, 기이, 내물왕 김제상

포항이나 부산 또는 기타 영남 동해안과 남해, 낙동강으로 들어갔으리라고 보는 데엔 무리가 없다. 그것이 상대국에 노출되지 않고 가장 빠르게 접근할 수 있는 최단거리 코스이니까. 더구나 김해시 봉황동 남쪽에서는 종발성의 성터로 보이는 토성 일부와 함께 바닷물이 들어온 해안 갯벌이 확인되어 임나가라 종발성은 해안에 쌓은 토성이었을 것으로 이해하고 있다. 당시 김해 봉황동토성 남쪽에서 그 맞은편 장유면의 관동에 이르는 넓은 내만은 대부분 조간대潮間帶 즉, 갯벌지대였다. 다시 말해서 고구려 수군은 낙동강 하구에서 임나가라 종발성으로 막바로 쳐들어가 성 밑에 배를 댈 수 있는 조건이었다.

고구려 수군이 낙동강 하구로 진격해야 하는 또 하나의 중요한 이유가 있었으니 그것은 왜군의 퇴로를 끊어 왜를 제압할 필요였다. 김해만에 있을 왜군의 배를 가두어 꼼짝없이 제압하려면 강 하구에서 진격하는 것이 가장 효과적인 방법이다. 이때 왜군의 일부는 진해 또는 마산 쪽으로 철수했을 수 있다. 고구려 또는 신라의 수군이 낙동강 하구를 거슬러 올라가 김해를 압박하는 것은 일차적으로 김해를 여러 방향에서 공격함으로써 전쟁을 신속하게 마무리하기 위한 데 있었다. 물론 왜의 퇴로를 끊어 왜·임나가라 연합을 와해시키기 위한 목적도 있었고, 이런 전략은 부산·동래를 포함하여 낙동강 동편의 가야 세력을 분리해내는 효과가 있었다고 하겠다. 왜와 임나가라의 연합을 감안할 때 고구려군은 수륙 협공을 하지 않으면 기대한 만큼의 정벌 효과도 거둘 수 없었고, 자칫 잘못하면 가야 원정에 실패할 수도 있었다고 보는 바이다.

## 고구려의 가야 원정은 동북아시아 질서 재편 위한 남북전쟁

고구려군의 가야 원정으로 독자적인 문화를 가꾸며 빠르게 국력을 키워가던 김해가야(=임나가라)는 일시에 붕괴되고 중심 세력은 흩어졌으며, 퇴각하는 왜군을 따라 일본으로의 대규모 망명이 일어났다. 전쟁이 끝나고, 임나가라는 나라로서의 체면과 명맥을 겨우 유지했을 뿐, 6세기(532) 신라에 나라를 바칠 때까지 영남에서의 주도권을 빼앗긴 상태였다. 이 사건을 계기로 김해와 동래의 가야 세력은 사실상 신라의 간섭을 받았을 것으로 보고 있다. 이런 견해를 토대로 일부에서는 5세기 초반 이후의 김해 정권을 복천동 세력과 함께 친신라계 가야라는 말로 설명하는 이들도 있다. 그렇게 생각하는 이들은 김해가야(임나가라)가 김해 지역과 부산 복천동 일대에 그 중심을 두고 있었다는 견해를 갖고 있다. 그런데 그 상황에서 고·신연합군의 가야 원정으로 김해 지역이 완전히 몰락하였으므로 이후 임나가라의 지배층은 복천동에 있었다고 파악하는 주장까지 나왔다. 복천동을 '친신라계 가야'로 규정하고, 동래 지역이 가야에서 이탈하였다고 본 것이다. 그렇지만 400년 이후 김해와 동래가 신라의 간접통치를 받았을 것이라고 보는 이런 견해에 반발하여 신라면 신라이고, 가야면 가야이지 이때의 복천동 세력을 '친신라계 가야'라고 부르는 까닭은 무엇이냐는 반론이 제기되었다. 5세기 초, 비록 크게 약화되어 미약한 존재였을지라도 김해가야 정권은 유지되었다고 보는 사람들의 반발이다. 기록에 엄연히 김해가야는 532년에 망한 것으로 되어 있으니 이 기록을 신뢰한다면 고신연합군의 임나가라 원정으로 김해에 중심을 둔 임나가라가 5세기 초에 완전히 멸망했다고 보기는 어려울 것이다. 그에 대한 증거로써 근래 김해시 진영읍 죽곡리에서 발굴한 고고학 자료를 제시하는 이들도 있다. 김해계 토기와 유물이 6세기 전반, 기록상의 김해가야 멸망기까지 죽곡리고분에 묻힌 사실을 5세기 초 이후 김해가야가 건재한 증거로 보는 것이다.

　그러면 광개토왕은 왜 경자년(400)에 한반도 최남단의 가야 원정에

총력을 기울였을까? 아무리 강국이었다 해도 5만이라는 대군을 움직이는 것은 쉽지 않은 일이다. 물론 광개토왕이 직접 출정한 것은 아니지만, 대규모 군대의 장거리 원정은 자칫 잘못하면 정권에 치명적인 결과를 가져올 수도 있다. 더구나 그 당시 배후에 있는 후연과의 정치·외교적 구도로 볼 때 고구려의 입장에선 큰 부담이 될 수 있는 출정이었다.

이 시기 고구려가 가야원정을 단행할 수 있었던 것은 서쪽으로부터의 위험부담이 일시적으로 줄어들었기 때문이다. 북위와의 관계가 좋았고, 후연의 움직임도 그다지 위협적이지 않았다. 고구려로서는 북위와의 친선 관계를 유지하면서 그 사이에 있는 후연을 묶어두는 전략을 썼다. 다만 후연과의 관계를 정리하기에 앞서 고구려는 미리 남방을 안정시켜야 했다. 즉, 후연을 압박하여 고구려가 세력을 넓히기 위해 그 전에 선제적 조치로서 남방을 안정시키는 정책이 필요했던 것이다. 그러므로 광개토왕의 가야원정은 고구려 서진정책의 연장선에서 단행된 전략적 차원의 군사행동이었던 것이다.

광개토왕비에는 어디까지나 신라의 요청에 따라 고구려가 백제·가야·왜 삼국을 상대로 대규모전을 치른 것으로 되어 있다. 그래서 '고구려의 남정은 신라를 구원하기 위한 전쟁이었으며 그 틈을 타서 고령 세력이 맹주국으로 등장한다.'며 대가야 연맹론의 입장에서 이 전쟁을 이해하는 시각도 있다. 그렇지만 보병과 기병 5만 명이라는 정예부대를 수천 리 밖에 파병하여 정규전을 치른 것이 단순히 신라를 돕기 위한 것이었다고 볼 수 있을까? 고구려의 이익에 반드시 필요한 조치였고, 그때의 출병이 신라에게도 이해가 맞아 떨어졌던 것이다.

그렇다면 낙랑·대방의 소멸 이후 백제와 고구려가 직접 대치하게 된 것이 400년 싸움의 원인이 아니었을까? 일차적으로 백제가 왜를 끌어들여 고구려 남쪽 지역을 자주 공격한 것이 직접적인 원인이 되었을 수는 있다. 하지만 그것만으로 고구려가 주도적으로 대규모 전쟁을 치를 만한 이유가 된다고는 볼 수 없다. 신라가 다급하게 구원을 요청하는 마당이니 이를 계기로 고구려는 신라에 영향력을 직접 행사할 수 있게 되리란 점을 고려했을 것이다. 이를테면 성가신 백제와의 경쟁국인 신라를 도와 백제를 견제하는 전략이었다. 아울러 신라에 대해서는 마치 총독정치와 같은 실력을 행사할 수 있을 것이니 남방을 경영하여 고구려의 배후를 안정시키고 백제를 제압하는 결과까지 계산에 넣은 출정이었다고 할 수 있다.

하지만 인접국이 아무리 위태롭다 해도 그것이 자국의 이익과 관련이 없으면 끼어들지 않는 것이 상식이다. 물론 신라를 교두보로 삼아 가야를 친 것이 직접적인 이해가 없는 일이라고는 볼 수 없다. 왜가 백제와 손잡고 고구려의 남쪽 영역을 공략하는 것이 일차적인 출정 이유였지만, 더욱 깊숙한 이면에는 가야와 백제·왜의 연합을 차단할 필요가 있었기 때문이다. 이것이 이른바 전통적인 병법 및 외교상의 벌교伐交 전략이다. 적대국을 돕는 나라를 정벌하는 것으로, 가야·왜를 쳐서 백제의 배후를 끊되, 고구려의 입장에서는 신라의 인력과 물자를 빌리는

■ 백제의 철정(청주박물관 소장)

일이었다. 낙랑이라는 주요 철 시장을 상실한 김해 임나가라가 왜 및 백제와 손잡고 신라를 계속 견제하였고, 더욱이 이 무렵 고구려에게 백제는 대단히 성가신 존재로 부상하였다. 마한이 백제에 병합된 뒤인 까닭에 가야로서는 중국과의 교역을 위해 서해안 지역에 항구를 확보할 필요가 있었으며 백제와도 친밀한 관계를 유지해야 했다. 고구려의 입장에서는 이와 같은 상대의 유착관계를 끊고 백제를 약화시키는 동시에 신라에 대한 지배력을 강화함으로써 서쪽으로 후연後燕과 다투기에 앞서 미리 남쪽을 정비해둘 필요가 있었던 것이다. 이와 같은 고구려의 치밀한 계획과 정복전쟁에서 고구려는 승리하였고, 이런 사전 작업을 바탕으로 결국 407년에 후연은 멸망하였다.

그리고 고구려가 서쪽으로 진출하려면 무엇보다도 중요한 것은 무기와 무구의 확충이었다. 아마도 고구려는 이 점까지도 감안하여 가야의 제철 공인工人을 확보하려 하였을 것이다. 서쪽으로 후연과의 싸움에 집중하기 위해 미리 남쪽을 정리하면서 고구려는 가야의 대장장이와 제철 기술자를 데려 갈 필요가 있었다. 그들을 통해 무기와 각종 병장기를 확보하려 했을 것이다. 대장장이들은 단순히 전쟁무기의 제작에만 필요한 것이 아니었다. 고구려의 사회경제에 큰 영향을 줄 존재들이었기 때문에 사실 고구려의 가야정벌은 공인의 탈취라는 또 다른 목적도 있었을 것이다. 그 중에서도 숙련된 대장장이나 제철기술자는 단기간에 양성되는 것이 아니다. 철광석의 채광부터 제련과 단야에 이르기까지 전 과정을 익힌 숙련공이 되려면 오랜 시일이 걸린다. 이런 기술자들을 빠른 시간에 대량으로 확보하는 방법은 이웃나라를 정복하여 빼앗는 것밖에 없다. 그러므로 광개토대왕의 가야 원정은 '도랑 치고 가재 잡는 식'의 파병이었다고 할 수 있다. 이후 고구려가 요서遼西 지역에 대한 공격 수위를 높이는 것은 이러한 배경을 암시한다. 5세기 초, 고구려가 지금의 북경시 남쪽 하북성 지역까지 영역을 넓힐 수 있었던 것은 이러한 선제작업이 있었기 때문이라고 할 수 있다. 강력한 철기와 마갑馬甲 그리고 마주馬冑·투구와 찰갑을 갖춰 입고 긴 창과 칼로 무장한 고구려의 개마무사가 요서 지역으로 짓쳐 들어가며 후연을 공략하고 압박할 수 있었던 것은 가야의 제철기술자와 대장장이 같은 숙련공들을 확보했기에 가능했을 것으로 보인다. 이들 공인은 왜·가야·백제의 군사력에 바탕이 되는 집단이었다. 그러므로 고구려로서는 그 기반을 송두리째 뽑아버림으로써 후환을 근원적으로 차단하는 동시에 대외 정복전쟁에서 반드시 필요한 철제 무기와 무장을 단기간에 가장 효과적으로 확보하기 위한 선택이 가야 원정이었다고 할 수 있다. 아마도 고구려는 김해가야의 지배층은 그대로 두고, 주요 생산물을 담당하는 공인 계층을 잡아갔을 것이다. 나머지 전리품은 신라와 나누었을 것이다. 5세기에 들어서면서 경주 일대의 대형 고분에 갑자기 많은 양의 철제품을 부장하는 현상이 나타나는 것이라든가 다른 지역보다 경주 지역에 철기가 많아지는 것은 이 싸움에서 신라가 얻은 결과로 볼 수도 있는 게 아닐까?

400년의 가야대전은 고구려·신라·안라와 백제·김해가야·왜 사이의 엇갈린 이해만큼이나 서로 상반된 입장에서 빚어진 충돌이었다. 한 마디로 고구려의 가야 원정은 고대 한국사회 각 소국들의 성장과 통합 과정에서 '세력의 재조정'이 빚어낸 필연적인 결과였다고 할 수 있다. 313년 고구려 미천왕美川王이 낙랑을 공격해 멸망시키고 이듬해 대방을 또 병합함으로써 가야는 주요 시장을 잃어버렸다. 결국 새로운 시장을 찾아야 했던 가야의 선택은 왜·백제와의 밀착이었을 것이다. 물론 4~5세기 백제의 제철기술도 상당한 수준에 있었다. 청주·진천·충주 등지에서 발견된 백제의 제철유적이라든가 백제 지역의 철제유물로 백제의 제철기술을 가늠해 볼 수 있지만, 백제와 가야의 친밀도로 판단하건대

가야의 철은 백제로도 많이 흘러 들어갔을 것이다. 가야의 철이 백제의 군사력을 돕는 바탕이 되었다면, 고구려로서는 가야의 제철공인을 모두 빼앗아 고구려의 전투력과 생산력을 높이려 하였을 것은 당연하다. 반면 가야는 신라와도 철 시장을 두고 경쟁관계에 있었을 것이다.

백제는 이제 막 국가적 틀을 갖추고 도약을 꿈꾸던 시기였다. 마한을 병합해 영역과 물자와 인구를 확보했으며, 가야 및 왜와의 연합으로 약세를 보완하고자 했다. 이런 자신감을 바탕으로 백제는 4세기 말 고구려의 변경을 자주 공격하였다. 그리하여 고구려는 남쪽 국경을 맞대고 있는 백제와 수시로 다투지 않으면 안 되었다. 백제와 고구려 사이에 전쟁이 자주 일어났고, 그 싸움터는 임진강과 한탄강·한강 일대가 중심이었다.

4세기 말로 접어들자 백제의 세력은 만만치 않았다. 근초고왕은 드디어 북으로 밀고 올라가 평양성을 공격했으며, 이 전투에서 고국원왕이 화살에 맞아 전사하였다. 이 사건은 고구려인들의 자존심을 크게 자극했다. 기원후 244년과 246년 동천왕은 위 관구검 부대에 쫓겨 옥저 땅까지 멀리 도망가는 수난을 당했지만, 그래도 왕이 붙잡혀 죽지는 않았다. 그런데 백제왕에게 고구려왕이 죽임을 당했으니 그것은 고구려 백성들에게도 큰 충격이었을 것이고, 고구려 왕실로서는 씻을 수 없는 치욕이었다. 이 사건은 앞으로 언제일지 모르지만 백제로서는 고구려의 반격전을 예약해 둔 것이나 다름없는 일이었다. 드디어 광개토왕은 즉위 직후 백제 토벌을 위한 군대를 일으켰다. 396년 광개토왕이 친히 수군을 이끌고 전면에 나선 것이 그것이다. 그때의 사정을 광개토왕비는 이렇게 전한다.

"백잔百殘과 신라는 옛날부터 속민(屬民, 예속민)으로 고구려에 조공을 해왔는데, 신묘년(서기 391년)에 왜가 바다를 건너와 백잔을 쳐부수고 신라를 ○○ (쳐서) 신민臣民으로 삼았다. 6년 병신년(丙申年, 396년)에 왕이 친히 수군을 거느리고 백잔국을 토벌했다. 광개토왕의 군대가 그 소굴의 남쪽에 이르러…(중략)…국성國城을 압박하였다. 백잔은 의義에 복종하지 않고 감히 나와서 맞서 싸웠다. 광개토왕이 대단히 노하여 아리수阿利水[26]를 건너 정병을 보내 성에 이르자 백잔의 병사들이 구멍으로 숨었다. 이에 나아가 성을 포위하였다. 백잔주百殘主[27]가 다급해지자 남녀 생구(生口, 노예) 1천여 명과 세포細布 1천 필을 내어 바치고 왕에게 무릎을 꿇고 스스로 맹세하여 이르기를 '앞으로는 영원히 노객奴客이 되겠습니다'고 하였다. 태왕께서는 처음의 잘못을 은혜로 용서하시고 뒤에 귀순해온 정성을 기특하게 여겼다. 이에 58성 700여 촌을 얻고 백잔주의 아우와 대신 10인을 데리고 군대를 돌려 수도 집안輯安으로 돌아왔다." (○는 비문이 마모되어 글자를 알 수 없는 부분임)

이 기록에서 말한 백잔은 백제이다. '백제의 나머지 오합지졸'이라는 느낌까지 殘잔이라는 말에 실었으니 당시 광개토왕과 고구려의 지배층이 백제에 대해 갖고 있던 감정의 골을 가늠해 볼 수 있다. 백제 왕을 백잔 주主라 한 것도 마찬가지다. 왕으로 인정하지 않고 그저 조그만 나라의 주인으로 표현한 것이다.

백제 침공을 위해 광개토왕과 그의 수군이 남하한 진격로는 대략 4∼5가지였을 것으로 추정된다. 하나는 강화 교동도를 끼고 돌아 한강을 거슬러 오르는 코스이다. 한강을 거슬러 오르면서 좌측으로는 파주와 교하 및 지금의 고양시 일대로 들어가 백제의 서북편을 공략하는 동시에

----

26. 한강. 『삼국사기』 백제 개로왕조에는 郁利河(욱리하)로 되어 있어 이들은 같은 대상에 대한 다른 표기일 것으로 본다.
27. 백제왕을 얕보는 표현. 백제 아신왕(阿莘王)

우측편으로는 김포 일대를 더듬어 한성으로 갈 수 있다. 백제 수도 위례성을 향해 한강을 따라가는 이 코스는 가장 빠른 진격로이다. 이 코스를 택할 경우 백제 수도의 목구멍 즉, 인후지처咽喉之處에 해당하는 요충인 인천 계양산성과 그곳의 백제 수비군을 돌파해야 한다.

다른 하나는 인천으로 상륙하는 방법이 있었다. 광개토왕비에 미추성彌鄒城[28]을 토벌한 것으로 되어 있으니 그곳으로 가는 지름길은 현재의 인천시 남구 옥련동의 능허대凌虛臺 밑에 있는 대진(大津, =한진)이었다. 이곳에서 막바로 미추홀로 진격하는 것이다. 미추홀에서 중국으로 가는 뱃길의 출발점이 바로 대진이었다. 이 대진으로 고구려군은 상륙했을 것이다. 광개토왕 묘를 지키는 묘지기, 즉 수묘인守墓人을 미추성에서 징발한 것을 보더라도 그것은 거의 분명해 보인다.

다음은 안산만을 더듬은 뒤, 남양만으로 들어가서 화성 남양으로 상륙한 다음, 수원과 화성·용인·과천을 거쳐 백제 한성의 남쪽 배후로 들이닥치는 코스이다. 이것은 후방부터 슬그머니 제압해 백제의 뒷덜미를 잡는 방식이라고 할 수 있다. 비문 중에 '소굴의 남쪽에 이르러…백제의 국성國城 즉, 수도 한성을 압박했다'는 구절에서 바로 이런 상황을 추리할 수 있다. 고구려 군대가 백제 군대를 등 뒤로 접근해서 들이쳤으니 백제로서는 대경실색했을 것이다.

그러나 '아리수(=한강)'를 건너 정병을 보내 성에 이르자 백잔의 병사

••••••••••
28. 彌鄒城(미추성)이란 표기상의 彌鄒는 みっつ(밋츠)의 표기로 보고자 한다. 넷[四]를 욧츠(よっつ)라 표가하는 것과 마찬가지로 彌鄒忽(미추홀)이나 彌鄒城의 彌鄒(미추)는 삼(三)의 다른 표기일 것으로 보는 바이다. 따라서 彌鄒忽은 본래 삼현(三縣), 삼군(三郡)의 의미이며 彌鄒城은 삼성(三城)의 뜻으로 보는 것이다. 미추성을 충남 아산의 인주(仁州)로 보는 견해가 있다. 미추성이 어딘가에 대해서는 논란이 있을 수 있다. 개인적이니 견해지만, 당시의 인주는 지금의 천안시 일원까지를 포괄하는 것으로 보아 현재의 천안시 쌍룡동 큰왕골·작은왕골 마을을 비류와 온조의 초기 정착지로 볼 수도 있을 것 같다.

들이 구멍으로 숨었다'는 광개토왕비의 또 다른 내용으로 보면 연천 육계토성[29]-포천-양주(의정부)-중랑천변-아리수(한강)-하남위례성으로 곧바로 쳐내려온 고구려의 정병이 따로 있었음을 알 수 있다.

이 외에 중원고구려비가 있는 충주를 거점으로 하여 노은-장호원-이천-광주를 거치는 내륙로도 광개토왕 군대의 이동로 가운데 하나가 되었을 것이라고 추정하는 견해가 있다. 군대의 움직임이 백제군에게 쉽게 노출되는 점을 최대한 활용함으로써 백제 지도층의 오판을 유도하고, 고구려군의 의도대로 백제의 군대 운용을 이끌어낼 수 있다는 점에서 이 코스도 백제군을 유인하기 위한 진격로로 이용했으리라 보고 있는 것이다. 특히 중원고구려비가 이미 5세기 중엽에 세워졌다고 보는 이들은 이 시기에 철광석 산지이자 신라와의 소통에 반드시 필요한 백제의 요충을 공략할 수 있는 내륙 거점으로서 충주를 활용했을 것으로 보고 있다. 충주 목계 일대는 조선시대까지도 중요한 철광석 산지였다. 그렇다면 고구려군은 측면과 후방을 먼저 공격하고, 한강을 건너 막바로 쳐들어간 주력군은 맨 나중에 움직였을 가능성도 있다.

396년의 백제 원정에서 고구려는 백제의 58개 성과 700여 개의 촌을 정벌해 수중에 넣었다. 한창 성장하고 있던 백제로서는 치명적인 타격을 입은 전쟁이었다. 이 싸움에서 백제 아신왕은 광개토왕에게 무릎을 꿇고 손발을 빌어 겨우 목숨을 구하기는 했으나 그 스스로 영원히 노객

. . . . . . . . . . .

29. 경기도 파주시 적성면 주월리(舟月里) 육계(六溪) 마을에 있다. 임진강 남안의 강가 돌출지형에 있는 토성이다. 1996년 긴급조사 후 1997~1998년, 2005년에 발굴이 이루어졌다. 1996~1998년의 조사는 홍수로 파괴된 유적을 수습하여 발굴하기 위한 것이었다. 파주 적성 일대의 강에서는 이 토성 앞 강물이 가장 얕다고 한다. 따라서 고대 기마전을 중심으로 신속한 공격을 하기에 가장 적합한 통로가 되었을 것으로 보인다. 육계토성 앞이 가장 '물이 얕다'고 하는 주민들의 말을 감안할 때 백제의 매초성(買肖城)이 이곳이었다고 보는 바이다. '매(買)'는 고구려나 백제 계통의 말로서 '물'이며 뒤의 肖(초)는 '얕다'는 한자 뜻 그대로 사용한 사례로 볼 수 있다. 즉 '물이 얕은 성'이 매초성의 본뜻인 것이다.

奴客이 되겠다고 맹세하였으니 이로써 백제는 고구려의 속국과 다름없는 신세로 전락하였다. 396년 고구려 군대가 남쪽으로 출정해 백제를 먼저 치고, 그로부터 4년 뒤에 다시 김해가야에 치명적인 공격을 감행함으로써 한반도 내에서의 패권은 고구려로 넘어가게 되었다. 그것은 고구려로서는 큰 의미가 있는 외교행위의 한 방법이었다. 고구려의 남쪽 영역을 최대한 확장하고, 가야·백제와 신라 사이의 긴장과 갈등관계를 조정함으로써 고구려는 남방경영에 대한 부담을 줄일 수 있었던 것이다.

고구려가 백제와 가야를 대상으로 감행한 두 차례의 원정은 그 성격이 약간 다르다. 396년의 고구려군 출정은 단지 백제만을 대상으로 한 것이었다.[30] 그러나 400년의 싸움은 고구려·신라의 연합세력이 백제·가야·왜 세력을 제압한 대규모 충돌이었다. 백제와의 연결고리인 가야·왜를 타격해 신라의 압박요인을 제거하는 동시에 신라를 손아귀에 쥐고 고구려의 남방을 넓혀 안정시키기 위한 출병이 바로 경자년(400) 고구려 광개토왕 군대의 남정南征이었다.

고구려군이 남정을 감행한 직접적인 원인은 왜의 신라 침공이었지만 그 이면에 감춘 실제의 목적은 왜·가야·백제 세력을 꺾는 동시에 신라까지도 지배하기 위한 것이었다. 실제로 이후 5세기 수십 년 동안 신라는 고구려로부터 완전히 자유롭지는 못했다. 그런데 『삼국사기』 열전 박제상 전에는 백제 사람이 왜에 가서 신라와 고구려가 왜를 침공할 것이라는 소문을 퍼트렸기 때문에 왜가 순라병을 보냈다고 하였다. 그래서 당시 가야에 와 있던 왜병을 왜의 순라병으로 묘사하고 있다.[31]

••••••••••

30. 『삼국사기』 백제본기에 의하면 396년은 아신왕 6년에 해당한다. 그러나 이 해의 기록은 매우 간단하며 광개토왕의 침공사실은 없다. 다만 "여름 5월에 왜국과 더불어 우호를 맺고 태자 전지를 볼모로 보냈다. 가을 7월에 한수 남쪽에서 군대를 크게 사열하였다"고만 되어 있다. 이와 같은 외교, 군사적 움직임이 고구려군의 행보와 관련이 있는 게 아닌가 생각된다.

31. 백제 사람이 앞서 왜에 들어가 왜왕에게 말하기를 '신라와 고구려가 왕의 나라를 침입하려 모의

이 때문에 당시의 왜는 백제를 위한 용병이었을 것이라고 보는 이도 있지만, 만일 그것이 사실이라면 신라는 적절한 시기를 맞아 고구려를 끌어들여 가야를 약화시키고 자신들의 입지를 강화하기 위해 의도적으로 신라·고구려군의 연합원정 계획을 유포했을 가능성이 있다. 다시 말해 신라·고구려의 가야 원정은 그 이전부터 은밀히 추진되었으며, 먼저 신라가 가야의 변경을 건드려 싸움을 유도했을 수도 있다는 뜻이다.

그런데 싸움은 400년 한 번으로 끝난 것이 아니었다. 광개토왕비에는 "14년(404)[32] 왜가 갑자기 대방 지역에 침입하였다.…石城…배를 연결하여…왕이 몸소…거느리고, 평양을 거쳐…서로 맞부딪치게 되었다. 왕의 군대가 적의 길을 끊고 좌우에서 공격하니 왜구가 궤멸되었다. 참살한 것이 무수히 많았다"고 하였다.[33] 이때 대방 땅에 침입한 왜는 가야와의 연합군이며, 왜인은 가야와 백제의 용병으로 보고 있다. '404년 또 다시 대방 땅에 왜가 나타나 잔병殘兵[34]과 화통하여 배를 이어 공격하다가 궤멸되었다'는 광개토왕비의 내용으로 미루어 당시 군사적으로 열세에 있던 백제가 고구려에 대항하기 위해 왜를 끌어들였으리라고 보는 것이다. 즉, 백제-가야-왜 연합을 바탕으로 고구려에 대항한 전쟁이라고 보는 것인데, 그렇다면 이 싸움은 400년 고구려 원정에 대한 가야와 백제 측의 설욕전이었다고 할 수 있다. 다만 404년의 왜는 가야를 통해 불러들인 백제의 용병이었고, 400년의 왜병은 그 행동반경으로

하고 있다'고 하므로 왜가 병사를 보내 신라 국경 밖을 순찰하도록 하였다. 때마침 고구려가 침입하고 왜의 순찰병을 잡아 죽이니 왜왕은 곧 백제 사람의 말이 사실이라고 여겼다. 더구나 신라 왕이 미사흔과 재상(박제상)의 집안사람들을 가두었다는 소식을……(『삼국사기』 열전 제5 박제상 편)

32. 광개토왕 14년, 즉 404년
33. …부분은 비석이 마멸되어 글자를 알 수 없는 내용
34. 백잔의 병사 즉 백제병

보아 가야를 위해 움직였다고 보는 견해도 있다.[35] 가야의 용병이었을 거라고 보는 또 다른 이유는 그 당시 왜 지역의 문화층에서는 백제의 문물이 전혀 나타나지 않기 때문이다. 하지만 이 왜인들의 실체는 가야 및 백제 지역에서 내려간 '왜 교포'였을 수도 있다.

왜·백제·가야는 고구려를 대상으로 404년과 407년 두 차례의 보복전을 전개했다. 그것은 고구려에게도 큰 홍역이었다. 404년의 싸움은 400년의 전쟁만큼이나 치열했다. 고구려의 수군(해군)은 백제와 왜의 1만여 군대를 맞아 싸웠다. 백제·왜는 대규모 해군 상륙작전을 벌였다. 그렇지만 여기서 패하고서도 백제는 포기하지 않았다. 그로부터 3년 뒤인 407년에도 백제 및 왜는 고구려를 공격하였다. 이때의 싸움 역시 백제가 고구려를 상대로 벌인 보복적 성격의 전쟁으로서 고구려는 이 싸움에서도 승리하였다. 광개토왕비에는 정미년(407년) 보병과 기마병 5만이 주도하여 적을 전멸시킨 것으로 그렸다. 그러면서 합전合戰이란 용어를 쓴 것으로 보아 이때도 고구려 군대는 보기步騎 및 수군의 합동작전을 벌였던 것 같다. 보병과 기병이 함께 움직이는 것은 고대의 전쟁에서 보편적인 전투방식이므로, 합전이란 용어는 수륙 양면의 군대가 벌인 합동작전을 의미하는 것으로 볼 수 있다. "정미 17년(407년), 왕의 명령으로 보병과 기병 5만 명을 파견하여…합전合戰하여 모조리 참살하였다. 노획한 갑옷이 1만여 벌이며 노획한 물자는 그 수를 헤아릴 수 없이 많았다…"고 한 광개토왕비의 기록으로 보아 이 싸움에도 400년의 가야 원정군 못지않은 대규모 군대가 동원되었음을 알 수 있다. 아마 이때 백제·왜의 군대도 그와 맞먹는 병력을 동원했을 것으로 보인다.

••••••••••

35. 397년 백제 아신왕이 왜와 통하여 결탁하였으므로 399년 광개토왕이 평양으로 순행을 내려갔다. 400년의 출정은 왜가 신라를 침공한 때문이었다. 404년 대방계에 들어가 백제병과 함께 고구려를 공격하다가 궤멸당했다고 하였다.

그러나 407년 1만 벌의 갑옷을 빼앗은 고구려의 대승은 백제·왜를 상대로 한 싸움이 아니라 후연과의 전쟁을 그린 내용이라고 보는 시각도 있다. 407년 7월에 후연이 멸망하기 전, 고구려가 거둔 전과를 광개토왕비에 함께 기록하였으리라고 보는 것인데, 참고할 만한 내용이다.

광개토왕 군대의 가야 원정으로 시작된 400~407년의 싸움은 한반도에서 벌어진 대규모 남북대전이자 국제전이었다. 이 싸움에서 백제·왜가 패함으로써 백제와 가야, 백제와 왜 사이의 긴밀한 협조 관계는 큰 벽에 부딪혔고, 이를 계기로 고구려는 신라에 대한 영향력을 확대할 수 있었다.

백제와 가야를 동시에 견제하면서 성장해야 했던 신라의 입장에서는 서북 지역으로부터 압박해오는 백제가 가장 골칫거리였다. 신라는 고구려의 주적인 백제와 대결하면서 가뜩이나 왜와의 관계가 좋지 않은 마당에 가야와의 관계도 악화되었다. 결국 백제-가야-왜에 포위되다시피 고립되어 있는 상태에서 신라는 이들을 제압할 방법을 찾지 않으면 안 되었다. 신라는 가야와 왜의 연합세력에 위협을 느낀 나머지 고구려에 원조요청을 할 수밖에 없었다. 당시의 신라는 북쪽으로 겨우 안동·의성·문경·상주·김천 정도까지밖에 진출하지 못했고 울진·영덕·청하에 이르는 동해안권은 한때나마 고구려의 수중에 있었다. 청송·진보 지역도 고구려가 점령한 적이 있으며, 남쪽으로 신라는 양산 이남에서 가야에 막혀 있었다. 울산·양산 남쪽의 부산 지역이 설령 신라에 우호적이었다고 해도 5세기 초 신라의 수중에 들어온 것은 아니었다. 고구려는 성가신 백제를 친 다음에 남쪽으로 삼척 일대까지 확보하여 교두보를 마련함으로써 영남 지역을 효과적으로 지배할 수 있었다. 이런 상태에서 신라가 생존할 수 있는 길은 고구려와의 연합밖에 없었다.

결과적으로 400년·404년·407년의 세 차례 싸움에서 고구려는 김해가야와 왜 그리고 백제가 연합하여 저항하는 것을 철저히 차단하였다. 고구려군의 원정은 가야·신라 사이의 관계는 물론 백제와 고구려 사이의 갈등을 일거에 해결하였다. 한 마디로 고구려 군대의 출정은 중국 동북지역 주요 세력 해체기의 혼란을 틈타서 고구려 주변 관련국들 사이에 형성된 대립상황을 신속하게 해결하기 위해 단행한 군사행동이었다.

그러나 고구려 측의 가야 원정을 고구려의 입장에서 벗어나 가야와 신라의 내부적인 사정에서 살펴볼 점이 있다. 내물왕과 실성왕계 그리고 신라 지역에 진출해 있던 가야계 김씨들 사이의 세력다툼이 국가간 전쟁으로 비화되었을 소지가 다분히 있기 때문이다. 왕권경쟁에서 고구려의 힘을 이용한 쪽과 외부 세력에 반대한 쪽의 알력이 결국 임나가라(김해)·왜 그리고 고구려를 불러들였으며, 신라 내물왕계와 실성왕계 양대 세력의 충돌로 빚어진 싸움이 바로 400년 고구려·신라가 벌인 가야대전이었다고 이해할 수도 있는 것이다. 즉, 고구려의 힘을 등에 업은 실성왕實聖王 일파가 쿠데타를 일으켜 정권을 장악한 것으로 이해할 수 있다.

그러면 고구려군의 원정으로 김해가야는 어떻게 되었을까? 구체적인 기록이 없어 자세하게 알 길은 없다. 다만 420~430년경부터 멸망기까지 대성동을 비롯한 김해 지방에는 지배층의 유물이나 유적이 별로 없다는 고고학적 연구를 참고할 필요가 있다. 이 이야기는 실질적으로 김해의 지배층이 와해되어 멸망한 것이나 다름없다는 뜻이다. 한 마디로 5세기 초의 대혼란기 이후로 김해가야의 지배층은 멸망했다고 볼 정도로 김해의 인구는 대폭 줄었고, 지배층은 별로 보이지 않는다. 대성동고분군을 발굴한 이들의 표현을 빌자면 "김해가야 지배층은 김해를 떠났다"는 얘기다. 그렇지만 그와 반대로 김해가야가 멸망한 증거가 없으니 이때 완전히 멸망한 것이 아니며 지배층이 완전히 몰락하지도 않았다는 반론 또한 만만치 않다. 근래 김해 일대에선 5세기 유적이 보고되고 있고, 더구나 기록엔 532년에 김해가야가 멸망한 것으로 되어 있으니 김해가야가 6세기 전반까지 존속했다고 보는 게 맞을 것이다.

그러면 이 전쟁으로 한국 남부에는 어떤 변화가 왔을까? 먼저 고구려·신라 연합군의 가야 정벌 후의 결과를 몇 가지로 요약하여 소개한다. 우선 전기 가야연맹이 해체되었다고 보는 견해가 있다.[36] "가야소국이 모두 망한 것은 아니지만 성주와 창녕의 비화가야(비사벌국) 등이 신라로 자진 이탈하고 가야 연맹의 맹주국이었던 김해가야의 중심 세력이 와해되어 연맹이 해체되었다"[37]고 보는 것이다. 그러나 과연 전기가야 연맹이 있었는지는 의문이며 있지도 않은 가야연맹이 이때 해체되었는지는 더욱 알 수 없다. 그리고 부산(동래)의 독로국이 자진 이탈한 증거는 찾을 수 없으며, 더욱이 복천동에 독로국이 있었는지는 알수 없다. 설령 독로국이 동래에 있었다 하더라도 그때까지 존속했을 수는 없다. 뿐만 아니라 복천동 유물에 4세기 중반부터 신라적 요소가 보이며, 5세기 중반이 되면 완전히 신라화한다고 하지만 그것은 어디까지나 유물에 보이는 소견일 뿐, 유물이 곧 정치 세력의 교체나 변화를 보증하는 것은 아니다. 무엇보다도 그 시기에 복천동 세력이 완전히 가야권에서 이탈하여 신라 세력이 된 증거는 어디서도 찾아볼 수 없으니 이점부터 규명해야 한다.

다음으로 "백제가 바다를 통하여 왜와 교역하기가 어려워졌다. 그리하여 백제는 5세기 들어 영산강 유역의 옹관묘 세력을 지원하면서 이를 통하여 왜와의 교역을 지속해 나갔다. 나아가 백제는 고흥 해창만이

----------

36. 이 경우 포상팔국 전쟁을 3세기 말의 사건 또는 4세기 초의 일로 이해하고, 이때 전기가야 연맹이 해체되었다고 보는 견해는 제외된다.
37. 『미완의 문명 7백 년 가야사(1권)-수로왕에서 월광태자까지』, p.150, 김태식, 푸른역사, 2002

나 여수권을 왜와의 교류 통로로 활용하였다. 가야대전 이후 신라는 가야와 왜의 위협으로부터 벗어났으나 고구려의 간섭에 한동안 시달려야 했다"[38]고 보는 견해가 있다. 그렇지만 가야대전이 백제와 왜의 교류에 특별히 어려움을 주었다는 증거는 없다. 백제는 이 무렵 전남 고흥군 포두면과 해창만 일대[39] 그리고 광양 및 여수 등지를 통해 왜와 교류할 수 있었다. 4세기 백제는 고흥 지역을 통해 왜와 교류하였고, 5세기 후반부터는 고성 지역과 영산강 주변 세력 사이의 교류가 더욱 활기를 띠는 것도 분명한 사실이다. 즉, 고성 지역이 왜-백제 사이의 통로로 추가되는 것이다.

이와 달리 오히려 대가야가 중국과 교류할 수 있는 항구를 확보하지 못해 어려움을 겪었다. 그래서 대가야는 5세기 내내 전남 나주와 목포·영산포 일대를 비롯하여 김제·부안 등 서해 지역에 거점을 확보하여 중국과 교류하기 위해 부단히 힘썼다. 신안 안좌도에서 발견된 가야 유물과 동진강 하구의 가야포는 대가야 세력이 중국과의 교류에 힘쓴 흔적으로 볼 수 있음을 이미 앞에서 설명하였다. 5세기 후반부터는 고성 지역의 소가야 세력이 백제·왜 등과 활발히 교류하면서 대가야와도 긴밀하게 연결되는데, 그것은 백제-왜, 가야-중국 사이의 교류를 위해 백제와 가야가 호혜관계를 유지했을 가능성을 암시한다.

그러면 고신연합군의 가야 원정 이후에 나타난 가야 지역의 변화는 무엇이었을까? 다음의 견해를 주목해 보자.

"가야 연맹 내의 후진 지역이었던 경상 내륙 지역과 왜가 발전하게 되었다.

● ● ● ● ● ● ● ● ● ● ●

38. 『미완의 문명 7백 년 가야사(1권)-수로왕에서 월광태자까지』, p.150, 김태식, 푸른역사, 2002
39. 고흥군 포두면 길두리 안동마을에서 안동고분이 발견되어 5세기 중반 백제의 대왜교류를 엿볼 수 있다.

가야 문화의 중심지였던 낙동강 하구의 주민들이 흩어져 경상 내륙 지역과 일본열도 등으로 이주하면서, 제철 및 철기가공 기술, 도질토기 제조기술 등이 대거 전수되었다고 본다. 따라서 5세기 들어 얼마간 시간이 흐른 뒤에 해당 지역들에서는 왕성한 문화적 발전이 이루어진다."[40]

김해가야의 쇠퇴와 더불어 주변 지역이 발전하였다고 보는 이 견해를 일부 제한적으로 인정할 수 있다. 전체적으로 보아 이 전쟁을 계기로 낙동강 서편 지역에서 철이 널리 보급된 사실은 확인된다. 그러나 그것을 반드시 발전의 결과로 볼 수 없는 측면이 있다. 그보다는 여러 곳으로 사람들이 유리하여 철기가 보다 널리 확산되고 지역차가 좁혀졌다고 보는 게 맞다. 다시 말해서 '철기의 확산'이며 대중화이다. 그것을 다른 측면에서 보면 철기 가격의 하락으로 요약할 수도 있다. 철기 보급에 지역간 격차가 좁혀지고, 가야 여러 지역에 대소 세력이 분산되었을 뿐이지 그것을 400년의 전쟁으로 말미암아 철기가 더욱 발전한 증거로 보기는 석연치 않다는 것이다.

광개토왕 군대의 원정으로 임나가라의 중심인 김해 지역은 하루아침에 쑥대밭이 되었다. 한반도의 남부에서 화려한 철기문화를 처음으로 꽃 피우며 지배자들의 무덤으로 대형 목곽묘를 사용해온 김해 가야 사람들. 그들은 5세기 초 대체 어디로 떠났기에 이후 김해 지역에는 대형 목곽묘나 지배자의 무덤을 별로 남기지 않았을까? 지배층 대부분과 제철 기술자를 비롯한 공인집단이 포로로 잡혀가고 왕가와 일부 세력만이 겨우 화를 모면한 결과일까? 전란 후의 가야인들은 신라나 고령[41]·

··········
40. 『미완의 문명 7백 년 가야사(1권)―수로왕에서 월광태자까지』, p.152, 김태식, 푸른역사, 2002
41. 대가야국(大伽倻國)은 '시조 이진아시왕(伊珍阿豉王, 일명 內珍朱智)으로부터 도설지왕까지 16세 520년'이라고 되어 있다(『신증동국여지승람』 고령현).

진주·함안·산청·거창·합천·남원·장수 그리고 전남 동부 지역의 여수·광양·순천 등지로도 흘러 들어갔다. 동래 복천동으로 옮겨간 이들도 있었을 것이다. 또한 일부는 일본으로 건너간 선주 가야인들을 찾아 떠났으며, 이들에 의해 일본에서는 전기 고분시대의 막이 올랐다.

광개토왕의 가야 원정은 가야를 결정적으로 쇠락하게 하고 남부 지역에서의 세력 중심을 신라에 옮겨놓는 계기가 되었다. 이 싸움으로 한반도 남부지방에서 발생한 대규모 유민은 이 땅의 문화를 일본열도에 확산시켰다. 김해가야의 피난민들은 일본에 가야 문화를 옮겨 놓았고, 일본의 고분에는 가야의 유물을 남겼다. 전쟁은 반드시 파괴적이고 폭력적이지만, 한편으로는 이와 같이 문화를 전파 또는 확산시키는 역할도 한다. 이것이 바로 전쟁이 갖는 양면성이다.

## 고구려군의 남정으로 인한 전기 김해가야의 쇠락과 신라의 부상

앞에서 여러 차례 설명했듯이 고구려와 가야 사이의 싸움은 400년 한 차례로 매듭지어진 게 아니었다. 4년 뒤인 404년 백제와 왜가 고구려를 치다가 궤멸되었고, 그로부터 3년 뒤인 407년[42] 또 다시 백제는 가야·왜와 함께 고구려로 쳐들어갔다. 가야 대전에서 고구려의 5만 군대는 백제·가야·왜병을 철저히 격멸하였다. 그리하여 407년의 상황을 광개토왕비에 "고구려군에 의해 목이 베이고 빼앗긴 투구[43]와 갑옷이 1만

•••••••••••
42. 광개토왕 17년
43. 고대사회의 전투에서 갑옷과 함께 투구 또한 중요한 무장(武裝)이었다. 철제 투구에는 ①종장판 투구 ②만곡종장판 투구[彎曲縱長板冑] ③챙투구[遮陽冑] ④충각부투구[衝角附冑] ⑤미늘투구[小札冑]가 있다. 만곡종장판투구와 종장판투구는 초기의 철제갑옷과 투구 형태로서 가야 및 남부지방의 가장 특징적인 투구인 까닭에 가장 많이 출토되고 있다. 철제갑옷과 투구가 출현하는 초기부터 사용된 갑주(甲冑)이다. 충각부투구와 챙투구는 종장판투구의 발전된 형태라고 할

여 벌이나 되었으며 기타 노획한 무기와 군사물자는 이루 헤아릴 수 없이 많았다"고 하였다. 이로 보건대 설령 다소의 과장은 있다 하더라도 세 차례의 전쟁이 고구려의 일방적인 승리로 끝난 것은 사실로 볼 수 있겠다. 400년의 가야 원정 이후 404년과 407년 백제·왜·가야의 반격전은 말하자면 고구려와 가야·왜·백제 사이에 벌어진 8년 전쟁[44]의 과정을 그린 내용이다. 비록 그 인구와 영토는 작았으나 강국인 고구려와 여러 해 동안 맞서 싸운 것을 보면 임나가라(김해)와 백제의 군사력 및 경제력이 고구려와 맞설 만큼 막강했음을 알 수 있다.

앞에서 이미 설명했듯이 400년과 407년의 대전大戰 뒤에 임나가라는 '거의 멸망한 것이나 다름없는 상태'였다는 고고학적 판단이 제기되었는데, 그것은 김해 지역 발굴 결과에 바탕을 둔 것이다. 아마도 고고학이 밝혀낼 수 있는 사실이 더 있다면, 이런 평가는 앞으로 얼마든지 달라질 수 있을 것이다. 다만 현재까지의 조사 결과를 바탕으로 한 견해가 그러한 만큼, 가야대전으로 김해가야가 멸망한 것이나 다름없다는 견해를 불변의 사실로 받아들일 필요는 없다. 하나의 참고사항으로 수용하면 되며, 이야기 전개상 먼저 '김해인들이 김해를 떠났다'는 견해에 따라 정리해 보자.

김해가야의 지배층과 전사戰士 대부분이 고구려에 끌려갔거나 김해를 떠나 영남지방 어디론가 옮겨 간 것이 아니면 많은 인구가 8년 전쟁으

----

수 있다. 김해 삼계동 두곡고분군 ⑤부산 연산동 ⑤고령 지산동에서는 챙투구가 출토되었다. 지산동과 부산 오륜대 그리고 함양 상백리에서는 충각부투구가 나왔다. 아울러 챙투구와 충각부투구는 일본 투구의 특징이라고 할 수 있다.

한편 미늘투구는 가야 지역에서만 나타나며, 고구려 고분벽화에서도 이 미늘투구가 있어 최상층부에서만 사용한 투구일 것으로 짐작된다. 제작기법 면에서도 최고의 기술을 요구하며 노동력과 비용, 사용자 모두 최고의 전문가 집단에서 향유한 형태라고 할 수 있다.

44. 396년 광개토왕이 직접 백제를 원정한 해로부터 따지면 12년 전쟁이 될 것이다.

로 소진되었을 것이다. 그 결정적인 증거로써 5세기 전반(420~430년 이전)에 대성동 1호·7호·11호분을 끝으로 김해 지역에 대형 수장층의 무덤을 더 이상 쓰지 않았다고 보는 견해가 있다. 김해 지역의 급속한 도시화로 말미암아 중요한 유적이 사라진 탓에 그것이 아니라고 반박할 자료가 많지 않은 실정이니 고고학적으로는 5세기 전반에 이미 멸망한 것이나 다름없다는 얘기를 무조건 반박하기는 어렵다. 실제로 대성동 일대에 5세기 지배층의 무덤이 없다면 그것은 지배층의 소멸을 의미한다.

그러나 우리 측 기록엔 김해가야가 532년에 멸망한 것으로 되어 있고, 『일본서기』는 임나가라의 멸망년도를 562년(欽明 23년)으로 기록하였다. 둘 다 532년 이전에 임나가라가 멸망하지 않은 것으로 적은 것이다.[45] 그러니 이런 기록을 감안할 때 고구려에 포로로 잡혀갔거나 전쟁 통에 죽은 이를 제외하고도 김해에 그대로 남았거나 김해 밖의 영남 지역 어딘가로 이동해 갔다고 봐야 한다. 5세기 초부터 고령과 합천 옥전, 전북 남원·장수 등지에 대형고분과 강력한 정치세력이 나타나며, 5~6세기 함안의 아라가야가 복천동이나 옥전(합천) 등지와 깊은 관련을 맺는 것을 보면 전쟁의 여파로 인한 인구 이동과 세력 변동을 충분히 짐작할 수 있다. 부산 복천동이나 그 외에 경남 동남단 지역에서 6세기까지도 계속 가야 고분이 축조되는 것을 보면 김해 가야가 5세기 초에 멸망했다고 단정하기는 어렵다. 그러면 앞으로 이 문제를 어떻게 해석해야 할까? 자료가 부족해 그 진실을 알 수는 없지만 김해 이외의 지역으로 지배층이 유리하였고, 그대로 김해에 잔류한 이들도 있었다고 보아야 할 것이다.

적어도 김해가야가 5세기 초에 멸망하지 않았다는 주장은 김해종합운동장 자리에서 확인한 5세기 중반 이후의 수장층 무덤을 근거로 제기

––––––––––
45. 이것은 고령의 대가야 멸망시점(562년)을 기준으로 기록한 것으로 보인다.

되었다. 그 지역에는 그보다 더 많은 수장층 무덤이 있었으나 그것들이 개발 과정에서 사라졌다고 보고 있는 것이다. 이를 뒷받침할만한 증거들이 더 나타난다면 충분히 감안해야 할 견해라고 할 수 있다.

또 대성동 1호·7호·11호분을 끝으로 대성동에 신라 양식의 토기가 처음으로 출현하는 것도 5세기 초 김해 수장층의 몰락을 반영하는 것이라는 주장이 제기되었다. 이것 역시 의미 있는 견해라 할 수 있다. 이 시기에 임나가라 세력이 급격히 쇠퇴한 대신, 신라의 문물이 나타나는 것은 김해에 신라의 영향력이 스며든 결과라고 해석할 수 있는 점이다. 김해 대성동에 최후로 들어선 대형 무덤 바로 다음 시기의 무덤이라고 알려진 동래 복천동 21호·22호 고분에서도 '정형화된 신라 양식의 최초 형태인 고배'가 다량 출토되는 변화가 나타난다. 이것을 완곡하게 표현하여 '가야연맹의 해체와 함께 신라가 낙동강 하류로 진출한 결과'라고 파악한다.[46] 동래와 김해 지역 모두 신라의 간접지배 방식으로 6세기 전반까지 유지되었으리라고 미루어 짐작하는 것이다.

앞에서 잠깐 언급한 바와 같이 5세기 초 이후 김해 대성동에 나타난 변화와 달리 동래 복천동 지역에는 6세기 중엽까지 대성동고분에서 보는 것과 같은 목곽묘와 함께 대형 수혈식석곽묘가 계속 축조된다. 이것은 합천 옥전고분군의 경우도 마찬가지다. 이런 점들을 바탕으로 '고구려군의 가야원정 이후 낙동강 하류의 패권을 복천동 세력이 갖게 되며 그 최초의 수장묘가 복천동 21호·22호분일 것'이라는 견해가 제기되었다. 이와 관련하여 가라국 7세 취희왕吹希王[47]에 대해 『가락김씨선원세보』에는 "433년 백제와 화친하였고 444년에는 일본이 국경을 침범하니

..........
46. 동래 복천동 고분군Ⅱ, 부산대박물관, 1990
47. 그의 이름은 김희(金希) 또는 김질(金叱)로 되어 있다.

부산 우동佑洞 뒷산에 거칠국을 세우고 굳게 지키게 하였다"[48]는 기록을 검토해볼 필요가 있다고 생각한다. 신뢰할 수 없는 개인 가계의 기록이라고 간단히 생각하기엔 어딘가 개운치 않은 자료이기 때문이다. 아마도 이것은 어느 기록에선가 따온 구절일 것 같다는 믿음을 갖게 한다. 연대를 제시하였고, 거칠국을 세운 동기가 분명하다. 그러므로 사실관계는 어느 정도 옳은 것이고, 다만 그 연대 및 관련 인물이 조금 잘못된 것이라고 생각하면 어떨까? 설사 그것이 거짓 내용일지라도 한 번쯤은 고민해 봐야 하겠다.

제시된 연대와 상황으로 보면 신라 측의 기록인 것 같고, 연대를 무시하면 김해의 가야가 복천동을 장악한 계기에 대한 설명으로 볼 수도 있는 게 아닐까? 만일 이 기록이 사실이라면 기존 거칠국은 김해의 세력이 접수하여 세운 새로운 정치적 터전이었고, 6세기 중반까지 임나가라의 상층부 잔여세력이 존재한 것이 된다. 그래서 혹시 신라가 김해의 지배층을 복천동으로 옮겨놓고 감독한 체제가 아니었을까 하는 생각까지 떠올리게 한다. 물론 이것은 복천동과 김해 대성동 일대의 세력을 하나의 금관가야권으로 보는 고고학적 견해와 비슷한 이야기이지만, 여기서 고민해 봐야 할 것이 더 있다. 임나가라가 6세기 초반까지도 존재했다면 과연 임나가라의 중심은 어디에 있었는가 하는 것이다. 여기서 바로 동래 지역의 대형봉분을 가진 무덤에 주목한 견해가 나왔다. 김해에는 김수로·허황후의 무덤 외에는 대형봉분이 없고, 동래 지역에는 대형봉분을 가진 무덤이 많이 있으니 김해가야의 중심이 동래에 있었다고 보는 것이다.[49] 김해가야의 실세가 동래 복천동이나 함안·합천·고령과 같

••••••••••
48. 우동 뒷산은 상산(上山)으로, 거칠국 자리에서 동쪽으로 15리 거리에 있다.
49. 이와 동일한 시각에서 김해가야가 5세기 초 고령으로 옮겨갔으며 이후의 가라는 고령이라는 견해가 제시되어 지금은 이것이 가장 유력한 통설로 받아들여지고 있다. 그래서 '가라의 하지왕'

은 여러 지역으로 흘러 들어갔으며, 이들 가야 주도 세력은 김해를 떠난 이들로 봐야 한다는 결론에 이를 수 있다는 것이다. 이런 주장들이 어디까지가 진실인지는 알 수 없다. 또 김해 왕가와 지배층이 몽땅 고령으로 갔는지, 아니면 동래로 옮겼는지 그것을 알려주는 명백한 자료는 없다. 다만 그 중심이 동래에 있었든 김해에 있었든, 그 두 가지 주장은 김해와 부산 복천동(거칠국)은 본래 임나가라 영역이었다고 보는 점에서는 같다. 400~407년의 혼란기를 계기로 김해를 떠나 부산이나 고령에 정착한 지도층도 있었다는 추리는 얼마든지 가능하며, 김해에 그대로 잔류한 김해가야 정통세력도 있었다는 주장 또한 가능하다.

그리고 이들을 포함하여 후기 가야연맹이 있었다면 그 연맹은 이들 사이에 형성되어 있던 심정적 유대감을 바탕으로 하였을 것이다. 이 점에서 보면 『일본서기』에 '고구려와 신라의 군대가 쳐들어 왔어도 임나가야를 멸망시키지 못했다'고 한 말은 사실로 볼 수 있다. 5세기 초 이후에도 임나 제국諸國은 엄연히 존속하였으니까. 더구나 낙동강 하류지역 토기로 보면 복천동 21호·22호분 이후 복천동고분에 계보를 둔 수장묘와 함께 동래 복천동과 김해가야 사이에는 불가분의 관계가 있었다. 그것은 양측의 동질성을 말함인데, 다만 5세기 이후 김해가야의 잔여세력은 가야권에서 주도적 위치를 잃었다. 복천동 세력 또한 5세기 중반 신라의 영향권에 들어가 점차 신라 색채를 강하게 띠기 시작한다. 이런 양측의 오랜 교류 끝에 복천동 세력은 6세기 중반이 되면 드디어 신라권으로 편입된다.

합천 옥전고분군의 유물에 보이는 복천동 또는 김해적 요소 또한 두 지역 사이의 관계를 가늠해 볼 수 있는 점이다. 이러한 몇 가지 측면을

<hr />

도 고령에 있었다고 이해하는 주장까지 나왔다.

감안하면 고구려군을 이용해 신라가 김해 지역을 제압했으면서도 김해와 동래 복천동 지역은 완전히 복속하지 못한 것이니, 만약 신라와 고구려가 김해 임나가라를 침공할 때 부산 복천동을 이용했다면 복천동에 제시한 조건이 따로 있을 수 있다. 이 문제에 대해서는 뒤에 다시 설명할 것이다.

앞에서 설명했지만 실제로 400년(경자년)과 407년(정미년) 이후에는 김해 대성동 지역에 수장층 무덤이 더 이상 조성되지 않았다면 그것은 김해 지배계층의 몰락을 의미한다. 고구려와의 8년 전쟁에서 지배층 대다수와 상층 전사 집단이 와해되었기에 420~430년대 이후로는 대성동 일대에 더 이상 대형 목곽묘가 축조되지 않는 것이라고 해석하는 견해에 일단 동의해 보자. 대성동고분군 발굴자는 "고구려군의 남정으로 5세기 초 고분 축조가 중단되었다"고 파악하고, "5세기 초 20~30년 간 수장묘 축조가 중단된 것은 김해가야의 멸망을 의미한다"고 분석하였다. 그리고 여기서 더 나아가 '이것은 전기 가야연맹이 해체된 결과'라고 해석하고, 이 시기 경남 서부 및 전남 영산강 유역에서 많은 이들이 일본으로 건너가 스에키(須惠器)를 생산하기 시작하였다고 주장한다. 김해의 임나가라가 멸망하고 고령이나 합천 등지는 물론 일본으로도 많은 이들이 유리했으며, 이것이 일본 기내畿內 지역에 스에키가 유입되는 계기가 되었다는 것이다.

그러면 이번엔 김해 가야가 5세기 초에 멸망했다고 보는 견해에 동의하기 어려운 측면을 보자. 『일본서기』흠명기欽明紀 2년(541) 기록에 '옛날 신라가 고구려에 지원을 요청하여 임나와 백제를 공격했으나 이기지 못했는데 어찌 신라 혼자서 임나를 멸망시킬 수 있겠는가'라고 한 구절이 있다. 백제 성왕이 부여 사비성에 임나 소국의 대표들을 불러 모은 자리에서 한 말이다. 이것은 400년의 싸움을 가리킨 것으로 볼 수 있는

데, 그 행간에 녹아 있는 의미는 아마도 고구려·신라 군대가 임나가라 종발성으로 쳐들어갔을 때 백제가 임나를 지원하여 물리친 것이 아닌가 한다. 즉, 광개토왕비의 '임나가라 종발성으로 쳐들어가자 곧바로 항복하였다'는 기록은 고구려 측의 과장이며 오히려 『일본서기』의 기록이 더 믿을만한 것으로 볼 수 있겠다는 뜻이다.

541년 4월 임나8국의 대표들이 참석한 사비성 회의에서 백제 성왕과 나눈 대화 가운데 '어찌 신라 혼자서 임나를 멸망시킬 수 있겠는가'라고 한 말은 과거 고구려의 힘을 빌린 때와 달리 지금은 신라 혼자서 임나를 대적할 수 없다'는 의미를 담고 있다. 이 말 뒤로 성왕은 과인과 그대들이 합심하면 '임나는 반드시 일어난다(任那必起)'고 하였다. 이 회의가 끝나고 성왕은 임나가라 대표들에게 선물을 차등 있게 나눠주었으며 모두들 흔쾌한 기분으로 즐거이 돌아간 것으로 되어 있다. 성왕이 임나 소국 대표들을 사비성에 불러 임나부흥회의를 가진 것은 532년에 망한 '임나본국' 재건을 위해서였다. 이 기록으로 보더라도 5세기 초에 김해의 임나가라 본국이 멸망했다고 볼 근거가 없다. 고고학 결과만 중시하고 기록(자료)을 무시하는 시각에 심각한 문제가 있다는 얘기다. 우리의 기록에 김해의 가야는 532년에 멸망한 것으로 되어 있으니 그 기록을 허구로 볼 수도 없다. 541년 봄 성왕이 사비성에서 한 말은 그로부터 9년 전 임나본국인 김해가야가 신라에 넘어갔지만, 백제와 임나의 잔여 소국들이 합심하여 신라를 무찌르면 신라에 빼앗긴 임나본국과 탁기탄·남가라·탁순 등 임나소국까지 되찾아 임나의 강역을 예전 상태로 되돌릴 수 있다는 자신감의 표현이 '임나는 반드시 일어난다'는 말이었다. 백제 성왕이 이토록 임나 재건에 공을 들인 것은 '임나가 멸망하면 백제가 외롭고 위태로워진다'는 판단 때문이었다. 여러 가지를 감안해보면 김해의 지배층이 그대로 김해에 남아 있었거나 다른 곳으로 이동했다고 볼 수 있다. 만약 5세기 초반 김해가 비어 있었다면 그것은 김해 가야의 상층 세력 대부분이 다른 곳으로 이동하였거나 일시적으로 비운 결과이다. 만약 왕가와 지배층 소수만이 남고, 차상층 지배계층과 군대가 포로로 고구려에 끌려갔다면 김해 지배층의 일시적 '공백상태'는 당연한 것이다.

그런데 2006~2007년 진영읍 죽곡리에서 6세기 전반까지 계속 축조된 가야고분이 발굴되었고, 여기서 김해가야 양식과 함께 창녕·함안 및 신라계 유물이 출토되면서 이제는 532년 김해가야 멸망설이 한층 힘을 얻은 것 같다. 지배층이 김해에 잔류했거나 아니면 김해 밖으로 이주를 했더라도 김해가야는 가야권 어딘가에 존속했다는 얘기가 된다. 근래엔 대성동에 5세기에도 계속해서 수장층의 무덤이 축조되었다고 보고 있다. 실제로 많지는 않지만 대성동 일대에서 5세기의 수장층 무덤들이 확인되고 있는 것을 바탕으로 한 주장이다. 1970년대 급격히 유적이 파괴되어 5세기 이후 김해가야 건재설을 뒷받침할 자료가 비록 풍부하지는 않다. 그렇지만 이런 몇 가지 자료로 보더라도 김해가야가 5세기 초에 멸망했다고 보기는 어려울 것 같다.[50]

그런데 이 문제와 관련하여 복천동과 김해의 그 당시 유적층에서 고구려군의 유물이 한 점도 나오지 않은 것을 의문으로 제기하는 이들이 있다. 김해와 동래에 5세기 이후에도 변함없이 지배층의 무덤이 들어

··········
50. 5세기 대성동고분군을 비롯하여 소위 금관가야 지역의 문화가 단절되는 현상은 없으며 고구려 문화의 흔적도 보이지 않는다고 보는 이들도 많이 있다. 과연 고구려군이 김해 임나가라를 공격하였으며, 종발성을 함락하였는가에 대한 의문제기인 것이다. 일부에서는 광개토왕비의 고구려군 가야 원정 내용은 장수왕의 염원을 담은 것이지 실제로 김해가야를 정복한 것은 아니라는 견해를 내놓은 이도 있을 정도이다. 광개토왕 군대의 가야 원정 이후 김해 지역에 고구려의 흔적이 없다는 점을 주요 근거로 들고 있는 것이다. 하지만 일시적 점령이었다면 고구려 유물은 나오지 않을 수 있다는 점을 제기하는 이도 있다. 그러나 광개토왕의 업적을 기리는 비석에 있지도 않은 사실을 날조하여 기록했다고 보기는 어렵다. 사실을 비틀어서 보는 것이 때로는 역사적 진실을 조명하는 방편이 될 수는 있으나 가야 원정 자체를 허구로 보는 것은 지나치다고 할 수 있다.

서고 있으므로 고구려·신라군의 가야 원정 기록이 과연 믿을만한 것인가 하는 의문 제기이다. 간단히 말해서 광개토왕비의 가야 원정 내용을 허구로 보는 견해까지 생긴 것이다. 그 대표적인 주장 하나가 고구려의 가야 원정은 사실이 아니며, 단지 아들 장수왕의 가야 원정에 대한 염원을 그린 내용일 뿐이라는 것이다. 하지만 그와 같은 견해는 억지주장에 가까운 것이라고 판단되므로 동의하기 어렵다. 백제나 신라와의 관계를 억지로 끌어다 대고, 있지도 않은 가야 원정을 광개토왕 비문에까지 정성 들여 새겨야 할 이유가 있었을까? 동래 및 김해 지역에서 5세기 초의 고구려 유물이 나타나지 않는다는 사실 하나만을 가지고 기록이 잘못된 것이며 허구라고 보는 논리는 지나치다. 이에 대해서 "당시의 전쟁은 점령이 아니라 정복이었으므로 고구려의 유물이 출토되지 않을 수 있다"[51]고 반박한 견해는 참고할 만하다. 고구려는 가야 정벌에 목표를 두었을 뿐, 점령을 위한 원정이 아니었으므로 복천동이나 김해에서 고구려 유물이 나오지 않을 수 있다는 주장이다.

이와 관련하여 가야가 신라에 완전히 복속되는 6세기 중반까지 복천동 일대에 기존의 무덤양식이 존속한 배경은 무엇이었을지에 대해서도 좀 더 심각하게 고민해 봐야 한다. 고구려와 신라 연합군의 김해가야 공격 때 임나가라 중심축의 하나였던 동래 복천동 세력을 김해로부터 이탈시켰거나 그것이 아니라면 김해를 정벌하고 그 지배층을 동래 복천동 일대로 옮겨놓은 것은 아닐까? 김해의 임나가라 지배층은 고령으로 갔는가, 아니면 복천동으로 옮겨 앉았는가? 이와 같이 여러 가지 갈래로 추리해 볼 수는 있을 것이다. 김해의 임나가라 종발성을 함락시키기 위해 복천동 지역을 공격거점으로 활용하는 대신 수장권을 존속시켜 주

· · · · · · · · · · · ·
51. 고구려군의 南征과 가야(제9회 가야사국제학술회의 발표 논문집), 김두철, 2003

는 교환조건이 있었거나, 아예 복천동은 신라와 고구려의 공격권 밖에 있었을 수도 있다. 고구려군이 최단거리로 김해·부산 지역에 이르는 길은 동해안 연안해로이다. 육로가 발달하지 않았던 시절, 이 해로는 공격자의 입장에서 매력적일 수밖에 없다. 한 예로 1980년대 중반까지만 해도 포항~울산 간 동해안 연안로는 매우 열악했다. 1600여 년 전으로 올라가면 강릉-삼척-울진 그리고 포항~구룡포~울산 지역의 연안 육로를 따라 대규모 군대가 이동했다면 많은 어려움이 있었을 것이다. 육로보다는 연안을 따라 배로 이동하는 것이 한결 쉽고 빨랐을 것이다.

결국 고구려의 전략을 다음과 같이 정리해 볼 수 있다. 앞에서 자세히 설명한 대로 아예 보병·기병·수군이 선박편으로 부산을 돌아 막바로 김해로 들어가는 것이다. 이것은 왜군의 퇴로를 막고 낙동강 하구에서 거슬러 올라가 봉황동 남쪽 바닷가에 배를 대고 막바로 종발성을 공격하는 방법이다. 그렇지 않으면 고구려 군을 실은 배는 원산이나 간성 등지에서 연안을 따라 남하하여 포항이나 감포 지역에 이르러 기병과 보병 일부를 상륙시킨 다음, 빈 선박은 울산·부산을 돌아 낙동강 하류를 거슬러 오르는 것이다. 이렇게 해서 김해에서 가장 가까운 낙동강변 나루에서 신라·고구려의 보기병步騎兵과 수군이 다시 만나 곧바로 강을 건너 김해로 진격할 수도 있다. 이때 중요한 거점이 양산이다. 양산은 신라 김씨들의 확고한 발판으로서 고구려·신라 연합군의 도하지점이자 중요한 보루였다고 할 수 있다.

하지만 이때 김해가야로 쳐들어가는 공격자의 입장에서 반드시 고려해야 할 거점이 동래 복천동이다. 이 거점 세력이 어느 편을 드느냐에 따라 전쟁의 승패가 엇갈릴 수 있기 때문이다. 복천동은 전략적으로 중요한 만큼 이 점에서 고구려·신라는 동래의 복천동 세력과 어떤 형태로든 거래가 있었다고 볼 수 있다. 물밀듯 밀고 내려가 동래 지역을 배후 공격거점으로 활용하는 것이므로 복천동을 김해로부터 이탈시켜 신라·고구려 편에 가담시키는 방법을 택했을 수 있다. 아마도 그것은 동래 복천동 세력을 유지시켜 주는 조건이었을 것이다. 이런 조건이 있었기에 복천동 세력은 6세기 중반까지 큰 변동 없이 그 체제를 유지할 수 있었다고 헤아려 볼 수 있는 것이다. 물론 부산 지역을 신라·고구려의 공격권에서 아예 제외했을 가능성도 있다. 김해와 복천동이 연계하지 못하도록 차단하는 선에서 김해 지역을 포위하여 급습하는 전략을 구사했거나 김해와 복천동 양쪽을 모두 공격 목표로 삼았을 수도 있다.

동래 지역은 3세기 중반까지는 변진의 소국이었다. 다시 말해서 가야의 한 소국이었음은 분명하다. 그런데 4세기 중엽이 되면 신라와의 교류가 늘어난다. 물론 유물에 보이는 신라 양식으로 추정하는 부분이다. 그런데 5세기 초부터 문화양상이 신라 계통으로 크게 바뀌어 5세기 중엽이 되면 유물은 완전히 신라화된 양식을 갖는다. 심지어 복천동 11호분에서는 전형적인 신라 양식으로 얘기하는 出자형 금동관이 나와 이 시기 복천동 세력은 가야권보다는 신라와 가까워지는 게 아닌가 하는 의심이 들 정도이다. 또한 복천동에서는 신라의 다른 어느 지역보다도 많은 수의 마구와 무기류가 출토되었다. 이런 점들을 감안하여 고구려 광개토왕 병력이 동래(복천동)에 주둔하였을지도 모른다는 견해도 생겼다. 그곳을 거점으로 김해를 공략했거나 어떤 방식으로든 복천동 세력이 신라와 고구려에 도움을 주었으리라고 가정해 볼 수는 있을 것이다.

당시 가야-왜-백제의 전선이 주로 낙동강 서편에 형성되어 있었고, 임나가라·왜의 거점이 김해에 있었다. 이런 조건에서 왜의 퇴로를 차단할 수 있는 위치가 동래 복천동 일대였으므로 고구려와 신라는 이 점까지도 고려했을 수 있다. 고구려·신라군이 낙동강 동편에서 밀고 올라가면서 김해로 진격하여 왜·가야 연합군을 압박함으로써 쉽게 가야와 왜를 제압했을 것이라고 추정해 볼 수 있는 것이다. 그렇다면 앞에서 설명한 대로 이 경우 왜의 퇴로는 진해와 창원 지역이었을 것이다. 고구려·신라 연합군은 임나가라의 국성國城인 종발성으로 쳐들어가 성남쪽 바로 밑에 배를 대고 일시에 공격하자 김해가야는 곧바로 항복하였을 것이다.

그렇지만 고구려는 이 외에도 고구려에서 영남에 이르는 내륙로를 따라 별도의 군대를 보내어 급습하였을 가능성이 있다.[52] 이 경우 괴산-보은-상주로 이어지는 내륙로를 김해가야에 이르는 코스의 하나로 추가해볼 수 있다. 이 노선을 포함하여 그 외에도 여러 갈래의 공격로를 따라 고구려군이 일시에 쳐들어가 신속하게 전쟁을 마무리했을 수 있다. 김해의 지도층이 속수무책으로 손을 든 까닭은 고구려 수군과 육군 및 신라군의 기습적인 대규모 연합공격 때문이었을 것이다. 다만 가야는 고구려와 직접적인 이해관계가 없었기 때문에 무자비한 정복과 살상·파괴에 목표를 둔 것이 아니라 단지 정벌하여 왜·백제와의 연결고리를 끊는 데 있었기 때문에 고구려 군대가 장기 주둔할 필요는 없었다. 고구려군은 임나가라로부터 '백제를 돕지 않을 것이며 신라와 화해하겠다'는 약속을 받고 철병을 서둘렀을 것이다.

## 가야인들 일본에 내려가 스에키 생산

"전쟁이란 광풍이 휩쓸고 간 임나가라 도성의 거리는 쓸쓸했다. 살아남은 자에게는 차라리 삶이 더 고통스러웠을 것이다. 고구려와 신라의 철갑 보병과 개마무사, 그리고 그들이 휘두른 칼과 창이며 화살이 김해의 하늘을 갈랐고, 많

--------

52. 하나의 예이지만, 충주-청주-보은-영남 또는 충주-괴산-영남의 코스로 이동했을 수도 있다고 보는 것이다.

은 이들이 스러졌다. 많은 포로가 경주로 잡혀갔고, 그 중 상당수는 집안和安으로 보내졌다. 화려했던 임나가라의 도성인 종발성은 허허로웠다. 마을이 텅 비었고 집집마다 사람을 찾아보기 어려울 지경이었다. 성 안의 저문 거리엔 개 소리도 끊겼고, 닭조차 새벽을 알리는 일이 드물었다. 다들 함안이나 의령·합천·고령 등지로 흩어졌고 남은 이라곤 정권의 부침에 별로 상관없는 하층민들뿐이었다. 5세기 초반 대성동 일대에는 사람이 별로 살지 않았다. 그러니 누가 죽어서 묻힐 일도 적었다. 이래라 저래라 늘 닥달하던 지배층이 사라지고 김해는 일시적으로 공동화되었다. 그리하여 이곳에 지배자들의 크고 우람한 무덤이 별로 들어서지 않았다."

고구려 군대의 임나 정벌 직후 김해의 사정을 가정하여 그려 본 내용인데, 아마 그때의 상황이 이와 크게 다르지는 않았을 것이다. 이 무렵 바다 건너 일본에서는 스에키(須惠器)[53]라는 새로운 형식의 토기가 등장하였다. 그것은 영남과 호남에서 건너간 사람들이 향수를 달래며 빚어낸 것들이었다. 4세기 말 호남 지역의 유민이 일본으로 건너가고, 400년 영남지방에서 일어난 대규모 가야대전이 있은 시기를 전후하여 일

• • • • • • • • • • •
53. 5세기 전반~중엽, 하지키 대신 갑자기 출현해 고분에 묻히는 토기가 바로 이 스에키이다. 기마전투용 무기와 투구·갑옷 및 횡혈식 석실무덤 등과 함께 나타나며 하지키보다 강도가 높은 도질토기를 이른다. 와질토기에 비해 1000도 이상의 높은 온도에서 구웠기 때문에 도기이면서 자기와 비슷한 정도로 강도가 높아진 것이다. 진흙 속에 있는 규산염이 화학반응을 일으킨 결과인데, 산자락에 설치한 등요에서 구운 토기라야 이같은 경질의 토기를 얻을 수 있다. 도질토기는 검은회색 또는 청회색의 색감을 갖고 있으며 두드리면 쇳소리가 난다. 이와 같은 도질토기는 영남 지역, 특히 김해토기로부터 영향을 받았다. 신라토기 역시 가야토기의 영향으로 이루어진 것이다. 일본열도에서 도질토기인 스에키가 출현한 것은 가야 사람들의 일본 진출에 따른 것이다. 갑자기 일본열도에 전해진 횡혈식석실분이 유행하고, 기마전투용 무기와 마구류의 급속전파, 도질토기의 출현 등이 가야인들의 대규모 이동의 결과로 나타난 것이다. 일본 도질토기(스에키)의 생산은 지역에 따라 약간씩 차이가 있다. 가야 사람들이 일찍 진출한 규슈(九州) 지역에서는 4세기 말~5세기 초에 스에키가 나타나고, 세토내해(瀬戸内海)를 거쳐서 가야 하는 가와치(河内)·야마토(大和)에서는 5세기 중엽에 출현한다.

본에서 스에키가 처음 출현한다는 사실은 한일 양국의 유적을 발굴한 결과를 토대로 추출해낸 결론이다. 그렇다면 우리는 이 문제를 어떻게 보아야 하는가?

고구려의 침공으로 5세기 초 김해가야를 중심으로 한 한반도 남부 주민 가운데 상당수가 일본열도로 대거 이주하였다. 4세기 전반기에 이미 경주 지역에 적석목곽분이 나타나는 것으로 보아 이 지역 주민의 일부도 일본으로 건너갔다고 보는 견해도 있다. 나주·영산강 지역의 마지막 마한세력이 멸망(369)하면서 마한의 유민이 4세기 말에 내려갔으며 5세기 초에도 대규모 망명이 일어났던 것이다. 4~5세기 낙동강 서편의 가야 지역과 동편 신라 지역 그리고 영산강을 중심으로 한 호남 지역에서 일본으로 많은 주민이 이주한 것은 분명하다. 이들에 의해 스에키라는 일본의 토기양식이 창안되었으며, 일본의 고분시대도 전개되었다. 일찍이 에가미나미오(江上波夫)는 일본의 건국신화인 천손강림天孫降臨 신화가 4세기 초에 있었다고 주장하면서 4세기 초부터 7세기까지 한일 두 나라에는 임나가라와 츠쿠시(筑紫)의 연합왕국이 있었다는 연합왕국설을 내놓은 바 있다. 하지만 이 주장은 많은 문제를 스스로 노출하였다. 가야의 기마민족이 4세기 초에 내려가 일본열도를 정복하고 나라를 세웠다면 왜 기마민족과 관련된 유물은 고분시대 후기인 5세기 후반부터 나타나는가 하는 반론에 합리적이고도 속 시원한 대답을 내놓지 못했고, 그 점에서 많은 허점이 스스로 드러난 것이다. 두 사건 사이에는 적어도 1백여 년의 시차가 있는데, 이 공백을 메꿀 증거가 없는 것이다. 또한 4세기 초부터 7세기 중엽까지 3백여 년 간 왜한연합국이 존속했다면 임나가라에서 나오는 유물과 왜(일본)의 출토유물은 그 성격이 같거나 비슷해야 하는데 실제로는 전혀 그렇지 않다. 이 문제를 명쾌하게 해명하지 못하면 4세기 초 천손강림 설화는 인정받을 수 있는 증거

■ 일본에서 출토된 유개고배
(唐子崖 No.80 출토)

를 갖지 못하며, 공허한 주장일 수밖에 없다. 사실과 먼 얘기이니 아직
껏 그것을 증명하지 못했고, 그러니 답은 더욱 분명해진 것이다. 4세기
초가 아니라 400년 고구려군의 대원정 이후 가야인이 집단망명을 했고,
이들에 의해 일본 전기 고분시대가 시작되었다는 연구는 그래서 이론
의 여지가 없으며 고고학적으로도 충분히 입증되었다.

대규모 전쟁으로 많은 수의 가야인들은 일본으로 진출하여 새로운
삶을 찾았다. 가와치(河內)를 비롯, 현재의 교토(京都)와 오사카(大阪) 일
대 및 규슈(九州) 등, 서일본 지역에서 5~6세기 가야계 토기들이 많이
나오는 것이 그 증거이다. 407년 김해가야와 왜가 벌인 대신라·고구려
전을 전후해서 내려간 가야인들은 일본의 고분시대를 여는데 절대적인
역할을 하였다. 한 예로, 일본에서 가장 오래 된 가마터인 오사카의 스
에무라(陶邑)[54]는 많은 점을 시사한다. 이곳은 최대 규모의 가마터로서

••••••••••
54. 과거 일본의 가와치국(河內國) 유적으로, 현재는 오사카부 狹山市, 堺市, 和泉市에 걸쳐 있으
며 동서 약 11km, 남북 약 9km 범위의 구릉부에 있는 도자기 가마유적이다. 서쪽으로 오사카만
에 면한 평야를 끼고 있으며, 해발 50~130m의 구릉성 산비탈에 형성되어 있다. 스에무라는 모
두 7개 지구로 구분, 동에서 서쪽으로 가면서 陶邑山地區(MT), 高藏寺地區(TK), 梅地區(토가지
구, TG), 富藏地區(TM), 大野池地區(ON), 光明池地區(KM), 谷山池地區(TN)로 나누어 명칭을

미완의 제국 '가야'

오사카 남쪽 센보쿠 능선에 펼쳐져
있다. 스에무라 중에서도 다카구라
테라(高藏寺, TK) 지구 가마터 유적이 대
표적이다. 다카구라테라의 TK73호·TK85
호 가마터에서는 많은 양의 가야계 토기가 나
왔다. 정확히 말해 모두 가야토기들이다. 5
세기 전반의 이들 가야계 도질토기는 5세
기 초 대마도(對馬島)에 유입된 가야 도질
토기와 대단히 유사하다. 가야인과 가
야토기 및 가야문화의 이동경로에 대마도가
포함되어 있는 것이다. 대마도는 한국인들이

■ 일본 야마가타켄(山形縣)에서
출토된 가야계 유개고배

일본으로 가는 징검다리이자 나루섬의 역할을 하였다. 이곳을 포함하
여 기타규슈(北九州)에서 오사카에 이르는 세토내해(瀨戶內海) 주변에서
도 가야토기가 흔히 발견된다.

　오사카 사카이시(堺市)[55]에 있는 오오바테라(大庭寺) 유적에서는 고배
(굽잔)·기대·회색 항아리(옹)·머그잔을 닮은 컵형 토기 등, 수만 점의
가야계 토기가 출토되었다. 5세기 전반기의 이들 유물만 보더라도 가
야인들의 이주가 분명한 것이다.[56] 물론 5세기 초 가야와 고구려 사이의

∙∙∙∙∙∙∙∙∙∙∙∙
　부여해 놓았다. 스에키가마(須惠器窯)가 가장 밀집되어 있는 스에무라는 5세기 전반에 형성되
었다. 이 중에서 토가 232호 가마유적이 가장 오래되었다. 여기서는 투창고배와 파수부완, 거치
문과 파상문이 복합된 고배형 기대 등 가야에서 내려간 와질토기가 출토되었다. 가야의 토기 제
작기술이 전파되어 이 스에무라에서 대규모로 토기가 제작되었으며 4세기 후반 이 지역의 수장
묘가 스에무라 인근에서 발굴됨으로써 고대 왜의 왕권과 스에무라가 깊은 관련이 있는 것으로
보고 있다.

55. 오사카시(大阪市) 남쪽에 인접한 시
56. 대마도(對馬島) 또는 마도(馬島)는 본래 우리 측의 명명이다. 세종시대엔 대마도를 두지도라고
불렀다는 기록도 있다. 일본인들은 이 섬을 쓰시마(ツシマ)라고 하는데 그것은 쓰(津, つ)와 시

전쟁 직후에 내려간 가야인들 뿐 아니라 그 이전에 내려간 사람들도 일본의 고분시대를 여는데 절대적인 역할을 하였다.

일본 특유의 토기양식이라고 하는 스에키는 4세기 말~5세기 초반 이전의 일본에는 없었다. 다시 말해 김해 대성동에 대형목곽묘와 같은 무덤이 더 이상 축조되지 않는 시기로부터 20~30여 년을 거슬러 올라가 4세기 말(389) 이전의 일본에는 스에키라는 양식의 토기는 없었다. 이것은 중요한 실마리를 제공한다. 호남에서 내려간 사람들과 고구려군에 의해 쫓겨 간 가야인들이 스에키와 어떤 관계를 갖고 있었는지를 이해하는 열쇠가 되기 때문이다. 스에키는 이 땅에서 내려간 영호남 사람들에 의해 빚어진 토기 양식이다. 현재 일본에서 가장 오래 된 스에키는 오사카[57] 방분方墳에서 출토된 것으로 알려져 있다.

따라서 스에키의 제작기술 속에는 가야의 기술뿐 아니라 호남지역을 포함하여 한반도 남부 여러 지역에서 내려간 도공들의 다양한 테크닉이 녹아 있다고 파악하고 있는데, 이는 매우 흥미로운 이야기이다. 즉 일본의 스에키는 영남과 호남 두 지역 사람들의 색체가 응축되어 만들어졌으므로 "스에키에는 낙동강 하류의 도질토기와 서부경남 및 전남 영산강 유역의 토기 양식이 어울려 있다"고 말한다. 영암이나 나주 등 영산강 유역을 중심으로 하여 금강 하류권과 군산이나 고창 등 전북 일부 지역에는 5세기 이전에 이미 스에키 토기 양식이 나타난다. 그러므로 스에키가 고대 한국 남부지방의 유민에 의해 창조되었다는 것은 이론의 여지가 없다. 영호남에서 창안된 이 스에키라는 양식은

• • • • • • • • • • •

마(島, しま)의 합성어라고 보는 견해가 있다. 우리말로 나루섬이라는 뜻이다. '나루섬'이란 한국과 일본 사이에서 나루 역할을 하는 섬이란 뜻으로 오랜 문화적 배경을 설명해주는 이름이기도 하다.

57. 大阪府 久米市에 있다.

■ 일본 고분시대의 대표 토기인 스에키와 하지키 토기들(6세기 후반. 다마키야마 1호·3호 무덤 출토)

일본에 건너가서 더욱 정교해지고 세련되게 발전하였다. 이런 측면에서 초기 스에키 토기에 영산강 유역의 토기 양식이 반영되는 것으로 보아 영산강 유역도 김해가야를 맹주로 하는 전기가야 연맹(정치연합)에 가담했을 가능성이 지극히 높다고 보는 이까지 있다. 그와 같은 전제가 없으면 왜 스에키에 낙동강 하류지역과 서부경남의 도질토기 및 영산강 유역의 토기요소가 함께 나타나는지를 설명할 길이 없다고 보는 것이다. 하지만 영산강 유역의 세력이 전기가야연맹에 가담한 직접적인 증거는 아직까지 없다. 가야의 영향을 인정할 수 있는 요소는 있을지라도 '연맹'을 단정적으로 말할 수 없는 것이다. 담양과 순창 지역에 있는 몇몇 가야계 고분 또는 가야계 양식의 토기 외에는 영산강 유역이 가야권에 포함되었다는 고고학적 증거가 별로 없다. 토기로 따지면 대표적으로 산청 명동유적과 고성 등 서부경남 지역 그리고 전남북 지역에 공통적으로 나타나는 유공광구소호를 들 수 있다. 그러나 이것은 영산강유역이 전기가야연맹에 포함된 직접적인 증거가 될 수는 없다. 다만 5세기 영남과 호남 지역이 적극적으로 교류한 증거가 되는 자료임은 분명하다.

물론 가야와 호남 지역 사이의 교류를 알려주는 사례로 먼저 나주 복암리 낭동유적[58]에서 나온 유물을 들 수 있다. 복암리고분 전시관을 짓기 위해 조사를 하다가 발굴하게 된 이 유적은 복암리고분에 묻힌 사람들이 살았던 주거지로 보고 있는데, 여기서 가야의 전형적인 토기 양식 가운데 하나인 주머니형 호가 나왔다. 이 유물은 영산강을 포함한 나주 지역과 대가야 사이의 교류를 알려주는 증거물이라고 할 수 있다. 또한 낭동유적에서 나온 환두대도를 고령에서 제작한 것으로 보는 견해가 있는데(박천수), 그 가능성은 지극히 높다고 믿는다. 대가야가 중국 항로를 확보하기 위한 노력에서 이 지역과 적극적인 관계를 맺었다고 볼 수 있는 것이다. 특히 4세기 중반 이후 475년까지 전남 지역 세력과 가야 권의 밀착 관계를 충분히 상정해볼 수 있다. 가야와 호남 지역의 교류는 대가야가 후기에 남원·장수 등지로 그 영역을 넓혀가던 때에 더욱 빈번하였고, 두 지역의 교류 흔적이 앞으로 호남 지역에서 더 많이 나타날 가능성은 남아 있다. 하나의 사례이지만, 합천 봉계리[59]에서 오사카 스에무라에서 출토된 스에키와 닮은 고배가 나온 것이나 지산동 44호분 주곽에서 나온 유공광구소호는 모두 5세기 초반 이후의 것으로서

----------

58. 전남 나주시 다시면 복암리 낭동(郎洞) 마을에 있다.
59. 경남 합천군 봉산면 봉계리. 이 유적은 현재 합천댐에 수몰되었다.

이러한 유공광구소호는 서부경남 산간지역으로부터 영산강 유역에 폭넓게 나타난다.

그러면 호남과 영남의 기술력이 스에키에 융합된 배경은 어디에 있을까? 먼저 4세기 후반 백제의 마한 병합 이후 발생한 유민과 396년 고구려 군대의 백제 정벌에서 찾아야 할 것으로 보인다. 4세기 중반 이후 영산강 유역의 마한 잔여세력에 대한 백제의 압박으로 호남 지역에서 많은 유민이 발생했다. 또, 396년 광개토왕이 친히 백제를 공격했을 때는 서울 지역의 유민은 물론, 전북에 이르는 지역에서 많은 백제인들이 일본으로 건너갔다. 이때 금강수계의 스에키 기술을 가진 이들도 내려갔고, 뒤이어 5세기 초 이후에는 영남 지역 가야인들이 일본으로 망명했다. 이렇게 해서 영남과 호남의 고대 한국인들은 오사카나 후쿠오카 등 서일본 지역에서 만나 새로운 문화를 만들어낸 것이다. 스에키에 보이는 영호남의 혼합 색채는 한반도 남부 각지 주민들이 광개토왕 군대의 원정으로 피난을 떠난 이후에 더욱 짙어졌다. 일부에서는 백제가 나주·영산강 일대에 중심을 두고 있던 마한의 잔여세력을 완전히 정복하여 흡수한 것이 369년이라고 보고, 이때 일본으로 건너간 호남사람들이 스에키의 발전에 한몫 거들었다고 보는 견해가 있다.[60] 어찌 되었든 일본 스에키의 등장은 영남과 호남 사람들이 동질적 유대감 속에 융합된 결과이다. 낙동강 하류지역과 서부경남 그리고 영산강 하류지역에 계보를 둔 토기들이 초기 스에키 가마에서 생산되는 것은 이들 스에키의 원류와 발전에 한반도의 도공들이 기여했음을 알려주는 것이지만, 앞으로 보다 구체적으로 밝혀야 할 점들이 아직도 많이 남아 있다.

4세기 말 이후로부터 5세기 초 사이에 영호남 남부지방에서 대규모

<hr />

60. 당시의 시대적 상황으로 미루어 짐작하건대 이것은 경청할만한 이야기이다.

로 일본으로 이주한 고대인들이 스에키를 처음 생산한 곳이 오사카 오오바테라(大庭寺) 가마이다. 일본의 스에키는 오사카 스에무라(陶邑)[61]에서 만들어져 일본 각지로 공급되면서 활발하게 전파되었으므로 일본 전역에 빠르게 확산되었다. 스에무라는 쉽게 말해서 전문 도자기생산 공단 쯤에 해당한다. 가야인 또는 가야인의 후예들이 모여 가야의 선진 기술로 토기를 생산한 것이다.

하지만 최근에는 스에키가 처음부터 오사카 스에무라 한 곳에서만 생산된 것이 아니라 서일본의 여러 곳에서 동시에 만들어졌다고 보는 반론이 제기되었다. 오사카 오오바테라 가마터 외에도 후쿠오카 일대의 가마 유적[62]이 발굴되면서 스에키는 여러 곳에서 동시에 생산되었음을 알게 된 것이다. 가야인들이 건너가 정착한 곳에서는 어디든 가야토기가 생산되었을 것이므로 아마도 이 견해가 믿을만한 것이라고 판단된다. 그런데 오사카 오오바테라(大庭寺) 가마에서 나온 토기 중에는 부산 복천동 21호·22호분에서 출토된 토기와 기형이 똑같은 것들이 많이 있다. 오사카부(大阪府) 기시와다시(きしわだし, 岸和田市)에 있는 모치노키(もちのき, 持ノ木) 고분에서 나온 기대器臺는 복천동 31호분의 그것과 너무도 똑같아 이곳에서의 스에키 개시연대를 5세기 초로 보고 있다. 또한 나라 헤이세이궁(平城宮) 유적 하층유구에서도 스에무라 다카구라(TK) 73 형식의 스에키가 나왔는데, 이 스에키와 함께 나온 목제품의 연대가 5세기 초로 측정되었다. 연륜연대측정법으로 목제품이 만들어진 시대를 측정했는데, 목제품을 만들기 위해 나무를 벤 해가 A.D.412년

•••••••••••

61. 이 오오바테라 TG231호·235호 토기 요(窯), 오사카 스에무라 大野池 유적 ON231호 요(窯) 등에서 생산된 스에키가 알려져 있다.
62. 미와쵸산(三輪町山) 산외(山隈)·소외(小隈)·산병(山竝)과 같은 가마유적 등을 대표적인 사례로 들 수 있다.

이라는 결과를 얻었다고 한다. 이런 것들은 5세기 초 영남과 호남의 고대 한국인들이 서일본 여러 지역에 정착하여 스에키를 생산했음을 알려주는 분명한 증거들이다. 더구나 스에키는 영호남 고대 한국인들이 일본으로 건너가는 이동로 주변에서 주로 발견되었다. 그래서 이 같은 사실을 바탕으로 "스에키의 분포지가 한국에서 긴키(近畿)에 이르는 해상로 주변에 몰려있다"고 요약해서 말하기도 한다.

이 무렵 스에키를 생산한 사람들은 주로 서일본의 수장층이었다. 초기에는 큰 항아리인 대옹大甕을 주로 생산하였다. 스에무라 다카구라(高藏) 사호 216호에서는 양이부호도 나왔는데, 5세기 초의 스에키는 대부분 한국의 서남부 영산강 또는 금강유역의 도질토기와 많은 공통점을 갖고 있는 사실에 주목해야 한다. 영산강과 금강유역의 도공들이 건너가 스에키 생산에 참여함으로써 스에키가 성립되었음을 방증하는 자료로 볼 수 있는 것이다. 전체적으로 5세기 전반까지는 스에키라는 양식이 생겨나 일본에 확산되는 것으로 보면 된다. 그렇지만 좀 더 정확히 말하면 스에키가 일본에서 처음 나타나는 시기는 4세기 말이다. 교토[63] 인근에서 스에키와 함께 나온 목재를 연륜연대측정법으로 조사해보니 목재의 연대는 A.D.389년으로 나와 이것을 일본에서 처음으로 스에키가 출현한 시기로 보고 있다. 이 사례는 구체적인 자료를 바탕으로 스에키의 발생 연대를 제시했다는 점에 의미가 있다.

그러면 스에키는 어떤 목적에서 만들게 되었을까? 장송의례나 제사용의 토기로서 묘광이나 분구墳丘 주변에 세워두기 위한 것이었다. 실제로 분구 주변에 배치해 두었던 스에키를 제법 많이 수집한 사례가 있는만큼 이것은 명확한 사실로 보아도 된다. 그 중에서도 대표적인 사례로

----------

63. 京都府 宇治市街遺蹟

후쿠오카의 아마기시(甘木市)에 있는 후루데라(古寺, ふるでら) 고분[64]을 비롯하여 이케노우에(池の上) 고분을 들 수 있다. 이 두 고분의 토기는 가야의 것이며, 유물 부장방법도 가야와 똑같다. 더구나 토기 안에는 조개나 물고기 뼈 등이 들어 있었는데, 이와 같은 공양물을 넣은 사례가 한국과 일본 양국에서 고루 발견되어 스에키가 제사용으로 사용되었음을 알 수 있었다. 이 무덤을 만든 이들이나 무덤에 묻힌 사람들은 가야인 또는 그 후예들이었던 것이다. 그런데 오오바테라(大庭寺) TG232호 가마에서 나온 토기를 분석해 보면 대옹이나 항아리의 출토비율이 50% 가까이 된다고 한다. 두 기종의 비율이 같아서 초기 스에키는 반드시 제사 및 부장용만이 아니라 저장용으로도 실제 사용되었다고 보는 근거로 삼고 있다. 이것을 쉽게 요약하면 의례용이면서 실용기로도 사용한 것이 절반이나 된다는 얘기가 된다. 이후 스에키를 생산하는 가마가 늘어나면서 스에키는 일상용기로서의 위치를 갖고 새로운 시대를 맞는다.

곧이어 일본의 후기 고분에 횡혈식 석실이 채용됨에 따라 추가장도 가능해지자 스에키는 드디어 석실 내 부장품으로서 중요한 위치를 갖게 된다. 이 무렵부터 비로소 스에키가 부장과 제사에 필요한 공양물을 매납하기 위한 용도로 발전하는 것이다. 이제 드디어 스에키인들은 제의용 발鉢이라든가 시루·고배·호壺와 같은 일상용기와 스에키를 따로 생산하기 시작하였다. 그리하여 의례용의 스에키가 한층 발전하였고, 제사용이나 부장용으로 사용하는 스에키는 장식이 붙은 토기와 기대·각부호[65] 등이 중심을 이루었다.

• • • • • • • • • •

64. 일본에서는 4세기 후반~5세기 중기의 유적으로 보고 있다.
65. 脚附壺. 다리 달린 호

# 고·신연합군의 가야대전과 복천동 세력

## 신라·고구려 연합군 복천동 세력을 이용했을까?

광개토왕비에는 신라와 고구려 연합군이 임나가라 국도國都로 쳐들어가 도성인 종발성을 함락시키고 가야 원정을 마무리한 것으로 되어 있다. 그러나 종발성 함락 이후 전후처리 과정은 광개토왕비에도 없고, 다른 어떤 기록에도 없다. 396년에 고구려군이 백제의 58성 700여 촌을 아우르고 수도를 함락시켜 아신왕의 항복을 받아낸 뒤, 포로와 수묘인[1]을 징발해간 사실이 광개토왕비에 자세히 기록된 것과는 대조적이다.

그러면 고구려 군대의 가야 원정을 어떻게 이해할 수 있을까? 먼저 고구려 군대의 출병에 관한 문제이다. 기본적으로는 왜와 임나가라의

---

1. 守墓人. =묘지기. 고대의 전쟁에서 포로나 정복지의 피정복민은 노예로 간주되었다. 광개토왕 군대는 정복전쟁에서 승리하여 백제의 각 지역으로부터 수묘인을 징발하였고, 이들을 광개토왕의 사후 무덤을 관리하는 묘지기로 활용하였다.

관계를 차단하고, 임나가라 정권을 와해시킴으로써 백제-임나가라-왜로 이어지는 연결고리를 끊기 위한 전략적 출병으로서 소위 벌교伐交 차원의 정벌이었다는 점은 앞장에서 설명하였다. 그리고 신라의 요청에 의한 출병이란 명분을 갖고 내려간 고구려는 자연스럽게 신라에 대한 지배권(또는 영향력)을 확보할 수 있었다는 점에 대해서도 언급하였다. 또한 임나가라의 제철·단야 관련 공인은 물론 남방의 물자를 확보할 수 있었을 뿐만 아니라 함안 안라국에 친신라·친고구려 정권을 세우고 지원함으로써 김해는 물론 백제와 왜의 교류를 견제하는 세력으로 함안의 정권을 활용하였을 것이란 점도 함께 설명하였다. 임나가라와 왜의 군대로 가득 찬 신라의 성을 탈환하고 임나가라 종발성을 함락하는데 함안 안라국 병력을 이용한 사실은 광개토왕비의 내용으로 알 수 있었다. 백제-김해-왜의 관계를 끊기 위해 고구려-신라-함안의 연합전선이 구축되었던 것이다. 5세기 초 김해가 급격히 쇠락하는 것과 반대로 함안이 비약적으로 발전하는 것이라든가 5세기 초반(대략 420~430년)에 만든 함안 마갑총 출토 마갑은 함안에서 고구려의 기술로 독자적으로 만들었거나 고구려로부터 받은 것이었을 수 있다.

그런데 고령 대가야와 함안 안라국 사이의 관계는 그다지 원만하지 못하고 대립적인 양상까지 보이며, 양측의 유물에도 적극적인 교류의 흔적이 많지 않다. 이런 점들을 감안할 때 고구려·신라 연합군의 가야 원정 때나 그 이전 어느 시기부터 양측이 가져온 감정이 가야권의 연합이나 통합에 크나큰 걸림돌이 되었을 수도 있다. 이 전쟁 이후 신라는 고구려로부터 '감시와 감독'을 받는 입장이 되어 버렸지만, 대신 고구려의 보호(?) 아래 안전하게 성장할 수 있었다. 실제로 고구려가 장기간 신라를 간섭하며 남방경영을 꾀하였으나 신라도 나름대로 실익을 추구한 것으로 볼 수 있다.

이 문제를 이번에는 다른 각도에서 살펴보자. 김수로와 석탈해의 싸움(기원후 77년)이 있었다는 황산진과 관련한 것이다. 경북 홍해의 아등변阿等邊과 함께 신라 4대 나루[四瀆] 중 하나로 중시해온 황산진은 신라로서는 가야와의 교섭에 매우 중요한 곳이었다. '신라 지마니사금 4년 (115) 황산하黃山河를 건너 가야를 침입하였다'는 기록의 황산하는 지금의 양산 물금 일대로 짐작되는데, 말하자면 신라가 가야로 진격할 때 꼭 거쳐야 하는 요충이 바로 이곳이었다. 그리고 5세기 초[2] 양산의 재지세력으로 활동하였다고 하는 박제상은 파사니사금의 5세손[3]으로, 삽량주칸揷良州干을 지냈다. 황산진이 있는 지역으로, 그의 출신에 대해서는 왕경王京[4]에서 파견된 사람, 양산 지방의 재지세력 또는 울산 지역 출신 등 여러 가지 설이 있다. 그 중에서 박제상은 왕경에서 파견된 사람으로 보는 것이 타당할 것 같다. 그것은 다음 두 가지 측면을 감안한 것이다. 먼저 아래의 기사를 보자.

11년 정월 박씨 귀척을 국내의 주와 군에 보내어 나누어 두고 주주州主·군주郡主라 불렀다.[5]

이것은 석탈해를 중심으로 한 석씨계가 주도권을 쥐면서 박씨계를 지방의 주와 군에 분산배치한 정치적 포석으로 이해할 수 있다. 김씨와 석씨의 정치연합으로 박씨는 완전히 실각하였고, 김씨 주도의 왕권을 구축한 뒤에 박씨들을 지방에 분산시킨 사건으로 볼 수 있다는 것이다.

• • • • • • • • • • •
2. 눌지마립간(417~457)
3. 『삼국사기』 열전
4. 신라의 수도 경주
5. 十一年 春正月 以朴氏貴戚 分理國內州郡 號爲州主郡主(『삼국사기』 신라본기 탈해니사금)

그래서 지방으로 밀려난 뒤, 다시는 왕경으로 복귀하지 못한 세력이었을 것으로 보는 견해도 있다.

어쨌거나 후일 박제상은 삽량주칸을 지냈다. 삽량주는 삽주[6]와 양주를 말하며 삽주는 지금의 밀양이고 양주는 양산이다. 내물왕이 박제상을 삽량주칸으로 삼은 것은 사로연맹 시절 내물왕과 그 선조의 본거지였던 양산 지역의 책임자로 그를 중용한 것이므로 박제상은 탈해니사금 11년 지방에 분산 배치된 박씨 귀척의 후손이었을 가능성이 있다. 다시 말해서 파사니사금의 5세손인 그는 김씨 왕 체제에 순응하는 귀족세력으로서 양산 지방의 책임자가 되었다고 볼 수 있다. 경주에 살던 박씨 왕 후손으로서 양산 지역에 파견된 관리(중앙관)로 볼 수 있으리란 뜻이다.

이상에서 보았듯이 건너편 김해로 드나드는 중요 나루가 있는 양산 지역은 내물왕과 그 선조들의 영역이었고, 이 지역이 바로 고구려·신라군의 도하거점 중 하나였을 것이다. 내물왕 46년(400) "…가을 7월에 고구려에 볼모로 가 있던 실성實聖이 돌아왔다"고 하였고,[7] 이듬해 "봄 2월에 왕(내물왕)이 죽었다"고 한 『삼국사기』의 기록을 볼 때 내물왕은 실성왕이 주도한 정변으로 사망했을 가능성이 높다. 고구려의 가야원정과 함께 고구려의 세력을 등에 업은 실성왕이 쿠데타에 성공하였고, 그 과

----

6. 양산(梁山)은 본래 삽량주(揷良州)·황산(黃山)·사비신라(沙比新羅) 및 잡라(匝羅)와 같은 이름으로 불리었다. 문무왕 5년에 상주(上州)와 하주(下州)로 나누어 삽량주를 두었으며 경덕왕 때는 양주(良州), 고려 태조 때는 양주(梁州)로 고쳐 불렀다. 신라 박제상이 삽량주칸(揷良州干)을 지냈으며 김서현(金舒玄, 유신의 조부)이 양주총관(良州摠官), 김암(金巖, 김유신의 서손)이 경덕왕 때 양주태수(良州太守)를 지낸 바 있다.

7. 고구려군의 가야 원정은 400년 가을 7월에 있었던 사건으로 보고자 한다. 볼모로 고구려에가 있던 실성왕은 고구려 군대를 따라 신라로 돌아왔고, 고구려는 친고구려파인 실성왕을 왕위에 앉혔으며, 실성왕은 고구려의 힘을 업고 내물왕을 살해하고 정변을 일으켰을 것으로 이해하는 바이다.

정에서 내물왕이 제거된 것으로 볼 수 있다는 것이다.

다음은 동래 복천동 유물에 나타나는 변화상으로 보아 복천동이 고구려 군대의 거점이 되었을 여지가 있다고 보는 설에 대해서이다. 이 문제는 복천동·왜·고령 사이의 유물 변화에서 단서를 찾을 수 있다. 왜와 복천동·대가야·신라와의 교류상은 물론 그들 사이의 역학관계를 유물에서 찾아볼 수 있다는 점은 흥미롭다. 4세기까지 복천동에는 왜의 문물이 꽤 묻힌다. 그러나 5세기부터는 복천동과 왜 사이의 단절현상이 엿보인다. 아울러 같은 기간 왜 지역에는 복천동 유물이 묻히지 않고, 그 대신 고령 대가야계 문물이 왜로 많이 건너간다. 동시에 왜의 문물이 복천동이 아니라 고령 대가야로 들어가는 현상이 나타나는 경향이 감지된다.

그러면 이런 변화는 어디에서 비롯된 것일까? 복천동과 왜 사이의 관계 변화를 알려주는 것이다. 한 예로, 복천동 21호·22호분에 신라토기가 묻히고 그 다음 복천동 11호·12호분 단계에서는 신라토기와 삼루환두대도가 묻히게 되는데(신경철 1989), 이것은 11호분과 12호분 단계에서 신라의 영향을 더욱 많이 받은 사실을 말해주는 것이라고 해석할 수 있다.

그러나 5세기 후반이 되면 달라진다. 앞에서 밝혔듯이 복천동 지역의 문물이 왜로 건너가지 않으며, 대신 대가야 문물이 왜로 건너간다. 또한 왜의 문물이 대가야에 많이 유입된다. 왜와 대가야가 밀착되는 시기에 동래 지역은 왜와의 교섭이 단절되는 현상이 엿보이는 것이다. 이것으로 보아 신라와 왜의 대립관계 그리고 신라의 영향에 따라 5세기 중반 이후의 복천동은 자신의 색깔을 잃고 서서히 쇠퇴하며 신라화하는 것이라고 파악할 수 있다.

복천동에 신라계 토기가 처음으로 묻히기 시작하는 시기는 4세기 중반부터다. 그러나 이후 신라와의 교류가 한층 늘어나는 5세기 중반에는 신라계 유물의 비중이 더욱 현저하게 늘어난다. 이것은 신라와 복천동 사이의 단순한 교류를 넘어 매우 밀접한 관계를 말해주는 것이다. 이런 변화를 감안하여 3세기 후반부터 4세기 중반 사이에 신라는 주변 소국들을 정복하는 작업을 끝내는 것으로 보는 견해가 있다. 기록을 종합해 보면 창녕이나 부산·동래 지역을 제외하고 낙동강 동편 지역에서 신라가 주변 소국을 병합하는 작업은 대략 이 무렵에 마무리된다. 일부에서는 복천동을 과거 독로국瀆盧國으로 보고 4세기 중반에 이미 복천동이 신라의 영향권에 완전히 들어갔다고 이해하는 이들이 있는데, 이 문제와 관련하여 독로국이 복천동에 있던 세력인지에 대해서는 나중에 자세하게 거론할 것이다.

다만 여기서 우리가 잊지 말아야 할 것은 유물에 보이는 문화상이 반드시 정치세력의 변동을 의미하는 것이 아니란 점이다. 신라와 동래 복천동 두 지역의 적극적 교류가 정치세력의 변화를 유발할 수는 있지만, 그것이 정권교체를 뜻하는 절대적 기준은 아니기 때문이다. 4~5세기 복천동에 나타난 유물상의 변화를 바탕에 두고 당시 왜·신라·복천동·고령 대가야 사이의 역학관계를 가정해 보면 신라와의 관계가 좋지 않았던 왜는 친신라 또는 신라의 영향권에 든 복천동을 버리고 대가야와 밀접한 관계를 가진 것으로 이해할 수 있다. 시기를 감안할 때 그것은 고구려의 가야 원정을 계기로 일어난 변화일 수 있다. 이것을 복천동 세력이 가야를 버리고 고구려·신라 편에 가담한 데 대한 견제와 배제로 볼 수도 있을 것 같다. 일부에서는 부산 뿐만 아니라 울산 기장까지 고구려군이 가야 공격 거점으로 삼았을 것이라고 보는 이까지 있다. 어느 경우든 복천동이 고구려·신라 군대의 김해가야 공격 거점으로 이용되었을 수 있다는 뜻이니 참고할 필요는 있겠다.

## 복천동고분군에서 출토된 다양한 유물들

　동래 복천동은 경주 다음으로 많은 유물이 나온 곳이라고 할 정도로 단일 유적으로서는 유물의 종류와 출토량이 많다. 복천동고분군에서 출토된 유물은 가야의 여타 지역과 마찬가지로 토기류와 철기류(농기구·무기류·무구·마구·제철 및 단야구 등)가 중심을 이루며, 그 외에 일부 청동제품이 있다. 복천동 유물 중에서 가장 두드러진 것은 이 지역에 살았던 사람들의 창의력 넘치는 토기 종류이다. 복천동에서 출토된 유물 중에서 그 수가 압도적으로 많은 것이 토기류이며 그 종류 또한 가야 지역에서 가장 많고 모양도 특이한 것들이 많다. 누구나 쉽게 이해할 수 있도록 복천동에서 나온 유물의 종류와 발굴 과정 별로 복천동고분군에 대해 간략하게 요약하여 소개한다.

　**1) 토기류**　복천동고분군은 2세기 중반 이후 목관묘로부터 시작하여 3~4세기의 목곽묘, 그리고 그 후 수혈식석곽묘·횡구식석실묘로 무덤 양식 상의 변화를 거쳤다. 그리고 그들 무덤에는 유형별로 각기 다른 토기류가 묻혔다. 지금까지의 조사 결과로는 복천동에 고분군이 들어서기 시작한 것은 2세기 중반 목관묘로부터였다. 그러나 복천동에 고분이 집중적으로 조성된 중심연대는 4~5세기이며, 이 시기에 만든 토기류가 가장 많다.

　가야권의 다른 지역과 마찬가지로 복천동의 목관묘에도 와질토기 계통의 토기가 묻혔다. 발굴 결과 2세기 중반의 유구까지는 확인되었으나 그보다 이른 시기에 조성되었을 목관묘는 확인되지 않았다. 개발로 말미암아 복천동의 낮은 지대에 있는 고분권역이 파괴되어 기원후 1세기~2세기 초의 목관묘 유적은 그 존재여부를 알 수 없었다. 그러나 김

해 지역과 마찬가지로 오래 전부터 이 지역엔 사람들이 살았고, 독자적
인 문화가 있었다. 그리고 그들이 만들어 사용하던 토기 전통이 그대로
이어졌으며 그것은 2~3세기 이후에도 김해 지역과 다르지 않았다. 3세
기 중반 이후가 되면 토기는 보다 단단해진다. 철기를 다루면서 터득한
불 조절법을 가마에서 토기를 굽는데 전용함으로써 이전보다는 좀 더
단단한 도질토기가 등장하는 것이다. 유약을 발라 구운 옹기(도기)보다
는 못하지만 가마에서 구워 이전보다 경도가 한층 단단해진 것이 도질
토기이다. 4세기로 접어들면 이전의 와질토기에서 완전히 벗어나 보다
단단하고 다양한 토기가 생산되는데, 이것 역시 김해 지역과 다르지
않다.

지금까지 복천동에서 출토된 토기를 종류별로 보면 고배高杯[8]·기대器
臺[9]·호壺·옹(甕, 독)·개배蓋杯[10]·완盌·컵형토기(=파수부배)·노형토기(화로형

■ 동래 복천동 106호분에서 나온
고배(굽다리접시, 높이 16cm)

••••••••••
8. 굽다리접시
9. 항아리받침대
10. 뚜껑

토기) 등으로 분류할 수 있으며, 이런 기종은 여타 가야 지역에서 나오
는 것들과 대략 비슷하다. 그러나 그 외에 부산 지역에만 특징적인 이
형토기異形土器들도 꽤 많이 있다. 오리모양토기[11]·등잔형토기燈盞形土器·
복숭아모양잔(桃形杯)·신발형토기(草履形土器)·말머리모양뿔잔(草履形土
器)과 같은 토기들은 매우 독창적인 형식으로서 복천동만의 특징이라고
할 수 있다. 이런 이형토기들은 경주를 중심으로 한 신라권에서 4세기
중반경부터 동래 지역에 들어온 것으로 볼 수 있다.

신라와의 교섭을 알려주는 이런 이형토기들은 실제 생활에서 사용하
던 것이라기보다는 의례용이었을 것으로 추정하고 있다. 죽은 이를 떠
나보내기 위한 장례용이었다는 얘기다. 하지만 등잔모양토기는 실제
생활에서 사용하던 등잔을 반영한 유물이고, 짚신 모양으로 만든 토기
는 실제 가야시대 사람들이 신고 살았던 짚신을 그대로 본떠서 만든 것

••••••••••
11. 이것을 다른 말로 압형토기(鴨形土器)라고도 한다.

■ 동래 복천동 53호분에서 나온 신발모양토기(높이 16cm)

이다. 장송의례용이라 하더라도 그것은 어디까지나 실생활을 반영하는
유물이며 사실성을 바탕으로 한 것이다. 이와 같이 복천동 사람들은 집
이나 배·수레 또는 살아 있는 말이나 거북이·닭·오리 등의 실제 모습
을 토기로 재현하여 친근한 느낌과 함께 그 당시의 생활상을 전해주고
있다. 그 중에서 수레나 배와 같은 것들은 죽은 이의 영혼을 이승에서
저승으로 실어 보낸다는 의미에서 부장한 것이라고 파악하고 있다.

앞에서 몇 차례 설명했듯이 4세기 중반이 되면 복천동 유물에 신라적
색채가 뚜렷해지며 5세기 중반이 되면 유물이 완전히 신라화하는 경향
을 보인다. 바로 이런 점 때문에 복천동 세력은 5세기 중반에 완전히 신
라의 영향권에 들어갔다고 파악하고 있다. 그래서 지금은 이것이 마치
정설처럼 되어 있는 듯한데, 문화의 산물인 토기류나 기타 유물을 정치
력과 곧바로 연계시킬 수 있을까? 그렇다고 복천동 세력이 신라에 예
속되는 시기를 명확히 알려주는 기록이 없으니 그것이 아니라고 반박

■ 동래 복천동에서 나온 말머리모양뿔잔

할 자료는 없다. 다만 부산 지역과 신라의 교류는 4~5세기에 활발해지기 시작했고, 이런 바탕이 있었기에 6세기 신라가 부산·동래 지역을 통합할 때 엄청난 문화적 갈등이나 큰 진통은 없었을 것이라고 가정해볼 수는 있다.

2) 철기류 복천동에서 출토된 유물 가운데 토기류 다음으로 가장 많은 것이 철기이다. 철기 중에서는 무기가 가장 많은 비중을 차지하고 있다. 이들 철제 무기를 보면 3~4세기의 복천동은 김해 양동리나 대성동에 버금가는 세력이 다스리고 있었음을 알 수 있다. 이 시기 복천동 세력은 신라나 왜 등, 여러 방면의 세력에 맞서 무력과 병력에 상당히 치중한 사회였음을 짐작할 수 있다.

도刀·검劍·창[矛]·화살촉을 비롯한 공격용 무기와 방패·갑옷·투구[冑]·목가리개[脛甲]와 같은 방어용 무구류武具類가 대표적인 것들인데, 갑옷이나 투구·경갑 등의 무장 무구武具는 전사를 보호하는 중요한 장

■ 동래 복천동 53호분 출토 등잔모양토기
(높이 12.2cm)

비이다. 칼이나 화살·창 등, 적의 공격무기를 막기 위한 것으로, 갑옷은 철판을 붙여서 만든 투박한 모습의 판갑板甲이라든가 비늘 모양의 철편(이것을 小札이라고 한다)을 끈으로 이어 붙여 만든 미늘갑옷이 있다. 찰갑札甲이라는 이름의 미늘갑옷은 몸을 비교적 자유롭게 움직일 수 있어서 기병이나 상급 지휘관들이 주로 입었던 것이고, 판갑은 대개 보병이 입는 갑옷이었다. 판갑은 4세기 중반 김해와 부산·경주 등지에서 먼저 사용하였는데, 초기의 판갑은 긴 철판을 세워서 가죽 끈으로 이은 것이었다. 그러다가 4세기 후반이 되면서 판갑의 장단점을 차츰 보완하는 과정에서 못으로 철판을 고정하거나 가죽 끈으로 철판을 이은 판갑을 사용하였다. 화살이나 칼·창 등의 위협으로부터 몸을 보호하기 위해 철판을 이어 붙인 것이어서 찰갑이나 판갑은 매우 무겁고 부자유스러운 것이지만, 전사에게는 반드시 필요한 장비이다. 그래서 수장층의 대형 무덤에서는 두세 벌의 갑옷이 출토되는 사례가 흔히 있다.

작은 철편을 가죽 끈으로 연결하여 만든 찰갑은 많은 노동력을 필요로 하는 것이고, 그 당시로서는 고가품이었을 것이다. 주로 기병이 입었으며 비록 무겁기는 하지만 말 위에서 몸의 움직임이 비교적 자유로워 편리한 갑옷이었다. 복천동 11호분에서 나온 찰갑과 더불어 5차 발굴 때 38호 주곽에서 출토된 소찰편들은 가야 지역에서 3~4세기 이후에 사용된 찰갑의 존재를 알려주는 것이다. 이런 찰갑은 고구려의 벽화고분에도 잘 나타나 있으며 여러 가지 마구나 마갑·마주 등과 함께 찰갑은 북방 지역으로부터 받아들인 것으로 볼 수 있다.

**3) 청동기류** 복천동에서는 철기 외에도 몇 가지 청동제품이 나왔다. 중권문일광경이나 내행화문일광경과 같은 일광경 계통의 방제경이 나왔으며, 청동검의 한 부분인 청동검파두식 같은 유물도 나왔다. 이 외에 바람개비 모양의 파형동기와 통형동기도 출토되어 복천동 고분이 김해 양동리의 목관묘·목곽묘 축조시기와 별로 다르지 않았음을 알려준다.

## 동래 복천동고분군 발굴과정과 발굴 개요

동래의 복천동고분[12]은 동래 중심가 북편, 마안산[13] 중간에서 서남 방향으로 반월 모양으로 뻗어 내린 능선 줄기에 자리한 가야시대 고분 유적이다. 이 일대의 고분은 구릉 정상부를 따라 올라가며 조성되었다. 그런 까닭에 얕은 곳보다 높은 곳에 있는 무덤이 나중에 만들어졌다. 또한 대형고분은 구릉의 능선부를 따라가며 있고, 능선 좌우의 사면에는 중소형 무덤을 썼다. 말하자면 능선부의 무덤과 사면부의 무덤 주인은 혈통이나 신분상에 차이가 있는 것이다. 복천동고분군은 아래쪽부터 위쪽으로 올라가며 대략 세 구역으로 무덤군을 나눌 수 있는데, 제일 높은 곳에 있는 무덤과 능선부에 배치된 무덤, 그리고 능선 좌우 사

· · · · · · · · · · ·

12. 김해에는 대형봉분을 가진 무덤이 김수로·허황후릉 2개밖에 없고, 동래 복천동엔 대형봉분이 많아 임나가라의 중심은 김해가 아니라 동래라는 견해가 있다. 다만 이 경우 임나가라의 종발성으로 상정할 수 있는 가야의 성이 없다는 문제가 있다.

13. 馬鞍山. 장대산 또는 대포산이라고도 한다.

면에 있는 무덤으로 공간분할을 한 것으로 보아 무덤을 쓰면서 미리 질서 있게 배치한 계획성이 엿보인다. 이처럼 미리 계획된 공간 구획에 따라 무덤을 쓰다가 나중에는 복천동을 벗어나 연산동 일대에도 새로운 묘역을 조성하였다. 복천동에 더 이상 무덤을 쓸 공간이 마땅치 않게 되자 인근 연산동으로 옮겨 가서 무덤을 쓴 것이다. 그러니까 과거 연산동 일대도 복천동 세력권에 들어 있었던 것이다.

가야 역사에서 중요한 축의 하나가 되고 있는 복천동고분군이 처음 알려진 것은 1969년이다.[14] 그러나 이 소중한 유적을 정식으로 처음 발굴한 것은 1980년이었는데, 안타깝게도 그 사이 낮은 지대에 있던 무덤들이 많이 사라졌다.[15] 그 후로 2기의 파괴된 무덤을 우연히 조사하면서 의외의 성과를 거두었다.[16] 구릉 남쪽에 있는 38호 부곽에서는 4세기에 제작된 오리모양토기와 도질토기가 나왔으며, 구릉 맨 북쪽에서는 소형 수혈식석곽묘를 조사하였다. 이 수혈식석곽묘(37호분)는 5세기 후반에 축조된 것으로, 이때 비로소 구릉 남쪽(낮은 쪽)이 북쪽보다 이른 시기에 무덤을 썼음을 알게 되었다.

복천동고분군의 무덤 형식 역시 김해 대성동이나 양동리 등, 영남 남부 가야 지역의 무덤양식 변천 과정을 그대로 따랐다. 즉 목관묘(덧널무덤)[17]에서 목곽묘(덧널무덤)→수혈식석곽묘(구덩식돌덧널무덤)→횡구식석

•••••••••••
14. 이 해 9월, 복천동1호분을 조사하였으며, 1970년 4월 초 법륜사 경내에서 수혈식석곽묘를 조사(동아대학교 박물관)하였다. 그 뒤로 다시 1970~1971년 사이에 9기의 무덤을 발굴했다. 그리고 1974년에도 부산대학교 박물관이 3기의 고분을 발굴했다.

15. 1980년 10월~1981년 2월에 조사하였다. 이때 목곽묘라는 새로운 묘제와 주·부곽식 일자형 무덤양식을 확인하였다. 목곽묘와 수혈식석곽묘를 발굴하여 수백여 점의 가야토기와 금동관, 갑옷과 투구, 철제무기류 등이 출토되어 유적과 유물의 가치를 인정받게 되었다. 1981년 6월 사적 제273호로 지정되었다.

16. 1983년 8~9월 부산대학교 박물관이 수습 발굴했다.

17. 이들과 함께 옹관묘(독널무덤)도 사용하였다.

실분(앞트기식돌방무덤)으로 변화해 나갔음을 다시 한 번 확인하였다. 낮은 곳에서부터 산 사면을 따라 정상으로 올라가며 무덤을 쓰는 것이 가야의 전형적인 분묘 축조방식이다. 복천동도 예외 없이 낮은 지대로부터 구릉 능선을 따라 정상부로 올라가며 무덤이 조성되었다. 아울러 구릉의 양쪽 측면(구릉사면)에는 작은 무덤이 만들어졌는데 이러한 무덤 배치는 가야에 독특한 방식으로서 당시의 사회구성을 알려주는 단서가 된다. 구릉사면에 있는 무덤들은 구릉 능선부 정상에 있는 무덤과 달리 규모가 작아서 능선부에 있는 무덤보다는 지위가 낮은 계층의 묘로 볼 수 있다.

복천동고분군의 중요성이 크게 인식되면서 1986년에는 2차발굴이 이루어졌다. 이때는 31호분·32호분·39호분·40호분 등을 재조사하였다. 1차발굴에서 조사하다 만 31호분의 주곽을 2차발굴에서 마무리했으며, 두 차례에 걸친 발굴을 바탕으로 마침내 복천동고분군 전체를 대상으로 한 발굴계획을 마련할 수 있었다.[18] 그러나 이때까지의 발굴에서 확인한 복천동고분은 4세기 말부터 5세기에 걸쳐 조성된 무덤들을 찾아낸 것이어서 고분군 전체의 성격을 파악할 수는 없었다.

3차발굴[19]에서는 4세기의 목곽묘 11기와 수혈식석곽묘 3기를 포함하여 14기의 무덤을 조사하였고, 이때 비로소 복천동 유적의 성격을 어느 정도 가늠할 수 있었다. 내성초등학교 부지에서 가야토기가 나오는 바람에 이것을 따로 긴급 발굴한 것이 계기가 되었는데, 4~5세기에 만든 소형목곽묘들이 중심이었다. 구릉 상부와 달리 이 일대에는 피지배층의 무덤이 있었던 것으로 조사팀은 파악했는데, 3차발굴에서 처음으로

• • • • • • • • • • •
18. 1차와 2차 발굴에서 복천동고분군의 중요성을 감안하여 본격적인 발굴계획을 마련하였다.
19. 1989년 8~10월 부산대학교 박물관과 부산시립박물관이 발굴 조사하였다.

일본 야요이 토기도 확인하여 한일 교류를 엿볼 수 있는 자료를 확보하였다.

4차발굴은 조사 전에 4세기 전반기의 목곽묘가 있을 것으로 예상되던 남쪽 하단부를 대상으로 하였다.[20] 기대했던 대로 4세기 전반의 목곽묘 17기와 함께 6세기 말~7세기 초에 만든 횡구식석실묘 1기를 조사하였다. 이로써 복천동에서도 목곽묘·수혈식석곽묘·횡구식석실묘 등 다양한 묘제가 사용되었음을 비로소 확인하였다. 더구나 중국제 청자도 나와 6세기 이후 복천동에 무덤을 남긴 사람들의 대외 교류상도 어느 정도 파악할 수 있었다. 모두 네 차례의 발굴을 통해 드디어 복천동에는 4~7세기에 무덤이 들어섰고, 그 중에서도 중심이 되는 시기는 4~5세기였으며 무덤은 구릉 아래쪽에서 위쪽으로 올라가며 순차적으로 조성된 사실도 정확히 알게 되었다.

5차발굴은 1994~1995년에 이루어졌다.[21] 모두 5개 지역으로 나누어 발굴하여 총 51기의 무덤을 찾아냈다. 5차 발굴에서도 많은 유물이 쏟아져 나왔으며 이때 찾아낸 갑주와 철제유물 일부를 복원하였다. 부곽을 갖춘 목곽묘 2기·단독목곽묘(부곽 없는 목곽묘) 28기·단독석곽묘(부곽이 없는 석곽묘) 18기·부곽을 가진 석곽묘 1기·옹관묘 2기(합계 51기)의 무덤에서 나온 유물은 1496점이었다.[22] 토기보다 철기가 압도적으로 많았는데, 80호분 목곽의 보강토 안에서 조합우각형파수부호의 깨어진 조각이 처음으로 나와 이때 드디어 복천동고분군 유적 내에도 1~2세기의 목관묘가 있을 것으로 예상하였다. 이런 예상은 6차발굴에서 비로소 현

20. 1991년 7~9월 부산대학교 박물관이 발굴했다.
21. 1994년 3월 28일~7월 20일, 1994년 10월 4일~1995년 1월 26일 두 기간으로 나누어 부산시립 박물관이 진행하였다.
22. 토기류 522점, 철기류 962점, 장신구 및 기타 12점

미완의 제국 '가야'

실이 되었다.

5차발굴에서 확인한 것은 4세기 전반의 대형목곽묘 2기(80호분·84호분)와 함께 구릉 아래쪽으로 내려갈수록 이른 시기의 무덤이 있다는 사실이었다. 5차까지의 발굴에서 모두 113기의 무덤을 발굴하였으며[23] 유물은 모두 9천2백여 점으로 집계되었다.[24] 80호분에서는 길이가 75cm나 되는 대형 철모鐵鉾[25](철제 창)가 나왔는데, 김해 양동리에서는 이런 형식이 3세기 후반에 나타났으나 복천동에서는 4세기에 출현하고 있음을 알게 되었다.

참고로, 80호분에서는 곡옥과 유리구슬 외에 금분을 입힌 유리구슬이 나왔다. 이것은 일차 가공한 유리구슬에 금박을 입힌 다음, 그 위에 유리를 덧씌워 마감한 것이다. 80호분을 4세기 전반의 목곽묘로 파악하고 있는 점을 감안할 때 이런 유리구슬 제작기술이 5세기에 보급되었다는 기존의 견해는 수정되어야 하겠다.

84호분에서는 길이 10cm 정도의 철착(鐵鑿, 끌)이 나왔는데, 이것은 아마도 단야 작업에 사용한 공구일 것으로 짐작된다. 망치나 집게와 같은 단야공구는 84호분에서는 출토되지 않았지만 지석과 함께 철착이 나왔으므로 일단 단야구로 파악한 것이다. 이 외에 다량의 숯이 나왔는데, 이것은 매장할 때 목곽 내부를 불태우는 특수한 장례의식을 치렀음을 알려주는 것이라고 판단하였다. 이런 장례의식은 이미 울산 하대고분 43호, 김해 양동리 235호분에서 확인한 바 있다. 북방 부여에 연원을

23. 부장곽을 갖춘 목곽묘 18기, 단독목곽묘(부장곽 없는 목곽묘) 47기, 옹관묘 2기, 부장곽 있는 수혈식석곽묘 7기, 단독수혈식석곽묘(부장곽 없는 석곽묘) 36기, 횡구식석실묘 1기
24. 토기류 2,500여 점, 철기류 2,720여 점, 장신구류 4,010여 점, 골각기(뼈연장) 10여 점, 인골 5구, 말이빨 등 동물뼈 7점
25. 칼과 창 등 철제무기가 대형화한 것인데, 이런 변화는 보병전 주도의 전쟁 방식에서 기인된 것으로 추정된다.

■ 2세기 후반에 쓴 복천동 153호 목관묘(널무덤)

둔 이와 같은 장례습속은 3세기에 영남 지역에 출현하므로 이를 근거로 목곽묘의 기원을 부여에서 찾기 시작했다.

아울러 복천동고분군에서는 처음으로 개석을 사용하지 않은 무개석 수혈식석곽묘(93호분과 120호분)를 확인하였으며, 93호분 또한 별도의 부곽(목곽)을 갖고 있는 주부곽식묘라는 점에서 주목받았다. 구릉 아래쪽에서는 옹관묘 2기가 나왔으며, 5세기 중엽에 조성된 것으로 추정되는 79호분을 발굴하였다. 4세기 전반에 만들어진 소형 목곽묘인 8호분에서는 종장판혁철주 1점이 나왔고, 4세기 중엽에 만들어진 것으로 보고 있는 86호 목곽묘에서는 3점의 판갑이 출토되었다.

6차발굴은 고분군 서남쪽 복산동사무소~내성초등학교간 도로공사 구간을 대상으로 하였는데, 목곽묘 12기와 목관묘 1기를 조사하였다.[26] 목관묘는 장축을 등고선과 수직으로 교차하는 방향에 두고 있

••••••••••
26. 1998년 5월 12일~6월 18일에 부산광역시립박물관 복천분관이 조사

었다. 이것은 김해 양동리 등지에 나타나는 현상 그대로이다.

아울러 고분군 서편 지역 2천2백여 평에 대한 조사[27]에서는 6기의 목곽묘와 수혈식석곽묘 9기를 찾아냈다. 이 조사를 통해 드디어 동래 복천동에는 기원후 2세기 전반에 목관묘가 등장하였고, 이어 2세기 후반에 목곽묘가 들어서고 있었음을 알게 되었다. 2세기 후반의 목곽묘 5기와 3세기 후반의 목곽묘 1기, 5세기 후반의 목곽묘 5기를 6차 발굴에서 조사하였는데, 이때 얻은 성과는 목관묘와 목곽묘의 등장시점을 알게 된 것이다. 즉, 2세기 전반에 만든 목관묘 1기와 2세기 후반에 복천동에 처음 축조된 5기의 목곽묘를 확인함으로써 이 지역에서 목관묘와 목곽묘가 사용된 시기를 정확히 알게 되었다. 그러나 낮은 지역에 있던 고분들이 파괴되지 않았다면 그보다 훨씬 이른 시기의 목관묘가 남아 있었을 것이다.

그런데 목관묘는 소형이며 와질토기인 옹 1점 외에 유물이 거의 없을 정도로 부장품이 적었다. 다만 153호분은 목관묘이지만 아주 늦은 시기에 만든 것으로 보고 있다. 2세기 후반에 축조된 5기의 목곽묘 중에서 묘광이 장방형이며 장폭비가 1.5 : 1인 145호분의 경우 철검과 철부·철촉·철겸·철모·따비 등 철기류만 나왔을 뿐 토기류는 전혀 나오지 않았다. 이와 달리 147호분은 묘광이 세장방형으로서 장축을 등고선과 나란한 방향에 두고 있다.

6차 발굴에서 복천동에 목관묘가 2세기 전반경에 처음 들어서기 시작하였음을 알아낸 것은 큰 소득이다. 그러나 복천동고분의 초축 시점은 그보다 이른 1세기로 소급될 여지가 충분히 있다.

6차발굴에서 나온 출토품으로서 기억해둘만한 것으로는 방제경이

••••••••••
27. 1997년 11월 19일~12월 23일 발굴

■ 동래 내성5호분에서 나온 원저단경호
(높이 19.2cm)와 노형토기(화로모양토기,
높이 20.3cm)

있다. 전체의 절반 정도밖에 남지 않았
지만 이 방제경은 부산 지역에서는 처음
으로 출토된 청동유물이다. 이런 방제경
은 지금까지 영남 지역에서 김해 양동리 55호분·162호분·427호분, 경
주 사라리 130호분, 영천 어은동, 대구 평리동, 창원 삼동동 18호 옹관
묘 등에서 나왔다. 이 중에서 창원 삼동동 옹관묘와 목곽묘인 김해 양
동리 162호분을 제외하면 나머지는 모두 목관묘 출토품이다. 이들은 기
원후 1~2세기에 제작된 것들인데, 종류별로는 내행화문內行花紋이 있는
일광경日光鏡 계통과 내행화문이 없는 중권문일광경重圈文日光鏡 계통의 방
제경으로 분류된다. 모두 해당 지역에서 중국의 일광경을 본떠서 만든
것으로서 양동리 55호분과 162호분(8점)·427호분 출토품 및 영천 어은
동, 창원 삼동동 18호 옹관묘 출토품은 내행화문일광경 계통의 방제경
에 속하는 반면, 경주 사라리 130호분과 대구 평리동 출토품은 중권문
일광경에 속하는 것이다.

2002년의 7차발굴[28]에서는 목관묘 2기·목곽묘 2기·수혈식석곽묘 5기
를 발굴하였으며[29] 이때 비로소 복천동고분군의 성격을 선명하게 파악

••••••••••
28. 복천박물관이 2002년 6월 19일~6월 25일(6일간) 조사
29. 조합우각형파수부호 1점, 주머니호 1점, 양이부단경호 1점, 노형토기 1점, 고배대각 4점, 유개고
    배 1점, 광구소호 2점, 연질옹 1점, 유개파수부호 2점, 통형기대 1점, 호 4점 등 토기류 21점과 철
    기류 5점(철모 2점, 철검 1점, 철부 1점, 철촉 1점)을 찾아냈다.

할 수 있게 되었다.

참고로, 154호분은 목
곽묘로서[30] 장축을 등고선
과 수직으로 교차하는 동
서 방향에 두고 있으며 철모
2점과 철겸 1점·철부 1점·조
합우각형파수부호 1점이 나왔다. 목곽
묘이지만 통상 목관묘에 부장되는 유물
이 함께 들어있어 이 목곽묘의 조성시기
가 빠르다는 사실을 알 수 있었다. 145
호·147호·149호·151호·152호분[31]은 모두 기
원후 2세기 중후반의 목곽묘들이다.
특히 조합우각형파수부
호 및 2단병식철모로 보
아 154호 목곽묘는 2세기 중
반경에 축조된 무덤으로 볼 수
있다.

반면 소형목곽묘인 155호
분에서는 고배 대각 4점과

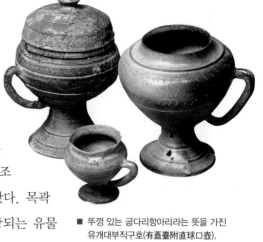

■ 뚜껑 있는 굽다리항아리라는 뜻을 가진
유개대부직구호(有蓋臺附直球口壺),
동래 복천동 36호분 출토(높이 19cm)

■ 그릇받침이라고도 부르는 통형
기대(筒形器臺), 동래 복천동
93호분 출토(높이 51cm)

■ 동래 복천동 4호분에서 나온
통형기대(높이 39.5cm)

●●●●●●●●●●●
30. 길이 212cm에 폭이 108cm, 깊이 23cm
31. 152호분에서는 부산 지역 최초로 방제경이 출토되었다. 이 청동거울은 절반 가량만 남은 것이
    었다.

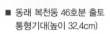
■ 동래 복천동 46호분 출토
통형기대(높이 32.4cm)

대부장경호 1점·와질 노형토기 1점·원저단경
호 2점·광구소호 1점·연질옹 1점이 나와 다른 목곽묘
와 비교된다. 대형 묘에서는 철기와 토기가 함께 나왔
으나 소형목곽묘에는 철기는 없고 토기만 묻혀 있었다.
이들은 5세기 전반경에 축조되었을 것으로 보고
있다. 156호 목곽묘는 154호분과 비슷한 크기
의 목곽묘[32]인데 유물은 한 점도 나오지 않아
목곽묘에 유물을 많이 부장하는
후장의 패턴에서 벗어나 있
었다.

이들과 달리 157호분은 수혈식
석곽묘이다.[33] 여기서는 모두 9점
의 유물이 나왔다. 유개고배 1점
과 와질옹 2점·유개대부파수
부호 2점·광구소호 1점·단
경호 1점·통형기대 1점 및 철
촉 1점으로 토기가 중심이며 철
기는 매우 빈약하다. 유개고배는

■ 동래 복천동 99호분 출토
통형기대(높이 28.5cm)

■ 동래 복천동 14호분 출토
통형기대(높이 47cm)

도질계로서 뚜껑에는 단추형 꼭지가 달려 있다. 유
개대부파수부호는 회청색이며 도질토기이다. 광구
소호 역시 흑회색의 도질토기이며 도질계 원저단경
호는 회청색으로서 구운 상태가 퍽 양호하다. 통형기

••••••••••
32. 길이 230cm, 폭 140cm, 깊이 20cm에 잔존길이 60cm, 폭 84cm
33. 석곽은 잔존길이 140cm, 너비 90cm, 깊이 35cm이며 묘광은 길이 270cm에 너비 180cm로서
　　이전 목곽묘와 비슷하다.

대 역시 흑회색으로서 불에 잘 구워서 상태
가 좋은 도질토기이다. 이들은 5세기 전반에 제
작된 것들로 보는 견해가 우세한 듯한데, 5세기
초까지 소급해서 볼 수도 있을 것 같다.

목관묘인 158호분에서는 양어깨에 혹이 달
린 양류부옹 1점과 목관묘에서 출토되는 가
장 특징적인 토기의 하나인 주머니호 1점이
나왔다.

8차발굴은 160호분부터 174호분까지
모두 25기의 고분을 대상으로 했는데,
2006년과 2008년 두 차례로 나누
어 조사하였다. 2006년의 조사에서
는 목곽묘 6기와 수혈식석곽묘 1기
를 발굴하였다. 주로 4세기 후반~5세기 초

■ 동래 복천동 112호분 출토
통형기대(높이 46.8cm)

의 목곽묘를 조사한 것인데, 유물은 별로 많
지 않았다. 노형토기를 비롯하여 단경호(와질과 도질)·통형기대·발형기
대·고배 등의 토기류와 함께 판갑·철도자·철부·철겸·유자이기 등이
출토되었다. 목곽묘는 모두 6기였는데, 그 중에서 164호분은 장축비가
3.7 : 1인 세장방형이다. 발굴자들은 164호분이 4세기 말에 축조된 것으
로 파악하였다. 164호분과 165호분에서는 종장판 판갑 2령이 나와 발굴
자들은 이 유물에 주목하고 있다. 164호분 출토 판갑은 복천동 10호분
및 69호분 출토품과 비슷하고, 165호 출토 판갑은 57호분 출토품과 유
사하다. 그리고 수혈식석곽묘 1기는 부장 토기를 감안할 때 5세기 후반
에 생긴 것으로 추정하고 있다.

160호 목곽묘에서 나온 유물 중에서는 노형토기가 주목되며 목곽 거

■ 다리와 손잡이가 달린 사발이라는 뜻의 대부파수부완(臺附把手附盌). 동래 복천동 53호분 출토

의 대부분이 확인된 161호 목곽묘에서는 광구소호[34] 1점과 고배·단경호·도자(2점)·철겸 등이 나왔다. 발형기대의 대각부도 함께 나왔는데, 이것은 대각 중간의 돌대를 기준으로 상하 각 6개의 삼각형 투창을 뚫은 것이다. 162호 목곽묘는 장방형으로서 북쪽 단벽 가까이에서 노형토기 1점·단경호 4점이 나왔다.

8차발굴에서 확인한 목곽묘 중에서 가장 인상 깊은 것은 164호분이다. 묘광[35]은 북서—남동 방향으로 배치되어 있었다. 남동쪽 일부 묘광이 훼손되었으나 남아있는 유구로 보아 양단에 부장품을 놓고 시신은 중앙부에 안치하였는데, 본래 묘광의 길이는 5m를 넘었을 것으로

• • • • • • • • • •

34. 기고 6.4cm, 구경 7.2cm
35. 잔존길이 462cm, 폭 147cm, 폭이 42~55cm

■ 손잡이 달린 굽다리사발, 즉 대부파수부완
(부산 생곡 가달 5호분 출토)

짐작되었다. 단각고배와 삼각투창고배(2점)·대부직구호·연질옹·단경
호 그리고 마치 기대를 이중으로 겹쳐놓은 듯한 모습의 통형기대[36]·양
이부호(3점)·노형기대·철촉(14점)·철부·철겸·철모·유자이기·곡도(曲
刀·굽은 칼)[37]와 같은 유물이 출토되었다.

165호분은 대부분 파괴되고 일부만 남아 있었으므로 출토유물은 별
로 없다. 북쪽 단벽 가까이에서 단경호 3점과 노형토기 대각부 1점이
파손된 상태로 나와 겨우 복원할 수 있었으며 이 외에 단경호 1점과 판
갑 1기를 추가로 수습하였다.

수혈식석곽묘인 166호분은 5세기 후반에 생긴 것으로 보고 있는데,
석곽의 규모로 보아 목곽묘의 크기와 엇비슷하다.[38] 양쪽 장벽에는 장
방형 판석 8매를 세워서 쌓았으며, 유물은 세 군데에 나누어 묻었다.

· · · · · · · · · · ·
36. 기고 38.3cm, 구경 22.4cm, 저경 26.0cm
37. 잔존길이 21cm
38. 길이 275cm, 폭 89cm, 깊이 70cm이다.

■ 동래 복천동 1호분에서 나온 주구형토기
(注口形土器). 높이 24.5cm

서남쪽 단벽 옆에 대부파수부완(1
점)·연질옹(1점)을 배치하였으며
동남쪽 중간 장벽 옆에는 대호·단
경호·장경호 각 1점씩 놓아두었다. 대
호와 단경호 사이에는 고배와 파수부호 그리고 장경호와 단경호 각 1점
씩을 부장하고 맨 나중에 발형기대 2점을 뒤집어서 올려놓았다. 고배는
2단투창고배가 중심인데, 상단과 하단에 각기 5개씩의 장방형 투창을
뚫은 것이다. 일부는 각기 4개씩의 투창을 뚫은 것도 있다. 대부파수부
완은 대각에 2단으로 사다리꼴 투창을 뚫고 배신부에 손잡이를 귀 모양
으로 붙였다. 이 외에 도질 단경호와 발형기대(도질) 2점이 나왔다. 대
각은 4단으로 구획하고 맨 하단을 제외한 3단에 각기 장방형투창을 6개
씩 뚫어 놓았다. 이들 발형기대와 고배 등으로 판단할 때 이 수혈식석
곽묘는 5세기 말에 등장한 것으로 보고 있다.
　한편 2008년의 긴급 수습발굴에서도 8기의 목곽묘를 조사하였다. 이
들은 모두 4세기 전기~5세기 중엽에 만들어진 것으로 보고 있는데,

■ 동래 복천동 31호분에서 나온 발형기대
(鉢形器臺, 그릇받침), 높이 39.4cm

■ 복천동 131호분에서 나온 높이
32.9cm 짜리 발형기대

167호~174호 중에서 172호 목곽묘만 대형 주부곽식이고 나머지는 소형의 단곽식 목곽묘이다.

167호분에서는 단경호 일부만 나왔고, 168호 목곽묘는 소규모[39]로서 174호분을 부수고 들어섰다. 168호분에서는 4점의 고배와 단경호(2점)·장경호(1점)·파수부완·대부파수부완·광구소호·연질소호 및 연질옹·철촉(17점) 및 철겸을 찾아냈다. 고배는 2단투창고배(3)와 무투창고배(1)만이 나왔다.

169호분은 174호분의 북쪽 긴 벽을 무너트리고 만든 무덤인데, 모서리 일부만 훼손되고 나머지는 온전한 상태로 발굴하였다. 목곽은 길이 281cm에 폭 85cm 정도이며, 단경호와 장경호·무투창고배·발형기대·광구소호·소형기대 등의 토기와 더불어 철부 1점이 나왔다. 고배는 모두 6점으로, 1점의 2단투창고배 외에는 모두 무투창고배이다. 특이하게도 이 목곽묘에서는 광구소호가 4점이나 나왔고, 소형기대와 대부파수

• • • • • • • • • • •
39. 묘광 길이 266cm, 폭 130cm, 잔존깊이 21~38cm이며 목곽은 266cm, 폭은 90cm로서 소형이다.

■ 복천동 54호분에서 나온 여러 가지 모양의 기대

■ 부산 생곡 가달4호분에서 나온
철정(덩이쇠, 길이 16.2cm)

부호·발형기대가 각기 1점씩 출토되었다. 발형기대 위에는 단경호를 올려놓은 상태였으며 이와 함께 양이부호(1)와 장경호 및 연질옹도 나왔다.

이 외에도 철부와 철촉·도자와 같은 철기제품이 더 있다. 171호분은 같은 목곽묘인데도 상대적으로 169호분보다 철기가 많이 나왔다. 노형토기의 대각부·단경호·대부파수부완(1)과 고배(4)가 나왔으며, 고배는 무투창고배·이단직렬투창고배·이단교호투창고배(2)이다. 그런데 이 목곽묘에서는 재갈·철부·철겸·도자·철촉·철착·철모·판상철모형 철부·철정(다수)과 같은 철제품이 나왔다.

■ 동래 복천동 433호분에서 나온
노형기대(爐形器臺, 화로모양그릇받침),
높이 32.8cm

　한 가지 흥미로운 것은 172호분이다. 이것은 주부곽식 목곽묘의 부
곽이다. 즉, 주곽은 따로 있었을 테지만 확인되지 않았고, 단지 부곽[40]
만을 발굴하였다. 대호를 비롯하여 단경호·노형기대·연질옹·도자·철
모가 나왔는데 노형기대는 회청색으로 손잡이가 달려 있으며 대각부에
삼각형 투창 6개가 뚫려있었던 것으로 판단하였다. 173호 목곽묘 역시
단경호(4)·고배·철부 등을 갖고 있었다. 양류부옹[41]과 이단투창고배·철
서(호미)와 철부가 있어 토기와 철기의 비율이 비슷한 양상이었다. 172
호분은 4세기 중반~후반 어느 시기에 만들어진 주부곽식 대형목곽묘
이며, 173호분과 174호분도 거의 비슷한 시기에 만들어졌을 것으로 보
인다. 174호분에서는 단경호(2)·양이부호(2)·대부장경호·철부(1) 등을
거두었다. 172~174호 및 복천동 38호분·43호분·69호분·86호분에서는
함안에서 만든 것으로 보이는 승석문타날호가 출토되어 복천동과 함안

• • • • • • • • • •
40. 상당부분을 171호 목곽묘가 파괴한 상태이며, 부곽은 길이 282cm에 폭 160cm, 잔존깊이
　　48~66cm이다.
41. 양어깨에 혹이 달린 옹

■ 4세기 전반에 쓴 것으로 추정하고 있는 복천동 84호분 목곽묘(덧널무덤)

의 교류를 짐작하게 해주었으며, 168호·169호·170호·171호분은 5세기 전반에 축조된 것으로 보고 있다. 그런데 이 중에서 168호분과 171호분에는 목곽묘이면서도 신라 양식인 이단교호투창고배가 나와 신라와 복천동의 교류를 짐작할 수 있게 해주었다.

이상과 같이 2008년의 8차 발굴까지의 결과로 보면 복천동고분군에서는 1세기부터 대략 2세기 후반까지 목관묘를 사용하였으며, 2세기 후반에 목곽묘라는 새로운 무덤 유형이 유입되었다. 목곽묘는 장방형의 구덩이를 파고 그 안에 판재나 각재로 만든 목곽 안에 시신을 매장한 무덤 양식이다. 목곽묘는 3세기에 영남지방에서 널리 유행하며, 곧이어 3세기 후반이 되면 지역에 따라 약간씩 형태에 차이가 나타난다. 4세기가 되면 영남에서도 목곽묘에 지역간 차이가 현저하게 드러난다. 통상 부산과 김해를 중심으로 한 지역과 경주를 중심으로 하여 포항이나 기타 동해안 지역을 아우르는 지역 사이에는 목곽묘의 구조와 형태에 차이가 생기고 지역성이 두드러지게 나타난다.

지금까지의 조사 결과로는 부산·김해 지역의 목곽묘는 길이가 길지만 폭도 넓은 장방형 구덩이 안에 축조되었다. 목곽묘는 시신을 안치하는 곳과 부장품을 넣어주기 위한 부장곽(딸린덧널)을 따로 만든 것도 있다. 목곽묘의 벽과 천정을 보호하기 위해 목곽 내부에는 판재나 각재로 기둥을 세웠다. 사방 네 귀에 하나씩 기둥을 세우거나 장벽 중간에 마주보게 두 개를 더 세우는 경우도 있다.

복천동의 목곽묘는 각재나 판재로 짰다. 목곽묘를 통나무가 아닌 각재로 만드는 것이나 바닥에 돌을 까는 것은 평양 지역의 목곽묘와 같은 형식으로 보고 있다. 반면, 내부에 4~6개의 기둥을 세우는 것이나 목곽 안에 목관을 넣지 않는 방식은 부여 등 북방의 목곽묘와 비슷한 것으로서 중국 요령성과 길림 지역의 목곽묘와도 공통점이 있다.

목곽묘를 설치하기 위해 파놓은 구덩이는 길이 5m 이상의 대형과 4m 이하의 소형으로 구분할 수 있었다. 대형목곽묘는 부장곽을 가진 것과 부장곽이 없는 두 가지 형태가 있으며, 부장곽이 있는 것은 없는 것보다 나중에 만들어진 것으로 보면 된다. 부장곽이 없는 대형무덤은 주로 구릉 양쪽의 사면에 있으며 목곽의 길이가 등고선과 대체로 일치한다. 대표적으로 복천동 80호와 84호분이 여기에 속한다. 84호 무덤의 봉토에서 많은 양의 유물과 함께 불에 탄 나무조각이 나왔는데, 이것은 아마도 목곽을 불태우는 의식과 관련이 있을 것이라고 본다.

부장곽을 갖춘 목곽묘는 부산 지역에서는 복천동고분군에서만 확인되었다. 이들은 대부분 대형분으로서 주로 구릉 능선부를 따라 올라가며 축조되었는데, 구릉 능선 방향을 따라 일직선으로 두 개의 구덩이를 파고 아래쪽 구덩이를 주곽으로, 그리고 위쪽 구덩이를 부곽으로 사용

■ 옹관(甕棺)이라는 이름의 독널
(부산 내성 10호분 출토, 높이 22cm)

하였다. 주곽과 부곽은 장방형으로서 구덩이 내부에 두께 10cm 남짓한 판재나 각재로 목곽을 만들었다. 목곽 내부에는 기둥을 세워 목곽의 벽과 천정이 안으로 무너지지 않도록 하였다. 부장곽에는 순장을 하였으며 부장품을 함께 넣어주었다.

복천동 38호분과 56호분은 복천동고분군에서 부장곽을 갖춘 무덤으로는 맨 처음 만든 것으로 판단하고 있다. 물론 목곽묘인 만큼 부장품 매납과 함께 순장이 이루어졌다. 이것은 복천동 사회의 신분계층과 지배구조를 반영하는 것으로, 가야 지역에서는 어디서나 4~5세기에 순장이 널리 이루어지고 있었다. 순장인은 주곽에 누운 주인의 발치 가까이에 묻혔다. 주인의 죽음을 따라 삶을 버려야 했던 순장인들은 평생 주인의 시중을 들다 생을 마감한 노예나 첩 등으로 판단할 수 있다.

한편 복천동고분군에서는 3기의 옹관묘가 나왔는데[42] 이들은 모두 합구식이다. 4세기 후반에 만든 것으로 보고 있으며, 길이는 1m 이하로

••••••••••
42. 90호·91호·내성 10호분

소형이다. 옹관은 어느 지역에나 있지만, 영산강 유역의 옹관과 복천동 옹관은 크기부터 차이가 있다. 영산강 유역에서는 3~4m 이상의 대형옹관 안에 시신과 부장품을 넣어주는데, 하나의 봉토 안에 여러 개의 옹관을 배치한 특이한 형태의 무덤도 있다. 이와 달리 복천동에서 발견된 옹관은 모두 작은 것으로, 말하자면 옹관묘의 쇠퇴기에 만든 것이라고 하겠다.

다음은 목곽묘에 이어 등장하는 수혈식석곽묘이다. 석곽을 만들고 시신을 안치한 다음, 개석(뚜껑돌)을 덮고 그 위에 흙을 쌓아 봉토를 높고 둥글게 올린 수혈식석곽묘는 가야 전지역과 신라 지역 일부에 분포한다. 부산 지역을 포함하여 칠곡이나 왜관 등지의 낙동강 동편 지역과 고령·김해·순천·남원·장수 그리고 칠곡·대구·창녕 등지까지 폭넓게 존재한다. 그래서 일부에서는 수혈식석곽묘가 발견되는 지역을 모두 가야로 보려는 사람도 있다. 일부 수긍이 가는 측면도 없지 않지만 그렇게 단정해서 말할 수는 없다. 김해 지역에서는 3세기 후반 처음으로 수혈식석곽묘가 그 자취를 드러내며 4세기 후반이 되면 부산과 김해, 그리고 5세기에 들어서면 고령을 포함하여 가야 전지역으로 널리 확산된다.

이와 달리 6세기 초반에는 가야 지역에 횡구식석실묘가 전해진다. 수혈식석곽묘의 단벽[43] 한쪽을 터서 입구로 사용한 무덤 양식을 횡구식석실묘로 정의한다. 이 형식의 무덤에는 연도가 따로 만들어진다. 이 연도를 통해 시신을 안치한 다음, 연도를 막는 것을 끝으로 매장 과정이 마무리된다.

초기의 횡구식석실묘는 주로 대형 무덤에서 채택되는데, 그 중에는

••••••••••
43. 短壁. 석곽묘의 폭에 해당하는 벽

일부 순장을 한 경우도 있다. 대부분 한 사람만을 매장하다가 점차 추가장으로 바뀌는데, 이 횡구식석실묘는 바로 이런 매장방식의 변화를 반영한다. 이 무덤 양식은 낙동강 동편에만 있었으나 6세기 초 고령·합천 옥전 그리고 부산 복천동과 덕천동·두구동 임석고분군 등지에서도 사용되었다.

횡구식석실묘는 6세기 신라의 영향을 받아 등장한 것이라고 파악하고 있다. 횡구식석실묘는 추가장을 하기 위한 것으로서 일종의 가족묘로 이해하고 있는데, 그 대표적인 사례로 복천동 65호분을 들 수 있다. 65호분은 벽이 많이 붕괴되어 입구와 천정의 형태를 제대로 파악할 수 없었지만, 무덤의 규모가 크고 벽에 회칠을 한 흔적이 남아 있는 데다 바닥 전체에 깬 돌을 깔고 그 위에 큼직한 돌들을 한 차례 더 깐 것으로 보아 추가장을 한 것으로 짐작하였다.

동래 복천동고분군과 유물을 여기서 모두 설명할 수는 없을 것이다. 다만 복천동 고분군의 성격에 대해 보다 쉽게 이해할 수 있도록 편의상 발굴조사 단계에 따라 간략하게 소개하였다. 고분의 성격이나 각 유물의 세부적 형태라든가 특징을 설명하기보다는 복천동 고분에 관한 대략적인 이해를 위한 소개에 그친 점을 양해하기 바란다.

## 동래 복천동에 무덤군을 남긴 이들은 누구였을까?

부산 지역은 신석기시대 이후 오랜 문화전통을 갖고 있는 곳이다. 신석기시대의 패총과 주거지유적으로서 동삼동패총(영도)을 비롯하여 그후의 동래패총(연산동)과 같은 청동기시대의 유적도 여러 곳에 있다. 이미 오랜 문화전통을 바탕으로 김해 양동리나 대성동과 마찬가지로 부산·동래 지역 사람들은 철기시대의 서막을 열었다. 물론, 이 지역의 문화전통을 이어 철기를 향유한 사람들은 김해 지역의 구성원들과 크게 다르지 않았다. 동래와 부산 지역은 드디어 3세기 포상팔국 전쟁을 계기로 한 차례 큰 변화를 겪었다. 뒤에 따로 자세히 설명하겠지만, 부산 동래 지역을 터전으로 일찍부터 철기문화를 가꾼 이들은 칠국(칠포국)의 주인들로서 포상팔국전 이후 임나가라에 편입되었다. 복천동·연산동 일대에 남아 있는 무덤들은 가야의 지배층이 남긴 것으로, 임나가라의 테두리 안에서 이해하는 것이 옳을 것이다.

앞에서 설명했듯이 복천동고분군을 남긴 이들이 사용한 무덤의 유형은 크게 세 가지이다. 다시 한 번 정리하면 기원후 2세기 후반까지 사용한 목관묘, 2세기 중반 이후로부터 4~5세기에 사용한 목곽묘와 수혈식 석곽묘 그리고 6세기 초를 전후한 시기에 도입한 횡구식설식묘이다. 그 중에서 목곽묘를 말할 때 맨 먼저 거론하는 사례가 복천동 38호분이다. 4세기 초에 축조되었을 것으로 보고 있는 이 38호 목곽묘는 시신을 안장한 주곽부터 발굴한 것이 아니다. 따로 부곽이 먼저 발견되었고, 그로부터 10년 뒤에 주곽을 발굴하였다. 38호분의 존재가 비로소 알려지기 시작한 것은 부장유물을 넣어두기 위해 마련한 부장곽을 1983년

■ 복천동 38호분 주곽. 사진에 보이는 2개의 원형 구멍은 목곽 안에 세웠던 통나무 기둥자리이다. 통나무는 목곽이 안으로 무너지는 것을 막기 위한 일종의 버팀목이었다.

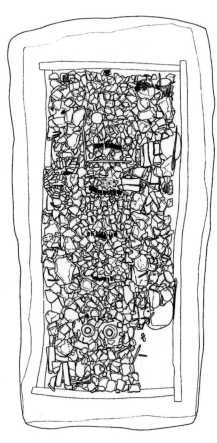

■ 복천동 38호분 주곽 개괄도

에 발굴하면서부터이다. 압형 토기의 오리 머리 부분이 지상에 드러나 있는 것을 우연히 발견하여 부산대학교박물관이 발굴한 것이 계기였다. 그러나 복천동 38호분의 주곽은 1994년에야 부산박물관이 발굴을 하게 되었는데, 발굴 과정에서 이것들이 주곽과 부곽의 관계였음을 알게 되었다. 이때까지도 복천동고분군에서 발굴한 무덤양식은 목곽묘 위주였으며 목관묘는 나타나지 않았다. 복천동고분군 묘역 내에서 목관묘의 존재를 처음 확인한 것은 5차발굴 때였다. 이때 처음으로 목관묘 1기와 함께 목곽묘 12기 그리고 많은 유물을 발굴하여 다시 한 번 주목을 받았다.

부곽을 별도로 갖고 있는 대형목곽묘인 복천동 38호분은 복천동고분군 내의 여러 유구 중에서 대단히 중요하게 여기는 무덤이다. 목곽묘의 형식과 유물도 특이하다. 소위 日자형이라고 하는 가야 지역의 일반적인 목곽묘 양식과 다르다. 주곽과 부곽을 따로 나누어서 만든 것이어서 복천동고분군 목곽묘 중에서는 매우 드문 형식이라는 점에서 중시되고 있는 것이다.

복천동 38호분은 목곽의 축조 방식에서 몇 가지 독특한 점이 있었다.

묘광이나 목곽은 동서 방향으로 배치되었으며 목곽은 5m 이상으로 크다.[44] 목곽 내부에는 4개의 기둥을 배치해 목곽이 안으로 무너지는 것을 막았다.[45] 그리고 목곽 내부 바닥에는 고운 모래를 5cm 두께로 깔았으며, 그 위에 다시 사람의 머리만한 돌을 깔았다. 다만 북서쪽 모퉁이 160×80cm 범위만은 돌을 깔지 않은 채로 내버려 두었다. 돌을 깔지 않은 곳은 순장인을 위한 공간이었다. 이 무덤의 주인은 머리를 남쪽에 두고 누웠으며, 발은 북쪽에 두었다. 바닥에 할석을 줄 맞춰 깐 것으로 보아 목곽묘를 만든 뒤에 바닥 작업을 한 것으로 추정하고 있다. 조사 결과, 목곽 내부에는 또 다시 별도의 목곽을 만들고 그 안에 무덤의 주인을 안장하였거나 창원 다호리 1호분처럼 통나무 목관을 사용하였을 가능성도 있다고 보고 있다.

이런 이중 곽의 양식은 이후 수혈식석곽묘인 복천동 22호분의 석곽 내부에 별도로 설치한 목곽과 비교하여 검토해볼 필요가 있다. 어떻게 해서 이중으로 만든 목곽묘가 나타난 것일까? 목곽묘가 수혈식석곽묘로 변모해가는 과정에서 이러한 과도기적 형식이 나타난 것으로 추리하고 있다. 대략 4세기 초반에 조성된 복천동 84호분부터 목곽 안에서 꺽쇠가 나오는 것을 확인하였는데, 84호분은 591×280cm 크기의 목곽 내부 한쪽 모서리에 320×200cm의 목곽 시설이 있었고, 발치 주변에는 다량의 철촉(167점)과 지석 등을 넣은 부장품 곽을 따로 두었다. 외부목곽 안에 설치한 내부 주곽 주변에서 꺽쇠가 다수 출토됨으로써 비로소 내부 곽 또한 꺽쇠를 사용한 목곽이었으리라고 추정하게 되었다. 복천동 64호분·69호분·71호분·73호분과 같은 대형목곽묘 역시 이런 양식을 그

••••••••••

**44.** 묘광은 길이 750cm, 너비 330~370cm, 깊이 135cm이며 목곽은 길이가 535cm에 너비 250cm 이다.

**45.** 기둥 직경 25cm, 깊이 55cm

■ 부산 연산동 고분에서 나온 토기 및 철기유물

대로 따르고 있다. 이들 대형목곽묘는 4세기에 만들어진 것으로, 그 내
부에 설치한 목곽의 길이는 대략 260~400cm 사이다. 비록 목곽의 길
이에는 서로 많은 차이가 있지만 내곽의 폭은 140~150cm로 일정한 편
이다. 이와 같은 내곽의 폭은 이후 5세기에 등장하는 수혈식석곽묘 안
에 따로 설치한 목곽의 폭과 거의 같아서 수혈식석곽묘에서 목곽묘의
전통을 승계한 것으로 볼 수 있다. 목곽묘 안에 내곽을 설치하고 내곽에
시신을 안치한 형식은 2세기 후반~3세기 전반에 조성된 울산 하대 43
호 목곽묘 및 포항 옥성리 나지구 78호 목곽묘에서도 확인된 바 있다.

그리고 이러한 목곽에서 나타난 현상으로서 주목할 것이 하나 더
있다. 유물은 부곽에만 넣어준 것이 아니라는 사실이다. 주곽에도 많
은 유물을 넣었다. 피장자를 안치한 내곽 안과 그 바깥(외곽 내) 그리고
순장자가 있는 곳에 배치하였다. 38호분의 경우 내곽 안에 잠든 주인은

유리구슬과 호박(다면옥)·경옥제 곡옥으로 만든 목걸이를 착용하고 있었다. 유리구슬 310개·호박제 구슬 19점·유리곡옥 1점을 꿰어 만든 목걸이는 화려하였다. 허리께에는 세 자루의 칼이 놓여 있었다.

그리하여 이 무덤의 주인은 죽어서도 환두대도를 차고 있는 모습이었다. 남쪽에 머리를 두고, 발은 북쪽에 둔 채로 누운 그의 옆에 환두대도 끝을 남쪽(머리쪽)으로 향하게 놓아 두었다. 이 외에도 대도 한 자루가 더 있었으며, 머리 위쪽으로는 연질 완(盌, 1점), 그리고 평면이 원형인 철기의 흔적이 남아 있었다.

피장자의 발치쪽 내곽 안에는 도질 단경호를 올려놓은 노형기대 2세트가 있

■ 부산 생곡동 가달6호분에서 출토된 장경호(높이 31.2cm)와 발형기대

었다. 주곽에서 나온 유물은 토기 5점과 다수의 철기이다. 단경호[46]는 노형기대에 올려놓은 상태였으며 노형기대는 회청색의 도질토기로서 대각부에 이등변삼각형 투창이 여섯 군데에 배치되어 있었다.[47]

내곽(목곽)이나 통나무목관을 올려놓았을 시상석 위에는 대략 70cm

• • • • • • • • • •
46. 기고 22.2cm, 구경 14.1cm, 동최대경 22.1cm 짜리와 회청색 경질로서 기고 23.4cm, 구경 14.1cm, 동최대경 23.1cm인 단경호 두 가지이다.
47. 기고 25.0cm, 구경 35.4~41.4cm, 각저경 39.3cm인 기대와 기고 26.4cm, 구경 37.8~39.7cm, 각저경 40.7~41.0cm의 두 가지

■ 복천동 53호분에서 나온
광구소호(廣口小壺)와 기타 호

간격으로 바닥에 철촉 무더기를 5줄로 배치하였다. 이것은 화살대를 꽂
은 화살을 바닥 전면에 깔았던 흔적일 것으로 추정하고 있는데, 철촉은
모두 235점이 나왔다. 바닥에는 별도로 초본류와 평직포(직물)를 깔았던
흔적이 남아 있어서 일단 포布로 시신을 싸서 매장한 것으로 추정하였다.

주곽의 부장품은 비교적 단출한 편이었지만 부곽에 따로 넣어준 부
장유물은 조금 더 다양했다. 무덤 내부, 목곽 밖의 서편에는 철정·통형
동기(2점)·유자이기·말재갈·종장판주·철모·철촉무더기·옥제품이 있
었다. 철정은 10개 단위로 묶은 것 두 꾸러미가 있었다. 통형동기[48]의
몸통 내부에는 목제 자루가 남아 있었다. 청동제검파두식·철촉·철모·
철검·철도·곡도·집게·철부(6점)·재갈(3점)·갑주(각 1벌)와 같은 금속유
물과 더불어 노형기대·소형 단경호·유개대호·양이부호·압형토기 머

••••••••••
48. ①길이 12.3cm, 구경 2.3cm, 저경 3.0cm. ②길이 13.7cm, 구경 1.9cm, 저경 2.9cm

■ 복천동 137호분 출토 대부호(굽다리항아리)

리 편(한 쌍)과 같은 토기류도 나왔다.

양이부호 또는 양이부단경호라는 이름으로 불리는 토기는 양어깨에 '구멍 뚫린 귀'를 갖고 있는 것이다. 모두 3점으로 흑갈색 또는 황갈색을 띠고 있다. 김해 양동리나 대성동에서 나온 것들과 다르지 않으며 크기도 비슷하다.[49] 이 외에 어깨에 자그마한 혹처럼 달린 양류부단경호兩瘤附短頸壺[50]도 1점이 나왔는데, 이것은 크기와 모양이 양이부호와 거의 똑같다. 이 외에 양이부단경호와 닮은 꼴이지만 뚜껑을 갖고 있는 커다란 항아리라 하여 유개양이부대호[51]라는 이름으로 부르는 토기 1점

• • • • • • • • • •

49. ①기고 29.8cm, 구경 20.6cm, 동최대경 34.6cm ②기고 30.0cm, 구경 18.6cm, 동최대경 31.8cm ③기고 22.4cm, 구경 16.2cm, 동최대경 23.6cm의 세 점이다.
50. 양쪽 어깨에 혹이 달린 목짧은 항아리라는 의미의 양류부단경호는 기고 29.8cm, 구경 20.6cm, 동최대경 33.9cm이다.
51. 기고 60.7cm, 구경 15.0cm로 큰 항아리이므로 대호란 이름이 부여되었다.

과 승문계 단경호편·연질옹편도 확인되었다.

화로형 기대라는 이름으로도 불리는 노형기대는 몸통 양쪽에 둥근 고리 모양의 손잡이가 달려 있으며 대각에는 이등변삼각형 투창이 6군데에 있다. 절반 가량 파손된 상태로 출토되었으나 원형에 가깝게 복원하였다.[52] 흑색 또는 회백색의 압형토기는 와질로서 한 쌍이 나왔는데, 머리와 각부편만 확인되었다. 오리의 눈과 부리가 강조되어 있다.

청동제검파두식은 검파의 말단부만 남아 있었으며 대구 평리동에서 나온 검파와 형태 및 크기가 거의 같다.

이 외에 교구와 같은 철기를 비롯하여 여러 가지 의미 있는 철기류도 나왔다. 철검은 북쪽 순장자가 있던 공간에서 나왔으며, 철도는 목곽 남쪽에 있었다. 또한 곡도曲刀[53]가 나왔고, 순장인 옆에서는 도자刀子 즉, 칼 1점 그리고 철촉(화살촉) 무더기 사이에서 4점의 도자가 더 나왔다. 복천동 38호분의 주곽과 부곽에서 나온 철촉은 모두 383점이다.[54] 철모는 모두 17점으로 길이는 대략 70cm 정도 되는 것들이다. 납작쇠도끼라는 이름으로도 불리는 판상철부는 길이가 33~37cm 정도에 한쪽은 두껍고 그 반대편은 얇아서 양단 모두가 얇은 철정과는 쉽게 구분된다. 10개씩 두 꾸러미가 나온 38호분의 판상철부는 양 측면 허리가 잘록하게 만들어져 있다. 그 형태로 보아 복천동 80호분에서 출토된 판상철부보다 약간 늦은 시기인 4세기 전반의 것으로 보고 있다. 부산 지역의 목곽묘 내부 바닥에는 철정이나 판상철부형철정을 깔아놓았는데, 이런 방식 역시 김해 지역과 다르지 않다. 이렇게 철정을 까는 것이 매지권과

---

52. 기고 27.2cm, 구경 43.5cm, 동최대경 45.2cm
53. 길이 28.2cm, 최대폭 3.3cm이며 신부(身部)에 목질 흔적이 남아 있었다.
54. 화살촉은 단순히 꼬챙이처럼 생긴 추형(錐形)이 203점으로 가장 많은 수를 차지하였고, 그 다음이 능형(菱形)으로 95점이다.

■ 동래 복천동 84호분에서 나온 여러 종류의 호(항아리)

관련이 있는지에 대해서는 깊이 있는 연구가 필요하다.

　이 외에 38호분에서는 길이 13.7cm 짜리 집게가 나왔는데, 이것은 대장장이가 단야작업에 쓰던 것으로 볼 수 있다. 다만 길이가 짧고 작은 것으로 보아 주로 소형 철기 제작에 사용하던 것으로 볼 수 있다. 또 쇠도끼(철부)도 나왔는데, 쇠도끼는 모두 6점으로서 단조철부 5점과 주조철부 1점이다.

　복천동 38호분의 주인이 살던 당시, 복천동 사람들은 이동수단으로 말을 이용하였다. 38호분에서는 3점의 재갈이 나와 복천동에 살았던 1천 6백여 년 전의 가야인들이 말을 무척 친숙하게 타고 다녔음을 알게 되었다. 그러나 그 외에 등자라든가 마주馬冑·안장·행엽과 같은 마구류는 출토되지 않았다. 하지만 이런 마구들이 나오지 않았다 해서 그 당시 다양한 마구를 사용하지 않았던 것은 아니다. 다만 38호분에 부장하지 않은 것일 뿐, 다른 무덤에서는 마주(말투구)나 재갈 등이 나왔기 때문이다.

■ 복천동고분에서 나온 철제무기와
무장무구(武裝武具) 및 마구류

아울러 복발[55]과 볼가리개를 가진 종장판주縱長板冑라고 하는 투구 한
벌과 철갑옷인 종장판갑縱長板甲 한 벌이 나왔다. 38호분에서 나온 종장
판주는 4세기 전반기에 만들어진 철제투구로서 S형 종장판주 또는 만
곡종장판주라는 이름으로도 부르고 있다. 이런 유형의 투구는 북방 부
여의 영향을 받은 것이라고 보고 있다. 그러나 그것이 반드시 부여의
영향이라고 단정하기보다는 범위를 넓혀 고구려 및 선비족의 영향도

••••••••••
55. 모양은 반구체이며 직경 8.4cm에 높이 3cm로서 3분의 1 가량이 파손된 상태였으나 발굴 후 복
원하였다.

감안하는 것이 한결 무난할 것이라 생각한다. 이와 같은 투구가 나온 대표적인 유적으로 중국 길림성 유수榆樹에 있는 노하심老河深 유적[56]을 들 수 있다. 여기서 나온 것을 근거로 현재의 길림성 지역에 살던 사람들이 영남 지역으로 들어오면서 S형 종장판주가 나타났다고 보고 있는 것이다. 그런데 이런 유형의 갑주가 같은 시대(기원후 4~5세기) 경주 지역에는 없으며 4세기 전반 김해와 부산 지역에만 나타나는 것으로 보아 북방 부여계의 영향

■ 서한남월왕박물관(西漢南越王博物館)에 전시된 철제갑옷 재현품. 기원전 1~2세기의 전한 시기 남월 왕 무덤에서 나온 미늘갑옷이다.

으로 파악한 견해가 있는가 하면, 그와 달리 S형 종장판주를 고구려에서 받아들였다고 보는 견해도 있다.

종장판 갑주와 더불어 38호분에서는 찰갑도 나왔다. 보병 중심의 전략 전술에 따라 4세기에는 판갑이 유행하다가 뒤이어 중장기병을 중심으로 한 보기步騎 혼성편제를 바탕으로 기병전에 비중이 주어지면서 4~5세기에는 찰갑이 확산된다. 영남 지역에서 발견되는 4세기의 찰갑은 중국 동북지방의 제작기술과 하북·산동 지역의 기술을 융합하여 제

••••••••••
56. M56·M67·M97호분에서 나온 갑주가 김해 및 부산 출토품과 유사하다.

작된 것으로 보는 것이 훨씬 타당할 것 같다. 부여나 고구려 지역의 영향으로만 보기보다는 그것이 훨씬 자연스러울 테니까. 이런 측면에서 과거 중국의 연燕이나 제齊 지역에서 출토된 찰갑은 이 시기 가야 지역의 찰갑을 이해하는데 많은 보탬이 될 것이다.

복천동 38호분과 함께 5차발굴에서 확인한 고분이 더 있다. 99호분부터 109호분까지 11기의 목곽묘이다. 이들은 5세기 전반부터 6세기 전반 사이에 축조된 것들로서 간단하게 설명하고 넘어가야 하겠다. 우선 복천동 99호분은 전형적인 목곽묘로서 양동리에 비해 출토품은 다양하지도 않고, 그렇다고 그 수가 풍부하지도 않다. 반면 복천동 100호분에서는 비교적 많은 수의 유물이 출토되었다.[57] 99호~106호 목곽묘는 5세기 전반에 만들어진 것으로 보고 있고, 107~108호 목곽묘는 5세기 후반~6세기 초의 무덤으로 추정하고 있다. 105호와 106호·108호분이 가장 많은 유물을 갖고 있었다. 105호분은 파괴되지 않은 완전한 무덤으로 출토유물은 비교적 많은 편이다.[58] 106호분은 목곽 안에 목관을 따로 안치한 형태였으며, 목관 안에는 철기류를 부장하고 토기류는 목곽 위에 올려놓았던 것으로 판단하였다.[59] 복천동 역시 고령 지역과 마찬가지로 5세기 전반 무렵에 수혈식석곽묘를 수용한다. 그 대표적인 사례가 93호분인데, 아쉽게도 5차 발굴에서는 수혈식석곽묘는 하나도 확인하지 못하였다.

••••••••••

57. 상하2단교호투창고배, 원저단경호, 광구소호(5), 소형기대(2), 도질옹, 연질옹, 철모, 철부(2), 철도자(3) 등과 함께 통형기대(기고 27.9cm, 구경 20.4cm, 저경 27.3cm)가 나왔다. 철기에 비해 토기가 많은 편이지만, 부장유물은 많지 않다.
58. 고배(6), 단경호(1), 장경호(2), 파수부발(1), 대부파수부완(1), 철부(1), 철겸(1), 철도자(1), 꺾쇠(2), 철촉(6)
59. 고배(9), 소형기대(2), 단경호(2), 발형토기(2), 파수부완(4), 주조철부(2), 단조철부(1), 철겸(1), 철모(1), 도자(1), 곡도자(1) 등이 나왔다. 목관은 길이 190cm, 폭 75cm이다.

# 4장

# 가라와 가야 그리고 임나가라 문제

## 임나가라 종발성은 어디인가?

광개토왕의 고구려 군대와 신라 연합군이 짓쳐들어가 함락한 임나가라의 종발성은 어디일까? 광개토왕비에 종발성은 임나가라의 도성으로 그려져 있다. 그러니 임나가라의 국성國城이 종발성이었음을 알 수 있고, 종발성은 임나가라의 위치 확정에 절대적인 기준이 된다. 임나가라와 종발성은 고구려와 신라가 정벌 대상으로 삼은 최종 공격목표이다. 고구려 5만 대군이 신속하게 종발성으로 쳐들어가자 임나가라는 곧바로 항복한 것으로 광개토왕비에 기록되었으니 계획한 대로 고구려의 가야원정은 성공적이었다.

그간의 발굴과 연구결과를 종합할 때 임나가라 종발성으로 추정하는 곳은 김해 봉황동토성이다. 김해시 대성동고분군 남쪽으로 약 5백m 거리에 봉황동 유적[1]이 있고 그 외곽에 봉황동토성이 있었다. 봉황대구릉을 밖에서 감싼 형태로 토성이 조성되어 있었던 것이다.[1] 토성 자리가 처음 확인된 것은 봉황대구릉 동북쪽이었다. 발굴 결과에 의하면 토성자리는 물론 성 내부에 수혈과 주거지가 있어 이 일대가 과거 중요한 취락지였음을 알게 되었다. 아직 전체 범위를 다 발굴해서 파악한 것은 아니지만 이 토성 자리는 봉황대 구릉 서쪽으로 이어졌을 것으로 보고 있다. 지금까지 봉황동유적[2] 동북쪽의 평지에서 발견된 토성유적은 네 군데이다.[3] 봉황동 구릉 서편에서도 토성자리가 확인되었다. 봉황대 구릉 일대에는 패총과 주거지·수혈 등 다양한 유구가 있었다(1992년 부산대 발굴). 특이하게도 고상高床 건물지의 석렬石列로 추정되는 유구도 함께 확인되었는데,[4] 봉황동토성을 쌓은 시기는 5세기 후반경이라고 보고 있다. 그러나 처음으로 성을 쌓은 시기는 적어도 4세기 또는 그 이전일 것이며, 5세기에 증축 또는 개축되었으리라 판단하고 있다.

봉황동유적은 봉황대구릉을 밖에서 성으로 에워싼 형태로 조성되었으므로 봉황동토성 내부의 취락지는 김해가야를 이끈 상층 지배자들의 집단주거지로 판단하고 있다. 토성의 전체 범위는 가늠하기 어렵지만 대략 봉황대구릉 동쪽-토성자리-회현리패총으로 이어지는 선의 안쪽 구역일 것으로 추정하고 있다.[5] 발굴자들은 '봉황동유적은 금관가야 중

1. 김해가야(금관가야, 임나가라)의 생활유적으로 판단하고 있다. 청동기(무문토기) 시대부터 유적이 형성되기 시작해 가야시대(5세기까지) 전성기를 맞았다. 주변에 대성동고분군, 회현리패총, 부원동유적 등이 있다. 1917년 이마니시류(今西龍)가 회현리 패총을 처음 발굴한 것이 봉황동 일대에 대한 첫 조사였다. 봉황동 유적 북동쪽 1.2km 거리의 대성동에서는 수혈 안에서 소성유구를 발견하기도 하였다. 이것은 기원전후에 와질토기를 구웠던 구덩이로 보고 있다. 무문토기와 함께 야요이(彌生) 토기가 확인되었다.
2. 김해가야의 생활유적(사적 2호)
3. 金海 會峴里貝塚, 부산대학교 인문대학 고고학과, 2003
   金海 鳳凰洞遺蹟, 부산대학교 박물관, 1998
4. 김해가야 왕궁지 및 토성 확인을 위한 학술조사보고서, 한국고환경연구센터, 2009
5. 경남발전연구원 역사문화센터 조사연구보고서 제33책 『김해가야인 생활체험촌 조성부지내 유적

심 집단의 생활유적이 밀집되어 있는 곳'이라고 표현하였다. 이곳이 바로 임나가라 종발성이라는 뜻이다.

일찍이 봉황동과 회현동 남쪽으로는 퇴적층 아래에 갯벌층이 있었음을 확인하였다. 과거 바닷물이 봉황동 성벽 가까이까지 들어온 증거이다. 봉황대유적의 동쪽 1km 거리에는 부원동유적(패총유적)이 있는데, 이곳은 봉황동 사람들보다 신분이 낮은 하위층 집단이 살았던 근거지로 추정하고 있다. 봉황동유적 서편은 남북 방향으로 해반천을 끼고 있어 본래 봉황동토성은 낙동강 하구 바닷가에 쌓은 성이었음을 알게 되었다.

5세기 이후 부산 복천동이나 연산동의 대형무덤에는 갑주류甲冑類가 지속적으로 부장되었다. 그러나 이와 달리 김해 지역에서는 지배층의 무덤인 대형목곽묘는 사라지고 소형분에도 갑주류를 부장하는 사례가 부쩍 늘어나는 경향이 감지되었다. 이것을 400년 고신연합군의 가야 원정으로 종발성이 초토화되고 김해의 지배층이 해체된 증거로 보는 견해가 있다. 그와 반대로 김해의 문화는 단절된 적이 없다고 보는 사람도 꽤 있다. 봉황동토성을 임나가라 종발성으로 상정하면서 제시된 견해들이다.

그러나 일부에선 『삼국사기』나 『삼국유사』에는 광개토왕 군대가 가야를 원정한 기사가 없어서 광개토왕의 군대가 가야를 실제로 정벌한 것이 아니라 아들 장수왕이 자신의 가야 정벌 염원을 광개토왕 비문에 새겨 넣은 것이라는 주장도 제시하였다. 그렇지만 과연 이런 주장이 올바른 것일까? 역사적으로 대단히 중요한 사건임에도 광개토왕비 외에는 어떤 기록에도 이 사실이 빠져 있으니 광개토왕비의 가야 원정 내용이 허구가 아니냐는 의심을 할 수도 있다. 그러나 당대의 실물기록이 후대

l -김해 봉황동유적」, 경남발전연구원 역사문화센터·김해시, 2005

의 어떤 기록보다 우선하는 게 아닌가. 단지 우리의 기록에는 그 사건이 누락되었다고 보는 게 타당할 것이다. 고구려와 가야의 역사에 이런 사실이 기록되지 않은 것은 고구려·가야 모두 패망한 나라로서 제 자신의 역사를 남기지 못한 탓으로 보는 게 합당할 것이다. 더욱이 김해 가야(가라·임나가라)는 신라에 흡수된 뒤로 그 역사가 지워졌기 때문에 정확한 기록으로 남기는 어려웠다.

다음은 임나 및 임나가라에 관한 문제이다. 이에 대해서 먼저 "임나는 창원, 가라는 김해이며 임나가라는 김해를 중심으로 한 가야 지역의 총칭"이라고 보는 견해[6]가 있어 검토가 필요하다. 결론부터 말하자면 이것은 임나가라나 가야 또는 가라에 대한 맥락을 잘못 이해하고 있는 데서 나온 주장이다. 만일 창원 지역이 임나였다면 임나인 창원 일대에는 대형봉분을 갖춘 분묘가 왜 없는가? 창원 뿐만 아니라 김해 주변에서도 김해시내의 대성동고분에 버금가는 분묘군이 별로 없다. 대성동에 맞먹는 곳으로는 양동리가 거의 유일하다. 이 외에 한림 퇴래리라든가 진영 죽곡리가 김해 지배층에 버금가는 무덤군으로 확인된 정도지만, 가야권의 대형 분묘군은 하나의 정치세력을 의미한다. 그런데 그와 같은 5세기 이전의 유적이 창원이나 김해 주변에 별로 없으니 이 주장은 성립되지 않는다. 『흉노인 김씨의 나라 가야』에서 밝혔듯이 "임나가라는 김씨 세력이 양동리에서 대성동으로 진출한 3세기, 변진구야국의 중심이었던 김해시 대성동·봉황동을 포함한 낙동강 이서의 대부분 지역과 부산 일대"로 보는 게 타당할 것이다. 봉림사진경대사보월릉공탑비[7]에 의하면 '진경대사의 조상은 임나가라 왕족이며 그의 먼 조상이

••••••••••
6. 김태식, 광개토왕릉 비문의 임나가라와 안라인술병, 한국고대사논총6, 1994
7. 鳳林寺眞鏡大師寶月凌空塔碑(924년)

흥무대왕興武大王 김유신'이라고 하였으므로 이런 기록을 근거로 하더라도 임나가라는 곧 김해가야임을 알 수 있다. 따라서 임나가라의 도성인 종발성은 김해에 있어야 한다. 다시 말해 종발성은 봉황토성일 수밖에 없다는 얘기다. 실제로 봉황대를 가운데 두고 그 주변을 토성이 에워싸고 있었으므로 봉황동토성 안의 조개산이 마치 발鉢을 엎어놓은 것 같아 종발성이라고 했을 가능성이 있다. 하지만 "분산성盆山城의 盆이 종발의 발(=바리)에 해당하며 종발성은 분성盆城"이라고 보는 견해도 있어 참고할 필요가 있겠다.

1600여 년 전으로 시간을 돌리면 김해시내 남쪽의 드넓은 김해평야와 낙동강 하구 삼각주를 포함한 지역은 대부분 낙동강 수면이었다. 다시 말해 현재의 김해평야는 토사가 쌓인 퇴적층이지만 가야시대에는 그 평야의 상당 부분이 민물과 바닷물이 섞이는 내만의 기수역이었다. 따라서 만조시에는 바닷물이 임나가라 종발성(봉황동토성)까지 들어왔을 것이므로 성 바로 옆에 배를 댈 수 있었을 것이다. 김해시 장유면의 관동유적은 그것을 잘 설명해주고 있다. 관동 일대를 발굴해 보니 지금의 김해 시가지에서 남쪽 건너편까지 드넓은 갯벌엔 다양한 연체동물과 패류가 지천으로 널려 있었다. 농어와 망둥어·숭어 떼가 사철 때 지어 놀았다. 드넓은 내만의 바닷물로 격리된 동래 복천동으로 가려면 종발성에서 배로 한참을 건너야 했다.

이런 조건을 감안하면 400년 고구려 군대의 이동경로를 쉽게 그려 볼 수 있다. 고구려 수군은 동해안을 따라 내려와 울산과 부산을 돌아서 낙동강 하구를 헤집고 올라왔을 것이고, 양산이나 밀양(삼랑진) 등에서도 신라와 고구려 연합군이 도하작전을 벌여 부산 쪽에서 밀고 올라가는 고구려 수군을 도왔을 것이라는 앞서의 추정은 매우 타당해 보인다. 밀물 시각에 맞춰 일제히 돛을 세운 고구려 수군은 바람처럼 내달았으며, 별안간 나타난 대군의 위세에 눌려 변변하게 버텨보지도 못하고 종발성의 임나가라 사람들은 고·신 연합군에 그만 항복하고 말았던 것이다. 임나가라의 항복을 받은 고구려 군대는 임나가라 지배층 일부와 공인들을 비롯하여 많은 포로들을 데리고 곧바로 회군하였을 것이다.

그런데 당시 고구려와 후연·북위·백제 사이의 정치적 관계로 볼 때 이 싸움에서 백제의 역할이 컸을 것으로 짐작된다. 백제는 일찌감치 광개토왕 군대의 움직임을 예상하고 고구려의 후미를 교란하기 위한 외교전을 후연에 펼친 것 같다. 아마도 백제-임나가라-왜의 연합전선을 이용하여 백제가 고구려 서방의 후연에 지원을 요청하였고, 그에 따라 후연이 즉시 고구려의 배후를 공격함으로써 다급해진 고구려 군대가 회군하였을 것이다. 그런 낌새를 『삼국사기』 광개토왕 9년(399) "2월에 후연 왕 모용성慕容盛이 우리 왕이 오만하다 하여 스스로 군사 3만 명을 거느리고 습격해왔다. 표기대장군 모용희慕容熙를 선봉으로 삼아 신성新城과 남소성南蘇城 두 성을 함락시키고 7백여 리의 땅을 넓혀 백성 5천여 호를 옮겨놓고 돌아갔다."고 한 기사와 『자치통감』에 "영락 10년(400년) 후연이 군사 3만으로 고구려 신성과 남소성을 함락하고 7백여 리 땅을 빼앗아갔다"고 한 기록에서 짐작할 수 있다. 『자치통감』의 내용으로 볼 때 『삼국사기』의 기록은 399년이 아니라 400년의 일로 보는 것이 옳을 것 같다. 후연에게 많은 땅을 내준 고구려는 이런 사실은 기록하지 않고, 다만 가야 원정기사만 광개토왕비에 남긴 것으로 보는 게 옳다고 판단하는 바이다.

가야 원정을 전후하여 고구려는 후연에게 후방 7백여 리를 잃었다. 대신 고구려는 가야 정벌을 통해 신라에 대한 영향력을 강화하고 가야로부터 많은 물자와 제철공인 등을 빼앗아 가지고 회군하였다. 가야원정으로 남방을 안정시키고 돌아온 뒤에 비로소 고구려는 후연에게 잃었던 숙군성宿軍城을 402년(광개토왕 12)에 다시 되찾았고, 이후 계속해서 후연을 압박하였다. 후연과 백제·고구려의 관계에 대해서는 뒤에 잠깐 살펴볼 것이다.

이상으로 임나가라 종발성에 대해 알아보았다. 대부분의 가야사 연구자들이 종발성을 임나가라의 도성으로 보고 있다. 종발성으로 볼 수 있는 유적이 부산 지역에는 따로 없고, 김해 외에 종발성 후보지를 찾기 어려운 마당이니 종발성이 동래·부산에 없었다면 당연히 김해에 있어야 한다. 더구나 근래까지 김해 지역의 여러 유적을 꾸준히 발굴하여 새로운 자료가 축적되면서 김해 봉황동토성을 종발성으로 보는 견해가 설득력을 얻어가고 있다. 5세기에도 줄곧 대성동 일대에 대형 무덤이 들어서고 있었으며, 5세기 초에 김해가야가 멸망한 게 아니라 그대로 존속하였다면서 김해를 임나가라의 중심으로 보는 것이다. 그럼에도 여전히 동래 복천동 일대를 종발성으로 보려는 시각이 있다. 종발성을 동래 복천동으로 보려면 복천동 지역에서 적어도 3~4세기 이전의 성터를 찾아야 한다. 하지만 아직 그곳에서 가야시대의 성터를 확인하지는 못하였으므로 '동래 종발성' 가설은 수긍하기 어렵다.

## 부산과 김해가 임나가라라는 가설에 대한 검토

임나가라의 중심이 부산 동래인가, 아니면 김해인가를 판별하기가 애매하자 부산·김해 임나가라중심설이 제기되었다. 다시 말해서 부산 복천동 일대와 김해 양동리·대성동을 아우르는 지역을 중심으로 한 정치세력이 임나가라였다고 파악한 '부산·김해 임나가라(=금관가야)설'이 많은 추종자들을 불러 모았다. 부산·김해 지역의 유적을 발굴한 이들이 내세운 견해이다. 이 주장과 관련하여 현재는 이에 동조하는 세력과 반대 입장의 두 부류로 의견이 명확하게 나뉘어 있다.

'부산·김해 임나가라설'은 두 지역의 발굴이 진행되면서 보다 선명하게 부각되었다. 1990년대 이후 대성동과 복천동고분 발굴로부터 얻은 정보에 바탕을 둔 것인데, 두 지역의 유적(유구)과 유물의 기본 성격이 서로 같다는 전제에서 출발했다. 무엇보다도 김해에는 김수로왕릉과 허황후릉 외에는 대형봉분을 가진 무덤이 없고, 대신 복천동에 몰려 있으니 오히려 임나가라의 중심은 부산이라는 견해가 '부산·김해 임나가라설'의 주요 근거가 되었다. 여기에 1~2세기 목관묘, 2~5세기 목곽묘, 4~6세기 수혈식석곽묘라는 무덤 양식의 단계별 변화와 더불어 와질토기에서 도질토기로의 변화라든가 토기의 양식과 특징이 같고, 철기의 동질성 등을 감안할 때 그 기본이 서로 같아 김해와 부산(동래) 두 지역에 '하나의 문화가 존속했다'고 본 것이다.

두 지역이 가장 크게 변화한 시기도 5세기로 같다. 이 시기에 김해 지역의 문화는 쇠퇴한 대신 부산은 신라 문화를 받아들여 새롭게 변신하였고, 6세기 중반까지 나름의 독자성을 유지하였다. 앞에서 설명하였듯이 4세기까지 양동리와 대성동으로 대표되는 김해의 문화는 목관묘와 목곽묘였으며, 이것은 부산 지역도 대략 같았다. 다만 김해 양동리나 대성동 일대에는 대형목곽묘가 유행하였으나 대형봉분을 갖춘 고총고분이 없는 것이 문제였다. 김수로 허황후 부부의 대형 고분 외에는 김해 가야의 왕릉급 무덤으로 추정해볼 수 있는 대형 무덤이 김해 지역엔 없다. 다시 말해서 5세기 이후 김해가야의 중심 세력이 김해에 있었다는 결정적 증거가 없다는 것이다. 그리하여 대성동·양동리·복천동 발굴자들은 결국 이 문제를 놓고 고민한 끝에 복천동의 고총고분을 임나가라 왕의 무덤으로 상정하여 '부산·김해 임나가라설'의 기초를 세웠던 것이다. 이에 따라 김해 양동리와 대성동·봉황동 일대의 대형 목곽묘는 임나가라 지배층의 무덤으로 설정할 수 있었다. 여기에 덧붙여『삼국사기』신라본기 법흥왕 11년(524) 기사 "가을 9월에 왕이 남쪽 국경에 나가 새로 개척한 땅을 둘러보았는데, 가야국 왕이 찾아와서 만났다"는 내용을 김해가야 관련 기록으로 이해하는 시각까지 생겨났다.

이 기사까지도 부산·동래의 임나가라 관련 기록으로 보면 임나가라의 중심은 김해보다는 오히려 부산·동래에 있어야 한다. 게다가 부산 복천동·연산동 지역이 가야가 아니라고 할 만한 증거도 없고, 복천동을 임나가라가 아니라고 반박할 자료도 없다. 그보다는 오히려 부산과 김해가 임나가라 영역이었다고 주장할 만한 고고학적 자료가 많이 쏟아져 나왔으니 부산·김해 임나가라설 입론의 근거로는 충분하였다. 무엇보다도 그것들을 반박할 기록이 없으니 반론을 펴기도 어렵다.『영원한 제국 가야』에서 자세히 설명하였지만, 나는 그와 전혀 다른 시각에서 부산·김해 임나가라설을 뒷받침하는 새로운 이론을 제기하였다. 김해가야가 포상팔국전에서 승리하여 칠포국을 비롯한 포상팔국의 영역을 수용한 다음, 칠포국·칠산국 등 부산 동래 지역의 칠국漆國을 보다 효과적으로 지배하기 위해 김해에서 보낸 통치자가 거칠군과 김선金仙 및 초선대 설화였다고 본 것이다.

설화 대로라면 김선이 초대 거칠군이었을 것이다. 그렇지만 거칠군 김선을 반드시 허 황후의 아들로 한정해서 볼 필요는 없겠다. 김해 왕가의 방계 후손이란 점을 전하기 위해 김해 거등왕과 그 동생으로 설정하여 이야기를 꾸민 것일 수도 있다. 거칠군은 김해 동쪽의 부산·울산 지역을 봉토로 받고 갔을 것이다. 그 후로도 줄곧 김해 왕가의 후손들이 통치하였을 것이니 거칠군居漆君은 '칠국에 거주하는 군주'를 통칭하는 개념으로 이해하였다. 그리고 칠포국이니 칠산국이니 하는 이름도 사실은 칠국의 부분 명칭으로서 칠포에 중심을 두고 있던 세력을 통합한 뒤에 칠국으로 고쳐 부르게 되었거나 그 외 다른 사정에 따라 칠국의 중심을 현재의 칠산동 지역으로 옮긴 뒤에 칠산국으로 부르게 되었으며, 그곳을 김해가 지배하면서 거칠군·거칠국이란 이름이 생겼을 것이라고 설명하였다. 이렇게 하여 임나가라의 영역이 확대되었으므로 과거 청동기시대 이후 월등한 문화전통을 갖고 있던 부산·동래 지역 사람들이 김해권의 정치 세력에 의해 불과 130~140여 년 전에 지배당한 데 대한 불편한 감정을 갖고 있다가 신라·고구려군의 가야대전 이후 친신라적 입장으로 돌아섰을 수 있다.

다시 말해서 자신들의 2~3세대 선조가 정복당했다는 심리적 앙금이 작용하여 고신연합군의 가야 원정 때 부산 지역은 친신라적 입장으로 돌아서면서 임나가라에서 이탈하였을 수 있다고 상정한 것이다. 김해가야에 흡수되면서 불편한 감정을 갖고 있던 칠국 사람들이 김해에 등을 돌리고 신라 쪽으로 돌아서자 임나가라의 지배층으로서는 선택의 여지가 없었을 것이다.

고구려와 신라 연합군의 임나가라 원정 직후, 김해 지역이 공동화된 까닭은 임나가라의 중심부였던 종발성을 기습적으로 점령하여 많은 포로를 잡아가고 또 상당수는 부산 지역으로 이주시킨 결과일 수도 있다. 나머지는 낙동강 서편의 여러 지역으로 분산되어 몇 개의 소국들을 중심으로 재편되었다. 그 상황에서도 김해가야 왕은 임나가라 본국 왕의 지위는 잃지 않았고, 임나 본국이 유지되었으니 532년에 김해의 가야(임나본국)가 멸망했다고 역사는 기록한 것이다. 임나가라 내 여러 소국, 그러니까 임나 제국의 왕들은 자신들의 독자적인 통치 영역을 그대로 유지하였다. 말하자면 이러한 분권적 열국列國 구조를 5세기 초 이후의 가야 사회로 규정할 수 있으리라고 보는 바이다. 가야 사회에서 4세기까지 김해를 중심으로 형성되어 있던 왜와의 교역망이 5세기 중엽에 이르러 함안·창녕·고령·고성 등 여러 지역으로 다원화하는 것도 따지고 보면 김해 왕가의 쇠락과 임나가라 지배층의 세력 분점에서 비롯된 것이라 하겠다.

부산과 김해가 본래 하나의 정치세력으로서 임나가라의 중심이 김해에 있었다고 보는 이들은 400년 고구려군의 가야원정이 임나가라의 중심축을 바꿔 놓는 계기적 사건이었다고 파악한다. 김해 임나가라 본국 왕가를 위축시켰고, 대신 부산 세력을 흥성하게 한 결정적 사건이 고구려 신라 연합군의 가야 원정이었다는 이해이다. 그 구체적인 증거의 하나가 복천동과 연산동고분군에 갑주가 지속적으로 부장되는 반면, 김해 지역에서는 소형분에도 갑주류를 부장하는 사례가 부쩍 늘어나는 것이라고 한다. 그것이 바로 김해가야의 지배세력이 해체된 증거라고 보는 것이다. 이에 따르면, 결국 고구려·신라 연합군의 가야원정으로 부산·동래 지역이 김해에서 떨어져 나가고 낙동강 서편에서 대대적인 인구 이동과 분산이 이루어졌다는 것이다.

따라서 고구려·신라 연합군의 공격으로 김해의 정권이 와해된 뒤에 김해 지역에 잔류한 이들이나 김해를 떠나 경북 고령·경남 합천·의령·전북 남원 등지의 낙동강 서편 여러 곳으로 옮겨간 세력도 모두 임나가라를 표방했으리라고 보는 것이 타당할 것이다. 그들은 임나가라의 부흥을 위해 노력하였다. 임나가라의 왕족이나 귀족 가운데는 백제로 망명하여 임나가라 재건을 꿈꾼 이들도 있었을 것이다.

다만 여기서 임나가라의 영역이 어디까지였는지가 문제가 될 수 있다. 변진구야국을 계승한 김해 지역이 임나가라의 중심이었으며, 포상팔국전 이후 부산 지역은 김해에 편입되었다. 대략 부산 지역과 낙동강 서편 지역이 임나가라의 범위였을 것이다. 그렇지만 부산 복천동 지역을 중심으로 한 부산·동래 지역과 김해를 하나로 묶어 임나가라로 보는 사람들 중에도 두 부류가 있다. 종발성을 김해로 보는 쪽과 동래로 보는 것이다. '김해 종발성'을 주장하는 이들은 5세기 이후에도 부산권까지를 임나가라의 영역으로 본다. 김해 종발성 이론에도 두 가지 견해가 있다. 처음부터 끝까지 김해에 종발성이 임나라가라의 중심이었다고 보는 쪽과 5세기 초 김해에서 동래로 이동했다는 '임나가라 중심지 이동설'이 맞서 있는 것이다.

반면 400년 이후 낙동강 동편의 영역을 잃으면서 드디어 임나가라는 쇠퇴하였다고 보는 이들이 있다. 이것이 바로 부산 종발성을 주장하는 견해다. 종발성이 낙동강 동편의 부산 지역 어딘가에 있었다고 전제하고, 400년 고구려 군대 원정 때 낙동강 동편의 경남 지역이 가야권에서 떨어져 나갔다고 보는 것이다. '동래 종발성'을 주장하는 이들은 광개토왕 비문에 김해가야(금관가야) 전역을 크게 타격했다는 느낌을 주는 구절이 없으니 종발성을 김해로 볼 수 없다고 믿는다. 이 견해에 따르면 김해 지역은 애초 고구려 군대의 공격권 밖에 있었다는 얘기가 된다. 하지만 이 주장이 갖고 있는 치명적인 약점은 낙동강 동쪽 지역에서 종발성으로 볼 수 있는 가야시대 성 자리가 아직 나타나지 않은 것이다.

참고로, 5세기 이후 가야 지역에 고구려 계통의 문물이 나타나지 않으며, 신라의 급격한 성장과 달리 김해의 가야는 김해를 떠나지 않은 채 다만 쇠퇴할 뿐이라며 고구려 군대가 경자년(400)에 가야원정을 하지 않았을 것이라고 보는 견해를 앞에서 소개한 바 있다. 또 이에 대한 반론으로서 '당시의 전쟁은 점령이 아니라 정복이 목표였으므로 고구려 유물이 출토되지 않을 수 있다'고 보는 견해도 나왔다.[8] 그리고 고구려

••••••••••
8. 「고구려군의 南征과 가야」, 김두철, 「제9회 가야사국제학술회의 발표 논문집」, 2003

가 종발성 함락 후 신속하게 철군한 것은 왜를 제압하려던 애초의 목적을 달성했기 때문이라는 해석도 있다(주보돈). 고구려 군대가 서둘러 철군할 수밖에 없었던 이유는 그보다는 오히려 후연이 고구려를 공격한 데 있었다고 보는 바이다. 5만의 고구려 군대가 출정하였으니 고구려로서는 후연을 대적하기가 몹시 버거웠을 것이고, 5만 군대가 가야에서 철수하는 사이 적지 않은 고구려 영토가 후연에 넘어갔을 것이다. 가야 원정 기간 중에 고구려의 서북 지역 주요 성들을 빼앗긴 이유가 바로 여기에 있다고 이해하는 것이 훨씬 타당하다.

일부에서 광개토왕비의 가야원정 기사에 대한 허구론을 제기한 것은 한 마디로 '긁어 부스럼'이 되었다고 하겠다. 5세기 초부터 일어난 가야 지역의 급격한 사회 변동을 감안할 때 가야원정 기사가 사실이 아니라는 주장은 인정하기 어렵다. 서적으로 전하는 기록이 아니라 압록강 건너 집안輯安의 광개토왕비에 전하는 내용까지 허구로 보기는 어렵다. 고구려가 신라와 백제를 뛰어넘어 왜 쓸데없이 가야 정복기사를 왕의 묘비에까지 남긴단 말인가.

복천동을 임나가라의 중심으로 보는 입장에서는 다음 몇 가지에 대한 검토를 신중하게 해야 한다. 먼저 임나가라가 부산과 김해를 중심으로 있었다고 할 때, 설령 부산 지역을 잃었다 해서 김해가 그토록 급격하게 쇠퇴할 수 있는가 하는 점이다. 이와 관련하여 좀 색다른 시각도 있다. 김해 대성동 세력이 5세기 전반에 급격히 몰락한 것은 고구려군의 남정에 의한 결과일 수도 있지만, 그보다는 4세기 우호적인 관계에 있던 복천동 세력의 성장에 따른 결과일 수도 있다고 본 견해가 그것이다.[9] 그렇지만 이런 시각 역시 문제가 있다. 복천동 세력이 성장함

..........

9. 「4~5세기 가야의 성장과 고구려」, 강현숙, 『가야사논집』7, 2007

으로써 김해 쪽이 쇠퇴했다고 볼 수 있는 증거가 명확하지 않기 때문이다. 동래 세력의 성장과 김해의 쇠퇴 사이에 결정적인 인과관계가 있어야 그 주장이 성립되는 것이다.

종발성이 부산에 있었다면 부산 지역의 임나가라 종발성이 함락되었는데 왜 같은 시기 김해 대성동 지역에 문화적 단절성이 보이는가 하는 것도 문제이다. 더욱이 김해 지역이 문화적으로 단절된 경향이 보이지 않는다는 최근까지의 발굴결과로 보면 5세기 초 김해가야 멸망설을 인정하기 어렵다. 5세기 초 이후 구 공설운동장 자리의 묘역에는 무덤이 계속 들어섰다는 것을 반론의 근거로 삼고 있지만, 이런 반론에도 문제는 있다. 그 시기에 대형 목곽묘는 더 이상 들어서지 않기 때문이다. 대형 목곽묘가 축조되지 않는 것은 분명히 지배층의 변화를 의미한다. 아울러 인구가 급격히 줄어든 것은 어느 정도 사실로 볼 수 있는데, 그렇다면 대성동 지역에 갑자기 인구가 줄어 일시적으로나마 일종의 공동화 현상이 나타나는 이유는 무엇인지에 대한 설명이 보충되어야 한다.

그리고 만약, 부산의 임나가라 종발성이 함락되었다면 그곳을 떠난 유민도 꽤 많이 있었을 것이다. 다시 말해서 5세기 이후에 복천동에는 종전과 달리 무덤에도 큰 변화가 있어야 하는 것이다. 신라와 고구려 군대에 의해 함락된 임나가라 도성에 전후 극심한 변화가 있었다면 그에 따른 현상이 유물이나 유적에 반영되기 마련이다. 동래 지역이 고·신연합군에 정복되었다면 왕가는 물론 지배층의 무덤이 그 전과 마찬가지로 변함없이 계속 들어설 수 없고, 뭔가 변화가 올 수밖에 없다. 그런데 복천동의 대형 무덤들은 4~5세기에 계속 들어서고 있었고, 유물과 유적에 격렬한 변화가 나타나지 않는다. 지배층이 복천동을 떠나지 않았고, 어떤 변화도 겪지 않은 것이다. 뿐만 아니라 복천동에 고구려·

신라 원정군의 여파가 있었다면 그곳을 떠나 김해나 고령 등지로 흘러들어간 유민들이 가져간 부산 지역의 양식이 엿보여야 한다. 그런데 왜 그 시기 그런 것들이 별로 나타나지 않을까? 이를테면 경남 합천군 쌍책면 성산리의 옥전고분군에서는 5세기 초 김해 지역에서 들어온 많은 유민의 흔적이 유물로 확인되었다. 김해 스타일의 목관묘나 목곽묘 및 유물이 함안 지역에서도 확인되었으나 부산 지역에서 유입된 흔적은 별로 많지 않다(6세기 제외). 부산 지역의 유물이 낙동강 서편의 여러 지역에서도 많이 나타나야 부산 종발성 이론에 부합하는데 왜 그런 색채를 별로 찾아볼 수 없는가?

부산 복천동고분군의 유물로 보면 4세기 중엽에 비로소 신라적인 요소가 나타나며, 5세기에 들어가면 신라의 영향이 농후해지는 것은 신라와의 교류에 의한 결과이다. 그렇지만 같은 시기 고분의 규모나 양식 등을 보더라도 복천동에는 전쟁으로 말미암은 격렬한 변화가 지배층에 보이지 않는다. 그와 반대로 김해 지역은 변화를 겪은 것이 분명하다. 동래 지역 유물에 보이는 신라적 색채는 장기간에 걸친 자연스런 교류의 산물인 반면, 김해의 변화는 단기간에 진행된 급격한 변혁이라 할 수 있다. 이 문제를 어떻게 설명할 것인가?

앞에서 이미 밝혔지만, 낙동강 동편의 경남 지역, 그 중에서도 부산 지역에서는 종발성으로 비정할 수 있는 토성이나 석성 등 성터유적을 찾을 수 없다. 부산 지역이 임나가라의 중심이고 그곳 어딘가에 종발성이 있었다면 여기서 또 다른 문제에 부딪히게 된다. 임나가라의 도성 종발성이 복천동 일대에 있었다면 3세기 포상팔국 전쟁 때 낙동강 서편의 창원·마산에서 고성에 이르는 남해안 일대의 포상팔국이 부산의 종발성(임나가라)을 공격한 것이 된다. 그렇다면 당시 임나가라 중심 세력은 그들 포상팔국을 저지하기 위해 낙동강 하구를 건너 진해·창원 쪽으로 출병했는가, 그것이 아니면 김해로 건너갔는가? 이런 것들을 조금만 더 세심하게 살펴보면 이 문제는 단순히 거기서 그치는 게 아니라 변진구야국에 관한 이야기로 소급됨을 알 수 있다. 즉, 부산 종발성을 고집하면 변진구야국이 김해에 있었던 게 아니라 부산 동래에 있었다는 이야기가 되므로 자연히 임나가라의 중심이 어떻게 해서 김해에서 부산으로 옮겨갔는지 그것을 먼저 밝혀야 의문이 해소된다. 그리고 3세기 후반~말기에 대성동 일대에 들어선 많은 무덤은 어떻게 해서 생겨난 것일까? 이 의문에 대한 답도 함께 내놓아야 한다.

또 400~407년 이후 김해가 치명적인 타격을 입고 난 뒤로 부산 복천동과 함안 사이의 교류가 엿보이는 반면, 부산과 김해 사이의 교류는 생각보다 많지 않다. 또 양쪽의 유물이 같으니 서로 간의 교류를 유물로 증명하기도 곤란하다. 그러니 그 문제는 제쳐놓고 보더라도 신라와 복천동 그리고 신라와 함안이 5세기부터 한층 가까워지는 반면, 같은 시기에 왜와 복천동은 멀어지고 고령과 왜가 밀착되는 현상은 또 어떻게 설명하겠는가?

이에 대해서는 앞장에서 설명했듯이 5세기 이후 고령과 함안 사이의 갈등관계는 알 수 있으나 고령과 복천동 사이의 관계는 양측의 유물에 명쾌하게 보이지 않는다. 만약 복천동에 임나가라 도성인 종발성이 있었고, 임나가라 중심 세력이 신라에 협조했다면 고령과 복천동 사이에는 적대적 관계가 있었다든가 어떤 형태로든 갈등의 흔적이 남아 있어야 한다. 하지만 그것을 읽어낼만한 흔적이 없다. 다만 왜가 5세기 이후 복천동 대신 고령과 교류하는 현상을 유물로 추정할 수 있었는데, 이것은 중요한 변화라고 할 수 있다.

그리고 5세기부터 고령 대가야 양식이 낙동강 서부권으로 확대되는 마당에도 왜 함안에는 고령 지역의 영향이 활발하게 나타나지 않으며 고령의 유물과 유적에는 왜 함안의 특징이 별로 보이지 않는가 하는 문제도 있다. 『일본서기』를 비롯한 일본 측의 기록엔 함안과 고령 사이에는 꽤 깊은 반목과 갈등의 여운이 보인다. 혹시 그런 것들이 과거 복천동과 함안 세력이 신라·고구려의 임나가라 공격을 도운 데 대한 감정에서 비롯된 건 아닐까? 고려해야 할 여러 가지 요소가 있는 것이다. 아울러 6세기의 함안에는 고령과 백제계의 유물이 함께 나타나는데, 이것은 고령과 백제가 각기 함안을 두고 경쟁적으로 접근한 결과로 볼 수 있는 점이다.

앞에서 5세기 이후의 복천동을 '친신라 가야'라고 규정하는 이들이 있음을 몇 차례 설명하였다. 가야는 가야이되 친신라 세력이었다는 전제에서 나온 이야기로서 이것은 바꿔 말해서 복천동 지역이 신라의 간접통치에 들어갔다는 의미로 들릴 수도 있다. 여기에는 김해가 몰락하고 임나가라의 중심이 복천동으로 옮겨 갔거나 복천동에 임나가라의 도성인 종발성이 있었다는 시각이 내재되어 있다.

그러면 우리는 이러한 것들을 어떻게 증명할 것인가? 현재의 조건에서는 이상의 의문에 대하여 누구도 명쾌한 답을 내놓기 어려울 것이다. 명확한 근거를 바탕으로 반론을 제시할 수 없다면 부산·김해 임나가라설은 성립될 수 있어도 부산 종발성론은 인정받기 어렵다. 만약 임나가라의 중심이 김해에 있었다면 그 나라의 국성 역시 김해 지역에 있어야 한다. 그리고 김해가야와 왜가 연계하여 신라를 침공했다면 그 거점은 김해에 있었을 것이고, 고구려군은 김해의 임나가라 본거지로 곧바로 쳐들어갔을 것이다. 아울러 복천동이 임나가라의 중심이었다면 어찌하여 400년 고구려·신라군의 공격 대상이었을 복천동엔 어떤 변화도 없었으며, 오히려 김해만이 극심한 혼란과 문화의 단절현상마저 보이는 것일까? 일부의 주장대로 복천동에 종발성이 있었다면 지금까지의 가야사 연구는 많은 부분이 잘못되었다는 결론에 이를 수 있다.

이와 관련하여 여기서는 다만 한 가지만 밝혀두고 넘어가기로 하자. 『일본서기』 숭신천황 65년 조 기사에 "가을 7월에 임나국이 소나갈질지를 보내어 조공하였다.……임나는 북쪽에 바다를 두고 떨어져 있으며 계림의 서남쪽에 있다"고 한 기록이다. 여기서 말한 임나는 임나가라이며, 임나가라의 중심을 말한 것으로 볼 수 있다. 부산은 계림의 남쪽이니 본래의 임나는 낙동강 서편의 김해권으로 볼 수밖에 없지 않은가?

## 임나가라와 '임나=미오야마국'설에 대한 비판

이미 『흉노인 김씨의 나라 가야』에서 미오야마국彌烏邪馬國은 지금의 경남 합천군 묘산면에 있던 묘산국이었음을 자세히 설명하였다. 그리고 분명하지는 않지만 당시의 묘산국은 묘산면과 가야면의 2개 면에 걸쳐 있던 나라였을 것이라고 분석하였다. 묘산妙山은 미오야마의 다른 표기인 동시에 미오야마의 후기형 표기라는 점도 밝혔다. 이 미오야마국은 『삼국지』 위지 동이전에 처음 등장하지만, 그 이전과 이후에는 나타나지 않는다. 그러므로 이 나라는 3세기까지만 있었던 가야 소국으로서 일찍이 고령 대가야에 흡수되었거나 그 이전에 먼저 김해가야(임나가라)에 통합되었을 것이란 점도 거론하였다. 그 과정에서 미오야마국을 '임나'로 보는 설이 크게 잘못되었음을 논증하였다. 그럼에도 이 문제에 대해 일부에서 문제를 삼고 있는 듯하다. 그것이 아니라고 주장하려면 충분한 근거와 견해를 제시해야 할 것이다. 고대사 연구에서 향찰에 대한 깊은 이해가 있는 사람이라면 미오야마국이 묘산국이란 사실을 반갑게 받아들일 수 있을 텐데 그렇지 못한 모양이다. 하여 『흉노인 김씨의 나라 가야』에서 설명한 내용과 중복되더라도 다시 한 번 짚고 넘어가고자 한다.

그런데 임나가라의 임나만을 따로 떼어내 임나는 본래 미오야마국이었다는 주장이 있다. 그에 따르면 '임나가라'라는 나라 이름도 임나와 가라를 합친 명칭이라고 한다. 즉 "임나에는 여러 나라가 있었고, 임나와 김해 가락국 사이에 친연성이 확인되므로 김해는 임나가라 중에서도 가라"라고 하였다. 그리고 조선시대 실학자 한치윤이 『해동역사』에서 임나를 고령으로 본 견해대로 지금도 임나를 고령으로 보는 견해가 우세하다면서 "조선시대 한치윤이 임나의 기원을 미오야마로 본 설이 가장 타당하다"[10]며 임나의 기원은 미오야마국이라고 주장하였다. 그러면 다시 묻겠다. 임나任那는 무슨 뜻이며, 임나의 실체는 무엇인가? 우선 그것부터 명확히 설명해야 할 것이다. 이런 근본적인 문제 해결 없이 "임나任那는 『일본서기』에 215번이나 나오며 『신찬성씨록』에는 임나가 彌麻奈미마나·御間名어간명·三間名삼간명으로 기록되어 있는데, 이것들은 모두 임나를 뜻하는 일본 측의 표기 ミマナ미마나"라면서 미마나彌摩那를 미오야마국彌烏邪馬國으로 보는 이전의 몇몇 주장들을 그대로 따른 것은 비판받아 마땅하다.

어떻게 이런 주장을 그대로 받아들일 수 있을까? 미마나와 미오야마국이란 이름이 갖고 있는 공통점은 彌라는 글자 하나밖에 없다. 그런데도 이걸 가지고 미마나는 미오야마국이며 임나와 미마나는 같은 것이니 임나는 미오아먀국이라는 결론을 제시하였다. 이런 연구에는 당시 사람들의 한자 표기법이나 지명 변화·향찰표기 등 어느 것 하나 심각하게 고민한 흔적이 없는 것 같다. 彌麻奈·御間名·三間名과 같은 일본

----

10. 『미완의 문명 7백 년 가야사―수로왕에서 도설지왕까지』, p.67~69, 김태식, 푸른역사, 2002

의 기록은 그저 '미마나'라는 일본어의 소릿값을 표기하기 위한 차용자에 불과하며 정작 그 의미는 다른 데 있다. 이런 일본 향찰이나 한국의 고대 향찰 표기법에 관한 면밀한 검토 없이 임나를 그저 미오야마국이라고 단정해도 되는 것일까? '미마나=임나=미오야마' 설은 절대로 성립될 수 없다.

여러 차례 설명했지만 미오야마는 지금의 합천 묘산이다. 그런데도 창원을 임나, 김해를 가라로 보는 이론은 심각한 문제를 안고 있다. 마치 달걀의 노른자와 흰자위처럼 김해 외곽의 창원 지역만을 임나로 보는 것인데, 어떻게 해서 이런 주장이 나왔을까? 현재의 창원 지역을 임나로 볼 경우 임나는 대단히 제한적인 범위이다. 그때나 지금이나 창원이라 하면 창원시 중심가와 마산·진해(웅천) 등지를 모두 포괄하는 범위다. 낙동강 하류 서편의 부산 서구와 창원시 전역을 아우르는 것으로 볼 수 있다. 나아가 『일본서기』의 임나가라 멸망연대와 『삼국사기』의 고령 대가야 멸망연대(562)가 서로 같다는 데서 '임나=고령'이라고 보아온 그간의 견해는 잘못이라고도 하였다. 대신 임나가 미오야마국이라는 종전의 주장을 그대로 계승하면서도 거기서 한 걸음 더 나아가 4세기 이전의 탁순국이 미오야마국이라고도 하였다. 그 주장에 따르면 탁순국은 창원에 있는 고대 소국이었다. 이렇게 되면 탁순국은 미오야마국의 다른 이름이거나 미오야마국 안에 있는 작은 나라이다. 그래야 계란의 흰자위와 노른자의 관계처럼 창원이 임나이고 김해가 가라라고 설정한 논리가 성립될 수 있다. 임나와 가라에 대해 설명한 구절을 보자.

"임나는 창원, 가라는 김해, 임나가라는 창원과 김해의 합칭이며 그 중심은 김해이다. 또한 후대에는 임나는 김해를 비롯하여 경남 해안지대 가야연맹의 개념으로 사용되었다."[11]

한 마디로 이것은 그야말로 기괴한 논리이고 억지라고 할 수밖에 없다. 간단히 요약하면 '임나=미오야마국=미마나'가 되는데, 이것은 받아들일 수 없는 이야기이다. 이들 중에서 어느 것 하나만 맞아도 옳다는 식의 논리라면 그것을 가히 산탄총 논법이라 해도 지나친 말은 아닐 것이다. 불확실한 근거를 마음대로 이리저리 끌어다 붙이며 막연하게 추정하고는 단정 지어서 결론을 내려 버렸으니 이것을 어떻게 믿을 수 있는가? 이런 잘못들이 우리로 하여금 가야를 이해하기 어렵게 만들고 있다. 이런 잘못된 이론을 버려야만 우리는 가야사를 똑바로 이해할 수 있다. 우선 임나 문제는 제쳐 두고서라도 '탁순국=미오야마국'설이 성립되지 않는다. 『흉노인 김씨의 나라 가야』에서 미오야마국이 합천 묘산임을 밝힌 점에 대해서는 이론이 없을 것이다. 합천 묘산면·가야면에서 창원까지는 몇 백 리나 떨어져 있다. 그러므로 합천 미오야마국과 창원의 탁순국은 한 나라일 수 없다. 임나=미오야마=탁순국 이론은 틀린 것이다. 미오야마국과 탁순국은 서로 다른 소국이다. 미오야마국은 임나가 아니며 탁순국이 임나도 아니다. 미오야마국·탁순국은 임나가라 내의 소국이었다.

탁순국이 임나가라 내의 소국이었음은 임나부흥회의를 개최하면서 신라가 멸망시킨 가라(김해)·탁순을 재건해야 할 당위성을 거론한 『일본서기』에 잘 나타나 있다. 그리고 무엇보다도 큰 문제는 임나를 창원이라고 한 것이다. 『일본서기』에는 함안과 고령을 포함한 가야권의 임나10국에 관한 기사가 실려 있다. 따로 자세히 설명하였듯이 애초 임나

···········
11. 『미완의 문명 7백 년 가야사—수로왕에서 도설지왕까지』, p.72, 김태식, 푸른역사, 2002

는 변진구야국의 영역이었다. 이것이 나중에 가야권 전체를 통칭하는 이름이 되었다. 결론적으로 『일본서기』의 해당기록이 틀린 것이 아니라면 '창원=임나'설이 틀린 것이다.[12]

특히 3~4세기의 임나는 부산 지역과 낙동강 서편의 가야 전체를 이르는 명칭이었다.

그런데도 여기서 한 걸음 더 나아가 '임나와 김해가라의 친연성이 확인되었다'고 주장한 것도 문제이다. 그 '둘 사이의 친연성'이란 과연 무엇을 말하는 것인가? 그리고 한치윤은 임나를 고령의 대가야로 보았다고도 하였는데, 한치윤의 기록 어디에 고령 대가야를 임나로 본 사실이 있는가? 한치윤은 고령의 대가야를 임나로 본다고 한 구절을 어디에도 남기지 않았다. 그럼에도 고령 대가야를 임나가라로 보면서 '임나미오야마국'이라고 끌어다 맞춘 이론은 성립될 수 없다.

그리고 "가라국加羅國은 삼한의 종족이다. 건원建元 원년(479년)에 국왕 하지荷知가 사신을 보내어 공물을 바쳤다.……보국장군輔國將軍 가라왕加羅王에 제수하였다"는 『남제서』의 내용 가운데 '479년 하지왕'을 고령의 대가야 왕이라고 해석하고, 가라·임나가라는 고령이라고 단정한 것도 잘못이다. 5세기 초에 김해가야가 김해에 없었고, 실제로는 김해가야가 이때 멸망했다고 보는 견해에 기초한 이 견해는 문제가 많다. 그리고 또 처음에 창원과 김해를 합쳐 임나가라고 해놓고는 다시 임나10국과 임나가라의 범위를 낙동강 서쪽이라고 하였는데, 이와 같이 임나가라의 범위를 확대하여 생각하게 된 계기와 원인 또는 이유가 무엇인지, 그

••••••••••

12. 일부에서 변진미오야마국(弁辰彌烏邪馬國)을 '임나'로 해석하는 이가 있다. 향찰에 대한 이해가 전혀 없고, 연구가 부족한 데서 나온 주장이므로 무시해도 좋다. 변진미오야마국은 합천 묘산면 일대에 있었던 가야 소국의 하나라는 점을 『흉노인 김씨의 나라 가야』(p.453~462)에서 자세히 다루었으므로 여기서는 설명을 생략한다.

에 대한 설명도 없다. 그리고 그 주장 대로 479년 이전에 임나가라가 창원·김해에서 낙동강 서편 지역으로 확대되었다면, 그 계기는 5세기 초의 가야대전이었다는 말인가 아니면 또 다른 사건이 그 이전에 있었다는 것인가? 도무지 전체적으로 앞뒤가 맞지 않는다. 결국 이런 주장들로 말미암아 가야사를 이해하는데 여러 가지 혼란이 빚어졌다.

다음으로, 하지왕은 김해 가야 질지왕銍知王의 다른 표기이다. 銍知는 우리말 소리 '질지'의 한자표기에 불과하다. 『삼국유사』 가락국기에는 질지왕으로 썼지만, 남제에 보낸 외교문서에서는 荷知하지로 쓴 것이다. 그러니까 질지왕은 고령 대가야의 왕이 아니다. 임나가라의 왕이고, 가라의 왕이다. 한 걸음 물러서서 『삼국유사』 가락국기에 제시된 왕력과 명칭에 문제가 있었다고 가정하면 479년이라는 연대는 김해가야의 마지막 왕인 구형왕의 할아버지나 그 전 세대로 볼 수 있다. 김해 가야는 532년 구형왕이 신라에 투항하면서 막을 내렸으니 479년 당시에는 엄연히 김해가야가 존재하였다. 그런데 언제부터인지 이것이 대가야의 기사라는 주장들을 서슴없이 내놓고 있다. 한치윤은 『해동역사』 제16권 가라加羅 편의 첫머리에서 이 점을 명확히 하고 있다.

"살펴보건대 가라加羅는 바로 가락국駕洛國이다. 『남제서』에는 가라국왕 하지荷知로 되어 있고 동사東史에는 가라국왕 질지銍知로 되어 있다. …"

이와 같이 그는 가라·질지·하지는 모두 김해의 가라국과 관련된 왕의 이름이라는 점을 명백히 하였다. 위 항목 어디에도 고령의 대가야로 해석할만한 구절은 없다. 앞의 『남제서』와 『해동역사』의 기록으로 보더라도 김해는 '가라'이며 하지왕은 가라왕이고 가라국왕 하지와 질지는 동일인임을 알 수 있다. 김해를 駕洛國가락국이라고도 하였는데,

이것 역시 加羅國가라국의 다른 표기였다. 여기에 '김해의 가야가 고령에 있었다고 보는 고고학적 견해를 곧바로 대입할 근거는 아직은 충분치 않다.

그리고 한치윤은 임나를 미오야마국이라고 한 사실도 없다. 미오야마국은 묘산국의 다른 표기이며, 여기서 지금의 합천 묘산이란 지명이 나왔다. 이렇게 미오야마가 합천 묘산으로 밝혀진 이상, 기본적으로 '미오야마국=임나' 또는 '창원=임나설'은 성립되지 않는 것이다. 앞으로 가야사 연구에서 누구든 미오야마가 임나라는 잘못된 이해는 폐기처분해야 할 것이다.

다음은 임나와 가라의 문제이다. 임나와 가라를 별개의 정치세력으로 본 것은 한치윤으로부터이다. 다음은 『해동역사』(제16권) 임나任那 편의 설명이다.

"살펴보건대 임나는 임라任羅로도 되어 있다. 지금은 그 땅의 경계가 분명하지 않으나 대략 변한弁韓 지역이다. …… 『일본서기』에는 임나를 가라加羅의 별칭이라고 하였다. 그러나 『송서宋書』에서는 왜왕倭王 무武가 자칭 도독신라임나가라제군사都督新羅任那加羅諸軍事[13]라고 하였으니 임나와 가라는 마땅히 두 나라로서 바로 6가야 가운데의 나라들이다."

이 기록에서 주목할 점은 임나와 가라를 별개의 나라로 인식하였다는 것이다. 이런 인식은 중국의 『송서』[14]에서부터 시작되었다.

●●●●●●●●●●●
13. 왜왕 무는 478년 남조의 송(宋)에 사신을 보내어 조공하고 이와 같은 자격을 승인해 줄 것을 요청하였다.
14. 심약(沈約, 441~513)이 편찬

"태조 원가元嘉[15] 연간에 왜왕 진珍이 즉위하여 자칭 사지절도독왜백제신라임
나진한모한육국제군사안동대장군使指節都督倭百濟新羅任那辰韓慕韓六國諸軍事安東大將
軍이라 하면서 표문을 올려 임명해 주기를 요청하니 조서를 내려 허락하였다.
28년에 왜왕 제濟에게 도독왜신라임나가라진한모한육국제군사都督倭新羅任那加羅
辰韓慕韓六國諸軍事를 더해 주었다. 순제順帝 승명昇明 3년(478)에 왜왕 무武가 자칭
도독왜백제신라임나가라진한모한칠국제군사안동대장군都督倭百濟新羅任那加羅辰韓
慕韓七國諸軍事安東大將軍이라 하면서 사신을 파견해 표문을 올려 임명해 주기를 요
청하였다."[16]

위 기록에서 임나가라를 임나와 가라로 나누어 설명하고 있다. 이처
럼 왜와 중국이 이견 없이 인정하고 있었고, 기록이 정말 믿을 만한 것
이라면 임나와 가라는 분명히 별개의 개념으로 인정할 수밖에 없다. 그
러면 이것을 어떻게 이해해야 할까? 『송서』 왜국전이 5세기 중반의 기
록임을 감안할 때 여기서 말한 '가라'는 변진구야국을 통합한 세력, 임
나는 가라가 예속시킨 변진의 각 소국을 말하는 것으로 볼 수 있다. 즉,
임나는 가라의 지배 하에 있는 가야권 전체를 가리키므로 '가라'는 애초
임나 정복 이전의 가라국을 의미하는 것이라고 이해할 수 있겠다. 그래
서 451년(원가 28)과 478년 왜왕 무가 보낸 외교문서에는 '임나가라'로 되
어있는 것이라고 볼 수 있다는 뜻이다.
　　원래의 가라는 김해권으로 말할 수 있고, 임나가라는 가라에 통합된
임나를 가리키는 개념으로 볼 수 있을 것이다. 여기서의 '임나任那'는 가
라국의 주인들이 정복하여 새로 맡은[任] 땅[那]을 가리키는 것이고,[17] '새

............
15. 남조 송 문제(文帝)의 연호. 424년부터 453년(원가 30)까지 사용되었다.
16. 왜왕 진은 438년 사신을 파견하여 이와 같이 요청하였다.
17. 이 문제에 대해서는 이미 『흉노인 김씨의 나라 가야』 편에서 자세히 밝혔다.

로 맡은 땅'은 김해에 중심을 둔 변진구야국의 영역이었다. '임나의 주인은 가라'라는 인식이 반영된 작명이었을 수 있다. 이런 과정이 있었기에 기록에는 항상 '임나가라'로 되어 있을 뿐 '가라임나'로 순서를 바꿔서 쓴 예는 한 번도 없다.

그러나 문제는 『송서』의 왜 관련 기사가 그 당시의 가야 상황이 아니라는 데 있다. 『송서』 왜국전에서는 6국 또는 7국의 구분을 명확히 제시하여 임나와 가라를 각기 다른 나라로 설명하고 있다. 그러면 이것을 어떻게 해석해야 할까? 여기서 말하는 임나와 가라는 적어도 변진구야국을 통합한 직후의 단계로 이해하는 게 옳을 것 같다. 그렇지만 우리는 여기서 또 하나의 의문에 맞닥뜨리게 된다. 『송서』의 기록을 어떻게 이해할 것인가의 문제이다. 그것은 『송서』에 대한 불신이 아니다. 왜왕 자신이 7국의 통치자인 안동대장군으로 책봉해줄 것을 중국에 요청하고 있고, 백제·신라·삼한 지역을 마치 왜에 예속된 것처럼 그리고 있으니 6국 또는 7국 문제를 어떻게 해석할 것인가에 관한 것이다. 그러면 어떻게 해서 이런 표현이 나오게 된 것일까? 한때 이것이 일본의 스에마츠야스카즈(末松保和) 이후 일본인들에 의해 한 때 임나일본부설[18]의 주요 근거 중 하나로 이용된 적이 있다. 그러나 이것은 왜왕 진珍을 포함하여 왜 왕권이 고대 한국인에 의해 세워진 것이며, 그들의 출신에 관한 내용을 엿볼 수 있는 자료로 이해하려는 견해가 일찍이 제기된 바 있다. 이 문제는 중국의 『송서宋書』[19] 왜국전 기사와 연계하여 5세기 왜의 실체를 어떻게 이해할 것인가의 문제로 확대되었다.

• • • • • • • • • • •

18. 왜인들이 이미 4~6세기에 남조선(南朝鮮), 즉 남선(南鮮)을 지배하였다는 남선경영론을 주장하게 된 근거 가운데 하나로 이용한 자료이다.
19. 심약(沈約, 441~513)이 편찬

『송서』 왜국전에는 왜왕 찬讚이 413년 동진[20]에 조공을 시작하여 이후 421년, 425년, 438년, 478년 다섯 차례 송에 조공한 사실과 함께 왜를 번국藩國으로 인정하고 왜왕에게 작위를 내려줄 것을 요청한 내용이 실려 있다.[21] 즉 421년부터 478년까지 송(420~479)에 왜가 조공한 사실이 간략하게 정리되어 있는데, 『송서』에 실린 왜왕은 찬讚-진珍-제濟-흥興-무武로 이어지는 다섯 명이다. 왜국은 서진[22]의 성립연도인 266년을 마지막으로 사신을 파견하지 않다가 413년 왜왕 찬讚이 다시 조공을 시작하였다. 『송서』 왜국전 기사 중에서 중심이 되는 것은 왜왕 진珍과 무武에 관한 내용이다. 진珍은 438년 송에 사신을 파견하여 조공하면서 스스로 '사지절도독왜백제신라임나진한모한6국제군사안동대장군왜국왕使持節都督倭百濟新羅任那秦韓慕韓六國諸軍事安東大將軍倭國王'이라고 칭하는 표문을 보내면서 이를 승인해줄 것을 요청하였다. 물론 송에서는 '안동대장군왜국왕安東大將軍倭國王'을 제수하였다.

이로부터 40년 뒤인 478년 왜왕 무武는 다시 사신을 보내 조공하면서 표문을 올려 '사지절도독왜백제신라임나가라진한모한7국제군사안동대장군왜국왕使持節都督倭百濟新羅任那加羅秦韓慕韓七國諸軍事安東大將軍倭國王'을 칭하며 그대로 작위를 인정해줄 것을 요청하였다. 이 기사를 일본의 연구자들

••••••••••

20. 東晉(317~420)
21. 倭國在高麗東南大海中 世修貢職 高祖永初二年 詔曰 倭讚萬里修貢 遠誠宜甄 可賜除授 太祖元嘉二年 讚又遣司馬曹達 奉表獻方物 讚死弟珍立 遣使貢獻 自稱使持節都督倭百濟新羅任那秦韓慕韓六國諸軍事安東大將軍倭國王 表求除正 詔除安東大將軍倭國王 珍又求除正倭隋等十三人平西征虜冠軍輔國將軍號 詔竝聽 二十年倭國王濟遣使奉獻 復以爲安東將軍倭國王 二十八年加使持節都督倭新羅任那加羅秦韓慕韓六國諸軍事安東將軍如故 并除所上二十三人軍郡 濟死世子興遣使貢獻 世祖大明六年詔曰 倭王世子興奕世載忠 作藩外海夑化寧境 恭修貢職 新嗣邊業 宜授爵號 可安東將軍倭國王 興死弟武立自稱使持節都督倭百濟新羅任那加羅秦韓慕韓七國諸軍事安東大將軍倭國王 順帝昇明二年 遣使上表曰封國遍遠 作藩于外…(『宋書』倭國傳)
22. 西晉(266~316)

은 왜왕이 한반도 남부의 6국 또는 7국에 대한 군사권을 갖고 있다고 자칭하였으니 이것이 『일본서기』에 야마토(大和) 정권이 한반도 남부 지역을 경영(=통치)한 사실을 뒷받침하는 객관적인 자료라고 주장하는 근거로 삼았다.

그러나 다섯 명의 왜왕이 한반도 남부의 6국·7국에 대한 군사권을 갖고 있었다고 주장한 5세기 한반도 남부 지역의 실상은 왜국전의 내용과 전혀 다르다는 데 문제가 있다. 신라는 이미 오래 전에 진한을 통합하였고, 마한 역시 오래 전에 백제에 통합되었다.[23] 뒤에 따로 자세히 설명하였지만, 3세기 말 포상팔국전으로 가야권도 통합되었다. 3세기에 가라는 변진구야국을 정복하였고, 여기서 '임나'라는 개념이 가야권 전체로 확대되었다. 그러므로 5세기의 사정에서는 가야권에서 임나와 가라의 구분이 모호해졌다. 즉, 임나는 물론 가라 또한 가야 전체를 이르는 광역개념이었다. 임나와 가라의 구분은 어디까지나 가라 세력이 변진구야국을 통합한 이후로부터 포상팔국전까지만 유효하다. 그 다음엔 그것이 출자(出自)의 개념으로 쓰일 수는 있었다. 5세기부터는 '임나=가라=가야'의 관계였으므로 가야와 임나를 구분할 필요가 없는 단계였다. 다만 일본에서 말하는 '임나·가라·가야'는 왜에 정착한 가야인들의 정착시기와 출신을 구분하는 기준이 될 수 있다. 바로 이 점에 주목해 판단하면 왜왕이 말한 6국이나 7국은 왜에 정착한 6국 및 7국 사람들의 출신을 말하는 것으로 볼 수밖에 없는 것이다.

3세기 중반 왜의 히미코 여왕이 신라에 사신을 파견한 것이나 『삼국사기』에 왜군이 소규모로 신라를 자주 침입하면서 지속적으로 조성되는 왜와 신라의 적대적 관계, 5세기 초 광개토왕 비문에 고구려·신라

---

23. 대체로 369년에 나주 및 영산강 주변에 있던 마한의 마지막 잔여세력이 백제에 통합되었다고 보고 있다.

군이 왜·가야를 제압하는 기사를 보더라도 왜가 신라에 대한 지배권을 가졌다고 볼 수 없다. 백제 또한 왜에 대하여 선진문물과 학문·기술 등 여러 분야를 지원하는 입장이었으므로 왜는 백제로부터 혜택을 보는 입장이었지 백제를 감히 지배할 수 있는 여건이 되지 못하였다. 즉, 왜 5왕이 자신의 군사권을 주장할 수 있는 나라가 가야는 물론 한강 이남에 없었다. 결국 왜왕이 군사권을 갖고 있었다는 6국 또는 7국 가운데 모한이나 진한은 5세기에 한반도에 없었으니 6국 그리고 7국도 사실은 일본 땅에 있던 나라로 볼 수밖에 없고, 왜왕이 스스로 칭했다는 '안동대장군왜국왕'도 사실은 일본의 중앙정권인 야마토 정권이 지방의 6국, 7국에 대한 군사권을 주장한 것이며, 왜왕이 말한 6국이나 7국도 사실은 한반도의 삼한(마한·진한·변한)과 삼국(고구려·신라·백제) 사람들이 내려가서 세운 분국分國으로 볼 수 있다는 이론이 제기되었다.

진한·모한·백제·신라·임나·가라 등의 이름으로 보건대 한반도 삼한삼국의 후예들이 일본열도 내에 내려가 각기 세운 나라에 대한 전체적인 군사권 내지 지배권을 중앙의 야마토 정권이 주장한 것으로 본다는 얘기다. 이것이 바로 김석형[24]이 제기한 일본열도 내 '삼한 삼국 분국론'인데, 사실 가야·백제와 왜 사이의 긴밀한 관계를 고려해보면 상당히 공감이 가는 면이 있다. 이 문제는 단편적으로 다다라多多羅 즉, 츠쿠시(筑紫)의 대내씨大内氏 사례만 보더라도 5~6세기 이전부터 한반도 사람들이 왜로 내려가 자신들의 정권을 개척한 사실을 충분히 미루어 알 수 있다. 다다량多多良 또는 다다라多多羅라는 이름으로 전해오는 이 성씨는 하나의 정치 세력이었다.

한편 임나에 관한 최초의 기록이자 가장 분명한 증거는 광개토왕비

---

24. 金錫亨(1915~1996)

이다. 여기에도 임나가라任那加羅로 기록되어 있다. 고구려가 신라와 함께 임나가라를 공격하는 기사에 임나가라 종발성으로 되어 있으니 이때의 임나가라나 종발성은 임나가라의 중심을 의미하였다. 물론 이 외의 여러 자료들에도 모두 임나가라로 되어 있다. 『삼국사기』 강수전에 '강수强首는 원래 임나가량任那加良[25] 사람'이라고 하였고, 창원 봉림사에 있던 진경대사탑 비문에는 진경대사 심희審希의 선조는 임나의 왕족이었다는 구절이 있다. 이들 여러 기록에서 任那加羅임나가라, 任那加良임나가량, 任那임나는 모두 하나의 대상을 말하고 있는 것이 분명하다. 즉 임나와 가라를 별개로 보는 것과 반대로, 이 경우에는 임나와 임나가라는 같은 개념으로 쓰였다. 그러면 '임나가라'로 굳어진 배경은 무엇일까? 간단히 말하면 '임나' 정복자가 '가라'였기 때문이다. 이와 관련하여 한치윤이 '가라=가락국'이라고 하였고, 가라는 김해의 김수로 일가가 세운 가라임을 분명히 하였다. 그러면 문제는 임나인데, 임나는 대체 어디란 말인가?

이 문제를 풀기 위해 변진구야국弁辰狗邪國으로 돌아가 보자. 변진국야국은 김씨 일가의 가라국이 탄생하기 전에 김해 대성동 일대에 중심을 두고 있던 변진 소국의 하나이다. 가라국 정권은 3세기에 변진구야국을 압박하였고, 정치혁명과 정복을 통해 구야국을 넘겨받았다. 가라국이 구야국을 넘겨받으면서 '임나'라는 개념이 탄생하였고, 이후 임나가라가 성립되었다고 『흉노인 김씨의 나라 가야』에서 밝힌 바 있다. 임나의 임任은 맡긴다, 맡는다는 뜻이며 한국의 고대어에서 땅은 나로 불렸고, 그것을 那나 또는 奈나·奴노·內노·耐내·努노와 같은 글자로 표기하였다는 점도 『흉노인 김씨의 나라 가야』에서 상세하게 밝혔다. 지금의 일본

••••••••••
25. 이것은 '임나가라'를 표기한 것이다.

어에서도 땅을 노(の, 野)로 표기하고 있으니 참고가 될 것이다.

그러니까 초기의 임나任那는 김해의 가라국(가라) 정권이 넘겨받은 변진구야국의 영역이며, 가라는 김씨 가계가 구야국을 통합하기 전까지 구축해온 독자적인 영역과 정치 세력이었다. 김씨 일가의 정권이 변진구야국을 넘겨받은 뒤로 임나와 가라를 통틀어서 임나가라가 된 것이다. 이것이 '임나' 및 임나가라란 개념이 탄생한 일차 계기였다. 그리고 그로부터 얼마 후 김해가야가 포상팔국을 대상으로 한 싸움에서 승자가 되어 포상팔국은 물론 가야권 영역을 아우르면서 '임나'는 변진 지역을 통칭하는 용어로 확대된 것이다. 그러므로 정확히 따지면 가야를 가라라고 부를 수 있는 나라는 김해가야밖에 없다. '가라'도 '임나가라'도 김해의 가라와 관련이 있는 이름이다. 따라서 400~407년을 계기로 김해를 떠나 고령이나 합천·장수·남원 등지로 터전을 옮긴 김해의 지배층 역시 임나가라·임나 또는 가라라는 명칭을 공동으로 사용하였다. 다만 김해의 왕가와 지배층은 임나 본국의 지위였다.

김해가야가 포상팔국을 통합하면서 임나가라의 영역은 가야권 전체로 확대되었다. 앞에서 김해 변진구야국 범위 밖의 낙동강 서편 영남 지역과 부산·동래 지역까지를 임나任那로 보아야 한다는 점을 몇 차례 설명하였는데, 그 한 예로서 전북 남원 운봉 지역을 임나 또는 임나가라로 부른 사실을 떠올려 볼 필요가 있다.

가야가 신라에 통합되고 40년이 흐른 601년의 기사에서도 임나를 확인할 수 있는 것이다. 전북 남원시 운봉의 아막성에서 백제와 신라 사이의 치열한 전투가 있기 전에 왜는 백제와 고구려에 임나가라를 구원하기 위해 아막성阿莫城 전투에 참여할 것을 촉구한 내용이 있다.

"추고(스이코)천황推古天皇 9년 3월 大伴連囓대반연설를 고려에 파견하고, 坂本

臣糠手판본신강수를 백제에 보내어 임나를 급히 구원하라고 하였다.” (『일본서기』
推古天皇 9년 3월 조)

　　운봉 아막성 일대를 포함한 남원 지역을 임나로 표현한 구체적인 사
례가 바로 이 601년 3월 조의 『일본서기』 기사이다. 이 기사에 보이는
고려는 고구려이다. 불과 2백 년 전, 고구려와 신라가 연합하여 백제·
임나가라 연합을 와해시킨 사정과는 정반대로 백제와 고구려에 사신을
파견하여 두 나라가 신라에 공동으로 대응함으로써 임나가라를 구원하
라고 요청하고 있다.

　　그러나 이 기사는 백제의 요청에 따라 왜가 파병문제를 논의하기 위
한 사신 파견이었을 것이라고 추정하는 견해도 있음을 참고로 밝혀
둔다. 그런데 실제로 백제의 요청에 따라 왜는 성덕태자聖德太子의 동생
인 來目皇子래목황자를 장군으로 삼아 군사 2만5천 명을 주어 군대를 파
견하였다(『일본서기』推古天皇 10년 2월 조). 그로부터 두 달 뒤인 602년 4
월 왜병은 츠쿠시(筑紫)에 도착했고, ‘來目皇子는 병에 걸려 신라 정벌을
하지 못했다(推古天皇 10년 6월 조).’ 그렇지만 來目皇子는 병에 걸린 것이
아니라 신라의 첩자들에게 살해당했으며[26] 왜의 원군을 기다리던 백제
무왕은 왜군이 예정대로 도착할 줄로 믿고 602년 8월 아막성에 군대를
파견하였다가 대패하였다. 이 싸움으로 백제는 치명적인 타격을 입고
남원 지역을 신라에 내주었다.

　　이상의 설명으로써 임나=미오야마국, 임나=창원, 탁순국=미오야마
국과 같은 근거 없는 추리에 대한 충분한 반론이 되었을 것으로 본다.

· · · · · · · · · · ·
26. 대장군 내목황자(來目皇子)는 쓰쿠시(筑紫)에서 죽었다. “시종들의 말로는 신라의 첩자들이 장
　　군을 살해하였다”고 하더라며 성덕태자가 말하였다(大將軍來目皇子薨於筑紫太子謂侍從曰新
　　羅奴等逐殺將軍-『聖德太子傳曆』 상권7, 推古天皇 11년(603) 2월 癸亥 조).

그렇지만 이 외에도 임나에 관해서 말도 안 되는 억지 주장들이 더 있다. 그 사례 한두 가지를 소개하면, 먼저 일본인 아유가이(鮎貝)의 '임해臨海=주포主浦설'이 있다. 그에 의하면 임나는 김해의 별명인 '임해'와 같은 이름이고 수로왕비 허황후가 처음 배를 댄 곳이 주포主浦이므로 임해와 주포는 같은 것이라고 하였다. 아주 오래 전의, 유치하고도 터무니없는 주장이다. 뿐만 아니라 주포의 우리말은 '님개'이며 이것을 달리 표기하면 임라主國라고 하는 주장도 있는데, 모르는 사람이 들으면 그럴듯해 보이지만 모두 잠꼬대 같은 소리이다. 찾다찾다 갖다 댈 데가 없으니 이런 식으로 주장하는 것이다. 개[浦]는 땅의 의미이고 그것은 다른 말로 라羅라고 한다는 얘기인데 궁색을 떨어도 분수가 있어야 하지 않는가.

그런데 이런 아유가이의 이론을 그대로 수용하여 임나는 '님의 나라'이며 김해가야가 가야 제국의 맹주였을 때 불리던 이름이었다고 보는 이가 있었는가 하면 임나가라는 대가야를 지칭하는 이름이었다고 본 이도 있다. 가야권 발굴 자료도 별로 없던 시절에 제시된 견해였으나 그 안목과 지식이 의심스러울 만큼 실로 안타깝다. 고대사를 연구하면서 향찰을 외면한 결과이니 이를 어찌 설명할 것인가.

## 가야加耶 및 가라加羅의 이표기에 대한 문제와 비판

가야의 한자 표기명에는 여러 가지가 있다. 가야의 이름으로는 加耶·伽耶·伽倻 등이 쓰인다. 狗邪·拘邪[27]와 같은 '구야'의 한자표기명도

---

27. 『삼국지』위지 동이전 변진조

있고, 가라는 加良·伽落·[28] 呵羅·[29] 伽羅·[30] 迦羅·[31] 柯羅·[32] 賀羅[33] 등으로 기록되어 있다. 그런데 이런 표기들에 대해서 "加耶가 옳으며 伽耶 또는 伽倻는 틀린 것이고, 특히 伽倻는 조선시대부터 사용한 것이므로 加耶 외에는 잘못 된 것"이라는 견해가 제기되었다. 그래서 "이런 표기들은 가야에 대한 대표적 명칭으로 사용할 수 없다"[34]는 주장도 있다. 또 駕落가락은 우리 사료에 아홉 차례 등장하는데[35] "가락의 용례는 수로왕과 관련하여 김해의 가야국이라는 의미로만 쓰이고 있으므로 가야의 일반명칭으로 사용하기에는 한계가 있다"고도 하였다. 나아가 "가라加羅는 마흔아홉 번 나오며 이는 사료에 나오는 가야의 명칭으로는 가장 많은 횟수이다. …… 이처럼 넓은 용례로 볼 때 가라加羅는 가야의 대표 명칭으로 유력하다고 할 수 있다"고도 주장하였다.

이렇게 '가라加羅는 가야의 일반명칭으로 사용하는 데는 한계가 있다고 해놓고서는 뒤에 가서 가라는 가야의 대표적인 명칭으로 유력하다'고 하였다. 그러면서도 가야를 加耶나 伽耶로만 써야 한다고 역설하였다.

"『일본서기』에서 가라加羅는 거의 고령의 대가야를 가리키고 있으며, 『삼국사기』에서는 산발적으로만 나오고 있다. 김해 세력까지 포괄하려면 가라加羅로 명칭을 삼는 것은 문제가 있다. 그러므로 김해나 고령의 가야를 모두 포괄할 수

••••••••••
28. 『삼국사기』
29. 『삼국유사』
30. 『양서』
31. 『수서』
32. 『일본서기』
33. 『신찬성씨록』『속일본기』
34. 『미완의 문명 7백 년 가야사(1)-수로왕에서 도설지왕까지』, p.41, 김태식, 푸른역사, 2002
35. 『삼국사기』 김유신전(1회), 『삼국유사』가락국기 외(8회). 이 외에 『송서』, 『남제서』, 『남사』, 『통전』 등에도 나온다.

있는 加耶나 伽耶가 타당한 명칭이다."[36]

이와 같이 가야를 加耶로 써야 하는 이유를 『삼국사기』에서 찾고 있다. 『삼국사기』에 加耶가 31차례 나오는 것을 보면 加耶는 삼국을 통일한 신라의 공식표기법을 따른 것이라고 하였다. 나아가 당시 백제나 왜 및 민간에서는 가라加羅로 표기하였고, 신라는 加耶로 썼으며 『삼국사기』 편찬자는 여러 원전에 나오는 것을 그대로 가져다 실은 것이라고 이해하였다. 그러면서 加羅는 김해가야에만 한정해서 쓰는 이름이고, 그 외의 다른 표기는 틀린 것이라고 하였다. 가야도 加耶나 伽耶 외에는 모두 잘못된 이름이라는 것인데, 과연 이런 주장이 옳은 것일까?

각 명칭별로 사료에 몇 번씩이나 나오는지, 그 사례를 조사한 열정은 감사할 일이지만, 분석과정에는 문제가 있다. 먼저 가야에 관한 문제이다. 중국의 기록에는 狗邪나 拘邪로 올라 있다. '구야'의 한자표기이다. 그런데 이 말은 애초 흉노어 굿야Gutya의 한자표기다. 狗邪구야는 처음부터 그 뜻과 소리를 '구야' 또는 '굿야'로 나타내기 위한 한자표기였다. 狗는 우리말의 가·가희(개)이다. 다시 말해서 '가야'는 狗耶구야의 한국식 표기이다. 그래서 고려 이전의 기록에는 가야라는 표기는 없다. 『삼국지』에도 변진구야국弁辰狗邪國으로 되어 있다. 이것은 명확히 '굿야(개)'의 한자표기였음을 『흉노인 김씨의 나라 가야』에서 자세히 설명하였다.

반복하자면 가야는 狗邪구야의 삼한계三韓系 대응어이다. 狗구를 우리말 개의 고어형인 가(가이, 가희)로 파악하여 '가야'로, 그리고 그것을 한

36. 『미완의 문명 7백 년 가야사(1)-수로왕에서 도설지왕까지』, p.41~42, 김태식, 푸른역사, 2002

자로 표기하다 보니 加耶·伽耶·伽倻 등으로 나타내게 된 것이다. 이런 이름들은 삼한계 고대어의 한자 차용표기이다. 어떤 한자를 빌려 쓰든 의미에는 아무런 영향을 주지 않는다. 그러므로 加耶나 伽耶만 옳고 나머지는 틀린 게 아니다. 加耶 외에는 모두 틀렸다고 보는 것은 고대 한국어를 한자로 기록한 향찰 표기법에 대한 기본적인 이해가 없기 때문이다.

다음은 가라의 표기법에 관한 문제이다. 어떤 이는 이것도 加羅만 옳은 것이라고 하였다. 역시 향찰과 고대어 표기법에 대한 이해가 지극히 부족한 데서 나온 주장이다. 이 경우 '가라'의 소릿값을 나타낼 수만 있다면 加羅가 아니라 그 어떤 한자를 써도 상관없다는 가야시대의 일반적인 표기 원칙에 대한 이해가 필요하다. 다시 말하자면 가라를 柯羅나 可羅 또는 嘉羅와 같은 식으로 써도 문제가 없는 것이다. 이들 표기는 모두 한대漢代의 한자음을 기준으로 삼은 것이다.

다만 '가라'는 김해가야만을 지칭하는 이름이라고 파악한 것은 의미가 있다. 그렇지만 보다 심각한 문제가 하나 있는데, 그것은 가야와 가라의 의미에 대한 이해 부족이다. 본래 '가라'는 김해의 김수로 일가의 나라에만 한정해서 쓸 수 있다는 점은 명확하다. 물론 3세기 중엽까지만으로 제한하는 경우에 해당하는 이야기이다. 그와 동시에 애초 가야로 쓸 수 있는 나라는 사실상 변진구야국밖에 없다. 변진구야국, 즉 변진 지역의 구야국은 그 중심을 김해에 두고 있었다. 그렇다면 김수로 일가의 나라인 가라국이 김해에 있었고, 변진구야국도 김해에 있었다면 가라국과 변진구야국의 중심은 각기 어디에 있었다는 것일까? 근본적으로 이 문제를 말끔하게 정리하지 못했으므로 그간에 가야와 가라를 명확히 구분하여 사용하지 못한 것이다. 이로 말미암아 임나가라와 임나 문제, 그리고 임나가라의 실체와 그 범위에 대해서도 제대로 파악하지 못하였으며, 그로부터 다시 여러 가지 문제가 파생되어 가야사 이해에 커다란 장애를 안겼다.

## 가라국의 탄생과 임나의 정의

이 문제에 관하여 나는 분명하게 제시하였다. 김수로 일가는 가라국을 창업하였다. 그들이 김해에 내려왔을 때 그곳엔 이미 가라골이라는 마을이 있었다. 양동리고분이 처음 들어선 시기가 기원전 2세기 말이니 위만 조선이 멸망한 직후, 고조선의 유민들이 내려와 새로운 터전을 마련하였고, 그로부터 다시 1백여 년이 지나 김씨들이 내려와 정착한 것으로 볼 수 있다. 김해시 주촌면 양동리 가곡歌谷 마을이 본래 가라골이고, 이런 근거에서 양동리 고분 유적이 그들이 남긴 삶의 흔적이라고 보았던 것이다. 그들은 일찍부터 중국 후한 정부의 승인을 받아 금관국이란 칭호를 함께 사용한 것으로 보았다. 그 중요한 근거로 다음 기사를 들 수 있다.

"건무建武 20년(기원후 44년) 한인韓人 염사인廉斯人 소마시蘇馬諟 등이 낙랑에 와서 공물을 바쳤다. 염사는 읍邑의 이름이다. 광무제는 소마시를 한漢의 염사 읍군廉斯邑君에 봉하고 염사읍을 낙랑에 속하게 하였다. 사시四時로 찾아와 조알朝謁하였다."[37]

이로써 소마시는 중국 후한 정부의 관리나 다름없는 신분으로 격상

• • • • • • • • • •

37. 建武二十年 韓人廉斯人蘇馬諟等詣樂浪貢獻(廉斯邑名也諟音是)光武封蘇馬諟爲 漢廉斯邑
君使屬樂浪郡四時朝謁…[(『후한서』 동이(東夷) 한조(韓條)]

되었다고 할 수 있다. 이 소마시를 『흉노인 김씨의 나라 가야』 편[38]에서 김시金諟로 분석하고, 이 사람이 가라국의 건국자 즉, 1세수로였을 것이라고 파악하였다. 당시 김씨들은 왕망王莽의 신(新, 8~23) 정권이 무너지고 나서 김해로 내려왔으며, 또 한 사람의 김씨가 염사착이었을 것이라고 보았다. 이 염사착이 진한에 벌목하러 들어왔다가 붙잡힌 중국인 포로 문제를 가지고 낙랑으로 귀화했으며, 이 사람으로 말미암아 양동리의 김씨들이 낙랑과 깊은 관계를 맺게 되었을 것이라고 추론하였다.[39]

'44년에 낙랑에 찾아가서 공물을 바친 소마시를 광무제는 한漢 나라의 염사읍군에 봉하고 염사읍을 낙랑에 속하게 하였다'는 것을 단순히 중국과 그 주변 국가 사이에 있어온 '조공과 책봉' 형식의 전통적인 외교로만 볼 수는 없을 것 같다. 또 그것을 단순히 중국의 화이관華夷觀에서 나온 형식적인 표현으로만 볼 수도 없을 것 같다. 그 당시 변진지역은 물론 진한 지역에도 낙랑의 후예들이 많이 내려와 살고 있었고, 전한과 후한은 변진 지역 고조선의 후예들을 계속 압박하였을 것이므로, 김수로 세력은 중국과 변한 사이의 이런 역학관계를 이용하여 낙랑을 통해 중국과 좋은 관계를 맺었고, 중국 후한 정부는 변진을 견제하기 위해 김씨 세력을 지원한 것으로 볼 수 있다. 염사읍을 낙랑에 예속시켜 소마시에게 통치를 맡겼다는 것은 실질적으로 후한 정부에서 변진 지역에 대한 실력을 행사했거나 낙랑과 변진 사이의 긴밀한 관계가 있었음을 말하는 것이다. 나아가 염사읍군은 철마다 낙랑에 찾아가 조공을 바치고 염사읍군 자신의 존재를 확인시킨 것은 단순히 염사읍에 대한 지배권을 가진 자가 후한 정부에 감사를 표하는 의례적인 행위만

• • • • • • • • • • •
38. 「가라국의 1세 김수로는 김시」, p.135~150 참조
39. 『흉노인 김씨의 나라 가야』, p.55~70, 「진한의 중국인 포로 낙랑 송완 및 배상문제」

은 아니었던 것 같다. 낙랑을 매개로 중국 후한 정부와 친밀한 관계를 유지한 염사읍군은 대대로 낙랑에 철을 공급하는 철관鐵官의 지위에 버금가는 역할을 하였을 것이다. 변진의 철이 낙랑·대방 2군에 공급되었다는 사실을 이와 같은 특별한 관계로써 비로소 명확하게 이해할 수 있다. 중국 후한 정부의 염사읍군이 되었다 함은 조공에 대한 답례로 염사읍군의 지위에 책봉했다는 것이니 이로부터 금관金官가야라는 이름이 생겼을 것이라고 『흉노인 김씨의 나라 가야』에서 설명하였다. 이로써 소마시는 가라국의 창업자이자 염사읍군의 지위로서 염사 지역의 지배권을 갖게 되었다고 보아 가락국기에 가라국의 건국년도를 42년으로 기록한 것도 사실에 근접한 내용일 것으로 분석하였다. 염사읍군이라는 배경을 바탕으로 소마시는 양동리에서 가라국을 창업하였을 것이다. 가라국을 창업하고 일종의 '인준'을 받기 위해 2년 뒤 낙랑에 들어가 조공을 바친 것일 수도 있다. 그리고 가라국 창업 후 약 2백여 년이 지나 김씨들의 세력이 강성해졌을 시점에 그들은 대성동으로 진출하여 '한관漢官 염사읍군'이라는 간판을 내세워 변진구야국을 혁명으로 전복하였을 것이다. 바로 그 정복과정을 담은 노래가 구지가이며 김수로 정권이 넘겨받은 변진구야국의 영역이 초기의 임나任那라고 보았다. 따라서 임나(변진구야국 영역)도 가라이고 김수로의 창업 당시 양동리 일대도 가라이다. 물론 포상팔국전 이후의 임나에는 부산·동래 일대와 더불어 낙동강 서편의 가야권 전역이 포함될 것이다. 즉, 포상팔국 전쟁에서 아우른 영역도 임나이다. 포상팔국 전쟁 이후 '임나'는 가야권 전체로 확대된 것이다.

이런 배경이 있었으므로 5세기부터는 김해와 함께 고령·합천 옥전·산청·함양·장수·남원·구례·승주·순천·여수·광양·하동·고성 등지로 흩어진 사람들 모두 임나가라 사람임을 스스로 내세웠을 것이다. 김해에서 나온 사람들은 물론 고령 대가야 및 가야권의 모든 이들이 임나가라를 표방한 것이다. 따라서 왜왕이 말한 '임나'는 가라 및 가야(변진구야국)와 구분하기 위한 것이었으며, 이것은 왜로 내려가 정착한 이들의 출신과 왜에서의 정치세력을 구분하기 위해 쓰인 개념이지 일본열도 내의 '왜 소국'을 지칭하는 것은 아니었다고 봐야 한다.

『흉노인 김씨의 나라 가야』에서 '임나'의 의미를 다음과 같이 정의하였다.

"…변진구야국의 수장은 김수로에게 구야국의 통치권을 양여하였으며, 그로 말미암아 임나가라가 탄생하였다. '임나任那'에는 양여의 뜻이 있다고 본다. 다시 말해 임나任那를 정복자가 접수한 땅이라는 의미로 파악한다는 것이다. 고대 한국사회에서 향찰로 땅을 나타낼 때는 那나·奈나·奴노와 같은 글자를 빌려 썼다. 任은 '맡는다'·'맡긴다'는 뜻이므로, 결국 任那임나는 맡긴 땅이라는 뜻이 된다. 정복자 김수로의 입장에서는 '새로 맡은 땅'이라는 뜻이겠다. 즉, 임나가라는 김수로 세력이 변진구야국을 정복하고 그 통치권을 위임받은 뒤의 이름인 것이다. 그러므로 임나가라의 시작은 김수로의 구야국 정복 이후라고 할 수 있으며, 구야국 정복과 가라국 건국과정을 담은 내용이 바로 구지가이다.…"[40]

이것은 말하자면 임나의 일차적인 의미라고 할 수 있다. 김해의 가라국 세력은 혁명으로 변진구야국을 정복하였고, 3세기 후반(262~272) 포상팔국전을 거치면서 가라국은 기존 변진 지역(가야권)을 통합하여 '임나'(임나가라)를 완성하였다고 설명한 것이었다.

이제 여기서 다시 임나의 정의에 대하여 설명하고 넘어가야 하겠다.

• • • • • • • • • • •
40. 『흉노인 김씨의 나라 가야』, p.327, 서동인, 주류성출판사, 2011

이를테면 이것은 임나의 2차 정의라고 하겠다.

"任임은 '맡긴다'는 뜻이고 那나는 한국고대어에서 땅을 의미하였으므로 임나는 통치권을 맡긴 땅을 뜻하며, 그것은 중국 봉건제의 분봉分封, 즉 봉토封土와 같은 것이다. 가야 사회가 여러 소왕을 통한 간접통치 방식으로 지배되었음을 임나라는 말로써 알 수 있는 것이다. 따라서 그 체제가 가야와 같았던 동옥저의 경우에도 임나불내·임나화려·임나옥저와 같은 식으로 '임나'로 부를 수 있다고 본다. 동옥저의 대왕은 불내·화려·옥저와 같은 여러 현縣을 다스리는 현후縣侯들에게 통치권을 부여하여 후국으로 삼았으니 이런 체제는 임나가라 내의 각 소국이 가야의 후국이었던 것과 정확히 같다."

이 문제를 가지고 김수로 일가의 가라국 창업 시점으로 올라가서 생각할 필요도 있겠다. 그때는 후한 초기이니 후한 정부로부터 염사읍군이라는 작호와 봉토封土를 받은 것을 가리켜 향찰로 '임나'라고 하게 되었을 가능성도 없지 않다. "염사인 소마시가 낙랑에 들어가 공물을 바치자 그를 염사읍군에 봉하고 염사읍을 낙랑에 속하게 하였다"는 기록이 '조공과 책봉'의 의례적인 관계를 나타내는 것이라 해도 가라국의 주인들은 자신들이 염사를 봉토로 받았다고 믿었을 수 있고, 후일 이런 관계를 변진구야국에 제시하고 지배권을 양도할 것을 요구했을 수도 있다. 즉, 가라국의 건국시점인 1세기 중반에 '임나가라'라는 말이 탄생했을 수도 있는 것이다. 이런 것들을 감안해서 생각하면 임나가라 본국이 각 후국들에게 봉지封地를 나누어주고 통치를 맡겼으므로 나중에는 임나 또는 임나가라의 의미가 '봉토 가라' 또는 '봉건제 가라'의 의미로 분화했을 가능성도 있다.

여러 차례 설명하였지만, 원래의 의미대로라면 포상팔국전 이전, 가야로 부를 수 있는 나라는 변진구야국뿐이었다. 구야국의 구야가 가야이며, 변진구야국을 가야가 정복하였고 가라·가라국은 변진을 통합한 것이다. 변진구야국(가야)의 새로운 주인 '가라'가 변진 지역을 통합함으로써 가야·가라의 개념이 가야권 전체로 적용되었으며, 그 과정에서 가라국은 '가라(가야) 본국'과 소국 사이의 지배 방식인 '임나' 체제를 완성한 것으로 이해할 수 있는 것이다. 물론 이런 흐름은 김씨들의 나라 '가라' 세력이 3세기 중반경 김해 대성동으로 진출하면서 본격적으로 나타난 변화라는 전제에서 내린 분석이었다.

아울러 앞에서 '가라'는 어떤 한자를 쓰든 하등의 문제가 없으며 그것은 가야의 경우도 마찬가지임을 밝혔다. 加耶나 伽耶만이 옳고 나머지는 잘못된 것이라는 견해는 가야와 가라의 실체에 대한 근본적인 이해가 부족한 데서 나온 것이다. 가야와 가라의 한자표기에 관한 시비는 일차적으로 고대 향찰표기법에 관한 문제이다. 한국의 고대사 연구에서 향찰표기법에 대한 이해는 대단히 중요하다. 백제와 신라 또는 가야·고구려의 경계를 넘어서 싫든 좋든 고대사의 이해에 반드시 필요한 열쇠가 향찰이다. 그럼에도 어쩐 일인지 향찰을 가볍게 여기는 경향이 있다. 가야·구야·가라·임나의 문제에서 그 핵심이 되는 것은 향찰 표기이다. 그런데도 향찰을 외면하는 것은 고대사 인식과 이해를 포기하는 것이나 다름없는 일인 만큼 향후 가야사 연구에서 향찰에 대한 보다 깊이 있는 탐구를 촉구하는 바이다.

# 5장

# 가야는 '가' 계층 중심의 열국사회였다

## 가야 사회는 가 계급을 중심으로 한 소국들의 분립체

우선 가야 사회와 관련하여 다소 특이한 고고학적 사례에 주목할 필요가 있다. 창녕 교동고분과 황강변의 합천 저포리고분에서 나온 유물의 명문이다. 이 두 가지 유물에 주목하고자 하는 까닭은 명문이 시사하는 바가 범상치 않기 때문이다. 1919년 일본인이 발굴한 창녕 교동 11호분에서는 여러 유물과 함께 상감 철제 칼이 나왔는데, 그것은 글자를 새기고 그 안에 은철사를 박아 넣은 것이었다. 이 칼에 새겨진 글자를 발굴 당시에는 乙亥年○扞率을해년○한솔이라고 판독하여 백제계 칼이라고 보았었다. 백제의 관명인 '한솔'로 판독한 데 대해 다른 의견이 없었다. 그런데 근래 우리 손으로 다시 보존처리를 하면서 칼에 덮여있던 녹을 벗겨내고 X선 촬영을 해보니 뜻밖의 사실이 드러났다. 일본인들의 해석과 달리 칼의 명문은 상부선인귀○도上部先人貴○刀로 밝혀진 것

■ 합천 저포리고분에서 출토된 단경호(목 짧은 항아리)

이다. 그것은 '상부上部의 선인先人 귀아무개(貴○)의 칼'이라는 뜻이다. 교동고분군이 창녕 비화가야의 실세들이 묻힌 무덤이란 점에서 상부와 선인은 중요한 실마리를 제공한다.

아울러 합천 저포리고분[1]의 봉토 안에서는 6세기 중엽에 제작된 것으로 보이는 단경호短頸壺가 나와 이목을 끈 바 있다.[2] '목 짧은 항아리'라는 뜻의 이 그릇은 구연부 안쪽에 다섯 글자의 명문을 갖고 있었는데, 글자는 下部思利之하부사리지로 판독되었다. 명문의 내용은 '하부 사람 사리지'이다. 다만 之는 利인지 아니면 乙인지 명확하지 않다고 하는데, 그것이 무엇이든 下部하부 뒤의 思利之사리지는 사람의 이름으로 볼 수밖에 없다.

■ 합천 저포리 출토 단경호에 새겨진 '하부사리지' 명문

이들 두 군데의 유물에서 확인한 상부와 하부, 그리고 창녕 교동에서 나온 칼의 선인先人이라는 글자는 매우 의미 있는 내용이다. 창녕 출토 철제 상감 칼의 上部상부라는 글자로써 창녕에 상부가 있었음을 알게 되었고, 상부의 존재는 하부를 전제로 한 것이니 이로써 하부의 존

••••••••••
1. E지구 제4-1호분
2. 여기서 명문 토기가 한 점 나왔다. 합천호 수몰지구인 저포리에서 下部思利之(하부사리지)라는 명문이 있는 단경호(높이 22.1cm, 부산대학교박물관 소장) 하나가 나온 것을 계기로 대가야에서는 부(部) 체지를 시행했다는 견해가 제시되었다. 전기가야연맹·후기가야연맹 이론 대신에 부체제론을 내세운 것인데, 이를 부정하는 견해가 양립되어 있다.

재를 추정할 수 있게 되었다. 창녕과 합천은 낙동강을 사이에 두고 같은 위도상에 동서로 나뉘어 있다. 창녕에서 서쪽으로 낙동강 건너에 있는 합천은 낙동강의 지류인 황강의 중심지이다. 그러므로 창녕이 상부이고 합천이 하부였다고 보기는 어렵다. 만약 합천 대병면 저포리가 하부였다면 그 상류지역인 합천 묘산면과 가야면 지역이 상부여야 한다. 물론 고령을 포함한 지역을 모두 상부로 볼 수 있을 것이다. 실제로 저포리 출토 '하부사리지' 단경호로 말미암아 고령과 합천 묘산·가야면 일대까지를 상부, 다라국을 제외한 나머지 합천 지역을 하부로 이해하는 견해가 있다. 또 합천 다라국을 제외하고 봉산·대병을 하부로 보는 이도 있다. 이 경우 합천 묘산·가야면과 고령을 상부로 전제한 것인데, 이런 생각을 바탕으로 '대가야에 부가 존재했다.'(채상식, 1989)고 본 이도 있다. 발굴자를 포함하여 대부분의 연구자들은 '대가야 하부 사람 사리리(사리지)'로 보고 있으나 이와 전혀 다른 시각을 갖고 있는 사람도 있다. 이 토기의 '하부'와 우륵12곡의 상가라도·하가라도를 대가야의 상부와 하부(2부) 체제로 본 견해(백승충, 1995)도 있고, 5부 체제를 상정한 견해(노중국, 1995), 그리고 심지어 '하부사리지'를 백제의 하부로 보는 견해도 있다(김태식, 1990). 대가야 양식의 이 명문토기로 보아 일단 대가야의 상부와 하부는 인정할 수 있을 것 같다.

반면 창녕읍내에 상부가 있었다면 창녕 남쪽권이 하부였다는 얘기가 된다. 이와 관련하여 '진흥왕 36년(575) 창녕에 상부와 하부를 두었다가 현풍에 따로 현을 두었다'고 한 사실을 근거로 어림해 보면 창녕 지역이 상부였다면 창녕읍 위쪽(북쪽)의 현풍을 창녕에서 따로 떼어내 독립시켰다는 뜻이 되니 자연히 창녕읍내 남쪽의 영산·계성·남지 일대를 하부로 추리해볼 수 있다. 창녕이 상부, 창녕의 남쪽 영산 일대가 하부였다면, 이런 전통은 이미 진흥왕 이전의 가야 시대에 생겼다고 볼 수 있다.

아무튼 창녕 교동과 합천 저포리에서 나온 두 가지 유물로 보건대 가야 사회에 상부와 하부가 존재한 것만은 분명하다. 그러나 결정적인 것은 선인先人이라는 상감글자이다. 이 선인先人에 대해서는 약간 자세한 설명이 필요할 것 같다. 선인은 본래 고구려의 한 신분층을 이르는 명칭이었다. 그 기록이 『삼국지』 위서 동이전 고구려 조에 있다.

"대가들은 사자·조의·선인을 두었으며 그들의 이름을 왕에게 알렸다. (대가의) 사자·조의·선인은 마치 중국의 경·대부 집 가신과 마찬가지로 회동할 때 함께 앉고 일어선다. (다만) 왕가의 사자·조의·선인과 같은 줄에 들 수는 없다."[3]

고구려의 경우 대가大加는 왕 바로 아래 신분이었다. 선인先人은 대가의 가신이다. 이 선인 계층의 존재로 미루어 볼 때 교동11호분의 주인은 고구려의 가加 계층과 같은 신분으로 이해할 수 있다. 고구려 전기의 사회에는 왕 밑에 고추가古鄒加·대가大加·소가小加와 같은 가加 계층 신분이 있었다. "고구려의 가加는 본래 족장층에서 유래한 것"[4]이다. 고구려나 선비 사회에서 부족 내의 족장을 가加라 하였는데, 여기서 발전하여 나중에는 지역의 수장도 가加에 포함되었다. 『삼국지』 동옥저전에 대가의 역할이 간단하게 기록되어 있다. "대가는 조부租賦와 맥포貊布·어염·해산물과 먹거리를 총괄하는 책임을 진다"고 한 사실에서 대가가 국가 경영에서 매우 중요한 역할을 했음을 알 수 있다. 고구려의 대가도 똑같은 일을 담당하였을 것이다. 대가의 이런 역할을 실행한 실무자

··········
3. "諸大加亦自置使者早衣先人 名皆達於王 如卿大夫之家臣 會同坐起 不得與王家使者早衣先人同列…"
4. 「古代官名 '加' 研究」, 田鳳德, 『法學研究』 1권 1호, 서울대학교, 1954

는 그가 거느린 사인使人 계층이었음이 분명하다. 대가들은 자신의 휘하에 사자·조의·선인과 같은 가신들을 두었다. 사자使者는 사인使人으로, 쉽게 말해서 가 계층의 심부름꾼에 해당한다. 이들은 대가나 소가에 예속된 신분으로서 가 계층의 조세 수취나 역역力役 동원과 같은 제반 업무를 대신하였다. 조의·선인 역시 가신 그룹인 사인 집단이다. 다만 조의皁衣는 그들이 입은 옷 색깔이 검은 데서 비롯되었을 것으로 추정되며, 가 계층의 가신으로서 말을 기르는 일이라든가 기타 잡역도 하였을 것이다. 그러나 본래 "조의는 무신 신분으로서 호위무사일 가능성이 크다."[5] 그래서 "대가들이 스스로 조의를 둔 것은 군사적 기능을 보조하기 위한 것"으로 보고 있다. 고구려의 왕가와 마찬가지로 각 부의 대가들 역시 사자·조의·선인을 두었지만 그들 사이엔 뚜렷한 차이가 있었다. 대가의 사자·조의·선인은 왕가의 사자·조의·선인과 같은 줄에 설 수 없었다. 그들은 모두 가 계층의 사인 신분이었지만 이미 3세기에는 고구려 왕이 거느린 사인 그룹과 대가가 거느린 사인의 서열이나 등급에 차이가 있었던 것이다.

고구려 왕의 사자·조의·선인과 가 계층 소유의 사자·조의·선인은 비록 그 명칭과 신분은 같았으나 격이 달랐다. 이들 사인 그룹 아래에 호민과 민이 있었다. 일반 평민 그룹인 호민·민 아래에 생산을 담당하는 하호가 있었다. 농업생산을 담당하는 농노라든가 소금을 굽는 염노, 기타 물건을 만드는 공노들이 모두 하호이다. 이들 생산 집단이 바로 하호였음은 기록으로 알 수 있다. 『삼국지』 부여 조에 "읍락에는 호민·민·하호가 있으며 하호는 모두 노복이다"[6]라고 하였으니 평민으로

• • • • • • • • • • •

5. 「高句麗 前半期의 加 階級」, 金光洙, 『建大史學』 第6輯, p.17, 1983
6. 邑落有豪民民下戶皆爲奴僕…

는 부유한 호민과 일반 백성으로서의 민民이 있었던 것이다. 이들 평민은 노복을 소유하였으며 하호의 바로 위 신분이었고, 그 위에 다시 호민이 있었으니 호민을 상호上戶로 규정해도 좋을 것이다. 이런 사회구조를 갖고 있었기에 『삼국지』 고구려 조에 "나라에 큰 창고는 없으며 집집마다 작은 창고를 가졌으니 그것을 부경이라고 한다"[7]고 하였을 것이다. 일반 민과 하호가 생산한 식량과 물자는 하호들이 운반하였으며 그것을 『삼국지』 부여 조에서는 "하호는 쌀과 식량·어염을 공급하는 일을 맡는다"[8]고 한 것으로 볼 수 있다. 호민豪民과 민民의 통제 하에 있는 하호로 하여금 물자를 운송한다든가 역역力役을 지우고, 그런 것들을 점검하는 일이나 군사력 동원을 위한 연락은 사자使者를 통해 이루어졌다. 부여나 고구려는 "적이 있으면 제가諸加가 나서서 싸우고 하호는 식량과 음식을 부담하는 구조"[9]였다. 이런 방식은 같은 시대 가야에서도 크게 다르지 않았을 것이다.

고구려나 부여에서 선인 그룹이 어떤 일을 맡았는지는 자세히 알 수 없다. 다만 대가든 왕가든 그 아래에 사자·조의·선인과 같은 사인 계층을 두었고, 대가나 왕가의 전반적인 살림살이는 이들 사자 그룹이 맡았을 것이다. 사자는 왕가는 물론 가 계층의 사역인이었다. 또 조의가 호위무사이며 군사적 기반임을 감안할 때 선인은 경제 분야를 담당하는 실무자 그룹이 아니었을까 생각해 보게 된다. 이렇게 볼 때 고대국가에서는 군사적 측면이 강조되었으므로 조의가 선인보다 우위에 있었을 것이다. 사자는 조의·선인을 그 휘하에 두었고, 선인보다 조의가 상위 신분이었으므로 『삼국지』에도 선인이 사자와 조의 다음에 기록되었

---

7. 無大倉庫 家家有小倉 名之爲桴京

8. 下戶擔米糧魚鹽供給之…

9. …有敵諸加自戰 下戶俱擔糧飮食之…

을 것이다. 이런 것을 감안하더라도 창녕 교동11호분에서 나온 칼에 선인先人이란 명문이 새겨져 있는 것은 예삿일이 아니다. 선인이라는 글자로 보아 우리는 다음과 같이 추리할 수 있다.

먼저 이 칼이 고구려에서 만든 것인데 어떤 경로를 통해서든 그것이 창녕에 전해졌을 경우이다. 그것이 아니라면 신라에서 제작한 것을 창녕에 보냈을 수도 있다. 만약 신라에서 보낸 것도 아니라면 창녕에서 직접 만들어서 교동 11호분의 주인을 위해 부장했을 가능성이 높다. 창녕에서 직접 만들었다면 창녕 비화가야의 신분체제 또한 고구려와 같거나 비슷하였을 것이라고 볼 수 있다.

선인은 고구려 전기에 대가大加의 가신이었으므로 이를 통해 고구려와 마찬가지로 창녕 지역을 포함하여 가야에도 가加 그룹이 존재했음을 짐작할 수 있는 것이다. 그렇지 않고서야 까닭 없이 교동11호분에 이런 칼이 묻힐 수 있었을까? 그러나 아무리 생각해도 5세기 후반 이후에 고구려에서 장례물품으로 이 칼을 창녕의 수장에게 보냈을 것 같지는 않다. 그러면 신라가 고구려로부터 받은 칼을 창녕에 보냈을 경우를 가정해볼 수는 없을까? '상부 선인 아무개의 칼'이라 하여 특정인을 명시한 선물을 창녕의 수장에게 주었다면 그것은 크나큰 외교적 결례이다. 더구나 애초 창녕에 상부가 없고 선인도 없는데, 그것도 창녕의 수장이 이런 명문이 있는 칼을 받았다고는 볼 수 없을 것이다. 上部先人貴○刀(상부선인 귀○의 칼)라는 구절로 보면 이 칼을 만들어 바친 사람이 상부 선인이 분명하다. 다시 말해서 상부의 선인이 교동11호분의 주인에게 칼을 바친 것이지 신라에서 만들어서 창녕 비화가야의 수장에게 장례물품으로 보낸 것이라고 보기는 어렵다는 뜻이다. 물론 상부 선인 ○(아무개)가 자신이 갖고 있던 칼을 직접 교동11호분에 넣었을 수도 있다. 교동 11호분 주인과의 영원한 이별을 고하는 징표로 남겼다고 볼 수도 있을 테니까.

이 칼에 새겨진 '상부'는 창녕에 있었던 것이지 고구려나 신라의 상부로 보기 어렵다. 상부의 선인을 거느린 사람이라면 고구려의 대가·가 계층과 동일한 신분이다. 창녕에 대가가 없는데 선인이 있을 수 없다. 본래 대가 또는 가 계층은 고구려·부여 사회의 최상층 신분이었다. 가야 사회에도 대가·가 신분이 있었고, 그들의 가신이자 사인으로서 선인 계층을 거느리고 있었기에 그 선인이 교동11호분의 주인을 위해 장례물품으로서 이런 칼을 만들어 바친 것이라고 보는 게 훨씬 타당하다.

애초 고구려의 가加 계층은 그 세력의 대소에 따라 대가와 소가로 분화하였다.[10] 바로 이 대가나 소가의 사인 그룹 중 하나가 선인인데, 다만 여기서 한 가지 더 검토해볼 것이 있다. 이 칼에 새긴 선인을 혹시 '돌아가신 아버지'라는 의미의 선고先考를 대신하는 말로 볼 수 있을 것인가의 문제이다. 아버지나 아버지와 같은 항렬의 누군가를 선인으로 볼 수도 있기 때문이다. 그러나 그렇게 보기도 어렵다. 그 경우 '上部先人貴○刀'의 의미에 부합하지 않는다. 칼에 상부라고 표시한 것도 이치에 맞지 않을 뿐더러 굳이 '죽은 이'라는 의미로 선인先人을 표기할 이유가 없다. 선인이 '죽은 이'의 의미라면 이 칼은 교동11호분의 주인이 평소 쓰던 것이 아니라 장례물품으로 넣은 것이라는 이야기가 되는데, 그렇다면 '貴○의 칼'이란 구절이 군더더기가 된다. 따라서 전체 문맥으로 보아 그런 의미로 보기는 어렵다.

교동11호분은 창녕 지역 수장의 무덤이다. 다시 말해서 이 무덤의 주인은 창녕 지역을 다스린 지배자이므로 상부와 하부 중에서 상부만의 통치자로 볼 수는 없을 것이다. 단순히 상부 또는 하부의 수장이라면 그

---

10. 부여의 경우 가 신분층 가운데 수천 가를 거느린 사람은 대가, 수백 가를 거느린 자는 소가였다 (…諸加別主四出道 大者數千家 小者數百家…).

는 왕 아래의 신분이라는 얘기가 된다. 창녕의 절대적 지배권을 가진 교동11호분의 주인이 고작 상부만을 통치한 선인 신분이었을까? 그럴 수는 없다. 교동11호분의 주인에게 '상부선인 귀 아무개의 칼'을 넣어주었다면 자연히 '상부선인'은 이 칼을 장례물품으로 바친 사람이라야 한다. 그러니까 '상부선인 아무개의 칼' 또는 창녕 상부의 선인이 만들어 바친 칼을 교동11호분의 주인은 부장품으로 갖고 저세상으로 간 것이라고 봐야 합리적인 해석이 되는 것이다.

이상을 정리하면, 명문 가운데 해독되지 않은 ○ 부분에는 문맥과 이치상으로 보아 '만들다'라는 의미의 造라든가 作 또는 '바친다'는 의미의 獻이나 貢과 같은 글자가 들어갈 수 있다. '만들다' 또는 '바치다'는 의미로 보면 '상부 선인 귀가 칼을 만들다' 또는 '(만들어) 바치다'는 내용이 되니 상부 선인은 자신이 모시는 주인에게 끝까지 충성을 한 것이 된다. 물론 之 자를 써서 '상부 선인 貴의 칼'로 해석해도 무리는 없을 것이고, '貴○' 자체를 상부 선인의 이름으로 볼 수도 있겠다.

왕릉급 무덤에 해당하는 교동11호고분에서 나온 유물 중에는 이 칼 외에도 고구려적 요소를 갖고 있는 유물이 제법 있다. 그러한 유물들은 신라를 통해 전해받은 것이거나 고구려의 직접적인 영향을 받은 것일 수도 있다. 그러나 이 칼에 적힌 내용은 그 당시 고구려의 사정을 전하는 내용으로 볼 수 없다. 경주 호우총에서 나온 호우 한 점처럼 고구려에서 제작한 것이라고 보기도 어렵다. 이 칼은 교동11호분의 주인을 위해 넣어준 것이니 상감글자 上部나 先人은 창녕 비화가야 사회 내부의 상황을 이르는 것일 테고, 칼의 의미도 장례물품, 즉 부장품으로 파악해야 한다. 자신이 거느리고 있던 가신으로서 하부와 상부의 선인 가운데 상부의 선인이 특별히 장송의례용품으로 만들어 넣어준 것이니 이 칼이야말로 교동11호분 주인의 신분을 알려주는 유물이라고 할 수 있다.

그러니까 '상부 선인 貴가 바친 칼'을 무덤에 가져갔다면 상부의 선인先人 貴○는 하부의 선인과 함께 교동11호분 주인의 충직한 가신이었다고 볼 수 있다.[11] 11호분의 다른 장례물품도 상부와 하부의 가신들이 나누어 조달하였을 것이다. 그렇다면 이것은 당시의 가야 사회 상층의 신분체계와 사회구조를 알 수 있는 열쇠가 된다. 창녕 비화가야는 물론 여러 가야 소국들에는 부여나 고구려처럼 가 계급이 존재했고, 가加나 대가 계층은 그 휘하에 여러 신분의 사인을 두고 있었으며, 가 또는 대가 계층이 가야 각 소국들의 지배층을 형성하고 있었다고 볼 수 있는 것이다. 요약하자면, 이런 가 계층이 임나가라 왕 아래 지배층이었다고 파악해야 한다는 것이다. 이런 관점에서 가야사를 이해하는 새로운 분석틀로서 가加 계급설을 제기하는 바이다.

앞에서 가야 단일연맹체설과 지역연맹체론과 같은 연맹체 이론에 따라 '연합'이나 '연맹'이란 개념으로는 가야 사회를 이해하기 어렵다는 점을 누누이 설명하였다. 가야 사회는 각 독자 세력이 필요에 따라 연합은 했을지라도 연맹체 사회로 보기는 어렵다. 만약 가야 사회가 5세기부터 대가야를 중심으로 강력한 단일연맹체로 유지되었다면 최소한 김해·함안·고령·합천 옥전·고성 등 여러 곳의 가야 수장의 무덤에는 각 지역의 수장들이 보낸 장례물품이 풍부하게 들어 있어야 하며 인적·물적 교류상이 현저하게 드러나야 한다. 그래야만 비로소 연맹을

••••••••••

11. 기록에 의하면 선인(先人)은 고구려에만 있었다. 가야에는 그런 기록이 없다. 그러니 이 칼을 고구려의 것으로 봐야 할까? 무덤에 넣은 것이니 교동11호분의 주인이 평소 사용하던 것이거나 누구로부터 받은 것이다. 다른 데서 받았다면 그 시기와 주변국 상황을 감안할 때 신라밖에 없다. 앞에서 잠시 언급했지만 만약 신라로부터 받은 것이라고 하면 명문이 문제가 된다. 이 무덤의 주인이 고작 상부만의 지배자가 되기 때문이다. 나아가 명문 끝의 글자 '貴○刀'는 이 칼의 소유자를 명시한 것으로 볼 수 있다. 그 이름이 무엇인지 알 수 없으나 존칭 貴를 사용하였고, ○의 칼임을 밝혔으니 이 칼은 11호분 주인을 명시한 것이 아니라 칼을 바친 이를 새긴 것으로 봐야 한다. 상부, 선인, ○刀는 모두 교동11호분 주인의 지배하에 있었음을 드러내는 명문이다.

거론할 수 있다. 만약 그러하였다면 6세기 중반까지 가야 여러 나라가 차례로 신라에 흡수되는 일은 없었을 것이다.

가야권의 각 지역에 남아 있는 왕릉급 무덤의 주인들은 그 지역의 수장이었다. 그들은 각기 독립된 단위로 존속했으며, 대가야는 이런 세력들을 아우를 수 있는 강력한 힘을 갖지 못하였다. 그들을 일원적으로 지배할 수 있는 절대왕권을 형성하지 못했음을 알려주는 것이 바로 그 대형 무덤들이다. 가야 각 소국들 사이에는 강력한 유대관계도 없었고, 상호 인적·물적 교류도 긴밀하게 적극적으로 이루어지지도 않았다. 가야 후기, 고령이나 함안은 주도적 위치로 성장하였으나 여타 소국을 강력하게 결속시킬 수 있는 힘이 없었다. 그러므로 고령이나 함안은 기타 임나 소국들에 대하여 절대적인 지배력을 행사할 수 있는 처지가 아니었다. 이를테면 고령 대가야가 합천 다라국을 통제할 수 없었듯이 함안도 고성에 대하여 큰 힘을 갖지 못했다. 고령이 함안을 통제할 수도 없었다. 그리하여 다자 구도의 분립分立 상태가 유지되었으며, 이런 점에서 5세기 이후의 가야 사회는 열국列國 구도였을 것이라고 앞에서 설명하였다. 현재의 자료와 조건으로만 보면 영남 지방 소국들이 각기 분립 상태에서 독자적으로 존속했다고 보는 것이 매우 타당하다. 그들에 대한 통제력이 약해진 상황에서 각 지역의 수장층 역시 고령·함안에 버금가는 실력을 갖게 되었다. 이런 상태에서 고령이나 함안은 자신들의 이익과 자기의 의도대로 가야권을 통일할 수 있기를 바라면서 가야 소국(임나가라 후국)들의 단결을 호소하였을 것이다. 이와 같은 구도를 설명해주는 것이 가야권 지배층의 무덤이라고 할 수 있다. 가야 지역에서 대형 봉분을 가진 무덤이 집중되어 있는 곳은 그 지역 통치의 중심이었고, 바로 그것들이 임나 소국의 중심이었다. 쉽게 말해서 과거 읍락邑落의 중심이었던 동시에 지배층의 세력 근거지였다. 5세기 이후 대형

분묘가 조성된 몇몇 지역의 사례로 보면 고구려·신라의 가야대전 이후 임나 본국 지배층에 심각한 분열이 일어났음을 짐작할 수 있다. 5세기 이후 대형부터 소형까지 무덤의 규모가 더 세분되는 것은 지배층 내부의 신분 분화와 깊은 관련이 있다.

결국 5세기 이후의 각 지역 수장들이 갖고 있는 위상은 4세기까지와는 달랐다. 그것은 각 소국 지배층의 신분제가 더욱 공고하게 유지된 것과 깊은 관련이 있을 수 있다. 그렇다면 우리는 이상에서 다룬 내용을 토대로 가야 사회를 설명할 수 없는 문제들을 해결할 수 있을 것이다. "…적이 있으면 여러 가加가 스스로 나가 싸우며 하호[12]는 모두 음식을 부담한다"[13]는 부여처럼 가야 사회에도 가 계급을 중심으로 한 각각의 소국이 분립해 있었던 것으로 이해해볼 수 있다. 바로 이런 체제를 『삼국지』 한조에서 읍군·귀의후 아래 중랑장·도위·장·백 등을 갖춘 후국으로 표현한 것이다. 읍군이나 귀의후가 후국의 왕이었던 것이다. 동옥저에서는 "그 현 가운데 거수渠帥가 있는데, 그 거수渠帥로 현후縣侯를 삼았다.[14] 불내不耐·화려華麗·옥저沃沮 여러 현이 모두 후국侯國이다."[15]고 하였다. 후국의 수장이 현후였으니 부여나·동옥저·가야 모두 이런 체제는 유사했을 것으로 보인다. 임나가라 내 소국들은 이런 체제를 바탕으로 각자 자신의 독립된 정권을 유지하며 존속할 수 있었다. 그렇다면 이런 체제는 연맹과는 근본적으로 다른 것이다.

한편 가야권의 신분과 관련하여 창녕군 계성면 사리솔里의 계성고분군에서 나온 고배와 토기에 새겨진 명문을 생각해볼 필요가 있다. 대

∙∙∙∙∙∙∙∙∙∙∙
12. 부여에는 호민(豪民)과 민(民) 아래에 하호(下戶, 노예)가 있었다.
13. 有適諸加自戰下戶俱擔飲食之…(『삼국지』 권 30 동이 부여)
14. 渠(거)는 우두머리라는 뜻이고, 帥(수)는 군권을 가진 지휘권자를 의미한다.
15. 其後皆以其縣中渠帥爲縣侯 不耐華麗沃沮諸縣皆爲侯國…

간大干이나 간干이라는 글자가 새겨진 토기이다. 이들 명문토기가 나온 곳은 계성고분군 A지구이다. A지구는 수혈식석곽묘(5기)·횡구식석실묘(4기)·옹관묘(1기)로 구성된 무덤군이다. 계성고분군을 A, B, C 세 지구로 나누어 발굴했는데, 그 중 C지구는 고분군의 맨 남쪽에 있다. 모두 15기의 고분[16]으로 구성되어 있다. 가야 지역 묘제의 특징도 갖고 있지만 경주 지역의 무덤과 유사한 점들도 많다. 이곳은 가야시대 말기인 5세기 중반 이후 통일신라시대의 무덤으로 보고 있는데, 부장품은 토기와 철기 위주이다. 장신구나 청동제품은 드물다. 토기는 주로 대각臺脚이 낮고 투창이 작으며 인화문이 있는 것이 많이 나왔다. B지구의 부장품 역시 토기류 위주이며 금동귀고리·철부·철촉 등이 묻혀있는 횡구식 석실묘가 중심이다.

이들 몇 가지 사실로써 판단할 수 있는 것은 A지구의 무덤 9기는 5세기 후반~6세기 후반 무렵, 창녕이 신라에 흡수된 이후의 무덤이라는 사실이다. 여기서 나온 토기에 새겨진 干·大干이라는 글자는 이 무덤의 주인들이 신라로부터 받은 신분을 나타낸 것으로 볼 수 있다. 신라의 영향권에 들어간 시기에 묻힌 창녕 계성의 수장은 干·大干이란 명문이 있는 토기를 부장품으로 받아 가지고 갔다. 이것은 원래 신라 중앙 관직인 경위京位에는 없는 신분이다. 그러나 이해하기 쉽게 말하자면 후대의 각간에 버금가는 높은 신분이라고 할 수 있다. 정작 중앙의 직제에는 없고, 그렇다고 외위에 있는 관료도 아니었다. 창녕의 수장에게 신라가 干·大干의 칭호를 부여했다는 것은 그에게 경위(중앙관직)나 지방관직인 외위外位에도 없는 특별대우로써 일종의 후왕侯王으로 묶어두었다는 것을 의미한다. 신라의 관직에 없는 신분이었으나 과거 지증왕

16. 수혈식석곽묘 11기·횡구식석실분 4기

까지의 '마립간 시대'에 그랬듯이 왕에 맞먹는 대우를 한 것으로 볼 수 있다. 의도적으로 창녕 지역 수장을 특별히 예우함으로써 친신라화하였을 것이다. 성주와 동래도 이런 과정을 거쳤을 테지만, 그렇다면 이것은 간접통치 방식으로 볼 수 있다. 즉, 이 무덤의 주인이 살아있을 때 이미 창녕 지역이 신라의 실질적인 지배에 들어가 있었음을 알려준다.

그러면 왜 신라는 창녕·계성 지역을 정복하여 통합하지 않고 그 수장에게 대간ㅊ구의 신분을 부여하고 그를 통해 창녕을 지배하는 방식을 택했던 것일까? 여러 가지 측면을 감안해볼 수 있겠다. 우선 창녕의 지리적 위치와 관련된 것으로, 경주는 동해안 가까이에 편재해 있어서 내륙으로의 진출에 장애가 있었다. 더구나 산으로 격리되어 경주에서 창

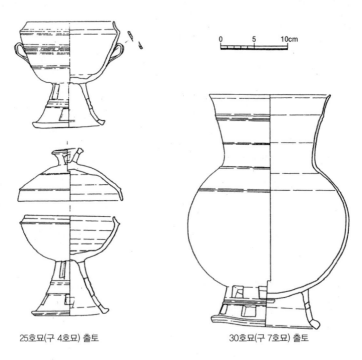

25호묘(구 4호묘) 출토                30호묘(구 7호묘) 출토

■ 창녕 교동고분 출토 토기

녕으로 직접 통하는 길이 없는 데다 창녕은 합천·고령으로 진출하는 교두보의 역할을 하는 곳이었다. 또한 내륙에서 낙동강 하구와 남해안 각 거점을 오갈 수 있는 수운 교통의 요지로서 낙동강 서편의 가야 세력을 통제하고 감시할 수 있는 요충이었다.

창녕은 저지대의 늪지와 수로가 많고 평야가 있어 물산이 풍요로웠을 것이다. 고령이나 성주보다 농업생산력이 월등히 높아 창녕의 수장층은 경주 못지 않은 세력을 갖고 있었다. 5세기 내내 신라가 창녕의 수장을 각별히 대우한 것은 신라가 만만하게 여기지 못할 정도로 그 세력이 강성하였기 때문일 것이다. 경북 지역에서 다른 소국은 모두 신라가 정복하였으나 500년대 초까지도 창녕은 독자적인 세력으로 남아 있었다. 한마디로 5세기의 신라는 창녕 지역을 무력으로 정복할 수 있을 만큼 강력하지 못했던 것이다. 경제력과 군사력에서 절대적 우위에 있지 않았을 뿐 아니라 신라의 행정 및 군사력이 창녕을 정복으로 흡수할 수 있는 단계가 아니었음을 반영하는 것이다. 신라가 여러 가지 법령이나 관복·관료체계·국호 등을 갖추고 6세기 초 법흥왕과 지증왕 때부터 제대로 된 왕국이 시작되는 것을 보더라도 5세기의 창녕 세력은 신라에게도 버거운 대상이었을 것이다. 결국 신라는 상호 손실이 큰 정복보다는 회유하여 큰 저항 없이 시간을 두고 서서히 흡수하는 통합정책을 썼다. 창녕의 수장을 干간이나 大干대간 신분으로 예우한 것이나 여러 가지 예물을 신라에서 보낸 것은 무력을 사용하지 않고 포용정책을 펼친 증거로 볼 수 있다. 물론 그와 같이 예우함으로써 가야권을 통제하기 위한 일종의 전초기지로 삼으려 했을 수도 있다.

하여튼 계성고분에서 나온 토기에 새긴 간干이나 대간大干이라는 수장은 고구려의 가加와 대가大加 신분에 맞먹는 고위층 신분이었다. 다시 말해서 고구려·부여의 가·대가에 대응하는 신라어가 간干·대간大干이다.

■ 김해 봉황동에서 나온 목간. 6세기의
것으로 추정되며, 六加諸人(육가제인)
이라는 글씨가 선명하다.

본래 가 또는 대가 신분인 창녕의 수장을 신라에서 干·大干으로 예우하였으리라고 추정하는 바이다. 고령·합천·함안·김해는 물론 낙동강 동편의 창녕·양산·울산·동래 등 가야권에는 일찍이 加 신분층이 지배 계층으로 존속했고, 이들은 이익과 필요에 따라 어느 정도 이합 집산하였을 것이라고 짐작할 수 있다. 김해나 함안 등 가야권 유물에 보이는 부여적 색채를 감안해 보더라도 일찍이 가야 사회에 부여·고구려계의 '가 계층'이 유입되었다고 보는 바이다.

창녕 교동고분의 유물에서 확인한 '先人선인'은 가 계급이 자신들의 휘하에 둔 대표적인 사인使人 신분이며 시종侍從 그룹이다. 이것은 부여나 고구려처럼 일찍부터 가야 사회에도 가 계층을 중심으로 형성된 여러 소국이 있었음을 추정할 수 있는 단서이다. 한 마디로 가야 사회는 각 지역의 가 계층 수장을 중심으로 통치권이 형성되어 있었고, 이들은 3세기에 안라국과 가라국 왕의 통제에 어느 정도 호응하였을 것이다. 그 후 임나가라 체제 내에서 소국의 왕들은 임나가라 본국의 대왕을 추종함으로써 자신의 통치력을 유지한 것으로 볼 수 있다.

이와 같은 추정을 보다 분명하게 뒷받침해 주는 사례가 하나 더 있다. 김해 봉황동유적에서 출토된 목간이다. 거기에는 '…六加諸人…'

이라는 내용이 먹으로 쓰여 있었다.[17] 봉황동유적은 6~8세기에 조성된 것으로 보고 있는데, 목간[18]에 적힌 '6가제인六加諸人'이라는 먹글씨로 보아 이 목간의 제작 시기는 6세기 또는 그 이전으로 소급될 가능성이 있다. 이 목간에 보이는 加가는 신라의 신분 칭호가 아니다. 그 원류가 부여와 고구려에 있다. 이것은 김해 지역에 일찍이 가 계층이 있었음을 알려주는 단서이다. 따라서 그 시기나 내용으로 보아 이 목간은 신라의 것일 수가 없다.

그렇다고 이 목간을 고구려가 보낸 것으로 볼 수도 없다. 김해에서 나왔으니 당연히 김해가야의 신분제도를 유추할 수 있는 것이다. 그러므로 목간의 '6가제인'은 김해가야의 멸망기까지 있었던 지배층으로 볼 수밖에 없다. 6가六加는 여섯 명의 가 신분층을 이르는 말이므로 김해가야에는 당시 통치계급으로서 많은 수의 가, 그러니까 제가諸加의 존재를 알 수 있는 것이다. 김해의 가 계층 신분인 6가는 부여의 사출도라든가 고구려의 加가 계급에 그 연원이 있는 만큼, 이 목간으로부터 우리는 김해가야는 물론 가야 사회에도 고구려·부여와 마찬가지로 상층에 가 계급이 있었으며, 가야의 각 지역에 있는 대형 무덤에 잠든 주인들은 加가 또는 大加대가의 신분이었다는 결론에 이르게 된다.

김해나 울산 하대·부산 복천동 등지의 가야 무덤은 그 양식이나 마구 등이 부여 또는 선비계라는 것은 이미 밝혀져 있는 사실이다. 물론 고구려로부터의 영향도 받았다. 무덤 양식이나 유물이 그러할진대 그것을 만들고 사용한 주체들이 향유한 신분제라든가 사회체제가 고구려나 부여와 달랐다고 볼만한 근거는 없다.

∙∙∙∙∙∙∙∙∙∙∙

17. 『한국의 고대 목간』, p.108, 국립창원문화재연구소, 2006
18. 목간은 길이 20.9cm, 폭 1.9cm의 크기이다.

신라의 영역을 제외하고, 경남북 지역에 직경 20m 이상의 봉분을 가진 대형 무덤은 가야 소국 왕이나 수장층의 무덤이며, 그 주인들의 실체는 부여나 고구려처럼 그 사회의 지배자인 가加 또는 대가 신분이었다고 볼 수 있는 것이다. 이와 같은 가加 계층 신분이 가야에 있었던 사실을 더욱 분명히 해주는 자료가 일본에 전한다. 가야와 관련된 기록 가운데『일본서기』에 보이는 츠누가(都努我)라는 신분이다. 이것은 각가角加의 일본 향찰식 표기이다. 이것으로도 가 계급의 존재를 알 수 있으며, 각가의 신라 표기가 각간이다. 이런 흔적은 당시 영남 지역의 지명에도 남아 있다. 지명이란 참으로 고집스럽다. 대가야의 월광태자月光太子[19]가 있었기에 지금도 월광면이 있듯이 가加 계급이 있었기에 고령의 대가면大家面이라든가 대가천大加川과 같은 흔적이 남아 있는 것이며, 고성의 가야 고분군이 밀집해 있는 대가면大可面 또한 같은 측면에서 이해할 수 있으리라 생각된다. 이와 또 다른 예로서 김해평야 최남단에 있는 가야시대 고분유적인 부산 가달고분군[20]을 들 수 있다. 4~5세기에 축조된 목곽묘에 이어 5세기 후반~6세기 전반의 수혈식석곽묘가 함께 있는 이곳에서 나오는 토기는 신라계·김해계·창녕계가 고루 섞여있다고 보고되어 있다. 김해계 그리고 신라계 토기도 같은 유구에서 함께 나왔지만 60% 이상이 창녕계 토기라고 한다. 그런데 이곳의 이름 '가달'이라는 말에서 가 계급을 확인할 수 있다. '달(딜)'은 삼한계의 복수접미사다. '가달'은 여럿의 가加를 의미하므로 이곳에 묻힌 사람들의 신분은 가加였고, '가들의 무덤'이 가달고분이라고 추리해볼 수 있다. 김해

••••••••••

19. 대가야 이뇌왕과 신라 법흥왕 때 왕족 비조부의 누이동생 사이에 난 사람. 가야산록에서 그가 말년을 보냈으며 그 터가 월광사라고 전한다.
20. 부산시 강서구 생곡동에 있다. 1989~1990년 부산시립박물관 조사. 참고로, '달(Tal)'은 드라비다어에서도 우리와 똑같은 복수접미사로 사용되고 있다.

가야(임나가라) 역시 이러한 가 계급이 왕을 정점으로 하여 통치 중심에 있었다고 볼 수 있다. 따라서 가락국기 김수로 관련 기사 가운데 아도간·피도간과 같은 명칭의 '간'은 신라식 명칭으로서 가야 멸망 이후 어떤 기록에서 가져와 '간'으로 바꿔 놓은 것으로 볼 수 있다. 본래 그들은 '가'였을 것이라는 얘기이다.

그러나 이 외에는 가야 사회에 가 계층의 존재를 알 수 있는 사례나 증거가 많지 않다. 물론 가야의 지배층을 '가 계급'으로 상정하기에는 자료가 충분치 않으며 무리라고 생각할지 모르나 앞에 든 몇 가지 사례만으로도 가야 사회에 가加·대가大加와 같은 가 신분층이 있었음을 부정할 수 없을 것 같다. 그들이 곧 함안·고령·고성 등지의 수장층이었고, 그 몇몇 지역의 수장들이 패권을 나눠 가진 것이 후기 가야였다고 이해하는 바이다. 더구나 구야 또는 '가야'라는 이름은 부여의 사출도 가운데 한 부족인 구가狗加와 관련이 있다. '구가'의 한 부류가 남하하였거나 부여·고구려와 한 계통의 사람들이 김해에 내려와 변진구야국을 세웠을 것으로 본다는 이야기이다. 함안 안라국(또는 안야국) 또한 이런 관점에서 이해하는 노력이 필요하다. 이에 대해서는 뒤에 다시 설명할 것이다.

## '가라'는 복수의 가 집단에 의한 공동정권이었을 것

그러면 이번에는 김해가야 최상층의 실체를 파악하기 위한 방편으로 언어학적 분석이 필요할 것 같다. '가라'라는 이름에 담긴 의미를 파악해 봄으로써 가라의 실체가 어떤 것이었는지를 알 수 있을 터이다. '가라'는 무슨 뜻이며 가야와는 어떤 관계일까? 그 차이점부터 알아야 임나가라·가라·가야의 실체에 보다 가까이 다가갈 수 있을 것이다.

'가라'가 무슨 뜻인지 그 의미를 알기에 앞서 먼저 '가야'의 본의부터 알아야 하겠다. 가야는 한자어 구야狗耶의 우리말 소리이다. '가야'는 『삼국사기』와 『삼국유사』의 기록에 처음 보이므로 일단 고려시대에 정착된 이름으로 볼 수 있다. 그러나 본래 한어韓語로서 삼한시대부터 함께 쓰였을 수 있다. 우리말에서 개를 '가희' 또는 '가이'라 하였다. '가야'는 구야狗耶의 대응어이다. 그러나 狗耶는 본래 흉노어 '굿야Gutya'의 표기였다. 흉노어 '굿야'를 한자로 표기한 일종의 향찰임을 여러 차례 설명하였다. 부여의 사출도 가운데 구가狗加는 바로 이 '굿야'에서 비롯된 것으로 볼 수 있다. 부여의 사출도는 주요 가축과 관련된 토테미즘이라기보다는 씨족 또는 부족을 대표하는 문장으로 이해할 수도 있다. 이런 점들을 감안할 때 아마도 변진구야국의 구성원들은 부여의 구가 그룹과 고조선계였을 것이다.

'가라'는 본래 흉노어이다. '가라'는 일차적으로 '검다'는 뜻이다. 검은 말을 가라말[驪]이라고 불렀으며 '갈가마귀'도 같은 부류에 속한다. 그러나 이 외에도 '가라'에는 다른 뜻이 더 있다. 먼저 '가'에 관해서이다. 앞에서 창녕 교동고분에서 나온 상감 칼에서 가 계층에 예속된 先人선인 신분이 확인되었고, 김해에서 출토된 목간에는 六加諸人6가제인이라는 글자가 있었으므로 고구려·부여와 마찬가지로 가야 사회에도 가 계급이 상층 지배세력으로 존재했음을 살펴보았다. 왕 아래에 다수의 가加 계층이 존재한 것이 부여 및 고구려의 지배집단이었다. 김해가야나 가야사회도 그와 마찬가지였을 것이므로 여기서 '가'를 추출해 보자. 지역 수장이나 족장으로서의 가加이다.

다음은 '라'에 관해서이다. 한국의 고대어와 일본어에는 복수접미사로서 똑같이 '라ь'가 존재한다. 이를 감안하여 '가라'를 생각해 보면 중요한 사실을 발견할 수 있다. '가'+'라'의 합성어로부터 새로운 의미를

알 수 있는 것이다. 여러 명의 가加를 의미하는 말이 가라から이니 이것을 한자를 빌어 표기하면 諸加제가이다. 다시 말해 '가라'는 '검다'는 뜻과 복수의 '가' 계급을 의미한다. 가야시대 '가라'는 여러 가지 의미로 쓰인 것 같다.[21]

또 김수로를 추대한 9간 신분은 당시의 촌주였다. 그들을 9간九干이라고 하였는데 이 간干이 가加에 해당한다. 앞에서 설명한 몇 가지 사례로 보면 가야 소국의 수장들이 거느린 가신 집단을 총칭하는 개념이 제가諸加이다. 본래 변진 지역에 존재하던 소국들은 각기 독자적인 세력이었다. 그 중에서 김해가야 주변의 소국들은 필요에 따라 김해가야 편에서 사로국에 대항할 수도 있었으며, 그와 반대로 가야를 버리고 사로국을 선택할 수도 있었다. 그 소국들의 수장이 본래 가 계층이었을 것으로 보는 바이다. 부여는 "적이 있을 때는 여러 가 계급이 스스로 나가 싸운다"[22]고 한 것처럼 가야의 각 가加 역시 독자적인 조직과 군대를 갖고 문제를 해결하였을 것이다. 이 '가'들은 필요할 경우 서로 연합할 수 있었고, 때로는 이익을 좇아 제가연합에서 이탈할 수도 있었다. 그러나 필요에 따라 이루어지는 신속(복속)과 이탈은 있었으나 그것을 강제하는 연맹은 형성되어 있지 않았다. 고구려 산상왕 때 발기拔奇가 왕위계승을 둘러싸고 다투다가 "연노부의 가加와 3만여 명의 하호를 거느리고 공손강에게 항복하였다가 나중에 돌아와 비류수 가에 살았다"[23]고 한 것은 가 또는 대가 계층의 전형적인 행동 특징을 보여주는 사례이다.

김수로를 추대하여 가라국을 건국한 9간은 곧 구가九加와 같은 신분

••••••••••
21. 현재 '맵다'는 뜻의 일본어 '카라이(辛い)'는 우리말 '칼칼하다'는 같은 연원을 갖고 있다. 이것의 부사형이 일본어에서 카라카라(からから)라는 말로 쓰이고 있다.
22. …有適諸加自戰…
23. 拔奇怨爲兄而不得立 與涓奴加各將下戶三萬餘口 詣公孫康降 還住沸流水…

이다. 이들 여러 가加의 연합 위에 왕이 탄생하였다. 그 대표적인 예가 『삼국지』 부여전에 있다. "(부여왕) 위구태尉仇台가 죽고 위거位居가 왕이 되었으나 아들이 없었다. 서자 마여麻余가 있었는데 위거가 죽자 제가諸 加가 함께 마여를 왕으로 세웠다."[24]고 한 것이다. 이것이 바로 제가연합 의 연립정권 구성 방식이다. 이 경우를 가야에 대입해 보면, 연립이나 연합은 어디까지나 임나 각국 내부의 상황을 알려주는 것이지 임나가 라 소국들 사이의 결속관계를 설명해 주는 말은 아니다. 가라권의 소국 은 각자 이런 가 계층을 중심으로 정권이 형성되어 있었던 것이다.

다음으로 '가라'가 '가加 계층 실력자의 연립정권'이었다는 사실을 보다 쉽게 이해하기 위해 '나라'라는 말과 비교해 본다. 고대 한국어에 서 '나'는 땅이다. 그 땅에는 반드시 통치자가 있었으니 '나'를 지배하는 마리(말)가 '나마리(나말)'이며 이것이 소위 신라 중앙관등에 나말奈抹 계 층으로 편제되었다. 2~3세기 신라가 통합한 주변 소국의 지배자를 신 라는 왕권 강화와 중압집권화 과정에서 수도 중앙의 관직 가운데 나마 奈麻로 편입한 것이다. 나말(나마리)은 본래 '땅의 지배자'라는 뜻이다. 신 라는 주변 소국을 정복하면서 그 소국의 수장을 중앙 관등에 계속 편입 하는 과정에서 나마 계층이 상당히 비대해졌다. 정복한 소국의 '나마리' 가 많았으므로 중나마·대나마 그리고 그 위로 대아찬·아찬·3중아찬·4 중아찬까지 겹겹이 쌓아 올렸다. 이렇게 중앙의 관직 체계를 만들다 보 니 나마는 나중에는 중간급 관료가 되어 버렸다. 이처럼 고대 소국의 수장층을 대아찬·아찬·대나마·나마奈麻 등 중앙 관등에 편입하면서 신 라는 중앙집권제의 왕권을 강화하고 관료체계를 완성하였으나 아찬·나 마 계층이 비대하게 분화하는 결과를 가져왔다.

· · · · · · · · · · ·
24. 尉仇台死簡位居立無適子有孼子麻余位居死諸加共立麻余…

앞에서 가야 사회에 장長과 백伯이 있었다는 사실로부터 중국과 똑같이 가야에서도 군현제가 시행되고 있었음을 설명하였다. 그러나 가야는 나라와 촌락의 규모가 작았으므로 군과 현의 영역도 작았을 것이니 군의 태수나 현령이 다스린 인구와 영역은 얼마 안 되었을 것이다. 그렇지만 그들이 과연 얼마의 호구를 통치했는지는 알 수 없다. 마한에서도 4~5천 가 이상 수만 가를 거느린 사람을 거수라고 하였고, 그 중에서 세력이 큰 자를 신지라 하였는데, 이것 역시 가야 사회도 같았을 것이다. 아마도 3세기 이전에는 읍군邑君[25] 가운데 큰 자가 신라의 마리와 같은 것이고 '나'의 통치자에 해당하는 신분이었다고 짐작할 수 있을 것 같다.

고구려에서도 '나那'는 똑같이 쓰였다. 이것을 고구려·부여 등에서는 那·奴·內와 같은 글자로 표기하였다. 여러 명의 나마리(나마)가 모여서 하나의 정권, 한 개의 나라를 이루는 방식이 고대국가였다. 이런 식으로 여러 개의 '나'가 하나로 합쳐진 것이 '나라나ら'이며 이것이 바로 우리가 생각하는 국國의 개념이다. 우리나라의 '나라'는 이런 배경에서 성립된 말이며, 일본의 나라奈良는 그 자체로 고대 한국인이 내려가 세운 정복왕국임을 나타내는 것이다.

고구려는 본래 5부족 연맹체로부터 시작되었다. 사실 이 용어에는 다소 문제가 있다. 5부족 연립정권이라는 용어가 더 적합할 것이다. 그러니까 실력이 비등한 집단 다섯 개의 대표가 세운 주식회사형 연립정권. 그것이 4세기 말까지의 초기 고구려 정권이고, 그 대표이사가 광개토왕 이전의 고구려 왕들이다. 말하자면 이들 다섯 명의 가加는 '가라か ら'이다. 5명의 가 계급이 지배하는 땅을 각기 따로 얘기할 때는 '나'이고

••••••••••
25. 이것이 소위 중국의 군(郡) 책임자 태수를 가리키는 용어라고 할 수 있다.

그들이 공동으로 통치하는 모든 땅은 '나라'이다. 임나 역시 통치권을 부여한 땅을 뜻하며 임나의 본래 의미가 이것이었음을 앞에서 밝혔다. 김수로가 9촌의 촌주(가라)에 의해 왕으로 추대되어 나라를 세웠으니 '가라'의 나라가 '가라국'이고 그것을 일연은 가락국駕洛國으로 적은 것이다. 가락국은 표기상의 차이일 뿐, 가라국加羅國과 같은 이름이다. 바로 이 '가라'가 후일 '임나'를 완성하며 임나·임나가라로 불리게 되었다.

부여나 고구려 왕들은 각기 자신의 세력 근거지를 갖고 있었다. 고구려나 부여의 5부 수장은 본래 그 연원이 가 계층 신분에 있다. 여기서 部부가 어떻게 생겼는지를 다시 떠올려볼 필요가 있다. 앞에서 설명했듯이 『후한서』 오환열전에 본래 오환선비족에게는 왕은 없고 대인大人이 있었다. 읍락엔 작은 수장이 있고, 그를 중심으로 운영되는 수백에서 천여 가의 민가(마을)를 部라고 하였으며 소위 부장部長 중 유능한 이가 왕에 해당하는 대인으로 추대되었던 것이다.[26] 이들 대인이 고구려의 가 계층에 해당한다고 할 수 있다. 이러한 가 계층을 중심으로 자신의 통치 기반을 형성하여 별도의 행정·군사·경제 조직을 갖고 있었던 것이 부여와 고구려였다. 그러므로 이런 가 계층은 적이 있으면 자신의 독자적인 군대를 갖고 적과 싸웠다. 그들은 왕과 맞먹는 실력이 있었으므로 뜻이 맞지 않으면 왕을 죽이거나 갈아치울 수도 있었다.[27]

이처럼 5부족 연립정권 단계(이런 형태를 이른바 '부 체제'라 정의하고 있다)의 국왕은 강력한 절대권력을 갖지 못하였다. 5부족을 하나로 통합한 단계가 아니라 5부족이 서로 연합하여 왕을 추대하였으므로 말이 왕이

••••••••••
26. …有勇健能理決鬪訟者 推爲大人 無世業相繼 邑落有小帥 數百千落自爲部…
27. 부여에서는 한해가 들거나 수해가 나서 일기가 고르지 않고 오곡이 익지 않으면 왕에게 허물을 씌워 갈아치우거나 죽이기도 했다(舊夫餘俗水旱不調 五穀不熟 輒歸咎於王 或言當易 或言當殺)-『삼국지』 위서 동이전 부여조).

지 왕권은 취약하였다. 왕이라 하나 자기의 근거지(세력권)를 벗어나지 못하였으므로 5부족을 통합할 수 있는 힘도 절대적인 권한도 없었다. 그래서 초기의 고구려 왕들은 죽은 뒤에는 각기 자신의 고향땅(출신지)으로 돌아가서 묻혔다. 광개토왕의 아버지 고국양왕故國壤王은 원래 고국양故國壤 출신으로서 죽은 뒤에 고국양에 돌아가 묻혔고, 그것이 그의 시호가 되었다. 고국양이 본래 자신의 출신지이자 세력 근거지였던 것이다. 고국양왕은 그의 형 소수림왕小獸林王이 아들이 없어 대신 왕위를 이었는데 소수림왕은 죽어서 그의 출신지인 소수림에 묻히면서 소수림왕이란 시호를 갖게 되었다. 또한 소수림왕의 아버지인 고국원왕故國原王[28] 역시 죽어서 고국원에 묻혔다.

그러나 광개토왕부터는 자신의 본래 출신지로 돌아가 묻히지 않았다. 이처럼 자신의 출신지로 돌아가서 묻히는 것은 부족의 개념을 벗어나지 못한 단계이고, 5부족의 일원으로서 족장 신분을 넘어서지 못한 것이며, 나머지 네 부족을 자신의 휘하에 아우르지 못한 단계이니 강력한 중앙정부(=절대왕권)가 형성되어 있지 않았음을 의미한다. 이것이 이른바 부체제 단계이다. 국왕은 5부의 장일 뿐, 나머지 4부를 통해 고구려를 간접통치하였다. 부여나 고구려 모두 이와 같은 정권 구성방식과 체제는 기본적으로 같았다. 부여에는 왕족 외에 마가馬加·우가牛加·구가狗加·저가猪加의 네 개 가加 그룹으로 이루어진 사출도四出道가 있었으니 이 역시 부여국의 시작이 고구려와 마찬가지로 왕을 포함하여 5부족 연립정권에서 비롯되었음을 알려주는 것이다.

그러면 광개토왕부터는 죽은 뒤에 자신의 출신지로 되돌아가서 묻히지 않았다는 것은 어떤 의미일까? 광개토왕 때에 이르러서 비로소 고구

........
28. 이름은 사유(斯由) 또는 쇠(釗)

려는 강력한 중앙집권 체제를 구축했으며 광개토왕은 진정한 의미의 절대왕으로 군림했음을 의미한다. 다시 말해 5부족 연합에서 시작된 연립정권이었으므로 광개토왕 이전까지는 왕권이 취약하였다. 초기에는 연노부가 왕족이었다가 나중에 절노부絕奴部로 왕권이 넘어갔지만 그 외의 수장들도 자신들의 독자적인 군대와 영역을 갖고 있었다. 이들 각 부의 수장들이 갖고 있던 영역의 경계를 허물어 버리고, 광개토왕은 드디어 5부의 대가 층을 자신의 아래층 신분으로 예속시키고 절대 권력을 갖게 된 것이다. '광개토경평안호태왕廣開土境平安好太王'이란 그의 시호 속에는 그런 의미가 표현되어 있다. 호태왕好太王은 고구려 왕들을 일컫는 일반적인 칭호이다. 광개토廣開土라 함은 '땅을 널리 열다'는 의미를 갖고 있다. 그러나 광개토경廣開土境은 그 의미가 다르다. 즉 5부족이 갖고 있던 독자적인 땅의 경계를 허물어 넓히면서 드디어 5부가 통합된 체제로 전환되었다는 의미이다. '땅의 경계'라는 뜻의 토경土境을 왕의 시호에 추가한 데는 그런 의미가 있다. 5부족의 세력이 비슷하던 연립정권 시절에는 서로간의 세력 다툼으로 편안한 날이 없었으나 광개토왕이 모든 부족을 수하에 아우름으로써 절대왕이 되었고, 이렇게 해서 드디어 평안을 찾은 왕이라는 뜻이다. 이것을 가지고 광개토왕 때 가장 많은 땅을 개척했기에 광개토왕이라고 한다는 것은 본질을 외면한 해석이다. 광개토왕이 가장 많은 영역을 확보했다면 그의 통치 기간에 가장 넓은 영역을 가졌어야 하건만, 실제로는 그의 아들 장수왕과 문자명왕 때에 고구려의 영역이 더 넓었다.

광개토왕이 절대왕으로 등장한 배경에는 군사 조직을 국왕 직속으로 일원화한 데 있다. 광개토왕비에는 고구려군을 관군 또는 왕당王幢으로 표현하였다. 관군이나 왕당은 국가의 군대, 즉 왕의 군대임을 의미한다. 광개토왕이 직접 군사권을 행사하였고, 필요할 경우 직접 전장에

나섰다. 그것을 궁솔躬率(몸소 인솔하다) 또는 친솔親率로 표현하였는데, 장수를 대신 내보낼 때는 반드시 교견敎遣이라 하였다. 친솔이나 '교견'(가르쳐서 내보낸다는 뜻)은 모두 군권이 광개토왕 자신에게 있었음을 뜻하며 이것은 '제가자전(諸加自戰, 제가들이 스스로 나가 싸운다)' 단계의 부 체제와는 다르다.

광개토왕처럼 절대왕권 아래 나머지 가 계급을 통합한 단계는 제가諸加의 연립정권이 아니라 강력한 왕권국가이다. 이것을 '고대국가'라는 용어로 정의한다. 그러니까 여기서 우리는 광개토왕 이전의 고구려와 같은 단계를 상정하여 '가라' 그리고 가야 사회를 새롭게 이해해 보려는 시도가 필요하다. 즉, 가야의 각 소국 수장을 고구려의 가 또는 대가와 동일한 신분층으로 보는 것이다. 김해나 고령·합천(다라국)·남원·고성·함안의 왕들은 본래 가加 또는 대가 출신이었으리라는 것이다. 한 예로 김해의 가라국 건국을 이끈 9간은 신라식 표현이며 그 실체는 가였고, 그들 가 계급의 독자적인 영역은 쉽게 말해서 조선시대 경상우도(가야권)의 군읍 단위였을 것이다. '가라'라는 이름에는 '여러 명의 가加'라는 뜻이 내포되어 있으니 가라국은 여러 명의 가, 즉 제가의 정권으로 이해할 수 있다. 이렇게 가라국으로 시작한 김해가야는 주변 군읍 단위의 세력을 차근차근 정리해 나갔다. 이를테면 임나10국의 각 수장층 또한 이들 가 계층으로 볼 수 있으며, 3세기 함안과 김해의 수장은 변진 소국들을 자신의 지배 하에 두기 위해 힘썼다. 즉, 함안과 김해 중심으로 가야권을 재편해 가는 과정에서 포상팔국전이 있었으며, 김해의 임나 본국(가라)은 포상팔국전에서 승리하여 임나가라를 완성하였다. 그리고 그 정복 대상이 임나가라를 넘어 신라로 확대될 즈음에 고구려가 개입하여 힘의 균형을 바꿔 놓았다. 신라·고구려 연합군에 의해 그 구심점인 김해 임나가라의 가야권 전체에 대한 지배권은 크게 약화되었으며, 그로 말미암아 김해도, 고령도 끝내 강력한 절대왕권국가(고대 국가)에는 이르지 못하였다. 임나가라 각 소국의 수장과 가야인들 사이 에는 임나가라를 바탕으로 한 동질적 유대감은 있었으나 상호간에 적 극적 연맹은 없었던 것이다. 이들이 하나로 뭉쳐 강력한 중앙집권화에 성공했다면 가야가 신라를 흡수하고 역사의 승자가 되었을 수도 있다.

5세기 초 이후 임나가라는 각 소국들을 상하관계로 강력하게 통제하 는 힘을 갖지 못했다. 532년 임나 본국 멸망 후에는 더욱 그들을 질서 있게 통제할 수 없는 체제였다. 임나가라 본국이 있는 한, 임나 소국들 사이에는 임나가라인이라는 심리적 유대감이라든가 동류의식 그리고 어느 정도의 단결의식이 있었으므로 신라는 무엇보다도 먼저 그것을 해체하기 위해 임나 본국인 김해부터 정복한 것으로 이해할 수 있다. 결국 532년 이후의 가야 사회는 임나가라의 구심점이 사라진 상태였으 므로 각 임나 소국은 단결이나 연맹을 외칠 여유가 없었던 것이다. 다 시 말해서 가야권의 소국을 이어주는 연결고리가 사라진 채 열국이 난 립한 구도였다고 할 수 있다. 이렇게 일원화된 체계를 갖지 않은 상태 로 분립되어 있었으니 신라는 가야 소국을 하나하나 차례로 집어먹을 수 있었던 것이다.

김해가야가 처음부터 '가라'로 불린 것은 여러 가加들의 추대로 탄생 된 정권이었음을 알려주는 것이라고 설명하였다. 그리고 김해 양동리 엔 이미 김수로의 김씨 세력이 김해로 남하하기 전에 가加들을 중심으 로 형성된 촌락(가라골)이 있었기에 그것을 토대로 가라국이 탄생할 수 있었다. 『삼국유사』 가락국기에 9간의 추대로 가락국(가라국)이 성립된 것으로 되어 있으니 쉽게 말해서 여러 가급 실력자들이 집단지도체제 를 형성하고 왕을 옹립한 것이다. 그들이 곧 신라6촌의 촌주와 같은 신 분이며, 이것이 고구려·부여의 가加에 해당한다는 사실을 지금까지 자세하게 설명하였다. 이런 체제에서 김씨들의 '가라국'은 실력을 키웠고, 후에 임나가라를 완성하였다. 그러나 고·신연합군의 임나가라 종발성 함락 후에는 김해가야를 중심으로 재편된 임나가라의 각 소국들을 강제하는 정권이 약화됨으로써 각 소국 사이의 유대감은 느슨해졌다. 이후 고령 대가야나 함안 안라국은 각 임나 소국들의 수장층을 포섭하려고 하였을 것이다. 5세기부터 임나가라 부흥세력들이 '가라' 또는 '임나가라'라는 이름을 공동으로 사용한 것도 이런 배경에서 생각해볼 필요가 있다. 즉, 낙동강 서편의 임나가라 소국들은 임나가라인이라는 유대감을 바탕으로 임나가라 재건을 위해 노력하였고, 고령이나 김해·합천 옥전·함안 등지의 여러 세력은 각자 자신을 중심으로 가야권을 재편하기를 바랐을 것이다. 이때 그 계보상 임나가라의 정통성을 내세워 자신이 중심이 되고자 한 그룹도 분명히 있었을 것이다. 그 중에서도 고령은 그 위치상 국제교역과 대외교류에 제한이 많았으므로 적극적으로 주변 소국을 끌어들일 수밖에 없었을 것이다. 532년 이후 함안이나 고령의 수장은 잔여 소국들의 왕과 가加[29]급 지배층을 회유하려 했지만 결국 그들을 하나로 묶어서 통합하는 데는 실패하였다. 소국 각자의 독립성이 유지되는 상태에서 서로의 이해가 달랐고, 전략적 제휴보다는 각자의 이해에 따라 개별적으로 대응함으로써 통합에 이르지 못했을 것이다. 이렇게 보면 친고령파 소국들의 북가라 정권, 함안 안야국 중심의 남가라 정권, 그리고 다라국과 동래 복천동·고성 등 여러 소국들이 분립한 형태를 가야의 후기사회로 규정할 수 있을 것이다. 479년 중국 남제로부터 김해의 하지왕이 '본국장군…'이라고 불린 사실에서 알 수 있듯이 임나가라의 본국, 다시 말해서 가야권 전체에 대한 지배권을 가

---

29. 부여 사비성회의에 참석한 임나측 대표로서 한기(旱岐)·차한기(次旱岐)·하한기(下旱岐)·상수위(上首位)·2수위(二首位)와 같은 신분을 가 계층으로 상정할 수 있다.

진 김해가야는 전과 달리 5세기 초 이후에는 자신의 후국들을 강력하게 통제하는 힘을 갖고 있지 못했을 것이다. 이러한 체제를 3세기 이전의 진한과 진왕으로 설명할 수 있겠다. 소위 진왕辰王은 본래 진한12국과 변진12국을 통치하는 권한을 갖고 있었다. 얼마 후 변진12국이 그의 통제에서 벗어났고, 사로국을 접수한 가야계 김씨들이 신라의 대권을 쥐고 진한 제국을 통합한 것이나 김해 임나가라 본국이 변한지역을 통일한 것은 동일한 과정이었다.

그러나 5세기 이후 임나 본국의 지배권이 약화되었고, 532년 이후엔 그것마저도 사라지면서 함안과 고령이 가야권의 주도권을 갖기 위해 대립했거나 각자도생의 길을 걸었을 것이다. 그러므로 이런 단계 역시가 계층 분립체제와 크게 다르지 않았다고 본다. 물론 그들 각자는 서로의 이해에 따라 때로 이합집산하였을 수 있다. 특히 532년 이후에는 고령이나 함안이 주도적으로 가야권을 통합하려는 노력이 있었으나 그것마저 성공하지 못하였다. 그러므로 후기의 가야 사회를 난립 상태의 과두체제로 보아도 될 것 같다. 이러한 난립상태를 깨트리고 신라는 가야를 손아귀에 넣음으로써 드디어 영남지방을 하나의 정치체로 통합하였다. 신라의 일통삼한一統三韓이라는 통일의지는 아마도 열국 구도의 가야 말기에 이미 싹튼 것이라고 생각된다.

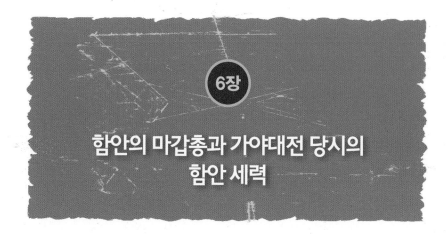

6장

# 함안의 마갑총과 가야대전 당시의 함안 세력

## 함안 마갑총은 5세기 전반의 무덤이다

　김해의 서쪽에 인접한 고도古都 경남 함안은 아라가야[1]의 역사가 숨쉬는 고장이다. 가야의 잔흔이 여기저기에 남아 있으며, 가야읍이라는 지명은 아직도 건재하다.[2] 아라가야 궁궐터라 하여 주민들이 어림으로 전해오는 곳도 있다. 현재 가야라는 지명으로 남아 있는 동네 중에서는 부산의 가야동과 함께 가장 큰 마을이기도 한 이 함안(가야읍)에서 가야시대의 흔적을 분명하게 보여주는 유적이 말이산고분군이다.[3]

· · · · · · · · · · ·

1. 원래는 安邪國(안야국), 安羅國(안라국)이었다.

2. 본래 함안은 함안면을 중심으로 하였다. 그러나 남해고속도로가 생긴 이후, 가야읍이 함안의 새로운 중심지로 부상하여 현재 함안군의 중심은 가야읍이다. 함안면소재지는 가야읍 남쪽으로 지호지간 거리에 있다.

3. 도항리고분군(道項里古墳群)이라 하여 사적 제 84호로 지정되어 있으나 말산(末山)은 아라가야의 지배자 '마리의 산'이라는 의미를 갖고 있는 만큼 말이산고분군 또는 마리산고분군으로 정하

■ 함안에서 발굴한 대형 건물지 전경

　가야읍 도항리와 말산리에 이르는 말이산고분군이 주목을 받게 된
것은 1990년대에 계속된 발굴로부터였다. 이 일대를 대상으로 한 다섯
차례의 연차발굴에서 많은 유물들이 알려졌고, 그들 유물과 유적은 발
굴과정에서 상당한 관심을 끌었다. 그런데 이 일대 고분 발굴에 촉매
역할을 한 것은 뜻밖에 나타난 마갑총馬甲塚이었다.[4] 건축공사 과정에서
길이 226~230cm에 폭이 48cm나 되는 말갑옷이 나왔고, 이것이 계기
가 되어 말이산고분군 일대 발굴을 서둘러 진행하게 되었다.

　중국 길림성 집안輯安의 사진 속 고구려 벽화고분에서나 보던 마갑
(=말갑옷) 하나가 함안에서 튀어나왔다고 해서 그것이 무슨 큰 일이냐

············
　는 것이 좋겠다.

4. 이 유적은 1992년 7월에 처음 알려졌다. 이때의 첫 발굴과 2001년 4월의 조사에서 마갑총(대형
　목곽묘)과 목관묘(1기)·수혈식석곽(2기)를 발굴했다.

■ 함안에서 발굴한 대형 건물지. 규모가 크고 특이하여 발굴 당시에는 이것을 '안라고당회의'가 열린 고당(高堂)이 아니었을까 추정하는 견해까지 있었다.

고 말할 수도 있을 것이다. 하지만 그 낯선 모양의 말갑옷 하나가 사람들의 관심을 모으고 흥미를 촉발시키기에 충분하였다. 국내 최초로 말갑옷[馬甲]이 나와 무덤의 이름도 마갑총이 되었는데, 사각형의 작은 철판 조각들을 이어 붙인 철제 마갑이 마갑총에서 완전한 형태로 출토됨으로써 고구려 고분벽화에서나 보던 마갑의 실물을 경남 함안에서 확인하게 된 것은 참으로 소중한 수확이었다.[5] 갑옷과 투구를 쓰고 마갑馬甲과 마주馬冑를 입힌 말에 올라 타고 바람처럼 내달으며 적진을 누비던 고구려의 개마무사鎧馬武士를 떠올려 보자. 바로 이 마갑총의 마갑은 고구려의 것이거나 고구려의 영향으로 만든 것으로 볼 수 있다. 무덤의

5. 마갑총은 마갑을 부장한 무덤이었다. 이 마갑은 고구려 광개토왕의 군대가 신라와 함께 김해가야를 공격하기 위해 남정(南征)했을 때, 고구려의 영향을 받은 것으로 볼 수 있다.

축조시기도 고구려와 신라군의 가야 원정 직후인 5세기 전반으로 보고 있다.[6] 당시 건축공사로 흔적도 없이 사라질 뻔한 위기에서 다행히도 지역 주민의 노력으로 그 모습을 우리 앞에 보이게 된 것인데, 말의 좌우 측면을 덮도록 되어 있는 두 개의 마갑 중 하나는 많은 부분이 훼손되었다. 그럼에도 이 마갑의 출현은 사람들에게 적잖은 자극과 감흥을 안겨 주었으며, 마갑을 완전한 모습으로 복원할 수 있게 되었을 뿐 아니라 이것으로 고구려의 마갑을 생생하게 그려 볼 수 있게 되었다.

마갑이 출토된 무덤은 대형목곽묘[7]였다. 묘광 안에 목곽을 만들고 그 안에 시신과 각종 부장품을 넣은 뒤 널빤지로 뚜껑을 덮은 구조였다. 마갑총은 해발 25m밖에 안 되는 얕은 말이산 구릉에 있었다.[8] 무덤의 주인은 머리를 북쪽에 두고 누워 있었으며 시신을 안치한 시상면[9]에는 주먹돌(강돌)을 고루 깔았다. 그리고 시신을 넣은 관을 올려놓은 관대의 우측에는 손잡이를 북쪽에 둔 한 자루의 소환두대도[10]가 놓여 있었다.

유물은 토기류와 철기류가 중심이었으며, 토기류는 시상면 남쪽과 서쪽에서 주로 출토되었다. 무개식고배(5점)[11]와 유개식고배(1점)의 고배류, 광구소호(3점)[12]·파수부완(3점) 그리고 장경호와 단경호 각 2점,[13] 발

<hr />

6. 420~430년 무렵에 만든 것으로 보고 있다.

7. 북침(北枕) 상태로 시신 좌우에 마갑을 부장했다. 발굴자는 이것을 II유형 목곽묘로 분류했다.

8. 묘광의 길이가 890cm나 되며 폭 280cm, 깊이는 110cm이며 목곽은 길이 600cm, 너비 230cm, 깊이 100cm였다. 목곽의 판재 두께 10~12cm에 길이 160~220cm의 각재(角材)로 조립했다.

9. 屍床面(시신을 안치한 바닥면). 시신을 놓은 중앙부의 관대(棺臺) 자리는 길이 130cm(잔존길이), 폭 80cm 넓이로 자갈을 3~5단으로 깔았다.

10. 素環頭大刀. 아무런 장식이 없는 고리자루큰칼

11. 방형, 삼각형, 화염형 및 삼각형과 세장형의 투창을 아래위 2단으로 배치한 것 등이 있다.

12. 목곽 남쪽에서 발형기대 및 단경호와 함께 출토

13. 목곽 내에서 출토

형기대(4점)·개(4점) 등의 토기류
가 나왔다. 피장자의 좌측 및 발
치에서는 철모鐵矛(쇠창)·철겸(쇠
낫)·철부(쇠도끼) 등이 나왔다. 북
동쪽 목곽이 부식된 곳에서는 말
투구(마주)와 대도·철제투구[14]를
수습하였다.

■ 마갑총 내 소토유구

철제 창[鐵矛]은 6점이나 나왔
으며 대도(大刀, 2점)[15]·재갈[16]·단
조철부(2점)·철겸(1점)·교구[17] 그
리고 철촉(11점)·꺾쇠(13점)·관정
(20점)과 같은 철제유물이 고루 나
왔다. 마갑은 길이가 226~230cm
정도에 폭은 43~48cm 안팎인
데 작은 철판, 즉 소찰小札을 하나

■ 마갑총 소토유구에서 나온 광구소호

하나 가죽 끈으로 연결하여 만들
었다. 이들 소찰의 크기와 모양·구성 등에 따라 마갑은 네 부분으로 나
뉜다.[18]

••••••••••

**14.** 복발은 직경 12.4cm, 높이 6.0cm, 두께 0.8cm이며 지판(地板)은 길이 19.0cm, 너비 2.5~1.5cm,
두께 1.2cm이다.

**15.** 목곽 북동쪽 교란된 곳에서 출토. 길이 89.6cm, 48.5cm 짜리 두 점이 나왔다.

**16.** 목곽 북쪽 굴삭기로 교란된 곳에서 출토

**17.** 마갑 고정용으로 추정

**18.** A부분은 길이 11cm, 너비 6.5cm의 대형 장방형 찰갑으로 이루어졌으며 길이는 160~166cm, 너
비 30~40cm이며 총 1800여 개의 소찰로 구성되어 있다. B부는 길이 7cm, 너비 3.5cm의 찰갑
으로 되어 있는데 길이 50~55cm, 폭 45~50cm이다. C부는 길이 20~23cm, 너비 2.5~3cm의
찰갑을 사용했다.

■ 고구려 삼실총의 개마무사 벽화

■ 고구려 개마무사도

미완의 제국 '가야'

말갑옷이라고도 부르는 마갑은 기마병이나 왕의 근위병에게도 반드시 필요한 것으로, 적과의 싸움에서 말을 안전하게 보호하기 위한 철제 장비이다. 이러한 말갑옷을 입힌 말을 개마鎧馬라 하며 개마에 탄 무장무사를 개마무사라 한다. 개마무사는 그

■ 함안의 초대형 건물지 주혈(柱穴, 기둥구멍)

원류가 고구려를 비롯해서 북방과 중국에 있다. 고구려 개마무사의 모습은 고분벽화를 통해 고스란히 알 수 있는데, 개마무사를 그린 벽화고분으로는 중국 집안의 삼실총＝室塚[19]과 평안남도의 덕흥리고분이 대표적이다.

삼실총은 세 개의 현실을 ㄱ자형으로 각기 따로 배치하고, 그것들을 서로 묘도墓道로 연결하였으므로 평면구조는 ㄷ자 모양이다. 현실 세 개로 이루어진 무덤이라 하여 삼실총이란 이름을 갖게 되었지만 현재 중국이 공식적으로 분류해놓은 이름은 집안輯安 통구고분군 우산하묘구 제 2231호(JYM2231)이다.[20] 이 고분의 개마무사 그림은 제1현실[21] 우측 북벽에 있다. 보병과 기병이 평야 한가운데 있는 성을 공격하는 공성전攻城戰의 한 장면을 그린 것으로, 성 밖에서는 갈색 투구에 갈색 찰갑을 입은 개마무사를 검은 투구와 찰갑을 갖춰 입은 개마무사가 두 손에 긴 창을 쥐고 쫓아가며 막 찌르려는 모습을 하고 있다. 그 뒤로는 두 명의

• • • • • • • • • • •

19. 1904년에 1차 조사를 했으며 1935~1936년에 2차 조사를 했다.
20. 여기서 남쪽 2~3백m 거리에 오회분 5호묘, 오회분 9호묘가 있고, 이 외에도 통구사신총(通溝四神塚), 무용총, 각저총 등이 있다.
21. 너비×길이×높이는 2.7×2.9×3.1m이다.

병사가 격투를 벌이고 있고, 성 안에서는 성벽에 몸을 바짝 붙인 채 이들의 싸움을 내다보는 고구려 병사가 있다.

제2현실[22] 벽에 그린 갑주무사甲冑武士의 그림도 생생하다. 뿔 모양으로 생긴 장식을 단 투구와 목가리개·갑옷을 갖춰 입은 고구려의 무사는 지금의 스파이크처럼 생긴, 뾰족한 못이 박힌 전투용 신발을 신고 오른손에는 긴 창을 세워 잡았다. 왼손에는 환두대도를 쥐고 허리춤 가까이에 손을 올린 모습이다.

5세기 전반, 함안의 마갑총과 거의 비슷한 시기에 만든 이 삼실총의 벽화는 개마무사를 중심으로 한 기병과 보병이 싸움을 주도하여 성을 공격하는 고구려 군대의 모습을 생생하게 전해주고 있는데, 이런 전투 방식은 그 당시 함안이나 신라의 군대도 크게 다르지 않았으리라 짐작된다. 함안의 개마무사나 삼실총을 비롯한 여러 고분벽화에서 보는 고구려 개마무사는 똑같은 무기와 무장을 갖췄다고 볼 수 있다. 고구려나 함안 안라국 왕 역시 이러한 철갑 중장기병이나 근위병의 보호를 받은 것이 분명하다. 아마도 함안의 수장층은 마갑총의 마갑을 고구려로부터 받아들인 것으로 보아도 될 것 같다.

고구려 개마무사의 모습을 볼 수 있는 또 다른 석실무덤으로 덕흥리 고분[23]이 있다. 1976년에 북한이 발굴한 이 고분은 묘실 안을 빼곡히 채운 벽화와 함께 벽화의 내용을 설명한 설명문 및 묘지명 등 6백여 자의 묵서가 있어서 고구려 광개토왕[24] 말년의 사회상과 시대적 분위기를 고스란히 전해주고 있다. 이 무덤이 축조된 시기는 408년.

전실 북벽에 있는 14행 154글자의 명문에 의하면 이 무덤의 주인은

••••••••••
22. 너비×길이×높이는 2.1×2.8×3.1m이다.
23. 평안남도 남포시 강서구역 덕흥동에 있다. 구지명은 평안남도 대안시 덕흥리
24. 재위기간 기원후 391~412년

■ 함안 마갑총 1호 석곽묘 내 유물 출토상태(국립가야문화재연구소)

이름이 진鎭이었다. 그는 유주자사幽州刺史와 요동태수遼東太守·동이교위東
夷校尉를 지냈으며 영락 18년(408년) 77세의 나이에 사망하였다.[25]

영락 18년인 무신년 12월 25일에 시신을 넣은 관을 석실에 넣었으
며, 그로부터 달포 가량이 지난 뒤인 음력 2월 2일에 무덤을 막은 것으
로 되어 있어[26] 장례를 치르는데 한 달 남짓 걸렸음을 알 수 있다. 기록
에 의하면 덕흥리 무덤의 주인 鎭진은 332년생이었다. 명문에는 그의 출
신지가 ○○군 신도현信都縣 도향○감리[27]로 되어 있다. 그런데 이것을

••••••••••

25. ○○郡信都縣中甘里釋加文佛弟子○○氏鎭仕建威將軍國小大兄左將軍龍驤將軍遼東太守
使持節東夷校尉幽州刺史鎭年七十七薨焉永樂十八年太歲在戊申十二月辛酉朔廿五日乙酉成
遷移玉柩周公相地孔子擇日武王選時歲使一良葬送之後富及七世子孫番昌仕宦日遷位至侯王
造藏萬功日煞牛羊酒肉米粲不可盡掃旦食鹽豉食一椋記之後世寓寄無疆.
26. 석실분이므로 무덤을 축조하고 장례를 치렀을 것이므로 많은 시간이 걸렸을 것이다.
27. 都鄕○甘里. ○는 판독이 어려우나 中으로 보고 있다.

■ 함안 마갑총 내부 노출전경(국립가야문화재연구소)

두고 북한에서는 『고려사』에 기록된 신도군信都郡이란 지명을 들어 고구려 사람이라고 보고 있다. 남한에서도 이 견해를 따르는 사람들이 많다. 장례 의식은 불교에 따랐음을 알 수 있으며, '좋은 곳을 골라 장례를 치른 뒤, 부와 7세 자손이 번창하고 날로 관직을 옮겨 후왕侯王에 이르렀다'는 표현으로 보면 유주자사 진은 고구려의 핵심 지배층으로 볼 수 있다.

이와 달리 중국 하북성河北省 안평군安平郡 신도현 출신의 중국 망명인으로 이해하는 이들이 있는데, 중국의 각종 지리서를 참고해 보면 지명만큼은 이 견해가 사실에 가깝다. 신도현을 하북성 안평군으로 볼 경우 그곳은 현재의 북경시로부터 남쪽으로 한참 떨어져 있다. 이 견해를 따르는 이들은 무덤의 주인을 고구려 귀화인으로 본다. 소위 유주幽州의 범위는 북경을 포함한 현재의 하북성과 요령성遼寧省 일부이다. 404년에 고구려는 연군燕郡을 공격하였으며 현재의 북경과 하북성 일대를 차지하고 있었다.

여러 정황을 감안해 볼 때 덕흥리고분의 주인 유주자사 진은 오래 전에 고구려에 귀화했을 수 있다. 그가 지낸 벼슬이 건위장군이었다. 건

미완의 제국 '가야'

위장군이란 직책은 본래 중국의 관직이며 그 다음에 열거한 국소대형·좌장군·용양장군·요동태수·유주자사 등은 고구려로 망명한 뒤에 받은 직책일 것이라고 이해한다. 이런 근거에서 진鎭을 고구려 고국양왕 2년(385) 11월에 투항한 유주幽州 및 기주冀州의 유민으로 보기도 한다. 즉, 그 유민들을 다스리게 하기 위해 고구려의 관직을 주어 요동태수였던 그에게 유주자사를 맡긴 것으로 본다는 말이다. 그러나 꼭 그것만으로 한정해서 생각할 일은 아니다. 그 당시 북위나 후연에는 발해 출신의 고씨들이 지배층 가운데 꽤 많이 있었다. 그들은 현재의 천진天津과 제齊 지역 사이에 있던 발해의 유력가문으로서 북위 조정에도 발해 수현脩縣 출신이 많았으며 후연에도 발해 출신의 고씨들이 많았다. 아마도 그들은 '고씨는 한 집안'이라는 유대의식을 갖고 있었을 것이다. 유주자사 진이 고씨였을 가능성을 아주 배제할 수 없는 것이다.[28] 또 굳이 고씨가 아니라도 발해 출신일 가능성이 있다. 그가 안평현 출신이라면 그 자신 또는 선조가 발해 안차현安次縣과 그 인근의 발해 출신일 수도 있다는 생각이 든다. 그 자신 또는 그의 선조가 일찍이 북위 또는 후연에서 고구려로 들어왔을 수도 있다.

『위서』엔 유주에 조선현朝鮮縣이 있었다고 하였으니, 거슬러 올라가면 그의 조상이 고조선과 관련이 있을 수도 있다. 이상을 정리해보면 유주자사 진의 조상은 발해나 고조선의 유민으로서 후연이나 북위에 있다가 고구려로 망명한 인물일 가능성은 있다. 즉, 이 무덤의 주인은 어디

●●●●●●●●●●
28. 전실 서벽 상단에는 13태수를 나열하였는데, 태수는 군(郡)에 두는 책임자인 만큼 13태수 앞에 제시된 지명은 곧 그 당시의 군명이다. 여기에는 연군(燕郡), 범양(范陽), 어양(魚陽), 상곡(上谷), 광령(廣寧), 대군(代郡), 북평(北平, 현재의 북경), 요서(遼西), 창려(昌黎), 요동(遼東), 현토(玄菟), 낙랑(樂浪), 대방(帶方)의 13군 태수가 기록되어 있다. 연군·범양·북평·어양·광령은 현재의 북경과 그 주변 지역이며 요서·창려·낙랑은 현재의 조양시(朝陽市)와 금주(錦州)에 이르는 대릉하(大凌河) 동편으로 볼 수 있다.

까지나 고구려인이다. 광개토왕 때에 고구려는 북경 이남의 하북성河北 省 지역까지 영역을 확장하였다. 그 가운데 발해만 가까운 곳은 과거 발해 땅으로서 고구려 왕가의 고씨들은 물론 북위나 후연에 있던 고씨들의 고향이었다.[29] 5세기 초 고구려는 유주의 서쪽 끝, 과거 발해 땅까지를 아울렀으며 그곳의 통치자가 유주자사였다. 북벽에 묵서로 쓴 글에 13태수가 내조했다는 내용이 있어 그 무렵 과거 고조선의 영역과 발해의 북쪽 영역 일부도 고구려의 수중에 들어온 것으로 볼 수 있다. 『독사방여기요讀史方輿紀要』에 "진秦이 천하를 병합하고 어양漁陽·상곡上谷·한단邯鄲·거록鉅鹿·우북평右北平 등의 군군을 두었으며 한漢에서는 13주를 두었으니 이 역시 유주幽州 및 기주冀州 2주를 병합한 뒤에 한 나라에서 그대로 따랐다"(直隷 1)고 한 구절이 있어 과거 조趙 나라 지역 일부까지 고구려가 아울렀음을 알 수 있다. 고구려 유주자사 진에게 내조한 13태수 역시 이 범위에서 생각할 수 있는 것이다. 이와 같이 방대한 영역을 가진 것이 407년 후연을 멸망시킨 광개토왕 시대의 고구려였다. 남으로 백제를 패퇴시켜 아신왕의 항복을 받았고 임나가라의 항복, 신라와의 친선관계를 바탕으로 서쪽으로는 후연을 멸망시켰으며, 북위와는 우호적 관계를 유지함으로써 고구려는 국력을 과시하였다. 덕흥리고분은 무덤의 축조일까지 명확하게 알려주는 고구려의 유일한 무덤이다. 묘실 북벽 서측에는 무덤 주인의 초상화가 있고, 묘 주인에게 13명의 태수가 찾아와 하례를 드리는 태수래조도太守來朝圖가 그려져 있는 것으로 보아 한창 영토를 넓혀가던 고구려 전성기의 모습을 생생하고도 시원하게 표현한 그림이라 하겠다.

• • • • • • • • • • •

29. 고구려 왕계의 고씨는 본래 하북성 남단에 남북방향으로 길게 걸쳐 있던 발해의 주인들로서, 연과 제 지역의 구토회복에 대한 강렬한 향수를 갖고 있었고, 고구려 멸망 후 발해 건국 역시 자신들의 출신지를 잊지 않기 위해 사용한 국호였다.

덕흥리고분 동벽에는 북소리에 맞춰서 춤을 추는 이들이 앞선 가운데 4줄의 의장행렬이 이어지고 있고, 그 주위를 11명의 중무장 개마무사가 호위하며 따르고 있다. 행렬 위쪽으로 6명, 아래로 5명의 개마무사가 따르고 있는 모습에서 고구려 귀족의 위세와 고구려군의 실상을 짐작할 수 있다. 무덤 주인이 살아생전에 부대를 거느리고 중국 연군燕郡과 북평北平(현재의 북경) 지역을 넘어 과거 중국의 제齊 지역 가까이까지 영역을 넓혀가던 장엄한 모습과 고구려의 위엄을 눈에 보는 듯하다.

이 무덤은 가야·왜·백제 연합군이 고구려를 공격했다가 대패한 직후에 만들어졌다. 그러므로 400년 광개토왕 군대의 가야 원정에는 덕흥리고분의 벽화에서 보는 중무장 개마무사와 철갑 보병이 전광석화처럼 움직였으리라 짐작되며, 함안 마갑총의 마갑과 마주馬冑는 고구려의 영향을 받은 것이었다고 볼 수 있다. 이런 점에서 "(함안 마갑총에서 출토된) 마갑과 마구는 고대 한국 남부의 마구馬具 연구와 고구려·왜·중국 남북조와 서로 관련된 기승용 마장마구馬裝馬具 연구에 중요한 자료"[30]라고 마갑총이 갖는 의의를 정리한 점에 주목할 필요가 있다. 요약하자면, 마구는 중국 북조北朝의 여러 정권과 고구려-영남-왜로 이어지는 계보를 염두에 둬야 한다는 것이다.

그러면 갑주에는 고구려의 영향을 알 수 있는 특징이 반영되어 있지 않을까? 이것과 관련하여 참고할 수 있는 또 하나의 사례가 합천 옥전고분군 M3호분에서 나온 금동제 고구려 투구이다. 이것은 현재까지 영남지방에서 나온 5세기의 투구 중에서 가장 화려한 것인데, 고구려 투구를 모방해서 합천에서 만든 것이거나 고구려에서 다라국왕에게 준 것이라고 추정할 수 있다. 그것이 아니면 481년 고구려의 남진에 대응하

· · · · · · · · · ·
30. 학술조사 보고 제15집 『함안 마갑총』(국립창원문화재연구소, 2002)에서 인용

여 백제·가야·신라가 함께 맞서 싸우면서 이때 노획한 것이거나.

그런데 이 투구의 소찰小札이 일반적으로 가야 지역에서 발견되는 것과 그 형태가 다르며 투구의 패션이 대단히 독특하다. 이것은 중국 하북성 역현易縣의 연하도燕下都 44호분에서 출토된 투구와 유사하다고 해서 중국의 갑주문화를 받아들여 백제에서 만들었을 것이라고 추정한 견해[31]가 있다. 전후사정과 시대적 상황을 감안하면 이러한 갑주라든가 마구는 400년 광개토왕 군대의 가야 원정 때나 5세기에 파급되었을 것으로 보는 게 타당할 듯하다. 5세기에는 널리 장수왕의 평양천도(427년), 북위정권 탄생(439년), 장수왕의 백제침공과 개로왕의 죽음(475년) 및 문주왕의 웅진천도, 중국 남제에 가라 사신 파견(479년), 충주 중원고구려비(481년)[32] 건립과 같은 주요 사건들이 있었다. 그리고 내물왕–실성왕–눌지왕–자비왕으로 이어지는 5세기 신라의 왕위계승에 고구려의 힘이 작용하는데, 이런 여러 가지 사건들은 고구려의 서수남진西守南進[33] 정책과 관련이 있다. 그러므로 이 시기 신라·가야 지역에서 발견되는 마구와 개마무사의 무기는 고구려의 영향을 받았을 것으로 보인다. 다만, 마구에 있어서는 고구려의 영향보다는 오히려 북중국 선비계의 영향을 받은 것으로 보는 국내의 연구 경향도 있음을 참고할 필요가 있다.

그러면 마갑총은 누구의 무덤일까? 5세기 중반 아라가야 지배자의 무덤이거나 아라가야 왕을 곁에서 지키던 근위병 개마무사의 무덤일 가능성이 있다. 도항리에 있는 대형고분들은 함안 아라가야 지배자들의 무덤이다. 고분이 있는 곳이 말이산이고, 고분이 형성된 범위가 도항리에서 말산리末山里에 이르는 지역인 데다 '말·마리' 자체가 수장을

· · · · · · · · · · ·
31. 「가야의 武具와 馬具」, 신경철, 『國史觀論叢』7, 1989
32. 5세기 중반에 세워졌다고 보는 견해도 있다.
33. 고구려 서편 지역은 굳게 지키고 남쪽 백제와 신라 방향으로 영역을 넓힌 정책

의미하는 용어인 까닭에 아라가야 수장들이 묻힌 묘역임은 분명하다.[34] 더구나 지금까지도 왕궁 터라고 전해오는 지역이 가야읍에 있어 애초 아라가야 '마리'(=왕)의 주거공간과 무덤군이 서로 멀지 않은 곳에 조성되었을 것임을 알 수 있다.

말을 보호하기 위해 씌우는 말갑옷(=마갑)은 처음에는 가죽으로 만든 피갑皮甲에서 출발했다. 피갑은 중국 전국시대에 처음 나타났으며 한나라 시대까지도 피혁제품을 많이 썼다.[35] 그런데 국내의 경우, 철제 마갑이나 마주(馬冑, 말투구)는 주로 5세기 신라와 가야 등 남부지방 고분에서 출토되고 있다. 지금까지 중국과 한국·일본에서 마갑이나 마주가 출토된 유적은 모두 27개소이다.[36] 우리나라에서 마주가 가장 많이 출토된 것은 가야이며, 그 다음이 신라이다.

현재까지의 발굴 결과로는 신라 지역에서는 경주시 황남동 109호분(4곽)과 쪽샘지구에서 마갑이 출토되었으며 나머지는 대부분 가야권에서 출토되었다. 가야권에서는 부산 복천동 35호분, 부산 학소대(1구 2호), 김해 대성동 11호분, 함안에서는 마갑총과 도항리 8호분(수혈식석곽묘)에서 마주가 출토되었으며, 고령 지산동 45호분(수혈식석곽묘)에서도 마주가 1점 나왔다. 그러나 단일 유적으로서 현재까지 마주가 가장 많이 출토된 곳은 합천 옥전고분군과 동래 복천동고분군이다. 목곽묘인 옥전 20호분과 28호분, 석곽묘인 M1호분에서 각기 1점씩 나왔는데 쌍

----------

34. 마리(말)는 삼한계의 말이다. 말산리의 '말산'은 마리산을 뜻하며, 이는 곧 마리들의 무덤이 있는 산이라는 뜻이다. 고령 지산리의 '지산'은 지(=치)들의 무덤을 쓴 산이라는 뜻으로, 지(치)는 본래 흉노·선비계 말이라는 점을 『흉노인 김씨의 나라 가야』에서 밝혔다. 따라서 고령 대가야는 김해의 지배층이 옮겨가서 그곳의 기층민을 재편하여 세운 정권임을 알 수 있다.

35. 목갑(木甲)도 사용했다.

36. 2009년 경주 쪽샘지구에서 마갑이 찰갑과 함께 출토되었으나 쪽샘 마갑은 도항리 마갑과 형태가 다소 다르다.

책 일대의 고분군에서는 앞으로도 마주가 더 나올 가능성이 있다.

하지만 고구려와 백제 지역에서는 마갑이나 마주가 출토되지 않았다. 여기에는 그럴만한 이유가 있다. 고구려와 백제의 경우 대부분 횡혈식석실묘로서 도굴 또는 훼손되었을 가능성도 있고, 부식도 잘 될 뿐더러 유물을 넣지 않는 박장薄葬을 원칙으로 한 풍습 때문이다. 따라서 앞으로도 고구려와 백제의 고분에서는 마갑을 구경할 수 없을지도 모른다. 그와 달리 신라·가야 지역에서 마갑이나 마주가 많이 출토되는 것은 그 무덤 형식이 대형 목곽묘나 대형 봉토를 갖춘 수혈식 석곽묘여서 쉽게 도굴할 수 없는 조건 때문이기도 하다.

그동안 가야시대의 무덤 양식 변화를 1~3세기의 목관묘, 2~5세기 중반까지의 목곽묘 그리고 5세기엔 수혈식석곽묘로 발전했다고 이해해 왔다. 그러나 "함안 지역에서 5세기 중반의 대형 목곽묘인 마갑총을 발굴함으로써 이 지역의 중심적인 묘제가 수혈식석곽묘와 횡구식석실묘·횡혈식석실묘였다고 판단한 기존의 인식에 큰 변화를 가져왔으며, 부산·김해 목곽묘 문화와의 상호 관련성을 추정할 수 있는 중요한 자료"[37]가 되었다. 김해에선 5세기 초반을 지나면서 목곽묘 전통이 끊겼으나 함안에서는 계속 사용된 것이다.[38] 수혈식석곽묘인 도항리 8호분에서 마갑이 나왔고, 대형 목곽묘인 마갑총 가까이에서 2기의 석곽묘를 발굴했을 뿐 아니라 마갑총에 의해 일부가 파괴된 목관묘 1기를 추가로 발굴함으로써 같은 5세기의 무덤인데도 여러 무덤양식이 동시에 사용되었음을 알 수 있었다. 더군다나 먼저 쓴 목관묘를 부수고 그곳

· · · · · · · · · · ·

37. 학술조사보고 제 15집 『咸安 馬甲塚』에서 인용

38. 이에 대해 김해시 구 공설운동장 터를 대성동고분군의 연장 지역으로 보고, 이 일대에 5세기 이후 줄곧 무덤이 들어섰으며 김해 가야인들의 삶과 문화는 그대로 계속되었다고 보는 견해가 제시되었다. 고구려 군대의 가야 원정으로 김해가야의 문화가 단절되었다는 견해에 대한 반론이 제기되어 설득력을 얻어가고 있다.

에 다시 목곽묘를 쓴 것도 김해 대성동과 같았으며, 영남 지역 목관묘가 그렇듯이 목관묘와 와질토기의 궁합 또한 다르지 않았다. 이 목관묘에서는 와질토기인 조합우각형파수부호(1점)·원저단경호(1점)가 나왔으며, 그 외에도 2점의 철부가 나왔다. 또한 마갑총의 목곽과 묘광 사이에 채워 넣은 충전토 안에서도 노형토기 및 조합우각형파수부호와 소형의 원저발 각 1점이 나와 마갑총 이전에 함안을 포함한 영남지방에 목관묘 문화가 공통적으로 존재하였음을 알게 되었다. 마갑총 인근에서 조사한 2기의 수혈식석곽묘는 고배나 발형기대·단경호 및 철기가 함안의 수혈식석곽묘에서 나오는 것들과 다르지 않았다.

## 5~6세기 아라가야 지배자들의 무덤 말이산고분군

말이산고분군은 도항리[39]에서 말산리 일대까지 길게 이어져 있고, 여기저기 유적이 흩어져 있어서 사실상 함안에서는 땅을 파면 어디나 유물이 나온다고 할 만큼 함안 가야읍 일대가 모두 유적지라고 할 수 있다. 지금은 말이산고분군으로 통칭하고 있으나 아직도 도항리 쪽의 무덤은 따로 도항리고분으로 구분하여 말하기도 한다. 1990년대 말이산고분 발굴은 다섯 차례에 걸쳐 진행되었으며, 이 발굴을 통해 새로운 사실들이 알려졌다. 함안 지역의 무덤 양식은 대형 봉토분이 대부분인데 여기서도 순장이 일반화되어 있었음을 알게 되었다. 무덤엔 대략 2~6명을 순장하였다. 화염문투창이 있는 고배와 쇠낫(철겸)은 살아생전의 주인을 따라 죽음을 택한 순장자를 위해 넣어준 유물이었다.

무덤은 크게 네 가지로 구분할 수 있었다. ①폭에 비해 길이가 매우

•••••••••••
39. 道項里. 질목마을의 한자 번역어이다.

긴 세장방형細長方形의 목곽묘(고식 도질토기가 출토된 4세기의 무덤), ②5세기 전반의 화염문투창고배[40]를 부장한 대형목곽묘, ③아래위 한 줄로 네모 난 모양의 투창이 있는 투창고배가 나온 5세기 후반의 수혈식석곽묘 그리고 ④장방형의 투창이 있는 다리 짧은 고배(장방형투창단각고배)를 가진 횡혈식 석실묘라는 6세기 전반의 무덤양식이다. 그러나 562년 아라가야의 멸망과 더불어 대형 횡혈식석실묘는 더 이상 만들지 않았다. 여기서 우선 무덤 양식별로 아라가야의 묘제도 세장방형 목곽묘(4세기)→대형목곽묘(5세기 전반)→수혈식석곽묘(5세기 후반)→횡혈식석실묘(6세기 전반)로 변화하였음을 기억해둘 필요가 있다.

도항리와 말산리의 무덤을 조사한 바에 따르면 함안 지역에는 4세기 말에 이르러서야 토기나 철기 등 외래유물의 출토량이 늘어난다. 또한 납작한 물고기 꼬리 모양의 행엽[41]이라든가 은장식이 있는 안교 등, 신라의 위세품을 적극적으로 받아들이면서 무덤에도 서서히 변화가 나타난다.

함안 지역의 무덤 양식은 5세기 후반 드디어 목곽묘에서 수혈식석곽묘로 변화하며 6세기 초부터는 수혈식석곽묘가 다시 횡혈식석실묘로 발전한다. 이 횡혈식석실묘를 흔히 수혈식석곽묘에 입구를 설치한 형태라고도 말한다. 쉽게 말해서 수혈식에 연도나 입구를 갖춘 형태가 횡혈식이라는 얘기이다.

4세기 후반 이전의 도항리고분에서 가장 두드러진 점은 함안 지역 고분에는 외래적인 요소를 별로 찾을 수 없다는 것이었다. 단지 4세기 후

⸺⸺⸺⸺⸺⸺⸺

40. 고배 대각부에 느낌표(!)를 거꾸로 세운 모양의 투창이 있어 화염문투창이라고 한다. 이 고배는 순장자들을 위해 부장한 것이어서 흔히 화염문투창을 '순장자의 눈물'이라고 말하는 이도 있다.
41. 편원어미형행엽(扁圓魚尾形杏葉)이라고 하는데, 이 용어는 적합하지 않다. 우리가 통상 생각하는 물고기는 측편어(側偏魚)이므로 그냥 어형행엽 또는 물고기형 행엽으로 바꾸는 것이 좋겠다.

반부터 5세기 전반의 유적에서 나오는 외래계 유물은 대부분 김해 가야로부터 유입된 것으로 보이며, 가야 말기인 6세기 전반에 이르러서야 고령계 토기양식과 소가야계 토기양식이 나타나고 있어 가야시대 말기에야 비로소 아라가야·대가야·소가야와의 유기적인 관계가 엿보인다. 특히 부산 복천동 사람들과 밀접한 관계를 갖는 6세기의 변화는 주목할 점이다. 하나의 예로, 부산 복천동 22호 고분에서 나온 철겸은 생김새가 함안에서 나온 것과 같아서 이것은 '복천동과 함안 사이의 인적·물적 교류를 짐작할 수 있게 하는 요소'라는 연구 결과를 내놓은 이가 있다.

도항리 일대의 목관묘는 김해 지역과 마찬가지로 1세기 전반부터 조성되기 시작하였다. 도항리 23호분에서 나온 주머니호는 다호리 25호분 목관묘에서 나온 흑회색 단경호와 유사하다는 점에서 발굴자는 이것이 만들어진 시기가 1세기 전반을 넘지 않는다고 보았다. 양동리 지역보다 훨씬 늦게 목관묘가 나타나는 셈인데, 이 시기를 1단계로 분류한다. 이어 1세기 후반이 되면 많은 수의 목관묘가 축조된다. 이 시기를 2단계로 구분한다. 2세기 전반(3단계)까지는 목관묘가 함안 아라가야의 지배층에서 주로 사용한 무덤 양식이다. 하지만 그것도 4세기가 되면 목곽묘로 대치된다. 대성동보다도 목관묘를 2세기 이상 오래도록 사용하였다. 그런데 목관묘에 들어있는 유물은 같은 시기의 무덤인 창원 다호리 1호분·경주 조양동 38호분·김해 양동리 목관묘들보다 한결 빈약하다. 이것으로 보아 경주나 김해 및 창원 지역보다 문화적으로 발전 단계가 늦고 또 경제적으로도 낙후된 사회였던 것 같다. 다만 2세기 전반에 조성된 것으로 보이는 도항리 24호분에서 나온 2단병식철모二段柄式鐵鉾는 양동리 7호분에서 나온 것과 유사하며, 특히 유리구슬이나 수정은 양동리 지역과의 교류에서 온 것으로 보고 있다. 쉽게 말해 2세기 전반에는 김해 양동리나 함안의 문화 발전 단계가 어느 정도 비슷했다는 것이다. 1세기 전반에 조성되기 시작한 함안의 목관묘를 토대로 함안의 안라국은 1세기 전반에 형성되었을 것이라고 보는 견해도 있다.

앞에서 잠시 거론했듯이 함안 지역의 목곽묘는 4세기부터 나타난다. 이때는 대략 길이가 4m 이내인 소형 목곽묘가 대부분인데, 대표적으로 함안 인근의 황사리·예둔리·윤외리 등 아라가야 영역이었던 곳에 있는 무덤들은 긴 장방형 목곽묘의 전통을 계승하고 있다. 이들 목곽묘는 나중에 길고 폭이 좁은 수혈식석곽묘로 변화하게 되지만, 4세기 남강 연안에서는 소형 목곽묘의 밀도가 두드러지게 높아 대조적이다. 곧이어 5세기 초가 되면 도항리~말이산 정상부 일대에 II형(대형) 목곽묘가 지배자급의 무덤으로 쓰이는 것으로 보아 이때 비로소 아라가야의 세력이 부상하는 것을 알 수 있다. 함안 지역의 대형 목곽묘는 새로운 세력집단이 등장하면서 남긴 것으로 이해할 수 있다.

전체적으로 보아 4세기의 유물은 빈약한 반면 5세기에 들어서면 질적, 양적으로 갑자기 풍부해져 큰 차이를 보이는데, 바로 이런 변화가 새로운 세력의 등장과 관계가 있는 것 같다. 김해 지역에서 유행한 목곽묘가 4세기 말~5세기 초 이후가 되면 김해 지역에서는 더 이상 만들어지지 않거나 크게 쇠퇴하는 대신 함안 지역에 나타나는데, 그것은 김해 상층세력 일부가 함안으로 유입된 결과로도 볼 수 있는 점이다. 즉 김해의 지배세력은 함안이나 고령·합천 등지로 떠났거나 잦은 전쟁으로 지배층과 전사단이 몰락하고 순장도 사라지는 것으로 이해할 수 있을 것이다. 대신 함안 지역의 목곽묘는 5세기에 들어서면서 김해·부산 지역의 목곽묘보다 묘광의 길이가 길고 폭이 좁은데, 이러한 세장형의 대형(II형) 목곽묘는 수혈식석곽묘로 대체될 때까지 계속해서 축조된다. 5세기 후반~6세기 전반에 축조된 도항리 일대 고분은 그 내부 매장부 형식이 목곽묘가 아니라 수혈식석곽묘 또는 횡혈식석실묘라는 특징을 갖고 있다.

앞에서 설명한 대로 함안 지역에선 김해 양동리보다는 다소 늦지만 1세기 중반부터 목관묘를 사용하였고, 목곽묘는 4세기에 비로소 등장했다. 이것은 3세기 말 이후에 함안 안라국이 새로운 변혁기에 들어섰음을 말해준다. 『삼국지』변진전에서 묘사한 안라국 왕은 바로 이런 변화 단계 이전의 수장을 이르는 것으로 이해하면 될 것이다.

앞에서 설명한 대로 함안 지역의 목곽묘는 편의상 Ⅰ유형(중소형)과 Ⅱ유형(대형)의 두 가지로 구분한다. Ⅰ유형은 길이 4m 내외의 중소형 무덤이다. 목곽 내부에 목관이 있었는지는 확실치 않다. 묘광 바닥에는 고운 점토를 깔고 시신을 안치하는 방식이다. 길이가 4m 내외로 중소형이지만 묘광은 길고 폭이 좁은 세장방형이다. 여기에 통형 고배라든가 화로형토기, 머그잔을 닮은 파수부배[42]와 같은 고식 도질토기 단계의 유물을 많이 부장하였다. 아라가야의 옛 땅이었던 의령 지역 일부와 마산 진동 황사리, 진주 동부 지역인 법수면 윤외리, 진주 대평리 등 남강과 남해 연안 지역에 있는 4세기의 고분군 중에도 함안의 Ⅰ유형 목곽묘와 동일한 양식이 있다.[43] 물론 이것은 이 지역 지배자들과 함안세력 사이의 동질성을 엿볼 수 있는 요소라고 말할 수도 있을 것이다.

5세기 초에 새롭게 등장한 함안의 Ⅱ형 목곽묘는 대개 시신을 놓는 자리에 자갈을 고르게 깔았다. 생토층을 그대로 놔두거나 고운 점토를 깐 Ⅰ유형 목곽묘와 다른 점이다. 길이도 5~7m의 대형묘이다. 이 Ⅱ유형의 목곽묘는 말이산 구릉 정상부를 중심으로 분포하며, 장방형의 대형인 만큼 상층 세력의 무덤이라고 할 수 있다. 묘광의 장폭 비율은 도

••••••••••
**42.** 손잡이 달린 컵형 토기
**43.** 도항리고분 중에서 4세기 대의 고분으로는 33호·34호·35호·36호·41호·49호 무덤이 있다.

■ 발굴 전 봉분 위에 소나무와 잡목이 우거져 있던 도항리 8호분의 모습

항리 9호·10호·20호·27호분을 기준으로 대략 2.4 : 1이다.[44] 목곽은 폭 20cm 가량의 각재로 조립되었으며, 별도의 부곽을 갖고 있지 않다. 간단히 말해서 목곽 안에 피장자와 부장품을 함께 넣은 다음, 목곽을 판재로 덮은 단독분이다. 피장자가 머리를 두고 있는 방향은 대략 북향이며 발치에는 다량의 토기를 부장하였고, 시신 주변에는 철기를 함께 넣어주었다. 이러한 무덤 양식을 따로 C형이라고 발굴자들은 구분하였다. 다시 말해서 Ⅱ유형 목곽묘는 대부분 C형에 속하는 대형무덤이다. 반면, 머리와 발치 어느 한쪽에만 토기를 부장한 유형이 있다. 이

<hr />

44. 마갑총과 도항리 10호·13호·27호·48호, 그리고 칠원 오곡리고분군 가운데 5호·8호·9호·11호 등도 여기에 속한다고 이해하고 있다.

것을 B형으로 구분하는데, B형은 규모가 소형이고 시상屍床[45]의 구조도 대부분 Ⅰ유형에 속하는 것들이다.

김해와 부산을 중심으로 한 낙동강 하류지역에서는 3~4세기에 대형 부곽을 갖춘 목곽묘(Ⅱ유형)가 쓰이는데, 같은 시기 함안 도항리 일대의 무덤에는 그와 같은 대형 목곽묘가 나타나지 않는다. 당시 선진 지역이던 김해·부산지방 낙동강 하류지역과 달리 함안 지역에서는 5세기 들어서면서 Ⅱ유형 목곽묘(대형목곽묘)가 나타나는 것이다.

발굴 결과를 토대로 함안의 Ⅰ유형(중소형) 목곽묘는 Ⅱ유형 목곽묘 아래 신분의 무덤으로 추정하고 있다. 도항리 3호·10호·27호분처럼 7m 이상의 대형 목곽에 20m 이상 서로 거리를 두고 만든 Ⅱ유형은 부장유물도 많아 상층 지배세력의 무덤임이 분명하다. 무덤의 규모와 부장 유물은 생전의 신분을 반영한다. Ⅱ유형 무덤 주변에 별다른 구분 없이 Ⅰ유형 목곽묘가 흩어져 있는 점을 보더라도 Ⅰ유형은 Ⅱ유형보다 신분이 낮은 사람들의 무덤임을 알 수 있다. 소형이든 대형이든 이들 목곽묘는 흙이 모두 깎여나가 발굴 당시 봉분의 흔적을 확인하지 못하였다. 이런 무덤들은 애초 봉분을 갖고 있었는지는 알 수 없다. 그래서 봉분이 없었다고 단정할 수도 없고, 봉분이 있었다고 말하지도 못하고 있다.

한편 함안 지역에 4세기부터 등장하는 목곽묘는 영남의 다른 지역 목곽묘와 한 가지 뚜렷한 차이가 있다. 4~5세기 다른 곳의 목곽묘에서는 순장이 이루어졌으나 함안 지역 목곽묘에서는 순장이 발견된 바가 없는 것이다. 다만 5세기 중반에 수혈식석곽묘가 함안 지역의 중심묘제로 자리 잡으면서 비로소 2~6명을 순장하는 현상이 나타난다. 이러한 차이점을 어떻게 해석할 것인가도 과제로 남아 있다. 4세기에 새롭게 목

• • • • • • • • • • •
45. 시신을 안치하기 위한 관대(棺臺)

■ 함안 도항리 8호분 순장인의 인골 노출 상태

곽묘를 받아들이기는 했으나 함안 안라국의 주인들은 순장 만큼은 수
용하지 않다가 수혈식석곽묘를 선택하면서 순장을 하게 된 배경이 무
엇인지 이해하기가 어려운 것이다.

부산이나 김해 지역의 목곽묘에는 별도의 부장공간이 있는데, 함안
의 목곽묘에는 그것이 없는 것도 큰 차이점이다. 목곽과 토광 사이도
파냈던 흙으로 다시 메웠을 뿐, 돌과 흙을 일정하게 섞어서 다지는 일
도 없다. 이것 또한 함안 지역의 선주인들이 외래 목곽묘를 뒤늦게 받
아들인 결과일 것이다. 이런 점들을 감안할 때 4세기까지 함안은 김해
만큼 강력한 정치력을 가진 집단은 아니었을 가능성이 있으며, 정치·경
제·문화적으로 낙후되어 있었기 때문에 철기의 보급도 늦어졌다고 이
해할 수 있다. 이런 차이점들을 바탕으로 목관묘가 목곽묘로 교체되는
4세기와, 목곽묘가 대형화하는 5세기 초 언젠가 함안의 왕권이나 지배
층에 변화가 있었을 수 있다는 판단이 가능하다.

다음으로, 가야 사회의 중요한 경제적 가치를 갖고 있던 철정은 김해 지역을 중심으로 한 낙동강 하류 인근과 경주 지역에서만 나올 뿐, 함안 도항리나 예둔리 등 함안·의령 등 서부경남 지역에서는 4세기까지는 나타나지 않는다. 다시 말해서 함안의 철정은 5세기에 들어서서야 등장한다. 김해와 이웃한 곳인데도 어찌해서 이런 현상이 나타나는 것일까? 아마도 김해의 철이 함안 등지로 넘어가지 못하도록 철저히 통제한 결과가 아닐까 하는 생각마저 들 정도인데, 그것은 4세기까지 김해와 함안이 별개의 정치세력으로서 독립된 경제 단위였음을 말해주는 게 아닌가 여겨진다.

함안 지역에 4세기 이후 목곽묘가 등장하면서 그 이전의 목관묘에는 없던 토기들이 함께 나타나는 점도 주의해서 보아야 할 요소이다. 통형고배가 나팔식고배로 바뀌는 것이나 화염형투창고배의 출현은 Ⅰ유형 목곽묘에서 Ⅱ유형 목곽묘로의 변화를 알려주는 서막이라고 할 수 있는데, 이러한 변화와 더불어 함안이 김해를 대신하여 경남 남부의 새로운 중심으로 부상하게 된다.

5세기 중엽부터 등장하는 함안의 대형 수혈식석곽묘는 대형 봉토분을 갖고 있는 무덤이다. 이 양식은 반드시 2인 이상을 순장하는 특징이 있다. 수혈식 석곽묘가 함안의 지배자 무덤으로 정착하면서 또 다시 새로운 변화가 나타난 것인데, 그 중에서 가장 대표적인 것이 도항리 5호분과 8호분이다.

도항리 5호분[46]과 8호분은 5세기 후반~6세기 초의 전형적인 수혈식

----------

46. 5호분은 1917년 10월 일본인 이마니시류(今西龍)가 발굴한 무덤이다. 일제시대 발굴하고 30호분이라고 명칭을 부여했는데, 당시 개석(蓋石)에 수하왕(壽下王)이란 명문이 있다고 해서 그간 수하왕묘라고도 불렀다. 그러나 1994년 5~8월에 다시 조사한 발굴 결과로는 인근 동네 이름인 下三岺(하삼기)를 주민이 낙서한 것으로 판단하였다.

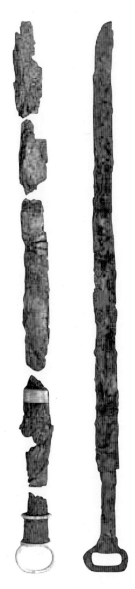

■ 도항리 8호분 출토
환두대도

석곽묘로서 지금까지 발굴한 함안 지역의 수혈식 석곽묘 가운데 가장 규모가 크다. 5호분의 수혈식 석곽은 길이 180cm에 너비 80cm 안팎의 대형 개석을 13장이나 올려놓아 석곽을 덮었을 만큼 석곽의 규모가 크다. 길다란 석곽의 내부는 3등분을 하여 중앙부에 무덤의 주인(주피장자)을 안치하였으며 그 좌우측에는 대도와 옥玉을 비롯한 장신구를 넣어주었다. 석곽의 북쪽 공간에는 고배와 기대· 호·뚜껑(개) 등과 함께 칼·갑주·마구와 같은 무기나 기마와 관련된 물건을 넣었다. 아울러 석곽의 남쪽에는 2~6명의 사람을 순장하였다. 순장자는 모두 가지런히 누웠으며, 머리는 서쪽에 두었다. 순장자를 위해 토기와 몇 점의 칼을 넣어주었으며 무덤의 주인은 머리를 순장자가 있는 남쪽에 두었다. 5세기 전반 함안의 목곽묘에서는 북침이 중심이었으나 수혈식석곽묘에서는 남침 위주로 바뀌는 것이다. 순장자 옆에는 화염문토창고배를 놓아 주었다. 함안식 고배라고 말할 정도로 이 지역에 고유한 양식인 화염문투창고배[47]는 순장자를 위한 부장품이다. 이러한 장례의식과 부장유물은 함안 지역 고분에서만 볼 수 있는 특징들이다.

한편 도항리 8호분은 봉분 하부의 직경이 21m나 된다. 개석은 140~180cm 길이에 폭이

■ 함안은 물론 가야권에서 종종 나타나는 석관묘. 목곽묘가 유행하는 단계에서도 사용되었는데, 벽석으로 얇은 석판을 대었다. 이것을 고인돌의 하부 매장부의 전통을 계승한 것으로 보는 시각도 있으나 대개는 3세기 중반, 외부로부터 유입된 것으로 이해한다.

30~80cm, 두께가 25~40cm나 되어 무게가 최소 1톤이나 나가는 것이었다. 개석과 석곽 크기로는 가야시대 석곽묘 중에서는 최대 규모이다. 무덤에서는 몽고발형투구와 허리띠버클·청동방울·안교·찰갑편·행엽·마갑이 나와 지배자의 무덤임을 짐작하게 하였다. 아울러 관정을 수습함으로써 석곽 안에 목관을 따로 안치한 사실도 확인했다. 네모난 투창이 상하 한 줄로 나있는 고배[48]와 삼각형투창고배·함안식 발형기대·파수부완과 같은 함안의 지역성이 강한 토기류도 많이 출토되었다. 8호분에서 총 250여 점의 유물이 출토된 점을 감안하면 도굴로 인해 70여 점의 유물을 수습하는데 그친 5호분에도 원래는 더 많은 유물이 있었을 것이라고 판단할 수 있었다. 함안 도항리 5호분과 8호분은 1994년의 3차발굴 때 비로소 그 내부가 자세하게 세상에 알려졌다.

함안 도항리의 고분 중에서 특색 있는 또 하나의 고분이 54호분이다.

••••••••••
48. 상하일렬방형투창고배

이 무덤은 백제의 영향이 매우 강하다는 점에서 자주 거론된다. 특히 은제고리칼(은제쌍룡문환두대도)은 마치 살아 있는 두 마리의 용이 꿈틀대는 모습을 아주 사실감 있게 상감기법으로 표현하였다. 이것은 백제에서 함안의 수장에게 전한 일종의 위세품威勢品으로서 5세기 말 백제와의 밀착관계를 엿볼 수 있는 유물이라고 말한다. 더구나 이 쌍룡문은제환두대도는 합천 옥전고분군 M3호분에서 나온 것과 매우 유사해 백제와 낙동강 서편 가야 세력들 사이의 관계를 짐작할 수 있게 하는 것이라고 이해하고 있다. 합천 쌍책의 옥전 M3호 고분에서 나온 은제쌍룡문환두대도는 470~480년 경에 제작된 것이고, 함안 도항리 54호분에서 나온 삼환령三環鈴은 5세기 후반~6세기 초의 것으로 파악되어 54호분의 축조시기를 가늠하는 데도 큰 도움을 주었다. 이와 함께 5세기 후반의 회백색 연질토기도 나왔는데, 이것은 전북 장수군 삼고리의 13호분 그리고 진안 황산리 2호분에서 나온 것과 형태가 같아 함안 지역이 백제와 교류한 루트까지도 추적할 수 있게 되었다.

# 7장

# 안야국은 마국馬國의 의미일 것

## 안라국의 멸망연대에 관하여

그간 많은 연구와 발굴에도 가야사에서 분명하게 말할 수 있는 것은 그다지 많지 않다. 안라국의 경우도 별로 다르지 않다. 안라국의 사회구조는 물론이고 기본적인 것이지만 안라국의 시작과 끝, 그러니까 존속연대도 분명하지 않다. 5세기 이전의 안라국 중심은 어디에 있었는지, 안라국과 김해가야의 영역과 경계는 어디까지인지, 불분명한 게 많다. 현재의 함안읍에 있는 대형무덤들은 대개 5세기 이후에 들어선 것들이며, 그 이전의 유적은 많지 않다. 3세기 이전의 안라국의 실체에 대해서도 알 수 있는 게 별로 없다. 게다가 안라국에 관한 기록도 얼마 없고, 그나마 몇 안 되는 기록마저도 확실한 것이 적으니 안라국이 어떤 나라였는지 구체적으로 아는 데 한계가 있다.

함안의 안라국은 가야 지역에서는 김해가야와 더불어 가장 오래 존속한 나라였다. 더구나 함안은 3세기까지 김해와 함께 변진 지역의 양대 세력이었다.[1] 5세기부터 멸망기까지는 고령 대가야와 함께 낙동강 서편에서 가장 큰 세력으로 성장하였으나 다 같이 6세기 중반에 신라에 통합되었다. 함안 안라국은 고령과 함께 562년에 멸망한 것으로 되어 있다. 그러나 『일본서기』에는 그 이전에 멸망했다는 설도 함께 기록되어 있어 의문이 있다.

신라는 안라국을 병합하여 아시량군阿尸良郡으로 삼았다고 한다. 그래서 『신증동국여지승람』 함안군 건치연혁 조에는 "본래 아시량국阿尸良國이다(일설에 아나가야라고도 한다). 신라 법흥왕이 안라국을 없애고 그 땅을 군으로 삼았다. 경덕왕이 지금의 이름으로 바꾸었다"[2]고 하였다. 이것은 "법흥왕이 크게 군사를 일으켜 아시량국(안라국)을 멸망시키고 그 땅을 군으로 삼았으며, 경덕왕이 이름을 고쳐 지금도 그에 따르고 있다"[3]고 한 『삼국사기』 지리지 함안군 기록과 같은 내용이라고 볼 수 있다. 법흥왕은 516년부터 539년까지 왕위에 있었으니 "법흥왕이 크게 군사를 일으켜 안라국을 없앴다"는 『삼국사기』 지리지의 기록은 함안 안라국이 마치 김해의 임나가라 본국과 비슷한 시기에 멸망한 것처럼 그리고 있다. 물론 이것은 562년 멸망설과는 한참 거리가 있다. 그렇다고 이 기록이 단순히 기록자의 실수였을 것이라고 보기도 그렇고, 사실로 믿기도 애매하다. 추정하건대 신라가 군으로 삼은 안라국은 지금의 함안군 영역을 크게 벗어나지 않았을 것이다.

참고로, 앞의 두 기록에서 말한 아시량阿尸良은 표기법상 신라 향찰

--------

1. 안라국(安羅國)이란 이름 외에도 안야국(安邪國)·아나가야(阿那加耶)·아라가야(阿羅加耶) 등의 이칭이 있다.
2. 本阿尸良國(一云阿那伽倻) 新羅 法興王滅之 以其地爲郡景德王改名
3. 法興王以大兵滅阿尸良國(一云阿那伽倻) 以其地爲郡景德王改名今因之

■ 함안 도항리고분군(함안 군청)

이다. 신라가 가야를 통합하였으니 당연한 결과이다. 신라 향찰 阿尸良의 실제 소릿값은 '알라'이다. 이것은 한자명 안라安羅를 염두에 두고 표기한 이름이다.『삼국사기』에 의하면 함안군에는 현무현玄武縣과 소삼현김彡縣 2개의 현이 있었다. 신라 10정停 중 하나인 소삼정을 진흥왕 5년(544)에 설치하였다고 하였으니 만약 소삼정이 소삼현에 둔 것이었다면 544년 이전에 함안 안라국이 신라에 병합된 것으로 볼 수 있다.

그렇지만 소삼정을 함안 소삼현에 두었던 것으로 볼 수는 없을 것 같다.『일본서기』흠명기 기록에는 541년과 544년에 임나부흥회의가 있었고, 여기에 안라국이 참석하였으니 여러 기록을 맞춰 보면 안라국은 아무리 빨라도 544년 임나부흥회의 이후에 멸망했어야 한다. 그런데 『일본서기』흠명기 22년(561)의 기록에 "신라는 아라 파사산에 성을 쌓아 일본에 대비하였다"고 하였다.[4] 이것으로 보면 신라는 561년에 이미 함안 지역을 지배하고 있었던 게 된다. 그러면 안라국의 파사산은 어디일까? 함안 여항면의 파산[5]을 파사산으로 보는 견해가 제기된 바 있다. 그런데 막상 발굴해 보니 거기에는 성곽시설은 없고 봉수시설만 남아 있었다. 그래서 지금은 함안 성산산성을 파사산성으로 보고 있다. 그러나 여기엔 문제가 하나 있다. 『일본서기』의 '561년에 성을 쌓았다'는 기록을 증명할 만한 것이 별로 없었고, 대대적으로 축성을 한 것은 그로부터 한참 뒤였다. 함안 성산산성에서는 7세기 전반의 신라 유물이 주로 나왔으며, 561년을 전후한 시기의 축성 흔적을 아직 찾지 못하였다.

그런데 이 문제와 관련해서 함안 성산산성에서 나온 목간에 주목해야 한다. 성산산성을 쌓을 때 풀이나 나뭇가지 등을 넣고 다진 기초부에서 나온 목간(21번)이다. 거기에 쓰인 글자를 종전엔 王子寧자령일 것으로 보았었다. 그러나 근래 壬子年임자년으로 판독되어 성산산성에서 나온 토기 양식을 감안하여 목간에 적힌 임자년을 592년으로 보게 되었다. 안라국 멸망 후 30년 뒤에 신라가 왜·백제 연합에 대비하여 성을 쌓은 것으로 보는 게 가장 타당하다고 믿는 것이다.

그렇다면 아라국 파사산에 561년에 성을 쌓았다는 기록을 거짓으로 봐야 할 것인가? 『일본서기』에 전하고 있지만 전혀 근거 없는 일을 지어 내어 적지는 않았을 것이다. 이 때문에 '임자년'을 532년, 652년까지 고려해보게 되었다. 만약 532년으로 보면 김해가야가 멸망한 해에 함안도 함께 신라에 멸망하여 신라가 성을 쌓는 일을 했을 것이라고 판단할 수 있다. 이렇게 되면 지금까지의 가야사 연구에 많은 수정을 가해야

----

4. …故新羅築城於阿羅波斯山以備日本…
5. 巴山. 일명 봉화산

할 것이다.

그런데 『일본서기』 계체기 25년(531) 기록에는 백제 군대가 함안에 주둔하는 것으로 되어 있다. 아마도 그것은 신라 군대가 이동하자 위기를 느낀 함안 안라국이 백제에 지원군을 요청하여 대응한 것으로 보인다. 『백제본기』를 참고한 내용으로 "신해년(531) 3월에 백제 군대가 진군하여 안라에 주둔하였으며 걸탁성[6]에 군영을 설치하였다. 그 달에 고구려가 그 왕 안安을 시해하였다"[7]는 기록이 『일본서기』에 있는데, 여기서 말한 '고구려 왕 안'은 제22대 안장왕安藏王을 가리킨다. 안장왕이 시해당한 해를 정확히 기록한 것으로 보아 아마도 이 기사는 그 당시에 명확한 정보를 바탕으로 서술한 것 같다. 이 해에 함안 안라국은 존속하고 있었고, 544년에도 함안은 건재하였다.

그렇다면 법흥왕 때 안라국이 망했다는 기사는 명백히 오류이다. 『일본서기』 흠명기 5년(544) 3월 조에 "……신라가 봄·가을마다 무기를 많이 모아 놓고 몰래 안라와 하산荷山을 치려고 한다고 하며, 가라加羅를 습격할 것이라고도 합니다"라고 하였으니 이때에도 안라국이 존속하고 있었음이 분명하다.

또 『일본서기』 흠명기 9년(548) 조에 "……안라가 이웃의 어려움을 구해주지 않았다니 이는 짐도 걱정하고 있는 바이오.……"라고 한 구절도 있다. 흠명기 13년(552) 5월 8일 조에는 백제왕·안라왕·가라왕이 사신을 보낸 것으로 되어 있으며, 흠명기 14년(553) 조에도 신라와 고구려

••••••••••

6. '안라'라고 하였으니 걸탁성(乞乇城)은 경남 함안 또는 그 부근에 있던 성으로 볼 수 있다. 그러나 그 정확한 위치는 알 수 없다.

7. 百濟本紀云 軍進至于安羅 營乞乇城 是月 高麗殺其王安…. 『삼국사기』 고구려본기 안장왕 13년 기록에 "여름 5월에 왕이 죽었다. 왕호를 안장왕이라 하였다. 이 해는 양(梁) 중대통(中大通) 3년, 위(魏) 보태(普泰) 원년(531)이다. 『양서』에 '안장왕이 왕위에 있은 지 8년째 되는 보통(普通) 7년(526)에 죽었다'고 한 것은 잘못이다."라고 되어 있다.

가 "안라국을 쳐서 빼앗아 일본으로 가는 길을 끊어야 한다"는 내용이 있다.

흠명 15년(554) 겨울 12월 조에도 안라가 존속하고 있는 것으로 기록되어 있다. 그리고는 흠명기 22년(561) 기록에 "신라가 아라 파사산에 성을 쌓아 일본에 대비하였다"고 적은 것이다. 이것은 561년 이전에 안라국이 멸망한 것으로 그린 내용이다. 그래놓고 다시 흠명 23년(562) 기록에는 "봄 정월에 신라가 임나의 관가를 쳐서 멸망시켰다"는 기사를 먼저 적고서 다른 기록에 따르면 '21년(560)에 자타국·산반하국·걸손국·임례국의 임나10국이 모두 560년에 멸망한 것으로 되어 있다'며 세주細註로 부기하여 설명하고 있다.

이것을 보면 이미 『일본서기』 편찬 시절에 560년과 561년, 562년 정월 멸망설이 함께 있었던 것이다. 그 당시에 몇 가지 이설이 있었으므로 『일본서기』는 562년 멸망설과 함께 안라국과 임나10국의 멸망연대를 560년으로 부기해 둔 것이라고 이해할 수 있다. 안라국은 김해가야보다 30년이나 더 오래 존속하였지만[8] 또 다른 기록에는 561년 3월에도 함안 안라국이 존속한 것으로 되어 있다. 그러면 이 가운데 과연 어느 것이 옳을까? 현재는 562년설을 따르고 있으나 그렇다고 560년과 561년 멸망설을 완전히 무시할 수도 없을 것 같다.

『삼국사기』 신라본기 진흥왕 23년(562) 9월 조에는 이사부·사다함이 대가야를 정복하였다고 하였고, 흠명기 21년(560)에 '임나가 멸망했다'고 하였다. 두 자료를 비교해보면 560년 멸망한 임나는 안라국이었을 수 있

••••••••••
8. 참고로, 김해가야는 532년에 망한 것으로 『삼국사기』에 기록되어 있다. 반면 『삼국유사』에는 562년에 멸망한 것으로 되어 있다. 이들 두 가지 연대 중에서 『삼국유사』의 562년 멸망설은 인정하지 않고, 『삼국사기』의 기록에 따라 532년으로 보고 있다. 그러나 김해가야가 562년에 신라에 정복되었다는 얘기도 전혀 근거 없이 나온 이야기는 아닐 것이다.

으며, 실제로 안라국이 560년에 멸망했을 가능성도 있다. 고령과 합천 다라국 정복에 앞서 미리 함안 안라국을 병합했을 수도 있는 것이다. 안라국이 560년에 신라에 멸망했으나 부흥운동을 벌여 2년에 걸쳐 저항하였고, 이들 저항세력이 완전히 제거된 시점인 562년을 멸망연도로 기록했을 수도 있다. 『일본서기』에 안라국의 멸망연대를 각기 다르게 적은 것은 잘못된 정보에 의한 혼란이라기보다는 함안 안라국의 멸망기에 그 후국들이 먼저 신라에 정복되었기 때문일 수도 있다.

그러나 어찌 되었든 562년엔 멸망한 상태였으니 고령과 같은 시기에 안라국이 멸망한 것으로 보면 별 무리가 없을 것이다. 자타국·산반하국·걸손국·염례국 등의 임나 소국들이 신라에 차례로 정복되고, 안라국의 후국들이 멸망한 뒤, 다라국 및 고성·고령과 함께 562년에 안라국이 신라에 병합되는 바람에 각기 다른 세 가지 연대가 전해졌을 수도 있다.

## 안라국·안야국은 마국馬國의 의미로 볼 수 있다

함안 지역 발굴유적과 유물을 분석한 바에 따르면 안라국의 형성시점을 최소한 1세기 초로 보고 있으니 안라국은 대단히 오랜 기간 유지된 정권이었다. 안라국은 가야 사회에서 꽤 안정된 상태로 존속하였고, 임나가라 여러 나라들의 정신적 기둥 역할을 했던 듯하다. 『일본서기』흠명기 5년(544) 조에 "임나는 오직 안라安羅를 형으로 삼아 그의 뜻만을 따르고…"라고 되어 있으며, 그 세주에는 "「백제본기」에 안라를 아버지로 삼고…"라고 서술한 구절이 있으니 그렇게 볼 수 있다.

이 기록은 544년의 일로 되어 있으니 그 시기라면 안라국과 함께 고령 대가야가 존속하던 때이다. 여러 기록이라든가 두 지역의 고분규모, 그리고 그 영향력으로 보면 안라국의 세력도 상당히 컸다. 남아 있는 대형 봉분 무덤과 유적의 규모로 보면 가야권에서는 부산 복천동과 함안 안라국·고령 대가야가 제일 크다. 그런데 고령이나 복천동·합천 다라국을 제쳐두고 안라국을 형이나 아버지로 믿고 따랐다고 하였으니 이것을 어떻게 해석해야 할까? 일시적으로 그리하였다는 얘기는 아닐 것이다. 이것은 안라국의 위상이 그만큼 높았던 사실을 반영하는 내용으로서 아마도 5세기 중·후반 이후 안라국의 영향력이 그만큼 컸음을 뜻하는 이야기일 것이다.

그러면 혹시 안라국의 수장은 혈통이나 신분상 고령보다도 우위에 있었던 것일까? 아니면 '안라'라는 이름 속에는 우리가 몰랐던 어떤 의미가 있는 것은 아닐까? 우리는 아직도 안야安邪·안라安羅가 어떤 의미인지를 알지 못한다. 관심이 없었거나 연구자들이 아예 고민하지 않은 탓도 있을 것이다. 안야(앗야) 또는 안라의 언어 계통을 찾아 올라가 비교해 볼 수는 없을까? 사실 이 문제를 놓고 오랜 세월 많이 궁리해 보았다. 그런데 북방 야쿠트어에서 알라ala는 아버지를 뜻한다고 한다.

혹시 '안라'에는 이런 의미가 들어 있는 것은 아닐까? 황해도 토산兎山의 고구려시대 이름이 오사함달烏斯含達이었다. 오사함烏斯含은 '토끼'라는 의미의 일본어 우사기うさぎ를 떠올리게 하는 이름인데, 이 역시 야쿠트어와 한 계통의 말로 보는 연구가 있다. 토끼라는 동물명을 차용한 고구려의 지명을 감안해 보면 안라국의 '안라'도 '아버지'를 뜻하는 야쿠트어의 방언 '알라'의 한자표기로 볼 수도 있지 않을까? 그렇지만 안라의 변음을 아나阿那 또는 아라阿羅로도 전하고 있어 지금도 경상도 사람들이 흔히 사용하고 있는 그대로 아래[下]의 뜻이 아닐까 생각하는 이들도 있는 것 같다.

그래서 우륵12곡 가운데 하가라도下加羅都를 합천 다라국이 아니라 함안 안라국으로 보려는 이들이 있는데, 이 문제는 돌궐어 알라ala까지 함께 고려해볼 필요가 있을 것 같다. 돌궐어에서 '알라'는 알록달록한 것을 의미하며 그와 유사한 말로서 '아라'는 어디의 '사이에'라는 뜻이 있다고 한다.

그러나 안라와 관련해서 우리가 주목해야 할 것이 돌궐어(투르크어)의 '앗'('at-' 또는 앝)이다. 돌궐어와 고대 한국어는 아주 깊은 관련을 갖고 있다. 돌궐어와 흉노어 그리고 흉노어와 한국어의 친연성이 높기 때문이다. 우리말 속에는 흉노어와 돌궐어가 대단히 많다. 『돌궐어문법』을 참고하여 몇 가지 사례를 들어본다.[9] '적다'는 뜻의 우리말 '아주'는 돌궐어 'Az아즈'에 시원이 있다. 이 말의 사용례를 보자.

'아주 적다'고 할 때의 '아주'이다. 돌궐어에서 '아주'는 본래 '적다'는 뜻이다. 그런데 그 말 뒤에 '적다'는 말을 덧붙여 현대 한국어에서는 그 뜻을 강조하고 있다. 이 경우 본래 의미대로라면 동어반복이다. 현재 우리말에서는 전혀 다른 뜻의 부사로 쓰이고 있는 것이다. 또 '아리'는 고개(재)를 뜻하는 말이다. 우리말과 흉노어의 친연성을 감안하면 이 말은 흉노어일 가능성이 높다. 또 '아리랑'은 고개란 뜻의 '아리'에 나열형 어미 '랑'을 결합한 조어로 볼 수 있다. '아리랑 아리랑 아라리요'에서 '아라리'는 '아리아리'의 축약형이므로 '아랴리'가 되어야 맞고, '아리랑 고개를 넘어간다'에서 '고개'는 '아리'의 해석적 의미로 사용되었다. 즉, '아리랑고개'는 '고개와 고개'의 의미로 받아들일 수 있다. 너랑 나랑의 '랑'이 아리랑의 '랑'이니까. '아리랑 아리랑'이 "고개여 고개여"의 의미일 수도 있다.

••••••••••
9. 탈라트 테킨 지음, 이용성 옮김, 한국학술정보(주), 2012

그리고 우리가 방언 취급을 하는 '요가리'라는 말이 있는데, 이것은 돌궐어와 차가타이어에서 함께 써온 말로 구토를 의미한다. 이 말을 지금도 사용하고 있다. '요가리 난다'는 것인데, 구토 증세가 난다는 뜻이다. 토할 것 같다는 말을 우리말 방언에서 '요가리난다'고 말하는데, 한 세대 전만 해도 흔히 사용하였다. 이것을 방언시하는 것은 무지의 소치다. 속이 울렁거려서 구토를 할 것 같다는 뜻을 '요가리난다'고 하면 깔끔하게 정리된다. 나 역시 어렸을 적부터 지금까지 이 말을 쓰고 있다. '토할 것 같다'는 말 대신 요가리 또는 요가리난다는 순우리말을 쓸 것을 권장한다. 돌궐어에서도 '요가루'는 위로 치밀어 오르는 것을 뜻한다. 이것은 우리말 '요가리'와 같은 말로 볼 수 있다. 그렇다면 요가리·요가루는 애초 흉노어였을 수 있다.

이들 몇몇 사례로 보듯이 돌궐어 및 흉노어는 우리말에 꽤 많이 남아 있는 것 같다. 이런 사례를 몇 가지 더 들어 보자.

'악'은 '흰' '백색의'라는 뜻을 갖는 돌궐어이다. 그 대표적인 사용 예가 백악白岳이며, 아닥adak은 발을 의미하는 돌궐어이다. 이 외에도 밧줄의 '바'가 돌궐어에서는 '묶다·매다'는 의미로 쓰이며 닥Tag은 산을 가리킨다. 돌궐어에서 굿Kut은 재수나 운을 뜻하는 말이니 우리나라 무당의 굿은 이것과 관련이 있음이 분명하다.

또 우리말 담벼락의 담Tam은 본래 돌궐어에서 벽을 뜻하며 이르다 또는 도달하다는 말의 어간 '이르ir-'는 돌궐어에서도 우리와 같고, 딸·계집아이라는 뜻의 돌궐어 '기지Kiz는 우리말 '기집'과 관계가 있는 것이 분명하다. '기지+애'의 합성어로서 발음편의를 위해 그 사이에 비읍(ㅂ)을 쓴 것으로 볼 수 있다. 폭풍이나 회오리바람 또는 뇌우를 가리키는 돌궐어 보르Bor는 우리말 눈보라의 '보라'와 연원이 같을 것으로 보이며 하늘과 신을 가리키는 흉노어 탱리Tangri는 돌궐어에서도 그대로 쓰였다. '미르'는 흉노어로 용을 뜻하나 돌궐어에서는 우루Ulu가 용이었으며, 돌궐어 곱Kop은 본래 '모두·완전히'라는 뜻인데 이것도 우리말 곱·곱빼기와 관련이 있을 것으로 본다.

함안 안라국이나 안야국安邪國의 안라 또는 안야는 돌궐어의 '앝at'과 관련이 있는 것으로 보인다. 대표음으로 표기하면 '앗at'이 되겠는데, 이 것은 돌궐어에서 '말馬'이란 뜻으로 쓰였다.[10] 돌궐어와 흉노어는 매우 밀접한 관계가 있는 만큼, 이 말의 원류도 본래 흉노어에 있는 것 같다. 흉노인들은 말을 '앗' 외에 앗야Atya로도 썼을 것으로 추정된다. '앝(앗)+ 야'가 안야이며 그것을 한자로 安邪[11]라고 표기한 것으로 보는 바이다. 그리고 '앝(앗)'에 복수형 어미 '라Ra'를 붙인 형태로서 '앗라(안라)'를 安 羅안라로 표기한 것이라고 생각한다. 이 경우 '안라(앗라)'는 말의 복수형 에 해당한다.

이런 근거로 보면 안야국安邪國은 마국馬國의 의미이며, 이것은 안라 국의 지배층이 본래 마가馬加 신분이었음을 전해주는 자료로 이해할 수 있다.

변진구야국弁辰狗耶國의 구야狗耶는 본래 흉노어 굿야의 표기였다는 점 에 대해서는 『흉노인 김씨의 나라 가야』에서 충분히 설명하였다. 따라 서 부여의 사출도와 마찬가지로 구야국은 구가, 안야국은 마가들이 중 심이 되어 건국한 고대소국이었음을 미루어 알 수 있는 것이다. 구가 를 굿야가Gutyaga라고 불렀다면, 마가는 '앗야가' 또는 앗라가(안라가)라고 했을 것은 당연하다. 『일본서기』에 '안라를 형으로 삼아 그 뜻만 따르 고……'라고 한 것이나 '(안라를) 아버지로 삼고……'라고 한 것은 본래

• • • • • • • • • • •
10. 『돌궐어 문법』, 탈라트 테킨 지음, 이용성 옮김, 한국학술정보(주), 2012
11. 邪의 소릿값은 '사'이다. 그러나 이것이 지명으로 쓰일 때는 '야'로 읽는다.

안라국의 상층 지배층이 마가馬加 중심의 집단이었으며, 이들 마가가 우가牛加나 구가狗加보다 신분이나 서열이 높은 무리였음을 전하는 내용이 아닐까 한다.

이런 것들을 들여다보면 변진구야국과 함안 안라국(안야국)은 부여에서 남하한 사람들이 건국한 나라로서 애초 중국 북부와 동북 지역에서 남하한 예·진번 등의 고조선인 또는 고구려인이나 기타 선비족들이 합류하였을 것이라고 판단할 수 있다. 물론 변진 지역에는 그 이전인 기원전 3~2세기 초에 내려와 있던 고조선계 유민들도 상당히 많이 있었음을 기록으로 알 수 있는데, 『삼국지』에 변진구야국 왕을 '진치'로 기록한 것을 보면 아마도 변진구야국 정권은 현재의 북경 서북 및 요령성遼寧省 지역에 있던 고조선계 사람들과 부여계를 중심으로 창업한 나라가 아닌가 싶다.

안야국과 구야국이 고조선의 지배층과 유민이 내려와 지배한 나라였고, 고조선은 멀리 은殷 왕조에서 주축이 된 세력이었던 만큼 하남성河南省 은허 유적에서 말과 개를 순장한 사례로 보면 고조선 사회에도 부여·고구려처럼 마가·우가와 같은 지배층이 존재하지 않았을까 하는 상상을 해보게 된다.

## 8장

# 고령 대가야의 부체제론

## 고령 대가야의 지배체제에 관한 부 체제론과 고대국가론

대가야에 관한 우리의 본격적인 연구는 1977년 고령 지산리 44호분과 45호분 발굴로부터 시작되었다. 이때 처음 수혈식석곽묘와 순장, 다량의 대가야 유물을 확인하였고, 이로부터 대가야 연구가 비로소 활기를 띠게 된 것이다. 이듬해에는 지산리 32~35호분과 그 주변 석곽묘들을 발굴하였다. 중형급의 대형 봉분을 가진 이들 봉토분에서도 순장을 비롯하여 수혈식석곽묘라는 무덤양식을 다시 확인하였다. 32호분에서는 처음으로 대가야의 금동관과 철판갑옷·투구를 비롯하여 그 외에도 많은 철제유물과 토기류가 출토되었다.

지산리 44호분과 45호분을 발굴하던 당시에는 임나일본부 문제가 해방 이후 줄곧 망령처럼 떠돌고 있었으므로 혹시 '임나일본부'를 입증하거나 반박할 수 있는 자료가 나오지 않을까 기대한 측면이 많았다. 그러나 정작 확인한 것은 대가야의 특징적인 유물들 뿐이었다. 산 능선을 따라 정상부까지 봉토 직경 10m(소형), 15m 전후(중형), 20m 이상(대형)의 고총고분 무덤 한가운데에는 무덤 주인을 묻은 매장곽(수혈식석곽)이 지하에 축조되어 있었다. 무덤을 만들기 전에 비탈면을 평평하게 깎아낸 뒤, 지하로 묘광을 파고 내려가 그 안에 네 벽을 서로 엇물려가며 돌을 쌓아 만든 수혈식 석곽들이었는데, 석곽의 길이와 폭의 비율은 5 : 1 이상이었다. 석곽의 폭이 좁고 길이가 긴 이런 형식을 세장방형 수혈식석곽이라 부르는데, 그 옆에는 부곽(부장곽)을 따로 설치하고 봉분 안에는 가장자리를 따라 돌아가며 호석을 둘러 세웠다. 이 호석은 봉분이 무너지는 것을 막기 위한 것인데, 봉분 직경 20m 이상의 대형분에는 이들 호석 안쪽에 주곽(석곽)과 부곽 그리고 10기 이상의 순장곽이 배치되어 있었다. 부장곽에는 무덤의 주인을 위해 금동관이나 관모를 비롯한 위세품을 넣어주었다. 아울러 봉분 직경 15~20m 규모로서 대략 5~6기 이하의 순장곽을 갖고 있는 고총고분은 중형급 무덤으로 분류할 수 있는데, 여기에도 위세품과 관모 종류 그리고 지배층이 향유한 여러 가지 유물들이 풍부하게 들어 있었다. 봉분 직경 10m 이하의 작은 무덤은 가야권 무덤으로는 소형으로 분류된다.

지산리 44호분(경북대학교 박물관 발굴)은 5세기 후반(4/4분기)에 만든 것으로 추정하고 있다. 주곽 외에 2기의 부곽을 갖고 있었으며, 그 외에도 32기의 순장곽이 더 있었다. 이것은 가야 고분 가운데서는 가장 많은 순장곽을 갖고 있는 사례인데, 순장곽은 주곽을 가운데 두고 그 주변에 배치하였다. 44호분의 주인이 묻힌 주곽의 길이는 940cm, 폭 175cm, 깊이 210cm로서 장폭비가 5.4 : 1이다. 지산리 45호분(계명대학교 박물관 발굴)은 6세기 초(1/4분기)에 생긴 무덤으로 보고 있는데, 44호분보다는 다소 규모가 작다. 주변에 돌아가며 쓴 순장곽은 11기였다.

지금까지 지산리고분 가운데 대표적인 사례 몇 가지를 축조시기에 따라 정리해보면 5세기 전기 전반(1/4분기)에 제일 먼저 73호분이 생겼고, 그 직후에 75호분이 들어섰다. 그 다음으로 5세기 전기 후반(2/4분기)에 33호분·32호분·34호분·30호분의 순서로 축조되었으리라고 보고 있는데, 이들은 모두 15~20m의 중형분이다. 이상의 몇몇 사례에서 보듯이 고령에는 5세기 초부터 중대형 무덤이 들어서고 있었다. 커다란 봉분 안에 수혈식석곽과 부곽은 물론 다수의 순장곽을 가진 무덤들은 5세기 초 이미 고령에 상당한 정치력을 가진 지배자들이 있었음을 말해주는 것이다. 고구려·신라 군대의 임나가라 정벌 직후라는 시대적 상황에 비추어 볼 때, 유적과 유물이 갖는 시공간적 위치를 감안하여 '고구려의 임나가라 정벌은 신라를 구원하기 위한 전쟁이었으며 그 틈을 타서 고령이 맹주국으로 등장한다'는 견해가 제기되었다. 고령이 새로운 중심으로 부상하는 계기에 대한 인식인데, 그럼 어찌해서 굳이 고령이었던가는 분명하게 파악하지 못하고 있다.

　　고령읍내의 고총고분들을 대상으로 1970년대 말부터 시작된 발굴에 따라 1980년대 중반 이후로 대가야에 대해서 새로운 사실들을 많이 알게 되었다. 특히 1990년대 초반 이후 가야 전지역에서 활발하게 이루어진 발굴로 많은 유적과 유물은 물론, 가야사에 대하여 보다 많은 것을 말할 수 있게 되었다. 이들 유물과 유적을 가지고 연구해낸 가야사는 사실 기대 이상으로 큰 것이었지만, 다른 한편으로는 기록이 없는 실물의 역사라는 점에서 아쉬움 또한 크다.

　　지금까지 대가야의 정치체에 대해서는 몇 가지 이론이 등장하였다. 그것을 갈래 별로 정리해보면 5~6세기의 대가야는 맹주적 위치에서 가야 통합을 시도했다는 대가야 연맹체론, 광개토왕이 등장하기 전의 고구려와 마찬가지로 부部 체제로 운영된 왕권국가였다는 견해, 광개토왕

■ 전고령출토초화보주형(傳高靈出土草花寶珠形) 금관.
고령에서 출토되었다고 전하는 초화보주형 금관이라
는 의미이다.

이후의 고구려처럼 절대왕권을 바탕으로 한 중앙집권제의 '고대국가' 체제로 운영되었다는 주장으로 대략 구분할 수 있다.

고령의 정치체를 ①고대국가로 성장하였다고 보거나 ② '부部 체제'의 왕권국가로 이해하는 견해들은 대가야 지역의 고총고분에서 나온 몇 가지 유물을 근거로 제시되었다. 지산리 30호분·32호분·45호분에서 출토된 보주형 금동관이라든가 고령에서 출토되었다고 전해지는 금관을 대표적인 예로 들 수 있다. 가야권에서 출토된 금관으로는 유일한 초화보주형草花寶珠形 금관은 대가야 특유의 양식(김원룡, 1971)이다. 이것은 지산리 30호분·32호분·45호분 출토 금동관과 전체적인 이미지가 같아서 고령 출토품이 확실하다고 판단하고 있다. 또 지산리 32호분에서 나온 금동관이나 대가야 관모(삼성 리움박물관 소장)와 같은 것들과 비교해 볼 때, '전고령 출토 초화보주형금관'은 대가야의 왕이 썼던 것으로 간주하고 있다. 이런 금관이나 관모는 물론 금동관·중대형 고총고분·순장 등과

■ 고령 지산리 32호분에서 나온 금동관(국립중앙박물관)

같은 여러 가지 유물로 보면 대가야는 이미 상당한 수준의 고대국가로 성장했다고 파악하는 견해들이 무게 있게 제기되었다.

고령 대가야와 관련해서 주목해야 할 유물이 하나 더 있다. 소형 유개장경호 종류인데, 높이는 16.8cm밖에 안 되는 토기이다. 하단부 몸통은 항아리 모양이며 목은 몸통 높이보다 훨씬 길고, 주둥이 쪽으로 갈수록 나팔처럼 약간 벌어졌으며 뚜껑에는 젖꼭지를 닮은 꼭지가 달려 있다(뚜껑 직경 10.8cm). 젖꼭지 모양의 꼭지가 달린 개배는 대가야 개배 뚜껑에서 흔히 볼 수 있는 양식이다.

충남대학교 박물관이 소장하고 있는 이 '뚜껑 있는 장경호'는 양식상 대가야의 것으로서 개배(뚜껑) 표면 꼭지 옆과 몸통 측면에 '大王'이란 글자가 새겨져 있다. 도굴로 세상 밖에 나왔다가 1976년 대구의 한 고물상에서 발견된 이 귀중한 유물은 이후 '대왕명유개장경호'라는 이름을 갖게 되었으며, 편의상 대개는 '대왕명토기'로도 부르고 있다. 토기의 양식으로 볼 때 이것이 제작된 연대의 하한을 6세기 중엽으로 추정하고 있다. 다시 말해서 대왕명토기가 만들어진 시기를 대가야 이뇌왕과 가실왕 시대로 본다는 뜻이다. 여기서 중요한 것은 이 토기에 새겨져 있는 '大王대왕'이라는 글자이다. 이 글자로 말미암아 그간 가야연맹체론이나 지역연맹체론 등에 대한 의문이 제기되었다. 그래서 "가야 지역 무덤 양식이라든가 순장곽의 다소, 순장자 수의 많고 적음 등을 토대로 고령의 대가야가 다른 지역보다 왕권이 월등하였으므로 대가야를 연맹체로 볼 수 없다."(金世基, 1997)고 보는 주장이 나왔다. 그런가 하면 "가야 지역 정치

■ 대왕명유개장경호(大王銘有蓋長頸壺). 이것이 출토된 지역을 알 수는 없다. 다만, 그 양식으로 보아 고령에서 나온 것이 분명하며, 제작시기는 6세기 중반 무렵으로 보고 있다.

체의 상호 관계를 유추할 수 있는 고분의 위계를 감안할 때 대가야는 고대국가로 발전했다."고 보는 대가야 고대국가론(박천수, 1996)도 제기되었다. 이것은 '교역루트를 개척하고, 전략적 요충지를 실제로 지배한 초기 고대국가로서 최종적으로 가야연맹체를 결성했다'고 본 견해이다.[1] 앞에서 간략하게 설명을 보탰지만, 여기서 말하는 고대국가란 부체제 단계에서 벗어나 '절대왕권을 바탕으로 한 중앙집권적 왕권국가'(=고대국가)를 의미한다.

그러나 이와 달리 "대가야는 부 체제를 유지했으며 중앙과 지방의 개념이 존재했다."(주보돈, 1995)는 주장도 있다. 이것은 비록 대가야가 고대국가 단계로까지는 발전하지 못했으나 대가야의 중앙과 지방에 똑같이 부部가 존재했으므로 광개토왕 이전의 고구려 사회와 유사했을 것이라는 판단이다. 부 체제를 성립시키려면 중앙과 지방에 일원적으로 부部가 존재해야 하므로 부가 있었다는 가설을 세운 것이다. 합천 저포리 출토 '하부사리지' 명문의 '하부에서 부가 확인되었으니 다라국을 포함한 합천을 하부(대병면·봉산면 제외)로, 고령을 상부로 설정한 견해도 제기되었다. 이를 뒷받침하기 위해 같은 시기에 "대가야는 부 체제 단계로 발전한 나라였다."(노중국, 1995)고 보는 이론이 함께 제기되었다. 또 이와는 전혀 다른 시각에서 "(가야는) 대가야와 지역연맹체의 2부체제였다."(백승충, 1995)는 주장도 있었다. 이런 이론들은 대체로 대가야를 고대국가 바로 전단계인 부체제로 파악하였다는 공통점이 있다.

반면 고령계 토기가 출토되는 범위(지역)에 기준을 두고 "고령 양식의 토기가 확산되면서 대가야 문화권이 성립되었고, 그 문화권은 정치적 지배관계를 반영한다."며 대가야 정치 세력의 범위를 토기 양식으로

• • • • • • • • • • •

1. 「대가야의 고대국가 형성」, 박천수, 「碩晤尹容鎭敎授停年退任紀念論叢」, p.386~398, 1996

구분하려는 가설을 제기한 이도 있다(김세기, 1998). 그러나 최근엔 "어느 지역이 고령의 문화와 유사하다 해도 그곳이 나라이름을 갖고 있다면 고령의 영역으로 볼 수 없다."며 "만약 나라 이름을 따로 갖고 있으면 비록 힘의 대소 차이는 있었을지라도 독립된 나라로 봐야 한다."는, 이른바 명찰론名札論까지 등장하였다. "대가야 양식의 토기가 일색인 지역이라 하더라도 그 지역을 기반으로 한 독자적인 나라이름을 가진 정치체가 있다면 대가야의 영역으로 볼 수 없다."[2]는 이론은 대가야를 맹주로 하는 연맹설에 무게를 둔 견해이다. 다만 광개토왕 전의 고구려처럼 부 체제 단계로 이해하여 대가야 국왕의 직할지에는 현을 두었으며, 그 경우에 한해서 중앙과 지방의 부(部, 상부·하부 또는 5부 등)가 존재하였을 것이란 가설을 제시한 것이다. 다시 말해서 『일본서기』에 기록된 가야의 현縣을 대가야의 현으로 해석, 대가야 왕의 중앙과 지방 직할지를 부로 이해하는 것이다. 전해오는 기록에는 대가야 왕성 어라성䬉羅城이라든가 전단량栴檀梁, 고령읍내에 현존하는 구신정九臣亭 등이 있다. 이런 것들로 보면 고령 대가야가 왕을 중심으로 관료제도가 어느 정도 체계화된 국가였음은 분명하지만 그 지배구조가 부체제였느냐 완전한 고대국가였는가를 판정하기는 쉽지 않다. 그것을 밝힐 수 있을 만한 기록도 남아 있지 않고, 유적이나 유물로써 입증할 수 있는 사안도 아니다. 다만 대왕명유개장경호大王銘有蓋長頸壺에 새겨진 '大王'이란 글자로 대가야 왕이 대왕으로 불린 사실을 보면 대가야가 다른 가야 소국보다는 규모와 세력이 월등했을 것임을 미루어 알 수 있다. 그런데 만약

■ 대왕명 장경호 대왕 부분

2. 「대가야의 국가발전과정」, 노중국, 제11회 대가야사 학술회의 자료, 쟁점 대가야사 『대가야의 국가 발전 단계』, p.111, 고령군 대가야박물관, 2017

대가야 왕이 절대 왕으로 군림했기에 대왕으로 불렸다면 그 체제상 대가야는 고대국가로 발전한 상태였다고 할 수 있다. 일부의 주장대로 대가야 왕의 권력이 여타 가야 소국의 왕보다는 월등히 컸으므로 대왕으로 불렸을 수는 있다. 그러나 말기의 대가야 이뇌왕이라든가 가실왕의 나약한 모습을 떠올려보면 과연 절대왕권을 행사하였을지는 의문이다. 즉, 이것을 초기 고대국가 단계로 볼 수 있느냐 하는 문제인데, 만약 이뇌왕이 절대왕권을 행사했다면 말기의 고령 대가야는 그런 모습이 아니었을 것이라는 생각이 든다. 또 가실왕이 광개토왕처럼 절대권력을 휘두른 지배자였다면 우륵12곡을 지어 가야 소국들의 단합을 주문할 게 아니라, 가야 내부의 각 소국들 중 어느 한두 나라만이라도 어떤 식으로든 흡수 통합했거나 정복적 성향을 보였어야 한다. 부 체제에서 벗어나 절대왕권을 완전히 구축한 단계였다면 가야권 통합을 시도하였거나 각 소국들을 일원적으로 지배하기 위한 어떤 현실적인 조치를 한 가지라도 했을 것이고, 그런 노력이 있었다면 어떤 흔적이라도 전승 가운데 남았을 것이다. 그러나 존속기간 내내 대가야가 주변 가야 소국을 통합하려는 의지는 보이지 않았다. 여기서 다시 『삼국지』 동이전 한조의 구야국·안라국 관련 기사 가운데 "그 관리가 대궐에 있으면서 읍군·귀의후·중랑중·도위·백·장을 잘 거느린다."고 한 구절을 떠올릴 필요가 있겠다. 이것은 김해 구야국과 함안 안라국의 지배구조가 같았음을 전하는 3세기의 기록으로, 구야국과 안라국 왕은 읍군·귀의후를 통해 간접지배를 하고 있었음을 말해준다. 이처럼 3세기로 되돌아가서 보더라도 가야는 부체제가 아니라 임나가라 본국왕(대왕) 아래 소왕(후국왕) 그리고 소왕 아래 체계화된 관료조직을 갖춘 일종의 봉건제 사회를 그대로 계승하였다고 보는 게 합리적이다. 3세기 말 김해의 임나본국이 가야권을 통일한 뒤에도 이와 같은 가야의 체제는 해체되지 않았던 것이다.

김해의 임나가라 본국은 가야권을 통일한 뒤에도 과거 변진구야국과 안야국이 그러했듯이 이런 체제를 그대로 계승하였다. 그리고 임나본국 멸망(532) 후에는 고령 대가야가 임나본국의 지위를 대신하려고 노력하였으리라 보았다. 특히 관산성 전투에서 백제가 패전한 544년 이후라든가, 475년 한성함락 이후로부터 6세기 초 백제와 영역을 다투는 과정에서 대가야는 가야권의 연합이나 통합을 소리 높여 외쳤을 것이다. 아마도 가야권의 위기의식이 한층 높아진 532년 이후에는 가야권 연합이나 통합을 위해 대가야는 임나가라 본국을 대신하여 가야인들의 단결의식을 고취하고 과시하기 위해 대가야 왕 스스로 '대왕'이라는 호칭을 사용했을 수도 있다. '대왕'이라는 칭호를 썼다 해서 반드시 고령 대가야를 '고대국가' 단계로 성장했다고 볼 수 없다는 뜻이다. 가야 말기, 대가야의 허둥대는 모습에서 강력한 절대왕권을 가진 '대왕'을 그리기에는 무엇인가 부족하다는 느낌을 받게 된다.

물론 고령에서 가까운 곳에 있거나 고령과의 교역에 유리한 도로 여건을 가진 거점 지역의 소국 중에는 대가야에 호응한 나라도 꽤 있었을 것이다. 그런데 여기서 중요한 점은 고령의 정치 세력 외에 소국으로 존속했던 임나소국 여러 나라와 고령의 관계를 어떻게 볼 것인가이다. 김해의 임나가라 본국과 임나 제국諸國은 대왕과 소왕의 관계였으며, 결국 중국의 분봉제와 유사한 이런 체제는 크게 변하지 않았다. 그것은 임나본국이 멸망한 532년 이후에도 이런 체제는 바뀌지 않았다고 하겠다. 이런 상태에서 고령의 정치세력은 자신들이 김해 임나가라 본국의 지위를 대신하려 하였을 것이며, 그런 노력이 대왕명유개장경호의 大王대왕이라는 글자로 표현되었을 것이다. 다시 말해서 대가야의 '대왕'은 그 아래에 후국의 분봉 왕을 거느리고자 하였음을 보여주는 것이지 고령이

고대국가 단계로 발전했다는 직접증거는 아니다. 임나가라 본국이 사라진 뒤, 임나 각 소국들 중에는 물론 대가야 주도의 이런 움직임에 호응한 나라와 반대한 나라가 있었을 것이다. 한 예로, 가야 말기 사비성 임나부흥회의에는 8국이 참석하였는데, 그 중 일부는 대가야 주도의 가야권 통합에 반대하였거나 유보적 입장을 가진 측도 있었을 것이다. 이때도 함안은 함안 대로 가야권의 주도권을 가지려 했을 것이다.

다음으로, 가야 각 소국들의 기본적인 행정체계는 군현제였으며, 상층 지배집단은 고구려·부여의 가 계층 신분과 유사한 사람들이었을 것이라고 설명하였다. 기록에 가야의 현縣이 분명히 존재하였다. 군郡은 확인되지 않았으나 다수의 현을 군 단위로 편제하기 마련이니 가야의 현으로써 군의 존재를 추론할 수 있다. 즉, 가 계층의 지배집단과 분봉제, 그리고 기본적으로 군현제로 유지된 것이 가야 사회였다고 상정하는 것이다. 분봉제는 대왕 아래 다수의 소왕을 거느린 간접지배 방식이다. 동옥저 또한 가야와 유사한 체제로 유지되었다. 동옥저의 현후縣侯는 후국의 왕이었다. 가야의 현을 책임진 자 역시 현후였고, 이들이 바로 후국의 왕이었다. 그러니까 이들 후국 왕의 전신은 3세기 기록의 읍군·귀의후와 같은 이들이었을 것이다. 바로 이런 소국들에 뿌리를 둔 것이 가야의 임나 소국이었다. 그러나 가야의 현을 대가야의 현으로 이해하여 대가야의 지배구조를 부 체제로 상정하고 "대가야의 중앙과 지방에 일원적으로 부가 존재했다."고 보거나 "대가야 국왕의 직할지에만 현이 있었다."는 주장들은 그 이전 가야 사회의 전체적인 구조와 지배체제에 대한 조명이 없으면 큰 의미를 갖지 못한다. 여기서 '고령 대가야의 경우 국왕의 직할지에는 현을 두었다'는 견해에 대하여 잠시 살펴보고 가야 하겠다. 이것은 대가야가 기타 소국들과의 연맹을 시도하였다고 보는 시각이다. 대가야연맹론의 입장에서 본 부체제론인 셈인데, 이런 주장들을 바탕으로 '대가야 주도의 통합은 어느 정도 성공했다'고 보는 또 다른 갈래가 파생되었다. 물론 이와 같은 주장들을 참고해 깊이 있게 들여다보면 가야 사회를 보다 심충적으로 이해할 수 있을 테지만 대가야를 부체제 단계로 볼 수는 있어도 고대국가로 보기엔 여러 모로 미흡한 점이 많다.

우리가 기록에 근거하여 좀 더 자세히 알고 있는 가야는 6세기 초부터이다. 532년 임나가라 본국 멸망 이후의 사실에 대해서는 조금 더 상세하게 전해온다. 임나본국이 존속하던 시대에도 현의 존재를 알려주는 기록이 있다. 백제에 넘어간 임나4현이 대표적인 예인데, 이와 같은 가야의 현이 임나본국이 존속하던 때에 임나소국에 있었다다면 각 임나 소국들의 현도 있었을 것이고, 임나 소국에 현이 있었다면 임나가라 본국에도 그것이 있었을 것이다. 여러 현을 묶어서 군으로 편제한 것이 바로 군현제이니 아마도 이런 체제는 후기가야의 양대 강자인 고령 대가야와 안라국이 대략 같았을 것이다. 이런 것이 바로 『일본서기』에서 거론한 가야의 '제현諸縣'이었을 것이라고 추리할 수 있다. 『일본서기』에 의하면 가야 전역에 다수의 현과 현후縣侯가 존재하였다. 이들이 이른바 동옥저의 현후, 후왕에 해당하는 신분이었을 것이라고 판단할 수 있다. 이런 것들을 바탕으로 추론해 보면 고령·함안뿐 아니라 규모가 제법 있는 가야 소국이라면 현이 있었을 것이라고 유추할 수 있다. 한 예로, 함안에 전하는 '왕궁 터'나 대가야의 왕성은 "국읍에 주수主帥가 있는데 읍락의 백성과 뒤섞여 산다"[3]던 3세기의 거수渠帥라든가 읍군·귀의후가 후국(소국)의 왕으로 편입된 뒤에 기거했던 곳과는 달랐을 것이다. 본국 대왕과 후국 소왕의 주거 양식에는 차이가 있었을 것이며, 이런 기준은

----------

3. 『삼국지』 권 30, 위서 동이전 한 조

임나본국이 존속하던 시대에 더 명확하게 정해져 있었을 것이다.

이미 임나가라 본국 왕이 지배하던 시절에 일종의 분봉 왕과 같은 후국의 소왕 체제를 구축했으므로 본국과 후국의 체제를 일원적으로 통치하기 위한 행정체계로써 가야 전역에서 군현제를 시행했을 가능성은 충분하다.

임나본국이 존속하던 시절의 임나10국을 예로 들면, 이들은 모두 임나본국의 후국이었다. 그렇다면 임나본국 멸망 후 고령의 대가야는 임나본국의 지위를 대신하려 하였을 것이고, 대가야의 지배층이 고령을 중심으로 대왕과 소왕(후국) 체제를 계속 유지하려 하였다면 고령의 정치집단이 명분이나 혈통적으로 김해 임나가라 본국의 상속자로서 손색없는 조건을 갖추었어야 한다. 이를테면 합천 다라국이나 전북 장수·남원·고성·산청·단성·거창 등 고령계 토기가 나타나는 곳들은 고령 인근 지역으로서 대가야와의 자연스런 교류 범위였거나 대가야가 자신의 세력권에 편입하기 위해 노력을 기울인 대상이었을 것이다. 대가야 중심으로 편입되기를 원해서 대가야에 호응한 세력들이었을 수도 있다. 마찬가지로 함안계 토기가 나타나는 곳은 자연스럽게 함안과 접촉을 가져온 소국의 범위였거나 함안 중심으로 연합 또는 통합을 시도한 곳이리라고 판단할 수 있다. 고령 대가야가 구사한 방식 그대로 함안 안라국은 안라국 중심으로 가야권을 재편하고자 한, 함안 측의 의도와 노력도 있었을 테니까. 이런 여러 측면을 감안할 때, 그렇다면 후기 가야의 사회 체제는 지금까지 대부분의 연구자들이 논의해온 것과는 근본적으로 달랐을 수 있다. 이를테면 안라국의 '국내대인'으로 가야의 대인을 확인하였는데, 안라국의 대인을 고구려·부여의 대인과 동등한 그룹으로 이해하면 안라국의 경우 부 체제를 상정할 수 있다. 이것을 근거로 하면 고령 또한 동일한 국가 발전단계를 거쳤을 것이므로 대가야의 부 체제를 감안할 수 있다. '대왕'과 몇몇 부장(대인)의 연합세력으로 구성되었다면 대가야는 부 체제로 운영되었다고 말할 수 있을 것이다. 만약 대가야의 대왕이 광개토왕 이후 고구려 왕처럼 절대권력을 행사하였다면 대가야 또한 고대국가 단계로까지 성장해 있었다고 판단할 수 있다. 그러나 함안 안라국의 사례로 보면 대가야나 안라국을 고대국가 단계로 파악하기보다는 '부 체제의 왕권국가 단계에 머물렀다'고 이해하는 게 실제에 가까우리라 믿는 바이다. 앞으로 함안의 왕궁 터에서도 '대왕'이란 글자가 새겨진 유물이 더 나타난다면 '대왕大王'을 고대국가의 절대적 기준으로 보려는 시각도 달라질 수 있다. 바로 이 문제에 집중하여 생각하다 보니 개인적으로 가야권의 발굴은 이제 그 정도로 해두었으면 하는 바람이었다. 보다 더 과학적이고 훌륭한 발굴, 학제간 보다 긴밀한 협력과 방안(비용 등), 그리고 보다 더 세밀하고 체계적인 연구와 유물 관리대책이 마련된 뒤에 재개하되, 대신 함안의 안라국 왕궁 터를 발굴하자는 제안을 한 것이었다. 함안 안라국 연구결과에 따라 가야사 해석이 달라질 수 있기에 해본 말이다. 특히 기원전 2세기 전반, 안라국은 구야국과 함께 고조선 지배층 유민이 내려와 그 이전의 정치세력을 대신한 사람들인 만큼 향후 함안 안라국 연구는 가야사에 중요한 열쇠가 될 수 있다.

## 가야사를 포함, '4국시대'란 용어 과연 합당한가?

가야사 연구가 꽤 깊이 있게 진행되면서 2002년 이후 한국의 고대사를 4국시대[4]라는 용어로 정의하려는 움직임이 있었다. 고구려·백제·신

<hr />

4. 「4~5세기 국제정세와 가야 연맹의 변동」, 김태식, 『4~5세기 동아세아 사회와 가야』, 김해시, 2001

라 삼국에 가야를 추가하여 4국시대로 정의하자는 것이다. 물론 4국시대란 용어와 개념은 한국고대사 연구자들의 심층연구와 합의에서 나온 것이 아니다. 고구려·백제·신라에 비해 가야사를 경시하는 데 대한 일종의 반발에서 가야사의 중요성을 강조하기 위해 일부 소수의 가야사 연구자가 주장한 용어이다.

지금까지 '삼국시대'란 용어에 익숙한 일반인들에게 '4국시대'란 용어는 어쩌면 신선하다는 느낌을 줄 수 있다. 그러나 한국고대사의 중요한 부분을 4국시대로 구분하는 것이 과연 타당한가 하는 문제는 용어의 참신성과는 별개의 사안이다. 다시 말해서 학문적 근거에 비추어 볼 때 '4국'이라는 용어와 개념이 합리성을 갖는가는 면밀히 따져봐야 하는 중요한 문제이다. 이것은 다른 한편으로 역사인식과 분기分期, 즉 시대구분이라든가 그에 적합한 용어 및 정의와 같은 문제들과 관련되어 있다.

기원전 108년까지의 고조선은 별개로 하더라도 기원 전후의 시기로부터 3세기까지를 하나의 예로 들어 보자. 그 시대엔 부여·고구려·동옥저·동예라든가 삼한사회가 있었다. 이 시대를 적확하게 구분하는 용어는 아직 없다. 일찍이 이 시대를 원삼국시대로 정의한 이가 있었다(김원룡). 애초 삼국의 기반이 형성된 시기라는 점을 강조하기 위해 사용한 용어이지만, 이것이 과연 그 시대의 상황을 제대로 반영하는 용어인가는 굳이 설명하지 않아도 될 것이다.

마뜩치는 않지만 이 시대를 굳이 표현하자면 '제국諸國 분립시대' 또는 할거시대로 말할 수도 있을 것이다. 3세기에도 고구려·신라·백제 삼국 외에 부여·옥저·동예·가야 그리고 마한의 잔여세력들이 있었다. 이 시기를 4국시대로 규정한다면 부여·옥저·동예·마한과 같은 나라들은 우리의 역사에서 지워야 하거나 가야 대신 이번에는 그들을 경시하는 결과를 부르게 될 것이다. 그리고 4세기 낙랑·대방의 소멸(314) 뒤로, 부여의 멸망(494)에 이르기까지는 부여·고구려·백제·신라·가야가 있었으니 엄밀히 따지면 이 기간은 5국시대로 불러야 맞을 것이다. 다만 부여의 멸망 이후부터 가야의 멸망(562) 전까지는 고구려·백제·신라·가야가 공존하고 있었으니 말하자면 이 시기가 바로 일부에서 주장하는 4국시대란 용어에 부합한다. 가야 멸망 이후 백제의 멸망(660)까지는 98년에 불과하므로, 진정한 의미에서의 삼국시대는 1백 년도 채 안 된다. 그리고 백제의 멸망으로부터 고구려의 멸망(668)까지는 고구려와 신라의 2국시대로 불러도 안 될 게 없다. 뿐만 아니라 원론적으로는 신라의 삼국통일(668)로부터 발해가 건국되기 전까지를 통일신라시대, 신라와 발해(698~926)가 공존한 시대는 2국시대라 해야 하거나 그것이 아니면 남북국시대로 불러야 한다. 이와 같이 한국고대사 주역들의 명멸에 따라 2국시대부터 5국시대 그리고 3세기 삼한을 포함한 제국諸國 시대까지 다양하다. 그러므로 고조선의 멸망으로부터 발해의 멸망까지 한국의 역사를 단대斷代 별로 세분해보면 단순히 가야시대를 4국시대로 규정할 경우 뜻하지 않은 문제들이 발생한다.

가야의 멸망 전까지를 4국시대로 불러야 한다고 주장하는 이들은 삼국시대의 '3국'이란 개념도 신라인들의 역사인식을 계승한 것이라고 역설한다. 신라사 위주의 역사서술은 바람직한 역사인식 태도가 아니라는, 일종의 항변이다. 가야 멸망 이후 660년까지 98년밖에 안 되는 기간만을 삼국시대로 불러야 마땅함에도 고구려·백제·신라의 건국시점으로부터 7세기 후반까지를 삼국시대로 정의한 것은 '왜곡된 개념을 확대 적용한 것'이므로, 그보다는 차라리 기원전 1세기~562년까지 7백 년 가까운 가야사를 삼국시대에 포함시켜 4국시대로 정의하고 새롭게 인식하는 것이 오히려 더 타당하다는 입장에서 4국시대론을 제시한 것이다. 그렇지만 앞에서 설명한 대로 6세기 이전 많은 소국들의 명멸에 따라 한국고대사는 대략 3~4세기까지의 다국多國 분열시대에 이어 5국·4국 또는 3국 등으로 변화무쌍한 노정을 밟아왔으므로 가야만을 강조하여 우리의 고대사를 4국으로 정의하면 또 다른 왜곡을 부르게 된다. 오히려 한국고대사의 축소 또는 잘못된 역사인식을 부를 수 있는 것이다. 만약 가야 중심으로 무리하게 '4국'에 맞추다 보면 부여나 옥저 그리고 동예를 비롯하여 압록강과 두만강 너머 과거 우리의 고대사를 등한시하거나 망각하는 결과를 초래하게 되므로 고대사 전반에 대한 깊이 있는 이해와 신중한 자세로 분기를 설정해야 한다.

가야사를 경시하거나 등한시해온 저간의 흐름에 반발하여 4국시대란 용어를 사용한 심경은 충분히 이해할 수 있다. 가야사 인식에 대한 변화를 촉구하고, 가야사에 관심을 가져주기를 호소하는 심정은 헤아릴 수 있으나 6세기 중반 이전의 한국고대사를 4국시대로 규정하는 것은 그 자체만을 놓고 보면 하나를 얻고 나머지를 잃는 단견이라 할 수 있다. 한국고대사 전체를 폭넓게 조망하면서 시대별 세부적 흐름까지도 감안하여 누구나 공감할 수 있는 개념정리와 함께 그에 적합한 용어를 사용해야 할 것이다.

## 김수로金首露라는 이름에는 어떤 의미가 담겨 있을까?

김수로金首露는 무슨 의미를 갖고 있는 이름인지, 지금까지 어느 누구도 그것을 제대로 설명해주지 않고 있다. 가야사 연구자라면 반드시 알아야 하는 것인데도 이에 대해서 아무런 의문을 갖지 않는 듯하다. 별로 중요할 것 같지 않다고 생각하는 것일까? 사실은 이 문제가 가야사를 이해하는 첫 관문일 수 있기에 따로 좀 자세히 설명해야 할 것 같다.

과연 일연은 김수로라는 이름에 어떤 의미를 실었던 것일까? 무엇이든 먼저 그 의미를 아는 것은 본질을 파악하는 데 가장 유용한 수단이 될 수 있다. 『삼국유사』 가락국기에서 수로왕에 대해서 일연은 이렇게 적었다.

"…이름을 수로首露 또는 수릉首陵[5]이라고 하였다.(수릉은 죽은 뒤의 시호이다)…"

이 기록에 따라 우리는 김씨들의 나라 가라국(=가락국)의 창업자를 김수로라고 부르고 있는데, 이 이름은 고려 후기 일연이 살던 시대까지 전해지던 이야기 속의 인물을 그대로 전한 것으로 볼 수 있다.

일연은 김수로라는 이름에 두 가지 의미를 부여하였다. 우선 首는 머리·우두머리라는 뜻 외에 '처음'이라는 의미를 갖고 있다. 또 露로는 '이슬'이란 뜻 외에 '(모습을) 드러내다' 또는 '나타나다'는 뜻으로 쓰인다. 이렇게 한자 본래의 의미대로 새기면 金首露김수로는 "金이 처음 모습을 드러내다(나타나다)"는 의미가 된다.

일연은 여기에 다시 한 가지 의미를 추가하였다. 首露수로를 향찰로 읽으면 마리 또는 마로(일본어의 まろ)가 된다. 한국고대어에서 '마리'나 '마로'는 수장을 의미한다. 다시 말해서 왕에 해당하는 칭호이니 결국 김수로金首露는 '김마리(김왕)'이다. 고려나 조선의 왕을 사람들은 흔히 임금이라고 불렀듯이 가라국 사람들은 자기네 왕을 '마리'로 불렀던 것이다. 이것의 축약형이 '말'이며 본래 '마리(말)'는 '크다'는 뜻의 삼한계 말이었다. 이 말은 현대 한국어에도 고스란히 남아 있다. 이를테면 말

••••••••••

5. 다만 首陵(수릉)은 그가 죽은 뒤의 시호라고 따로 세주(細註)로 밝혔다. 그래서 이 기록에 따라 김해 김수로왕릉 경역에 수릉원(首陵苑)이라는 이름이 붙여졌다. 首陵(수릉)은 향찰로 '마리무덤'이란 뜻.

거머리·말잠자리·말벌·말장화와 같은 이름들 속에 전해지고 있는 것이다.

이런 방식으로 일연은 김씨 왕 즉, '김 마리'를 金首露김수로로 표현한 것이다. 따라서 그 이름을 해석하면 '세상에 처음 모습을 드러낸 김씨 왕(=마리)'이라는 뜻이 된다. 바로 이것이 일연이 金首露라는 표기를 택하여 후세에 전하고자 한 뜻이었다.

따라서 김수로金首露는 어느 한 사람을 가리키는 이름이 아니다. 여러 명의 가라국 '김씨 왕'을 가리키는 칭호이다. 『삼국유사』 가락국기에서 가라국이 42년에 건국되었다고 한 것이 사실이라면 그로부터 한참 뒤에 살았던 허 황후의 남편도 김수로이고, 그의 아들 거등왕을 포함하여 김수로·거등왕 이후 구형왕까지 10명의 김해가야 왕을 그 시대 사람들은 '수로' 또는 '마리'라고 불렀을 수 있으며, 허 황후의 남편 김수로 이전에도 가라국과 김해가야에는 여러 명의 김수로가 더 있었던 것이다. 그러니까 가락국기에 거등왕부터는 '○○왕'으로 기록되어 있으니 적어도 거등왕 이전에는 왕을 '마리'라고 불렀다는 얘기가 된다. 이렇게 보면 수로首露는 우리말 '마리'의 향찰 표기이니 거등왕의 아버지 시대까지를 '수로 시대' 또는 '마리 시대'로 구분할 수 있을 것이다. 『삼국유사』 가락국기에는 허 황후와 김수로가 각기 2세기 말에 사망한 것으로 되어 있다. 그러므로 42년 가라국 건국 이후 150년 가량의 기간을 '수로(마리)' 시대로 말할 수 있을 터이다. 그렇다면 이 기간에 대략 5~6명의 '마리(수로)'가 가라국을 통치하였을 것으로 볼 수 있는데, 애석하게도 그들의 실명은 전해지지 않는다. 단지, 중국의 기록을 통해서 추적해본 인물로 소마시蘇馬諟라는 이가 있었으니 이 사람이 바로 42~44년경 가라국을 창업한 사람이며 그의 본명은 김시金諟였을 것이라고 『흉노인 김씨의 나라 가야』에서 자세히 설명한 바 있다.

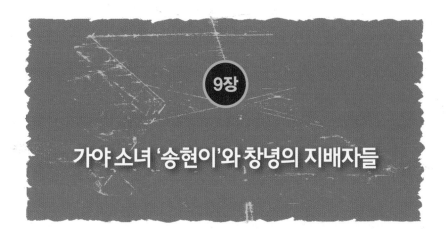

# 9장

# 가야 소녀 '송현이'와 창녕의 지배자들

## 창녕의 16세 가야 소녀 '송현이'가 알려준 것들

2007년 12월 경남 창녕의 송현동고분군[1]에서는 우리나라 고고학 연구사에서 대단히 중요한 발견이 있었다. 송현동 15호 고분에서 소년소

----

1. 사적 제 81호. 교동고분군(사적 제 80호), 계성고분군, 영산고분군 등과 함께 창녕의 대표적인 고분유적이다. 경남 창녕군 창녕읍 송현리에 있다. 목마산(牧馬山, 해발 470m) 남쪽의 구릉 하단부와 화왕산(火旺山, 해발 756m) 군립공원 진입로 주변에 있는 유적으로서 1917년 일본인 이마니시 류(今西龍)가 처음으로 조사하여 그 존재를 학계에 알렸다. 복원정비 사업으로서 2004년 4월~2006년 3월 사이 6호분과 7호분을 발굴하고 복원하였다. 당시 7호분에서는 녹나무로 만든 배모양의 통나무 목관이 가야권에서는 나왔다. 280여 점의 토기와 더불어 장신구, 마구·무기류·농공구 등 90여 점의 철기와 1백 점이 넘는 목기가 출토되었다. 또한 7호분 목관 주변의 석곽 바닥에서 세 명의 인골편을 수습하였는데 20대 후반의 여성 1명(신장 154cm)과 30대, 40대 성인 남성 2명으로 판명되었다. 남성의 평균신장은 162.4±2cm
2006년 5월~2008년 4월 기간에는 15호분, 16호분, 17호분을 조사하였다. 15호분과 16호분은 대형봉토분이며 17호분은 중형봉토분이다. 이 외에 15호분 남쪽에 3기의 소형석곽을 포함하여 소형석곽 7기도 함께 조사하였다. 현재까지 조사하여 복원한 고분 주변에는 30여 기가 넘는 고분이 더 있다. 목마산 남쪽(13기)과 화왕산 서쪽(21기)에 중대형 고분이 흩어져 있다.

■ 가야 송현이의 복원 모습
(국립가야문화재연구소)

녀의 유골이 나와 가야인들의 삶과 죽음 그리고 그들이 살았던 당시의 사정을 어느 정도 알 수 있게 되었다. 남녀 두 쌍, 모두 네 명의 유골 가운데 한 명의 여자 인골이 거의 온전한 상태로 나와 가야 여인이 살아 있을 때의 모습을 알 수 있었는데, 이처럼 오래 된 인골이 거의 온전하게 남은 것은 우리의 연구 사례로는 처음 있는 일이었다.

이 인골을 가지고 가야 소녀를 생생하게 되살릴 수 있었다. 2년 가까운 연구를 통해 1500년만에 복원한 가야 소녀의 모습은 무척이나 흥미롭다. 유골을 바탕으로 가야 여인의 모습과 식생활, 그 소녀가 겪은 질병과 질환 등 병리학적 특징까지 상세하게 밝혀냈으며, 죽음에 이른 과정과 최후의 삶까지도 알아낼 수 있었다. 고대 인골을 가지고 고고학과 인문학·해부학·법의인류학·생화학·물리학·조형학과 같은 여러 분야의 전문가들이 모여 복원해낸 가야인은 대단히 구체적이고 생생한 정보를 알려주었다. 이 가야소녀의 나이는 16세, 가는 허리에 작고 아담한 여인이었다. 그가 잠들었다 깨어난 송현동松峴洞 유적명을 따라 소녀의 이름은 '송현이'가 되었다.

송현이가 잠들어 있던 창녕 15호분은 봉분의 직경이 22.4m(동서 방향 계측치)나 되는 중형급 봉토분이다. 가장자리를 따라가며 세운 호석을

기준으로 잰 봉분의 둘레는 64.7m
였다. 봉분은 4.4m 높이로 남아 있
었고, 시신을 매장하기 위한 공간은
횡구식석곽[2]으로 되어 있었다. 석곽
남쪽 단벽을 뚫고 내려가 부장품을
훔쳐간 도굴꾼의 손에 내부는 심하
게 파괴되어 있었고, 도굴구멍을 통
해 석곽 바닥에는 흙이 쏟아져 내려
쌓인 상태였다.

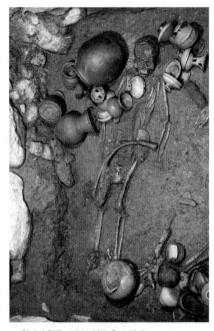

석곽 안에는 입구부터 4구의 인골
이 차례로 묻혀 있었다. 15호분 주인
의 죽음을 따라 삶을 버려야 했던 그
들은 순장인이었다. 순장인은 2쌍의
동남동녀로, 그들은 입구부터 여-
남-여-남의 순서로 누워 있었다.

■ 창녕 송현동 15호분 인골 출토 상태
(국립가야문화재연구소)

이들 중에서 맨 앞의 송현이 인골만이 거의 완벽한 상태로 남아 있
었다. 전문가들이 수습하는 과정에서 두개골 일부가 약간 손상되기는
했으나 두개골 전체를 복원하는 데는 별 문제가 없었다. 송현이의 인골
은 다행히 도굴꾼에 의해 교란되지 않았다. 그리고 왼쪽 귀 근처에서는
금동귀고리가 출토되었다. 나머지 3구의 인골은 도굴로 훼손되어 종아
리뼈와 발뼈만을 제외하고는 없어졌거나 심하게 교란된 상태였다.

이들 인골과 함께 송현동 15호분 석곽 내 순장인골 주변에서는 장경
호·단경호·고배와 같은 토기가 나왔으며 도굴로 쌓인 흙더미에서는 금

••••••••••
2. 길이 8.56m, 너비 1.7m, 높이 2.25m이며 내부 면적은 14.5㎡였다.

■ 창녕 송현동고분군 조사지역 항공사진(국립가야문화재연구소)

동귀고리와 함께 곡옥·금반지·금구슬·금동관편 등의 장신구 종류가
나왔다. 이 외에 행엽·운주雲珠·안교와 같은 마구류의 파편이 나왔는데
부장품은 송현동 6호분·7호분과 대략 비슷하였다.

　　그러면 송현동 15호분이 축조된 시기는 언제일까? 무덤의 주인과 함
께 순장당한 사람들의 생존연대를 아는 것은 매우 중요하다. 15호분의
구조나 규모 그리고 출토유물 등으로 추정하건대 6세기 초 전후에 축조
된 것으로 보고 있다. 무덤 안에서 출토된 신라계 유물로 보아 이 무덤
의 주인은 신라와 매우 가깝게 지냈다. 다시 말해 그가 살았던 시기의
창녕 세력은 친신라 입장이었으며, 유물과 무덤 양식은 가야 사회의 말
기적 상황을 반영한다. 창녕의 수장층은 자신들의 세력을 잃지 않기 위
해 친신라 노선을 택한 것으로 보고 있는 것이다.

송현동 15호분은 신라의 영향력이 더욱 강해지는 시기에 만들어진 무덤이다. 말하자면 창녕의 마지막 지배자들의 무덤이었던 것이다. 과학적 연구 결과도 이를 뒷받침한다. 송현동 15호분에서 나온 목재와 순장 남녀 인골의 정강이뼈를 가지고 방사성탄소연대측정을 한 결과 420~560 A.D라는 연대가 나왔다. 5세기 초~6세기 중반의 이 연대에서 중간 값을 택하면 490년이 된다. 여기에 다시 유물의 유형이나 양식, 고분의 구조 등을 감안하여 5세기 말~6세기 초에 살았던 사람들이라는 결론을 내리게 되었다.

그 후 창녕의 가야 소녀 송현이를 원래의 모습으로 복원하기까지는 12개월 가량이 걸렸다.[3] 이 연구에 참여한 카톨릭응용해부연구소는 사람 뼈를 분석해서 신원을 확인하거나 사인을 규명하는 법의인류학 연구방법에 따라 인골을 과학적으로 수습하고 해부학적으로 뼈대를 재구성한 다음, 신원확인 및 사인규명을 거쳐 최종적으로 인체 복원 모형을 만들었다. 이렇게 하여 가야 소녀 송현이는 비로소 제 모습을 되찾았고, 비로소 2009년 11월에 공개되었다.[4]

송현동 15호분에서 수습한 4명의 인골은 법의학적 분석에 따라 십대 후반의 청소년 남녀 두 쌍으로 파악되었다. 그러나 3명의 인골은 종아리뼈와 발뼈 등 신체 일부의 뼈만 나왔으며, 송현이의 인골만이 206개[5] 거의 대부분 온전한 상태로 나와 송현이를 되살려낼 수 있었다.

· · · · · · · · · · ·

3. 2008년 4월 '가야 사람 복원연구' 사업계획이 확정되어 2008년 7월~2009년 10월 기간 동안 국립가야문화재연구소 주관으로 진행되었다. 국립문화재연구소 보존과학연구실이 인골의 성별 감정 및 친연관계를 규명하였으며 골화학분석으로 가야인의 식생활에 대해서도 파악하였다.

4. 2009년 11월 7일 한국고고학회 주최로 제33회 한국고고학전국대회에서 일반에 공개되었다. 복원한 가야 소녀 인체 모형은 11월 5일 국립고궁박물관에 이어 창녕박물관에서도 전시되었다.

5. 인체는 모두 206개의 뼈로 이루어져 있다. 몸통뼈 80개, 팔다리와 몸통에 연결하는 뼈 126개로 구성되어 있는 것이다.

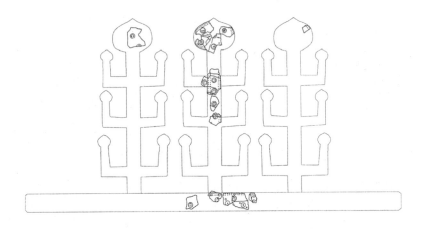

■ 송현동 15호분 출토 금동관편
(『창녕 송현동고분군 Ⅱ-15~17호분 발굴조사보고』,
국립가야문화재연구소, 2012)

송현이의 머리뼈는 바깥 판이 얇아져서 파괴되었으며 마치 산호와 같은 상태였다. 정수리에서 뒤통수로 가는 머리뼈에는 작은 구멍이 무수히 나 있어 이 어린 소녀가 살아있을 당시 다공성뼈과다증을 겪었다는 사실을 알게 되었다. 머리뼈에 구멍이 송송 뚫린 다공성 뼈과다증은 빈혈을 만성적으로 앓은 증거라고 한다. 물론 이런 현상은 신체적으로 미성숙한 사람에게 흔히 나타날 수 있는 것이지만 그 원인은 다양하다. 영양결핍·불충분한 무기질 식사라든가 만성감염·뼈막염 등을 포함한 감염이나 풍습·기생충·위생 문제 등이 원인일 수 있다. 이런 여러 가지 가능성을 고려하여 연구팀은 최종적으로 '병원체와 맞서 싸운 증거'라고 결론을 내렸다. 송현이는 이팔청춘을 맞기까지 전신적인 질환을 몇 차례 앓았다. MMR백신이 없던 시절이니 아마도 10세 이전에 홍역이나 볼거리와 같은 유행성 질환을 앓았을 수도 있고, 충치를 비롯하여 기타 질환으로 고생한 적이 몇 차례 있었다는 얘기이다.

## 평생 고되게 일하며 주인에게 시중들다 간 가야 왕의 시녀

가야 소녀 송현이의 정강이뼈와 종아리뼈에는 툭 튀어나온 부분이 있었다. 이것은 다리를 반복적으로 굽혔다 폈다 하면서 생긴 반응 뼈라고 한다. 과도하게 근육을 반복하여 수축함으로써 이를 견디기 위해 형성된 뼈로서 '뼈의 형성 및 재형성이 증가한 결과'라는 것이다. 좀 쉽게 말해서 맨날 무릎 꿇고 시중 들며 살아서 뼈가 툭 튀어나오게 되었다는 것이다. 연구팀이 밝힌 법의학적 소견은 이러하다.

"다공성뼈과다증이 있는 것으로 보아 15~17세의 이 여성은 살았을 때 생리학적 빈혈을 앓고 있었다. 하지만 일상생활을 비교적 활발하게 하였으며 무릎을 꿇고 시중 드는 일을 많이 하여 무릎뼈와 정강이뼈에 그 흔적이 남아 있다. 고분에 묻히기 전에 누군가에 의해 살해되었다. 그러나 골절 등의 특이한 외상은 없다. 4명 모두 손상사나 내인사가 아니라 중독 또는 질식으로 사망했다."

다음은 송현이의 정확한 나이를 알아내기 위해 법치의학이 동원되었다. 과학적으로 사람의 나이를 추정하는 데는 통상 치아를 이용한다. 치아로 측정하는 나이는 매우 정확하기 때문이다. 이를 위해 아래위턱 치열을 맨눈으로 조사하고 방사성 검사를 겸했다. 육안으로 치아교모도와 치아에 나타나는 발생학적·병리학적 소견을 관찰한 다음, 과학적 방법을 이용하여 나이를 추정한 것이다.

사람의 치아는 나이를 먹어감에 따라 위·아랫니가 마모되어 간다. 그러므로 치아의 마모도(=교모도)만으로도 대략적인 나이대를 추정할 수 있다. 이런 기초적인 육안 관측 방법을 통해 알아낸 송현이의 치아 나이는 42세. 송현이는 10대 후반의 소녀였으나 치아가 심하게 닳아서

■ 송현이의 유골(발굴 당시, 국립가야문화재연구소)

미완의 제국 '가야'

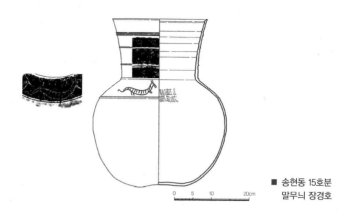

치아로 본 나이는 40대 초에 해당한다는 것이다.[6] 딱딱하고 거친 음식을 먹고 산 결과이거나 매우 거칠고 힘든 상황에서 살았음을 전해주는 것이다. 송현이의 치아 상태는 다음과 같았다.

1) 아래턱 셋째큰어금니가 턱뼈 안에 발생중인 상태로 매복되어 있었다(이 매복치는 곧 사랑니를 뜻한다).

2) 위턱 왼쪽 첫째 작은어금니의 볼쪽에 충치가 있다(크게 구멍이 뚫려 있다).

3) 아래턱 오른쪽 송곳니와 첫째 작은어금니에서는 '사기질형성저하증' 소견이 있었다. 이것은 전신적인 감염이나 대사성질환·영양결핍 등에 의해 일어난다.

4) 오른편 앞니의 자르는 면을 반원형으로 날카롭게 갈았다. 인위적으로 간 것인데, 이것은 어떤 반복적인 작업으로 생겨난 것일 수 있다. 일반적으로 고대 사회에서 주술적 또는 심미적 차원에서 만들 것일 수도 있다.

• • • • • • • • • • •
6. 전체 치아 25개 중 10개가 상아질까지 닳아 있었다. 아래턱 치아는 14개가 그대로 남아 있었다.

송현이의 치아는 현대 한국인의 치아 평균 계측치와 같았다. 치아 검사를 통해 법치의학자들은 송현이의 정확한 나이를 만 16세로 산정하였다. 그러면서 연구팀은 "한 가지 분명한 것은 살아있을 때 전신적인 질환을 몇 차례 앓았다. 그러나 그 질환이 무엇인지는 알 수 없다. 앞으로 뼈 연구를 통해 밝혀야 할 부분"이라고 하였다.

그런데 위 조사내용 중에서 검토해봐야 할 점이 한두 가지가 더 있다. 송현이는 오른쪽 앞니의 자르는 면을 칼날처럼 간 상태였는데, 그것은 심미적 또는 주술적 차원에서 일부러 만든 것이라고 보는 견해가 있었다. 하지만 그것은 무엇인가 반복적인 작업을 위한 것일 수 있다. 이를테면 삼이나 모시를 삼을 때 날카로운 이를 사용해야 하므로 길쌈을 위해 날카롭게 갈았을 수도 있다. 더구나 오른쪽 앞니를 날카롭게 간 것을 감안하면 송현이는 오른손잡이였다고 볼 수 있을 것 같다.

다음으로, 송현이의 원래 모습을 복원하기 위해 해부학이 동원되었다. 이 작업은 2001년 김대건 신부의 얼굴을 복원한 경험이 있는 카톨릭대학교 의과대학 한승호 교수가 맡아 진행하였다. 그가 알아낸 정보는 많았다. 먼저 15호분에서 깨어난 가야 소녀 송현이의 키는 152~159.6cm였다. 물론 이것은 일차 추정치인데[7] 현재 만 16세 한국 여성보다 조금 작고 특히 팔이 짧았다. 머리의 수직 길이는 19.3cm였다. 이것으로 전신(키)을 나누면 현재 만 16세 여성의 경우 8.3등신에 해당하지만, 송현이의 복원모습으로는 7.9등신이었다.

허리둘레는 54.5cm(21.5인치)로서 현재 16세 여성의 평균 허리둘레 66.7cm(26.2인치)보다 훨씬 가늘었다. 손과 발은 현대의 같은 나이 또래 여성보다 길이가 짧았으며 그 폭은 평균보다 넓었다.

..........
7. 출토 당시의 매장 자세 그대로 잰 인골 전체의 길이는 135cm였다.

이렇게 해부학적인 조사를 거쳐 척추뼈를 컴퓨터로 3D 스캔하여 복원모형을 만들기 위한 자료를 정리하였다. 그리고 나서 뼈대를 복원하여 조립하는 과정을 거쳤으며, 전체 뼈대에 실리콘을 입혀 얼굴근육·피부·눈과 코·입과 귀를 복원, 실리콘 전신상을 만들어냈다. 이 실리콘 전신상에 모발과 눈썹 등을 심고 채색을 하여 피부의 질감을 실제와 똑같이 표현하였는데, 이러한 복원 작업을 위해 전문가들은 영화 관련 특수분장기법을 동원하였다. 머리 모양은 5 : 5 앞가르마를 타고 머리칼을 뒤로 넘겨 뒤에서 하나로 묶는 속발을 한 다음, 다시 위로 살짝 올려서 자연스럽게 늘어뜨린 형태로 복원하였으며 의복은 대가야박물관에 있는 것을 참고하여 만들었다.

송현이의 얼굴은 해부학적으로 보아 현대인보다 넓고 편평하다. 머리뼈 전체의 형태적인 비율은 현대의 한국인과 비슷하다. 추정신장은 152.0~159.6cm였지만 복제된 뼈를 해부학적으로 조립한 실제 키는 151.5cm였다. 여기에 피부를 입히고 머리카락을 심은 키는 153.5cm였으며 복원 뒤에도 신장에 비해 팔이 특히 짧았다. 납작한 얼굴에 허리는 가늘어서 개미허리와 같았다. 현재 만 16세 한국여성과 비교하면 하위 5~25%군에 속하는 작은 체구이다. 그러나 당시 대구·김해·사천 늑도 등지에서 확인한 가야시대 여인들은 모두 키가 151~154cm 전후인 점을 감안할 때, 창녕의 이 가야 소녀 역시 그들과 별로 다르지 않았음을 알 수 있다.

16세의 가야 소녀 송현이는 1500년 전, 창녕 지역을 다스리던 지배자의 시녀였다. 어린 나이에 견디기 힘든 질병을 몇 차례 앓았으며 뼈 빠지게 일하며 주인을 섬겼다. 살아서 그랬던 것처럼 이 소녀는 저승에서도 무덤의 주인을 섬기고 봉사하기 위해 어린 나이에 이승을 버려야 했다. 출산 경험은 없으며 왼쪽 귀에는 금동 귀고리를 달고 있었다. 쌀

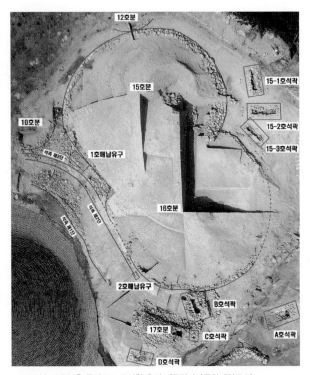

■ 15호분, 16호분을 중심으로 구성한 유적도(국립가야문화재연구소)

과 보리·콩을 주로 먹고 살았으며 여러 개의 충치가 있는 것으로 보아 송현이는 무척이나 고통스러운 치통을 견디며 살았다.

　개인적인 생각이지만, 출토 당시의 인골 사진을 보면 이 소녀는 어깨 폭보다 엉덩이 폭이 훨씬 넓은 체형이었던 것으로 추정된다. 또한 누워 있는 자세와 팔다리의 위치로 보아 교살된 것으로 보인다. 교살된 직후 피가 굳기 전에 그 자리에 눕혀졌으며 왼쪽 팔은 살해된 직후 긴장이 풀린 모습을 전해주고 있다. 다리는 다 뻗지 않고 무릎을 약간 올린 상 태였음을 알 수 있다.

　이 소녀와 함께 묻힌 2명의 소년은 송현이의 외가친족일 수 있다고

한다. 어머니를 매개로 한 외가친족을 뜻하므로 내외종 사이거나 이종
사촌 간일 수 있다는 얘기다("동일한 모계자손일 가능성이 있다"). 무덤의 주
인과 가장 가까운 곳에 누워 있는 소년 순장자는 평소 고기를 많이 먹
었으며 영양상태가 좋았다[8]고 한다. 하지만 그가 무덤에 묻힐 때는 갖
고 있어야 할 발가락이 없었다. 원래 발가락을 잃은 채로 살다가 순장
으로 묻힌 것으로 볼 수밖에 없다. 다만 없는 발가락 대신 사슴발가락
으로 발가락 모양을 갖춰놓은 것을 알아냈다. 좌우 발의 엄지발가락과
새끼발가락을 제외한 나머지 발가락이 없어 사슴발가락 뼈로 채워준
것이라는 이야기인데, 무덤을 쓸 당시 순장을 하면서 없는 발가락을 채
워 놓은 이유는 무엇일까?

■ 창녕 송현동 15호분 출토 토기류
(국립가야문화재연구소)

• • • • • • • • • • •
8. 순장자들은 수수·기장·조와 같은 곡식보다는 쌀·보리·콩을 주로 섭취했다. 그 중에서도 무덤 주
   인과 가장 가까이에 누워있던 순장자는 다른 사람보다 더 많은 쌀과 보리·콩 그리고 육류(단백
   질)를 섭취하였다고 한다.

■ 도굴구멍으로 유입된 흙을 제거한 후 확인한 매장 상태(국립가야문화재연구소)

사슴발가락으로 온전한 발가락 모양을 만들어서 매장한 이유는 아마도 주검에 대한 전통적인 믿음 때문이었던 듯하다. 죽은 자는 제대로 된 육신을 가져가야 저승에서 받아준다고 믿었기에 옛 사람들은 팔 다리를 잃은 사람의 경우 나무로 깎아서라도 팔다리를 만들어 매장한 게 아닌가 싶다. 신체의 어느 한 부분이라도 없으면 원래대로 만들어서 저승으로 돌려보낸다는 생각을 갖고 있었던 것이다. 그래서 전장에서 목이 잘린 시신에게도 나무로 깎거나 짚으로 엮어서라도 원래의 모습을 갖춰준 뒤에 관에 넣어 매장하였다. 그런 사례로서 청계천 복원사업을 할 당시 광희문 인근에서 나무로 깎은 남성의 성기가 무더기로 발견된 적이 있는데, 이것이 참고가 될 듯하다. 조선시대 내시가 죽어 광희문으로 내보내면서 내시의 성기를 나무로 깎아 대신 달아서 넣어준 습속이 있었는데, 여기서 나온 목제 남자 성기는 그 당시 사람들이 버린 것이었다고 한다. 물론 이와 달리 여성들이 자위용으로 사용하다가 버린 것이라는 설도 있지만, 이런 것은 원래 태어났을 때 사지 멀쩡한 모습으로 되돌려 보내야만 영혼이 구천을 떠돌지 않고 저승으로 돌아갈 수 있다고 믿었던 그 당시 사람들의 사생관을 보여주는 사례로 이해하는 것이 자연스러울 것 같다. 창녕 송현동 15호분에 순장된 소년 또한 동일한 시각에서 이해할 수 있으리라 생각한다.

그러면 왜 발가락을 자른 것일까? 아마도 이 소년이 원래 노예였거나 전쟁포로가 아니었을까 하는 짐작이 든다. 예전에는 남자 포로나 노예의 경우 도망하지 못하도록 발가락을 자르는 일이 많았다. 엄지발가락과 새끼발가락을 남겨둔 것은 생활하는데 큰 불편이 없도록 하기 위한 것이다. 가운데 세 개를 자르고 좌우 하나씩(엄지와 새끼) 남겨 둔 것

■ 송현동 7호분 출토 목관(세척 후의 모습, 국립가야문화재연구소)

은 힘을 쓰거나 뛰어 달아나지 못하도록 하기 위한 것이었다. 몸의 균형을 잡고 움직이는데 필요한 최소한의 발가락만 남겨둔 것이다. 이런 점에서 볼 때 무덤에 순장한 소년소녀의 신분은 왕에 예속된 노복이었을 가능성이 높다. 그렇다면 가야 소녀 송현이와 소년은 노복의 신분이었던 만큼 송현이는 5 : 5 앞가르마가 아니라 3 : 7의 쪽가르마로 복원해야 하지 않았을까? 조선시대에도 평민 이하는 7 : 3의 쪽가르마, 양반 귀족여인은 반가르마를 타도록 되어 있었다. 얼굴과 머리 모양만 보더라도 금세 신분을 알 수 있도록 한 이런 구분은 아마도 삼국시대와 가야 또는 그 이전부터 전해온 전통이 아니었을까? [이상의 주요 내용은 『1500해 앞 16살 여성의 삶과 죽음』(국립가야문화재연구소)을 바탕으로 정리한 것이다.]

## 창녕 송현동고분군의 6호분과 7호분 그리고 15호분

교동고분군[9]과 계성고분군 그리고 영산고분군과 더불어 창녕의 대표

■ 2004년 송현동 7호분 금속유물 출토 당시의 모습

■ 송현동 7호분 발굴 당시 갓 드러난 유물층. 떡갈나무 종류의 이파리 형태가 고스란히 확인되었다.

■ 송현동 7호분에서는 여러 가지 탄화된 유기물이 확인되었다.

∙∙∙∙∙∙∙∙∙∙∙
9. 창녕읍 북쪽 교동에서 동쪽으로 송현동 구릉 일대에 걸쳐 있는 무덤군(사적 제80호). 현재 8기의 무덤이 있다. 그 중에서 1호부터 4호 무덤은 횡구식석실묘이며 추가장을 했던 것으로 보고 있다.

■ 송현동 7호분 발굴 당시의 모습(2004년)

적인 무덤유적인 송현동고분군은 창녕읍내를 내려다보는 화왕산 자락에 있다. 창녕읍 송현리 일대에는 모두 55기의 고분이 있다. 화왕산 서쪽 능선 목마산성 아래에는 직경 20m 이상의 대형고분(1호~7호, 15~17호 포함) 31기가 몰려 있고, 화왕산 중턱 도성암 주변에는 창녕 지역에서는 가장 큰 고분(직경 39.3m)을 포함하여 모두 21기의 가야시대 고분이 있다. 그런데 송현동고분군 중에서 직경 20m 이상인 대형고분은 15~17호분을 포함하여 모두 10기이며 그 중에서 8기는 이미 발굴을 마친 상태이다.

송현동 6호분과 7호분은 2004년 발굴[10]로 그 전모를 알 수 있었다. 6호분과 7호분은 쌍분처럼 두 개의 봉분이 서로 맞닿아 있어서 마치 하

• • • • • • • • • • •
10. 2004년 4월 20일~2006년 3월 24일 사이에 세 차례에 걸쳐 발굴하였으며 조사기간 330일

■ 여러 종류의 토기가 묻힌 상태 그대로 드러난 송현
동 7호분 발굴 당시의 내부 모습(2004년)

나의 표형분瓢形墳처럼 보였지만 막상 발굴하고 보니 별개의 무덤이었다. 6호분이 먼저 만들어졌고, 나중에 그 북쪽에 7호분이 들어섰다. 6호분의 평면은 원형에 가까우며 직경은 22m였다. 6호분과 7호분은 모두 축조방식이 같으며 매장부는 횡구식설실분이다. 석실의 횡구부, 즉 입구는 모두 북쪽에 두었다. 6호분 석실의 바닥 폭은 1.4~1.6m, 천정은 1.2m 안팎이며 석실 전체높이는 2.2~2.6m이다. 석실 천정을 덮은 개석은 모두 8장이었다. 석실의 네 벽은 모두 돌을 눕혀 가로쌓기로 축조하였고, 석실 안에 관을 올려놓은 관대는 길이 3.4m에 폭은 1.4m였다. 석실 내부 벽에는 검붉은 색의 안료가 칠해져 있었다. 이것은 7호분도 마찬가지였다. 붉은 안료는 고대 사회에서 벽화나 단청에 주로 쓰는 산화제이철($Fe_2O_3$)과 망간(Mn)의 화합물이라고 한다.[11]

송현동 6호분은 일찍이 도굴되었고, 석실 내부는 상당부분 훼손되었다. 석실에서는 적갈색 연질유개발·고배·유개고배·단경호·장경호·

• • • • • • • • • • •
11. 이런 안료는 벽사의 의미를 갖고 있는 것으로 파악하고 있다. 일본의 규슈나 간사이(関西) 지역의 석실고분에서도 이런 칠이 확인되었으며 고성 송학동고분군에서도 이와 똑같은 붉은색 안료를 확인한 바 있다.

■ 봉토의 한쪽을 파고 들어가 횡구식석실(길이 8.4m, 폭 1.5m)로 통하는 입구. 석실바깥에는 돌을 쌓았으며, 횡구식석실 안에는 구유 모양의 목관(길이 3.4m, 폭 1.2m)을 안치하였다.

유대호 등의 토기류와 칠기편 그리고 농공구류·마구류와 같은 많은 유물이 나왔다. 6호분에서만 나온 토기의 총수는 202점. 이 중에서 개(蓋 : 뚜껑)의 형태와 문양은 몇 가지 종류로 정리해볼 수 있다. 우선 대각도치형에 유충문幼蟲文이 있는 것, 대각도치형에 무늬가 없는 것, 단추형 꼭지에 무문, 단추형 꼭지에 밀집집선문, 단추형 꼭지에 삼각침선문이 있는 것으로 대별할 수 있다. 고배는 배신과 대각에 X형의 침선문을 가진 것 또는 거치문과 파상문을 섞어서 시문한 것으로 구분할 수 있다. 이러한 문양과 형태는 신라 토기에 특징적인 요소들이다. 5세기 말~6세기 초 신라의 영향을 받아 창녕에서 제작되었기 때문에 신라 색채의 양식이 스며 있는 것이다.

적갈색의 연질 유개 발은 연질의 뚜껑 있는 바리형 토기를 뜻한다.

■ 송현동 7호분에서 나온 토기류(2004년 발굴 현장 설명회 자료)

이것은 고배와 세트를 이루어 나왔다. 이 외에 장경호(7)·단경호(4)·대부파수부완·대부발·유개 발과 같은 다양한 기종이 나왔다. 6호분에서 나온 토기는 각 기종이나 형태가 7호분의 출토품과 유사하다. 6호분의 대부파수부완은 창녕 교동11호분 출토품과 유사하지만, 이것은 7호분에는 없는 것이었다.

6호분과 7호분에서 나온 유물은 크게 토기류와 금속유물로 분류할 수 있다. 6호분 출토 금속유물은 철기가 중심이며, 철기는 약 20점에 불과하다. 그 나머지는 마구류·농공구류·장신구류의 세 가지 종류로 나눌 수 있는데, 그 중에서도 운주·행엽·재갈과 같은 마구류의 비중이 높다. 행엽은 철제 심엽형으로서 7호분에서 나온 것과 똑같다. 이와 함께 쇠스랑과 U자형 삽날 및 철부 등의 농공구도 나왔다. 그렇지만 U자형 삽날과 쇠스랑은 7호분에서는 나오지 않았다. 목제유물로는 바닥에 사용한 각재와 통나무 목관·목심안교 등이 있는데, 재질은 참나무(상수리나무)와 밤나무·녹나무이다.

6호분의 석실[12] 단벽이 6호분 봉분 주변에 세웠던 호석과 맞닿아 있

••••••••••
12. 석실 바닥 폭은 1.8m, 천정은 1m, 석실높이 2.3~2.6m이다.

■ 뚜껑접시와 굽다리접시
(창녕 송현동 7호분,
국립가야문화재연구소)

었고, 남단벽과 서쪽 장벽에 두 개의 도굴갱이 있었다. 석실 내부에는
도굴갱을 통해 쏟아진 흙이 많이 쌓인 상태였고, 거기서 거둔 세환이식
이나 과판과 같은 장신구들은 신라 양식이었다.

한편 송현동7호분은 오랜 세월 봉분의 상부가 깎여나가 높이는 5.6m
밖에 남아 있지 않은 상태였다. 봉분 직경은 20m. 봉분 둘레를 따라가
며 폭 1m 정도로 호석을 둘렀다. 7호분의 내부 매장 공간 역시 6호분
과 마찬가지로 횡구식석실분이며 구조가 같다. 송현동 6호분과 7호분
의 봉토 축조방식은 함안 도항리 5호분, 대구 화원 성산리 1호분, 성주
성산동 58호분 및 경주 황남대총과 같았다. 6호분과 7호분의 석실 내부
환경은 거의 비슷하며 동시대에 만들어진 것이 분명하다. 석실의 구조
와 유물의 배치 양상도 유사하다. 목관은 녹나무로 만든 것이었다. 가
야 지역에서 녹나무 목관이 나온 것은 송현동 7호분이 유일하다.

■ 바리와 굽다리접시(창녕 송현동 6호분,
국립가야문화재연구소)

7호분의 목관은 길이 3.3m, 너비 0.8~0.9m로 폭이 좁고 긴 세장방
형이다. 관재는 녹나무였으며, 관의 보조재와 바닥에 깐 목재는 밤나무
와 참나무(상수리나무) 등이었다. 목관은 통나무 관이었다. 7호분의 목관
에 사용한 녹나무[13]는 아열대 지방에 자생하는 나무로, 일본 남부의 규
슈 지방으로부터 제주도·오키나와·대만·중국 남부지방에 분포한다.
중국 내의 주된 분포지는 양자강 이남 지역. 항주抗州 일대에는 녹나무
숲이 무성한 곳이 많다. 녹나무는 장뇌목樟腦木이란 이름으로 더 잘 알려
져 있다. 이 나무에 있는 장뇌향을 추출하여 한약재로 쓴다. 독특한 향
으로 방충효과가 있으므로 방충제로도 사용된다. 중국에서는 녹나무는
고급 가구의 재료로 사용한다.

• • • • • • • • • •

13. 장뇌목(樟腦木)으로도 부른다. 학명 : *Cinnamomum camphora*. 방충제로도 사용하는 장뇌는
이 녹나무에서 추출한다. 녹나무는 목재 조직이 치밀하고, 잘 썩지 않으며 향기가 나서 가구나
선박의 재료로 사용하였다. 녹나무관이 나온 것은 가야권에서는 지금까지 송현동 7호분이 처음
이자 유일한 것이며, 선박에 사용한 사례는 전남 진도의 벽파에서 건져 올린 통나무배가 있다.
일본명은 구스노키(クスノキ), 한자명은 장(樟)·향장목(香樟木)·장목(樟木) 등으로 쓴다. 영어
명은 캄포 트리(Camphor tree)

　우리나라에서는 제주도나 남해안 먼 바다 섬에 일부 자생하고 있다. 현재 제주도 서귀포시 도순리에는 녹나무 숲이 있다(천연기념물 162호). 옛날 제주도에서는 더욱 많은 녹나무가 있었던 것으로 전하지만, 송현 동고분에서 사용할 만큼 직경이 1m에 가까운 것은 한국 남부지방에서 는 자라기 어려웠을 것이다. 송현동고분군의 주인을 위해 마련한 녹나 무관은 일본의 서남부 지방과 오키나와 및 중국 남부지방의 세 지역 가 운데 어느 곳에서 들여왔을 것이다. 그 중에서도 일본에서 건너온 것으 로 보는 게 타당할 것 같다. 아마도 교토(京都)·오사카(大阪), 후쿠오카 (福岡)·사쓰마 등 일본 서남부 지역에서 왔을 것으로 판단할 수 있다.

　일본에는 녹나무가 도쿄(東京)를 중심으로 한 간토(関關東) 이남 지방 에 분포한다. 녹나무 숲이 우거진 곳은 후쿠오카(福岡)·사가(佐賀)·구마 모토(熊本)·야마구치(山口) 등 규슈(九州) 지방과 일본 서남 지역이다. 그 중에서도 규슈 지방에 녹나무가 많이 자생하고 있으며 가고시마(鹿兒島) 라든가 오도열도五島列島 및 오키나와 등 일본의 서남제도西南諸島에는 지 금도 수령 1000~1500년이 넘는 녹나무들이 있다. 이런 풍부한 자원으

■ 말그림긴목항아리
(창녕 송현동 15호분,
국립가야문화재연구소)

로 말미암아 일본에서는 일찍부터 녹나무로 배나 불상을 만들었다.

아울러 특이하게도 송현동 7호분에서는 참다랑어(Bluefin tuna)의 뼈
가 그릇에 담긴 채로 출토되었다. 그릇에 담아 무덤에 넣고 장례를 치
렀으므로 참다랑어의 척추뼈가 고스란히 나온 것이다. 참다랑어의 학
명은 *Thunnus thynnus*. 참다랑어는 본래 농어목 고등어과에 속하며
다랑어 중에서는 최고급에 속하는 대형어종으로, 최대 크기는 2.5~3m
에 무게 300~700kg이나 나간다.[14] 참다랑어는 일본 서남부 연안에는
7~10월 기간에 흔한 어종이다. 수면 표층으로부터 중층 사이를 서식
권으로 한다. 바닷고기 중에서는 대단히 활력적인 어종으로, 잠시도 쉬
지 않고 물속을 질주해야만 아가미를 통해 산소를 공급받아 생존할 수
있다. 시속 10~40km로 평생 달려야 하는 까닭에 '바다의 마라토너'라
고도 한다. 따라서 참다랑어는 예나 지금이나 주로 그물로 잡는다. 송
현동 7호분에서 나온 참다랑어도 낚시나 작살로 잡은 게 아니라 그물로
포획한 것으로 보는 게 좋겠다.

참다랑어는 일본 오키나와 군도로부터 대만 지역에서 주로 산란하

••••••••••
14. 영어명은 블루핀 튜나(Bluefin tuna), 일본명은 구로마구로(クロマグロ)이다. 이 외에 마구로(マグ
ロ), 혼마구로(ホンマグロ) 등으로도 부른다.

며 5~6월 이후 규슈 지역에는 흔하다. 규슈 일대에 참다랑어가 가장 많이 들어오는 시기는 7~8월이며 10월까지는 꽤 많이 잡힌다. 11월 중에도 있으나 그때는 다수의 참다랑어 무리가 오키나와 아래쪽으로 빠져 버리므로 그 수는 적다. 일본의 태평양 해역에도 분포하지만, 도쿄 동쪽의 연안(도쿄만과 그 이남) 해역에는 별로 없다.

우리의 표준명은 참다랑어다. 참치라는 속명으로 더 잘 알려져 있는 참다랑어는 우

■ 창녕 송현동 7호분 석실 내부 횡구부(유기물 제거 후, 국립가야문화재연구소)

리나라 근해나 내만에는 들어오지 않는 원양성 어종이다. 그러므로 선박과 항해술이 발달하지 않았던 가야 시대 이런 참다랑어를 잡는 것은 쉬운 일이 아니었을 것이다. 난류대의 해역에 널리 분포하는 종으로서 전세계의 열대~온대해역에 분포하는데, 남반부에는 그 수가 적다. 우리나라에는 여름철 동해 먼 바다의 남부 지역까지 회유해 들어오며 한여름철인 8월과 해수온이 높은 9월엔 제주도 인근에도 출몰한다. 제주도 연안 해역에서는 수온이 안정되는 8~10월에 나타나는데, 그 양은 많지 않으며 잡기가 어렵다. 길이도 70~80cm 전후(무게 20kg 이하)로 소형이다. 그러니 과거 제주도 사람들이 창녕의 수장을 위해 이런 바닷고기를 잡아서 보냈을 것 같지는 않다. 일본보다도 훨씬 멀고 힘든 바닷

■ 창녕 송현동 7호분 석실에서 나온 녹나무 목관
(국립가야문화재연구소)

길이어서 쉽게 오갈 수 있는 처지도 아니었고, 당시 제주도에는 강력한 정치력이 형성되어 있지도 않았으므로 굳이 창녕에 이런 제물을 보낸 이는 없었을 것이다.

현재의 조건에서 보더라도 참다랑어와 녹나무 두 가지를 동시에 쉽게 구할 수 있는 곳은 오키나와로부터 규슈 지역이다. 이것을 가져온 사람들은 일찍이 서일본 지역으로 진출해 있던 가야인들 또는 규슈 일대를 정치적 터전으로 삼은 이들이었다고 볼 수 있다. 고령이나 고성의 대형 고분에서 출토된 왜倭 계통의 물건들을 보더라도 가야 지역과 왜의 교류는 밀접했음을 알 수 있다.

결국 창녕 지배자의 죽음을 기리기 위해 송현동7호분에 넣은 참다랑어는 일본 서남부 지역에서 들여온 것으로 봐야 할 것 같다. 그 중에서도 규슈 일대에서 누군가가 가져와 장례용 제물로 넣은 것으로 보는 게 타당하다. 아마도 일찍이 창녕에서 왜로 건너간 누군가가 본국 수장의 사망소식을 접하고 서둘러 장례물품으로 보냈을 것이라고 짐작해볼 수 있으며, 앞으로 창녕 지역에서는 왜 지역에서 건너온 유물이 더 나타날 가능성이 아주 많다.

그런데 참다랑어 뼈와 함께 나온 참외씨·복숭아씨·밤 같은 과일은 송현동7호분 주인의 사망 시기를 알아내는데 중요한 실마리가 된다. 참다랑어와 참외·복숭아로 보면 이 무덤의 주인은 7~9월에 사망했다. 그 확률은 거의 100%에 가깝다. 그런데 밤이 문제이다. 만약 지난해 가을에 수확해둔 밤을 썼다면 송현동7호분 주인의 사망시기는 7~9월을 벗어날 수 없다. 옛날에는 밤을 땅에 묻어두었다가 사용하였다. 『고려도경』에 "고려의 과일 중에 밤

■ 창녕 송현동 7호분 석실 내부(유물 수습 직후의 모습, 국립가야문화재연구소)

은 크기가 복숭아만 하며 달고 좋다. 옛 기록에 여름에도 있다고 하길래 그 까닭을 물어보니 질그릇에 담아서 흙속에 묻으면 해를 넘겨도 상하지 않는다고 한다"고 되어 있다. 이런 기록으로 볼 때 여름 과일인 참외와 복숭아가 이 무덤의 주인이 사망한 시점을 알려주는 단서가 된다. 또 『고려도경』에 참외·복숭아는 일본에서 온 과일이라고 하였다. 두 가지 모두 7~9월(음력)에 나는 것이다. 참외와 복숭아는 모두 양력 8월경에 완숙되는 것들이므로 송현동7호분의 주인은 8월에 세상을 떠났을 것으로 보는 게 타당하다. 그러나 반드시 햇밤을 썼다면 송현동7호분

■ 송현동 7호분에서 나온 복숭아씨
(국립가야문화재연구소)

■ 송현동 7호분에서 나온 밤
(국립가야문화재연구소)

주인의 사망 시기를 9월까지로 내려볼 수는 있다. 햇밤과 참외·복숭아
가 함께 나는 시기를 9월 중순~하순까지로 볼 수 있기 때문이다.

6호분과 마찬가지로 7호분에서도 토기류와 금속·목제품 등 수백 점
의 유물이 나왔다. 토기류는 장경호·적갈색 연질 유개발·유개고배 그
리고 개배와 고배를 세트로 한 유물들이다. 7호분에서 나온 토기는 모
두 280여 점이며 기종은 6호분과 거의 같다. 종류별로 보면 개(62점)·고
배(59점)·유개고배(100여 점)·연질 발·유개발·단경호(9점)·대부장경호·
광구호·발형토기(17점)·장경호(20점) 등이다. 이 중 상당수가 신라계 토
기이다. 개(뚜껑)는 단추형 꼭지를 갖고 있으며 밀집침선문이 있거나 대
각도치형 꼭지와 유충문을 가진 유개고배의 두 종류가 다 있었다. 이런
유형은 모두 신라 토기에 특징적인 요소들이다. 이들 토기 중에서 유개
고배와 바리·단경호와 같은 작은 토기들은 기종별로 소쿠리에 담아놓
은 상태였다. 소쿠리는 버드나무나 싸리나무·단풍나무를 다듬어서 만
든 것이었다.

목관 주변에서는 단경호 외에도 컵형목기라든가 광구소호·봉상칠기

(목제)·화살촉(60개 한 묶음)·마구류·무기류·부채자루·목심칠기안교편·금동투조안금구·목심금동투조안교 등이 나왔고, 안교 주변에서는 운주 및 심엽형 행엽이 나왔다.

무기류로는 삼엽문환두대도와 자도子刀·첨자籤子 등이 출토되었다. 재갈·등자·안교[15]·좌목선교구·금구·운주·행엽 등의 마구도 나왔는데, 심엽형 행엽은 경주(신라) 양식이며 재갈은 천마총 출토품과 유사하다.

또한 은제손잡이에 물고기 비늘 모양을 새긴 삼엽문은제환두대도가 나왔는데 이와 똑같은 것이 천마총과 금관총 그리고 복천동 10호분·11호분 및 경산 임당동에서도 나온 바 있다. 제작 시기는 5세기 후반~6세기 초로 보고 있다. 금제세환이식이라든가 금동 운주와 같은 것들은 신라에서 제작하여 창녕의 지배자에게 주었을 것으로 보인다. 이런 유물은 같은 시기, 대구와 경산·동래·성주·고령 등지에도 부장되며 경주의 신라 세력이 확대되어 가던 5세기 말~6세기 초에 지방의 유력자에게 하사한 것으로 보고 있다.

송현동 6호분과 7호분에서 나온 토기류는 모두 484점이며, 유물의 총 숫자는 750여 점이다. 토기류 중에서는 유개고배가 가장 많은 비중을 차지한다. 개와 고배를 합치면 전체의 70%나 되고, 유개고배는 2단교호투창고배와 1단투창고배 두 종류가 다 있다. 토기양식을 감안하면 6호분과 7호분은 교동 31호분과 같은 시기에 만들어졌을 것으로 보고 있다. 송현동 6호분과 7호분에서 나온 창녕형 토기가 교동11호분에서도 나왔으므로 그 가능성을 높여주고 있다.

7호분에서는 세 사람의 인골이 출토되었다. 분석 결과 20대 후반 여성(키 154cm)의 인골과 40대로 추정되는 키 164.4cm의 남성, 30대의 남

15. 3조 출토. 목심흑칠안교·목심안교·금동투조장식이 있는 목심안교 등이다.

성(키 160.4cm)의 인골이었다.

순장인 세 명과 함께 송현이가 잠들어 있던 송현동 15호분[16]은 석실 한쪽 면에 입구를 둔 횡구식석실분이다. 앞트기식돌방무덤이라는 이름으로도 부르는 이 형식의 무덤은 추가장이 가능한 일종의 가족공동묘라고 할 수 있다. 네 벽을 모두 돌로 쌓은 수혈식석곽묘와는 다르다. 나머지 한 벽에는 묘도를 두고 밖에서 돌을 쌓아 석실을 마감하는 형식의 무덤으로, 횡구부를 막은 뒤에 봉분을 쌓고 그 가장자리에는 호석을 세워 봉분의 유실을 막았다.

송현동 15~17호분은 6호분·7호분의 동쪽 인접지역에 있는 대형 고분으로서 이들 무덤의 크기가 이 지역에서는 가장 크고, 또 능선 최상부에 있어서 창녕 읍내를 한눈에 내려다 볼 수 있다. 그 위치와 규모로 보아 이 3기의 무덤 역시 창녕 지역 최고지배자의 것으로 추정하고 있다. 그런데 15~17호분 주변에서도 중소형 석곽묘 7기와 매납유구 2기 등을 더 찾아냈다.[17] 이들 자료로써 1천5백여 년 전의 창녕 지역 지배자들과 가야인들의 삶을 더욱 상세하게 알 수 있었다.

15호분[18]과 16호분[19]은 대형분으로서 비슷한 시기에 축조되었지만 16호분이 약간 먼저 만들어졌다. 두 무덤은 남북으로 연접해 있었으며 두 곳 모두 상부에 직경 5m 가량의 도굴구멍이 뚫려 있었다. 그렇지만 그

••••••••••

16. 『창녕 송현동고분군 II -15~17호분 발굴조사 보고』(학술조사 보고 제 51집), 국립가야문화재연구소·창녕군, 2012

17. 발굴기간 : 2006년 5월 2일~2008년 4월 10일(260일). 세 차례로 나누어 발굴하였으며 창녕 비화가야 말기의 상황을 자세히 알 수 있었다. 15호분 봉토 바깥의 석곽묘 3기는 15호분의 배장묘로 판단하고 있다.

18. 봉분높이 4.37m, 직경 22.4m, 봉분둘레 64.7m이다. 15호분과 16호분이 동서로 연접한 상태로서 장축 길이는 33.7m이다.

19. 봉분높이 4.87m, 직경 20.5m, 봉분둘레 66.9m. 송현동의 15호분과 16호분, 6호분과 7호분은 경주 지역의 표형분과 마찬가지로 신라적인 성격이 강하다.

외의 부분은 비교적 잘 보존된 편이었다. 다만 17호분은 봉분과 매장주체부가 심하게 파손되어 있었다. 15호분은 매장부 남쪽의 단벽 위를 뚫고 도굴했으므로 심하게 훼손된 상태여서 무덤 주인의 인골이나 관, 유물을 찾을 수가 없었다.[20] 석실의 구조는 송현동 6호분 및 7호분과 마찬가지로 횡구식석실분이었다. 석실 평면의 장폭비가 5 : 1로서 세장방형이었다. 북쪽 단벽에 횡구부를 설치하였으며 석실 내부 바닥에는 관을 놓기 위한 시상이 마련되어 있었다.[21] 이 15호분의 석실 북쪽 단벽 가까이에 4명의 순장인 인골이 남아있었는데 1호와 3호 인골은 남성, 2호 및 4호 인골은 여성이었다. 이 중 한 명이 우리의 과학으로 되살려낸 '송현이'이다.

15~17호분과 그 주변 석곽묘 등에서 나온 토기는 모두 362점으로 전체 유물의 81.3%나 된다. 그 중에서 가장 많은 것이 유개고배로서 117점이다. 유개 투창고배로는 2단교호투창고배·일단투창고배·다투창고배의 세 가지 유형이 있는데 그 중에서 2단투창고배가 107점(91.4%)으로 가장 많다. 개盃는 모두 95점이다. 이 가운데 출토위치가 분명한 것은 51점에 불과하다. 발굴자들은 꼭지의 형태에 기준을 두고 ①대각형(Ⅰ형) ②굽형(Ⅱ형) ③단추형(Ⅲ형) ④보주형(Ⅳ형)의 네 가지 유형으로 개(盖, 뚜껑)를 세분하였다. 다만 ①대각형(Ⅰ형)은 다시 꼭지에 돌대가 있는 ⅠA형과 꼭지에 돌대가 없는 ⅠB형으로 구분할 수 있다. 그리고 ④

<hr />

20. 석실길이 856cm, 폭 170cm, 면적 14.5㎡이며 묘광은 길이 1200cm, 폭 490cm로 초대형급이다. 천정석은 8매이다.

21. 출토유물은 出자형 금동관편·안교·재갈·운주·심엽형행엽(=철지은장심엽형행엽)·편원어미형행엽(6점, 철지청동제)·단경호(6)·장경호(4)·대부장경호·부가구연장경호·대부완·대부발·기대·유개고배·고배·파수부배·발·곡옥·세환이식·태환이식·구슬(다량)·금제구슬·금반지 등이다. 대부장경호(8)와 부가구연장경호(3)·장경호(8) 등 호(壺) 종류가 19점이나 나왔는데 그 중에서 부가구연장경호는 7호분에서 2점이 나온 바 있다. 금동관편은 심하게 파손되어 작은 조각으로 나왔으며, 안교는 순장인 4호 인골 대퇴부 위에서 나왔다.

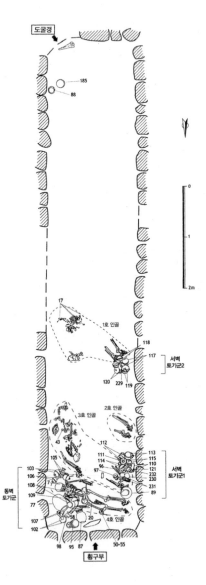

도굴갱

185
88

17
1호 안골
118
117 ──┐ 서벽
         │ 토기군2
120 229 119

2호 안골
3호 안골
43
111
105     114  113
        96   115
        97   110
             121
             232
103          230
106          231
108          89 ──┘ 서벽
109                토기군1
77
107
102   58  20  4호 안골

98 95 87   50-55
횡구부

■ 송현동 15호분 석실 유물 배치도
(국립창원문화재연구소, 2006)

동벽
토기군

0

1

2m

형(보주형)은 6호분과 7호분에는 없었으며, 대신 15-2호 석곽묘에서 나온 대부합의 뚜껑 2점이 있다.

이상의 토기 유형으로 볼 때 송현동 15호분과 그 주변 석곽묘에서 나온 토기는 형식이나 제작기법상 6호분 및 7호분과 거의 유사하다. 따라서 15호분은 6호분이나 7호분과 같은 시기 또는 그보다 약간 이른 시기에 만들어진 것으로 보고 있다. 발굴자는 I형식 2단투창고배와 개의 비중이 높은 교동 1호분 및 교동11호분과 같은 시기 또는 그보다 약간 늦은 시기인 5세기 1/4분기에 15호분이 축조된 것으로 추정하였다. 함안의 마갑총이 들어선 때와 같거나 그보다 약간 이른 시기로 판단하는 것이다.

그런데 문제는 III형식의 2단투창고배이다. 15호분에서 나온 III형식 2단투창고배는 6세기 1/4분기의 유물로 파악하고 있는 양산 부부총 출토품과 유사하다. 그렇지만 송현동 15호분에서는 6세기 2/4분기의 토기가 출토되지 않았다. 다시 말해 교동 31호분의 토기유형이 없었으며 15-1호 석곽묘에서 나온 보주형 개와 부가구연장경호처럼 신라 후기 양식의 기종이 없으므로 그 하한연대를 6세기 1/4분기로 보게 된 것이다. 이것은 15호분의 하한 연대를 제시한 것이지만, 타당한 분석으로 볼 수 있다. 다만 5세기 말까지로 조금 올려서 볼 수도 있을 것 같다.

다음은 장신구로 본 편년이다. 먼저 15호분 금동관의 경우인데, 이것은 出자형 입식관이다. 입식 가장자리에 두 줄의 점렬문이 있는데 영락은 달려 있지 않았다. 이 입식 관이 경주 황남대총 남분과 교동 7호분에서 나온 금동관과 유사하다 하여 5세기 4/4분기의 유물로 추정하고 있다. 그리고 15호분 석실 내에서 나온 금제반지는 교동 7호분의 은제가락지와 유사하다. 또 17호분 주변 석곽묘에서 나온 금제세환이식은 교동 6호분과 7호분, 송현동 7호분에서 나온 것과 같다. 이것은 신라 양식으로서 5세기 4/4분기의 무덤으로 보는 교동 7호분 및 송현동 7호분과 같은 시기에 만들어졌을 것이라고 보고 있다.

발굴자는 "2단교호투창고배, 개의 형식분류와 금동관, 금제세환이식 등 토기와 장신구의 양식으로 판단할 때 송현동 15호분과 그 주변 석곽묘들은 5세기 4/4분기~6세기 1/4분기에 축조한 것으로 추정할 수 있다"[22]고 결론지었다. 창녕의 수장과 지배층이 자신들의 권력기반과 신분을 예전처럼 그대로 유지하기 위해 친신라 노선을 택한 때에 만들어진 무덤이라는 얘기다. 그렇다면 아마도 그들은 신라의 중앙관료나 지방관과는 달리 특별한 예우를 받았을 것이다.

----

22. 「창녕 송현동 고분군II 15~17호분 발굴조사보고」, p.167, 국립가야문화재연구소·창녕군, 2012

## 1천5백여 년 전 창녕의 지배자들이 남긴 것들

경남 창녕은 낙동강 동쪽 편에 있으며, 강 건너 서쪽으로 고령 및 합천 북부(초계·쌍책) 그리고 의령 지역과 마주하고 있다. 지금은 화왕산의 가을 억새라든가 철새 도래지인 우포늪과 같은 것들로 유명하지만, 가야시대에는 낙동강 수로를 통해 부산·진해·창원·김해 등지로 드나드는 배들로 우포늪 앞의 낙동강변이 사철 붐비면서 경남 내륙 지역의 교역 거점으로서 유명하였을 것이다. 1960~1970년대만 해도 이 지역까지 남해안의 새우젓 배라든가 대형 어선들이 오르내리며 해산물을 실어 나른 것을 감안할 때, 그런 모습은 가야시대에도 대략 마찬가지였으리라고 짐작해볼 수 있다.

가야시대의 창녕 사람들은 신라의 도성인 경주에 못지않게 풍요로운 삶을 살았다. 화왕산 자락 아래 창녕 지역의 고대 비화가야를 다스린 이들은 경주에 버금가는 세력을 가진 사람들이었다. 그것을 알려주는 흔적이 교동고분군과 송현동고분군 및 계성리고분군 등 가야 시대 창녕을 다스린 최고 통치자들의 집단 묘역이다.

『삼국지』위지 동이전 변진 조에는 변진24국 중 不斯國불사국이란 나라가 있는데, 이것이 이른바 비사벌比斯伐이라는 창녕의 고대국가이다. 이 불사국은 3세기 중국의 『삼국지』에 진한의 소국으로 기록되어 있다. 그런데 언제부터인가 비화가야라는 이름으로 불리고 있으니 이것을 어떻게 이해하는 게 좋을까? 나는 3세기 후반 포상팔국전 이후 언젠가 가야권으로 편입되었을 것이라고 보았다. 진한의 한 나라였으나 가야에 순응하면서 한동안 신라와 가야 사이에서 등거리 정책을 폈을 수도 있다. 그러다가 5세기 중반 이후에 친신라 노선을 택했고, 드디어 6세기 중반 진흥왕 때 신라에 편입된 것으로 볼 수 있다. 우리가 현재 알고 있는 창녕의 가야는 5세기부터의 나라이고 그 이전의 유적이나 유물은 찾아보기 어렵다. 지금 우리가 5세기의 유물과 유적으로 보는 창녕은 신라 색채가 강하다. 그래서 이 무렵의 창녕은 완전한 가야는 아니다. 그렇다고 신라(경주)의 유물과 완전히 똑같지도 않다. 다시 말해 창녕만의 독자적인 양식을 갖기 때문에 편의상 '창녕형'으로 구분하고는 있지만, 유물로 보는 5세기 이후의 창녕은 순수한 가야도 아니고, 그렇다고 완전한 신라도 아니다. 물론 5세기 말이 되면 신라 유물이 무덤에 부쩍 많이 묻히고 창녕에서 만든 신라형 토기와 기타 유물이 크게 늘어난다.

그런데 『삼국사기』 등에는 이 동네에 있던 가야시대 나라가 비지국比只國·비자화比自火 또는 비사벌比斯伐이란 이름으로 기록되어 있다. 比斯伐비사벌은 빗벌, 즉 빛벌의 한자 차음표기이다. 이 나라가 『삼국유사』에는 5가야의 하나로서 非火伽倻비화가야로 등장한다. 『삼국지』 변진전에 진한의 한 나라였던 불사국·비사벌이 비화가야로 기록되어 있다가 그 뒤 5세기 말부터 다시 신라의 지배권에 들어간 셈인데, 유물로 보면 5세기의 창녕은 완전한 가야가 아니다. 신라 진흥왕의 창녕순수비(561)에는 비화가야가 比子伐비자벌로 기록되어 있다. 그것이 신라 경덕왕 16년(757)에 드디어 화왕火王이라는 지명으로 바뀐다. 진흥왕 16년(555)에는 창녕에 완산주와 하주下州가 설치된다. 지금의 창녕昌寧이란 이름을 갖게 된 것은 고려 태조 23년(940)이다. '비지'나 비사·비자는 모두 '빛'의 고대어이다. '발'이나 '벌'은 들판을 이르는 말로서 비사벌은 光野(광야, =빛벌)란 뜻으로 풀이할 수 있다. 昌寧창녕 역시 '빛벌'을 한자로 번역한 지명이다.[23] 이와 유사한 사례로 신라 소지왕炤知王을 들

••••••••••
23. 比斯伐은 비사벌의 표기이지만 '빛벌'을 나타내기 위한 차음자로 추정된다. '비시벌'로도 볼 수 있다. 여기서의 '빗' 또는 '비시'는 '빛'의 고대 방언으로 봐야 할 것 같다. '빛벌'이란 뜻이니까, 비사벌·빛벌에서 昌寧(창녕)이란 지명이 나온 것이다.

수 있다. 그의 다른 이름이 비처毗處라고 하였다. 이것도 '빛이 비치다'
는 말에서 온 이름으로 볼 수 있으니 비처나 비사벌은 신라식 향찰로
볼 수 있다.

이 나라가 가야라는 이름으로 불린 것은『삼국유사』로부터이다. 진한
소국의 하나였던 불사국, 즉 비자발(비사벌)을 언제, 어떻게 해서 非火伽
倻비화가야[24]란 이름으로 부르게 되었는지는 알 수 없다. 지금의 창녕 지
역에서 가야 고유의 색채를 찾아볼 수 있는 것은 많지 않은 데도 가야
로 불리고 있는 까닭은 무엇일까? 창녕 지역은 4세기 전반까지만 해도
신라는 물론 가야의 여러 세력과 밀접한 관계를 가졌다. 낙동강 건너
고령이나 합천 옥전 세력과는 5~6세기 초까지도 긴밀하게 교류하였다.
그러나 6세기로 들어서면 창녕은 완전한 신라이다. 송현동고분군이나
교동고분 등지에서 나온 이 시기의 장신구·허리띠·대도·마구와 같은
유물은 대부분 신라가 창녕의 지배자에게 보낸 예물로 파악하고 있다.
신라 왕이 보낸 친선과 예우의 징표였을 것이며, 이런 관계를 거쳐 드
디어 6세기중반에 창녕이 신라의 통치권에 정식으로 편입된 것으로 이
해하는 것이다. 금동관·금동관모·금제이식·은제관식·금제 또는 은제
수식을 비롯하여 마구류나 찰갑·U자형 삽날과 같은 농기구 등, 송현동
에서 나온 대부분의 유물이 경주에서 나오는 것과 같다. 5세기 말~6세
기 전반에 조성된 송현동고분에서 나온 부장품들도 신라의 유물이 많
은 비중을 차지한다.

그렇지만 지금까지 창녕 지역에서는 4세기 이전의 유물이 확인되지
않아 과연 창녕 지역이 가야였을까 하는 의문이 제기되고 있다. 그런
의문은 당연한 것이라고 할 수 있다. 4세기 이전 가야의 유물은 없고,

..........

24. 非火는 '빛불'의 한자 번역어로 볼 수 있다. 比斯伐과 非火는 같은 대상을 다르게 표기한 것
이다.

대신 창녕의 여러 유적에서 신라 색채의 유물이 쏟아져 나왔으니 비화가야란 명칭이 합당한 것인지, 그에 대한 의문이 있을 수밖에. 물론 창녕 지역의 토기에는 가야적 요소도 강하게 남아 있다. 그래서 창녕의 도질계 토기들을 낙동강 서편의 가야계 토기에 포함시켜 이해하는 것이 일반적이지만, 그렇다고 해서 창녕형 토기가 완전한 가야토기는 아니라는 데 문제가 있다. 5세기 창녕 지역의 토기는 태토에 사립(모래알)이 적게 들어 있어 다른 지역과 차이가 있다고 말한다. 태토를 정선하여 사용하였다는 것인데, 대개 창녕토기는 높은 온도에서 구워 속심이 암자색이거나 짙은 흑색을 띠고 있다. 바로 이런 것들이 창녕 토기의 특징이라고 하지만, 이런 창녕형의 토기 양식은 5세기 중반 이후에야 비로소 형성되는 것으로 보고 있다. 간단히 말하자면 5세기 중반 이후의 창녕 토기를 딱 부러지게 가야 토기라고 할 수도 없고, 그렇다고 완전한 신라 토기라고 할 수도 없는 까닭이 여기에 있다. 가야와 신라의 형식적 요소라든가 특징을 모두 갖고 있다. 그래서 '복합양식'이라고 파악하는 견해까지 있다.[25] 이처럼 5세기 창녕의 무덤에서는 가야적 특징(창녕형)과 신라적 요소(경주형)가 함께 어울려 있는 토기들이 많이 나오고 있어서 창녕의 정치세력에 대한 상반된 견해가 대립되어 있는 것이다.

가야와 신라의 혼합색채로 말미암아 창녕 지역, 나아가 낙동강 동편에는 가야 토기가 아예 존재하지 않았다고 보는 견해도 있다. 설사 가야적 요소가 엿보인다 해도 신라토기로 파악하려는 것이다. 실제로 목관묘 단계와 기원후 3세기까지는 낙동강 동쪽과 서쪽 어디든 영남 지역의 문화에는 지역에 따른 차이가 없다는 것이 일반적인 통설이다. 토기

---

25. 「三國時代 昌寧地域集團의 性格研究」, 『嶺南考古學』13, 嶺南考古學會, 朴天秀, 1993

에 변화가 온 것은 5세기 중반 이후. 그러나 5세기 전반 이후부터는 경주와 창녕 그리고 동래 복천동은 하나의 도질토기 권역에 포함된다고 보는 이도 있다. 그 이유는 창녕 교동 86호분이라든가 116호분에서 나온 토기가 같은 시기의 경주 지역 토기와 공통점이 많기 때문이다.[26]

앞에서 설명한 대로 창녕 지역에 소위 창녕형이라고 불리는 토기 양식이 형성되는 것은 5세기 중반 이후이다. 물론 이것은 지금까지 확인된 유물로 종합한 결과이다. 5세기 후반으로 접어들면 경주 지역의 신라 고배는 유개고배로 바뀌며 대각의 폭이 줄어드는 변화가 생기고, 창녕 지역에도 이 지역만의 특징을 가진 토기가 등장한다. 그래서 5~6세기 창녕토기는 낙동강 동편 지역의 토기 양식이며 신라토기 내의 창녕 양식이라고 보는 견해가 나온 것이다. 창녕형 신라 토기라는 인식인데, 여기엔 중요한 복선이 깔려 있다. '창녕형'의 신라 토기란 명칭에는 단순한 양식상의 분류만이 아니라 창녕을 신라의 정치 단위를 구분하려는 의도가 깔려 있다. 그 근저에는 이 시기에 이미 창녕 지역이 경주의 지배에 들어갔다는 고고학적 판단이 숨어 있는 것이다.[27]

그러나 창녕은 적어도 5세기까지 신라나 가야 어디에도 속하지 않았으며 독자적인 세력으로 남아 있었다고 보는 이도 있다(박천수). 사실 그렇게 볼 수 있는 여지도 충분히 있는 만큼 6세기 중반 창녕이 신라에 흡수될 때까지 독자세력으로 존속했다는 설을 지지하는 바이다.[28]

5세기 후반~6세기 초 창녕 지역에서 유행한 토기의 기종과 형태·문양·소성방식 등에는 엄밀히 말하면 낙동강 동편과 서편의 요소가 모두 어울려 있다. 5세기 후반, 경주와 대구 및 경산 지역의 토기는 서로

..........
26. 「中期古墳의 性格에 대한 약간의 考察」, 『釜大史學』17, 최종규, 부산대학교 사학회, 1983
27. 『신라고고학연구』, 이희준, 2007
28. 「三國時代 昌寧地域 集團의 性格研究」, 朴天秀, 『嶺南考古學』13, 嶺南考古學會, 1994

유사하다. 양식상으로는 대구·경산 지역 토기가 경주형의 신라토기에 흡수된 결과라고 이해하는 것인데, 낙동강 서편의 성주권과 함께 창녕 토기도 같은 길을 걸었다는 의미다. 하지만 그렇다고 해서 5세기에 성주·창녕이 모두 신라에 복속된 결과라고 단정할 수는 없다. 같은 시기 창녕 토기에는 경주나 대구의 신라 양식과는 다른 요소가 다소 섞여 있다. 6세기 초 창녕 지역의 유물을 볼 때, 아마도 6세기 초 이전까지는 창녕 세력이 경주의 직접적인 지배에 들어갔다고 판단하기 어려운 것이다. 성주나 5세기까지의 창녕 모두 신라와의 빈번한 교류에 따라 양식상 유사성이 생겨난 것은 분명하다. 하지만 그것은 오히려 신라의 특별한 지배방식에 기인한 결과일 수도 있다.

전반적으로 5세기 후반 이후 창녕의 토기에는 경주 지역의 형식적 요소가 많은 대신 가야적 요소는 적어서 창녕토기를 낙동강 동편의 토기 양식(=신라토기)에 포함시키는 것이 타당하다고 보는 견해가 나오게 되었지만, 가야시대 창녕 지역 사람들은 창녕형 토기가 성립된 5세기 후반 이후에도 낙동강 서편 지역과 활발하게 교류하였다. 5세기 3/4분기에 해당하는 창녕 계성리 1호·계성리 4호 출토품과 교동1호분 및 3호분 역시 이런 변화를 반영한다. 교동1호분은 창녕형과 경주형 토기의 부장량이 거의 비슷하다. 반면 교동3호분에는 창녕형 토기를 더 많이 부장하였다. 이것을 보더라도 3호분보다 1호분이 나중에 만들어졌음을 알 수 있다. 5세기 말부터 창녕에 경주형 토기 부장량이 현저하게 늘어나는 것은 경주 양식의 영향력이 커진 결과이다. 그것이 단지 토기에 드러난 양식상의 변화만이 아니라 정치력의 확대에 따라 나타난 현상일 수 있다. 5세기 말의 경주형 토기를 보면, 대략 발형기대와 통형기대가 감소하고 고배의 높이도 낮아진다. 대신 창녕형 고배는 경주형 고배보다 키가 크고 기벽이 두터운 특징이 있는데, 창녕 고배에도 드디어 경주 지역의 토기요소가 점차 많이 가미된 결과다.

대부장경호도 구경이 직선적인 것과 외반형이 공존하는 5세기 말을 끝으로 6세기가 되면 창녕 토기는 마침내 경주의 신라토기로 통합되어 간다. 6세기 초 20~30년 사이에 송현동 6호분과 7호분, 15~17호분에 창녕형 토기보다 경주형 토기가 훨씬 많이 부장되는 것이 그 증거인데, 창녕 지역에서 일어난 이와 같은 변화는 아주 현저하다.

하지만, 그렇다고 해서 창녕 지역의 독특한 요소가 한꺼번에 사라지는 것은 아니다. 상하교호투창고배(상하엇갈림투창고배)·일단투창고배·대부장경호·대부완·원저장경호·대부소호와 같은 기종은 색상이나 문양 및 기형에 창녕형 토기의 특징을 그대로 간직하고 있다. 물론 그 외의 기종에는 경주 지역 토기의 특징들이 엿보인다. 한 예로, 송현동 15호분에서 나온 유개대부완은 경주 토기가 분명하다. 이와 같이 6세기 초에는 창녕 토기와 경주 토기가 공존하는 가운데 창녕토기의 특징이 점차 사라져 가는 것이다. 그러므로 창녕 송현동 6호·7호·15~17호분보다 나중에 만들어진 고분에서는 창녕 토기가 나오지 않는다.

6세기 초~중반이면 창녕 지역은 신라의 지배권 안에 들어가서 신라화되는 것으로 볼 수 있다. 5세기까지만 해도 신라의 양식을 수용하다가 6세기 초반을 지나면서 창녕 지역 요소가 사라지는 것은 드디어 창녕 지역이 신라의 지배권 안에 편입되는 것으로 파악할 수 있다. 그렇다면 6세기 중반 신라에 통합되기까지 신라와 창녕은 어떤 관계였을까? 이 문제를 다른 각도에서 이해할 필요는 없을까? 간접지배 방식을 통해 창녕의 수장이 신라의 정권에 한 축을 담당했을 가능성도 있다. 신라는 왕권 강화와 함께 관료 체제를 정비하면서 창녕 세력과의 연립 내지 연합을 구성하였을 수도 있다. 신라는 성장 과정에서 필요할 경우엔 주변 소국과의 친교 관계를 강화하여 서서히 통합하는 방식을 택했다. 말하자면 정화征和 양면 전략을 구사한 것으로 볼 수 있는데, 여기서 창녕 지역 지배자에 대한 특별한 예우를 상정할 수 있다. 즉 신라 왕은 창녕 세력의 통치권을 그대로 인정함으로써 일정 기간 밀월관계를 유지하는 방식을 썼을 수 있다. 이 과정을 통해 창녕 수장과 지배층을 신라 중앙정부의 관료로 재편해가는 절차를 밟았을 가능성이 높다. 이런 방식은 정복이라는 쌍방의 소모적 방법 대신, 상호 인정과 평화의 기조 위에서 이루어진 거래이다. 이런 배경을 보여주는 것이 창녕에 등장하는 경주계 문물, 즉 신라 양식의 토기와 대형고분 그리고 신라의 위세품威勢品이라고 할 수 있다. 이를테면 이것을 마립간麻立干 시대로 비교해서 설명할 수 있을 것이다. 지방 세력을 그 세력 규모에 따라 신라 왕의 바로 아래 신분인 칸干이나 중앙관료로서 나마 또는 아찬 계층에 편입시키되 당분간은 해당 지역의 지배권을 그대로 인정해주는 것이다. 이런 방식을 이미 신라가 3~4세기에 주변 소국을 정복하여 흡수하는 과정에서 효과적으로 활용하였다. 그러나 이런 방법과 달리 창녕의 수장에게는 그의 통치권을 그대로 인정하는 대신, 일정 기간 신라의 한 지방정권으로 유지시킨다면 큰 갈등 없이 창녕 세력을 흡수할 수 있다. 이런 체제를 굳이 한 마디로 정의하자면 일국양제一國兩制의 구도라고 해도 좋을 것이다. 쉽게 설명하자면 임나가라가 그러하듯이 창녕을 신라의 후국, 그러니까 소왕 체제를 인정해주는 방식이다. 이때 신라 중앙의 관료가 창녕에 파견되어 양측의 소통을 맡았을 수도 있다. 555년경 신라에 통합되기까지 그와 같은 간접지배 체제를 거쳤을 수 있다는 뜻이다. 이런 환경에서 모든 문화요소에 창녕과 경주의 특징들이 스며드는 것이고, 이와 같은 단계를 거쳐 창녕 지역이 6세기 중반 진흥왕 때 비로소 큰 갈등 없이 신라에 통합되는 것이라고 추리해볼 수 있겠다.

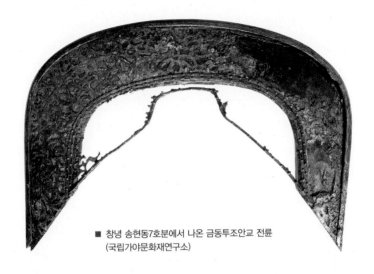
■ 창녕 송현동7호분에서 나온 금동투조안교 전륜
(국립가야문화재연구소)

6세기 초반경부터 창녕 지역에 창녕형 토기가 사라지고, 경주형 토기
로 전환되는 현상은 창녕 계성고분군에서도 두드러지게 나타난다. 지
금까지 수백여 기의 고분이 확인된 계성리고분군은 대부분 횡구식석실
분으로서 매장부만 수혈식석곽으로 되어 있다.[29] 여기에 묻힌 토기들은
모두 경주형 토기이며, 창녕형 토기는 없다. 말하자면 창녕의 독자성이
완전히 사라진 단계의 무덤군인데, 이런 현상은 계성 세력이 이미 신라
에 흡수된 결과로 볼 수밖에 없는 요소이다. 계성리고분군에서 나오는
경주형 토기 중에서 가장 빠른 것이 6세기 초반이라고 알려져 있으니
이 무렵 창녕은 신라의 영향권에 편입되었다고 보아도 무방할 것 같다.
계성고분에서 나온 토기에 쓰인 干·大干과 같은 신분은 계성의 수장을

• • • • • • • • • •
29. 계성고분군은 약 270여 기의 고분이 몰려 있는 곳으로, 직경 20m 이상의 대형봉분을 가진 무덤
   이 13개나 된다. 이 중 5기를 발굴했는데, 이들 고총고분의 매장부는 목곽 밖에 돌을 쌓아 만든
   석곽분으로, 이것을 소위 위석목곽분이라고도 부른다. 대략 5세기의 대형봉분을 가진 고총고분
   으로서 영산면의 고분은 매장부가 수혈식석실분이고, 창녕읍내의 고총고분 매장부는 횡구식석
   실분이어서 같은 창녕 지역인데도 묘한 차이가 있다.

가리키는 것으로, 이것은 신라의 관직 체계에는 없는 특수한 계층을 가리키는 것이다. 이는 아마도 본래 가加·대가大加에 대한 신라 측의 예우가 반영된 호칭이었을 것이라고 보는 바이다.

그러면 창녕 지역이 신라에 흡수된 것은 언제일까? 기록상 창녕 지역이 신라에 통합된 시기는 분명하지 않다. 다만 『삼국사기』에서 창녕 비화가야의 멸망연대를 유추할 수 있는 기사가 있다. 신라본기 진흥왕 16년(555) "봄 정월에 비사벌比斯伐에 완산주完山州를 설치하였다"는 기록이다. 이것은 555년 이전에 창녕을 통합했다가 이때 와서 신라의 한 주로 편입한 사실을 전하는 내용으로 볼 수 있다. 그러므로 이 기사를 바탕으로 신라가 정식으로 창녕 지역을 흡수한 연대를 최소한 554~555년으로 보아도 될 것이다.[30]

한편 횡구식석실묘인 교동31호분은 1차매장을 한 뒤, 언젠가 다시 2차매장(추가장)을 한 무덤으로 보고 있다. 그런데 이 무덤에 1차 매장 때 넣은 토기는 창녕형이고, 추가장을 하면서 넣은 것은 경주형 토기로 밝혀져 흥미롭다. 발굴자들은 처음 무덤을 쓴 시기는 6세기 1/4분기이고 2차장은 6세기 2/4분기에 이루어졌을 것으로 보고 있다. 추가장을 하면서 경주형 토기만을 넣은 것은 그 시기에 이미 창녕이 신라에 병합된 결과로 볼 수 있다는 것이다.

6세기 초까지도 창녕 토기에는 경주 지역 토기의 특징들이 들어 있지만 경주형 토기와는 야릇한(?) 차이가 분명히 있다. 여기에 대해서는 두 가지 상반된 견해가 존재한다. 우선 가야가 친신라 노선을 택한 만큼 가야토기의 제작 기법을 익힌 이가 경주토기를 생산했을 거라고 보

---

30. 「위지 동이전 변진 조에 불사국(不斯國), 「일본서기」 神功記 49년 조에는 비자발(比自㶱), 「삼국사기」에는 비자화군(比自火郡), 비사벌(比斯伐), 화왕군(火王郡), 「삼국유사」에는 比火로 기록되어 있다.

■ 창녕 송현동7호분에서 나온 목걸이
(국립가야문화재연구소)

는 견해가 있다. 이것이 현재 대세인데, 그와 반대로 아예 창녕의 토기 양식은 신라 양식이며 창녕은 이미 신라에 속해 있었다고 보는 견해도 있다. 어느 쪽이 옳은지 명쾌하게 증명할 자료는 없다. 단지 6세기가 되면 창녕 양식의 토기는 급격히 사라지고 신라 양식으로 바뀌는 것만은 분명하다. 비로소 이 시기에 창녕의 문화양상이 신라화 하는 것은 창녕에 신라의 정치력이 강력하게 미친 결과라고 해석하는 것이다. 그래야만 종집선문이나 삼각집선문 그리고 짧은굽다리접시(단각고배)라든가 신라의 대부장경호와 같은 신라토기가 이 지역에 출현하는 것을 이해할 수 있다는 것이다.

6세기 초반의 이런 변화는 창녕 송현동 7호분 출토 유물로도 설명할 수 있다. 7호분에서 나온 금제 귀걸이는 경주 천마총과 서봉총에서 나

■ 창녕 송현동 7호분 출토 금귀걸이(국립가야문화재연구소)

온 것과 유사하다. 은제 허리띠 역시 경주 금관총의 허리띠와 같은 시기에 만들어진 것으로 보고 있다. 재갈·발걸이(등자)·안교(안장가리개)·행엽(말띠드리개)·운주(말띠꾸미개) 등의 마구도 나왔는데, 송현동7호분에서 나온 행엽과 똑같은 양식이 경주 주변의 대구와 양산 지역에서도 나왔다. 쉽게 말해서 이런 것들을 감안하면 6세기 초반의 낙동강 동편은 완전히 신라화하는 것으로 이해할 수밖에 없다. 또한 7호분에서 나온 길이 78cm 짜리 삼엽문환두대도[31] 역시 경주에서 온 것으로 파악하고 있다. 이런 모양의 환두대도는 경주 천마총과 금관총 및 동래 복천동 10호분과 11호분에서도 나온 바 있다. 손잡이 부분을 은판으로 감

••••••••••
31. 三葉文環頭大刀. 세잎고리자루큰칼이라고도 한다.

■ 창녕 송현동7호분에서 나온 세잎고리자루큰칼
(국립가야문화재연구소)

싸고 물고기 비늘 모양의 무늬를 촘촘히 새긴 이 칼은 창녕에서 만든
것이 아니라 경주(신라)에서 만들어 창녕의 지배자에게 준 것으로 보고
있다.

　창녕 지역에서 나온 고급 허리띠 역시 경주로부터 온 것이다. 지금
까지 창녕 지역에서는 총 10여 점의 은제 허리띠가 출토되었다. 허리띠
는 관복 위에 착용하는 실용품으로서 고대 사회에서 신분과 지위 및 위
엄을 나타내는 것이었다. 창녕 교동에서 나온 은제 허리띠에는 긴 드리
개(장식)[32]를 달았는데 매우 정교하고 기품이 있다. 뛰어난 장식성을 가
진 허리띠인데, 경주에서는 이보다도 더 화려한 순금제 허리띠가 출토
된다. 이런 은제 허리띠는 신라 왕이 지방의 수장에게 하사한 것으로
보고 있다. 지방 수장이나 귀족의 무덤에서 주로 출토되기 때문이다.
창녕 교동주차장 공사 중에 나온 은제 허리띠(길이 66.3cm)와 정교한 은
제 드리개[垂飾] 그리고 창녕 송현동 7호분 출토 은제 허리띠 장식, 송현
동 6호분 출토 은제 허리띠 장식이 대표적인 사례이다. 고대사회에서
장신구에 금을 사용할 수 있는 사람과 은을 사용할 수 있는 사람은 신분

••••••••••
32. 수식(垂飾)이라는 용어를 사용하기도 한다.

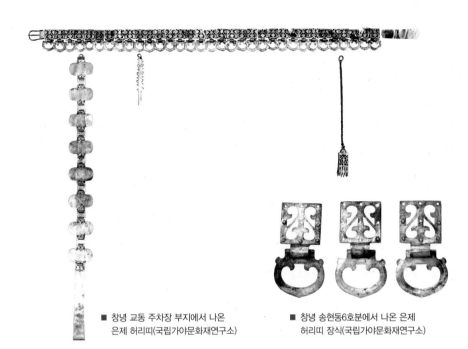

■ 창녕 교동 주차장 부지에서 나온
　은제 허리띠(국립가야문화재연구소)

■ 창녕 송현동6호분에서 나온 은제
　허리띠 장식(국립가야문화재연구소)

에 차이가 있었다. 『삼국사기』 잡지 제2 색복色服 조에 신라 6두품의 경
우 허리띠는 검은 무소뿔과 놋쇠·철·구리로만 장식하고, 5두품은 허리
띠를 철로만 장식할 수 있으며 4두품의 허리띠는 철과 구리로만 장식할
수 있게 하였다. 흰색 은비녀는 5두품부터는 쓸 수 없게 되어 있었다.
즉, 은을 쓸 수 있는 신분은 6두품 이상이었다. 이런 기준은 신라의 영
향권에 든 6세기 창녕에서도 별로 다르지 않았다고 보아도 될 것이다.

　송현동7호분에서 나온 금동투조장식심엽형 행엽이라는 이름의 말띠
드리개도 마찬가지이다. 또한 일본산 이모가이イモガイ[33]라는 조개의 껍

• • • • • • • • • •
33. 난류 해역에 널리 분포하는 패류로서, 특히 열대 해역의 산호초 지대에 많은 종류가 있다. 일본
　　에서는 태평양의 房総半島(일본 토쿄 인근 關東 지방 동남부의 치바현 일대) 이남, 노도(能登)
　　반도 이남 등 쿠로시오 난류의 영향을 강하게 받는 곳에 있다. 쿠로시오와 접하는 치바현(千葉

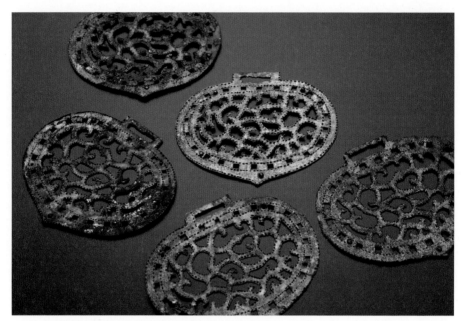

■ 창녕 송현동7호분에서 나온 말띠드리개(국립가야문화재연구소)

질로 장식한 행엽이 경주 천마총과 금관총에서 나온 적이 있는데, 창녕에서 나온 행엽 중에도 그와 똑같이 이모가이 조개로 장식한 것이 있다.

창녕의 고분에서는 일본 고분시대의 하지키(土師系) 토기도 나와 창녕 지역의 수장은 경주만이 아니라 왜와도 활발하게 교류하였음을 알

---

縣)이나 와카야마현(和歌山縣)·고치현(高知縣) 등에도 분포하지만 서남 제도를 아우르는 오키나와(沖縄縣)나 가고시마현(鹿児島縣) 지역에는 종류가 대단히 많다. 오키나와에는 이모가이 종류만 110가지나 서식하는 것으로 알려져 있다.

이모가이는 신변에 위험을 느낄 때나 외적으로부터 위협을 느낄 때에 독을 쏘아 공격한다. 이모가이 조개의 독성은 사람을 충분히 죽이고도 남을 만큼 강한 독을 갖고 있다. 그래서 다이빙을 할 때 특히 주의해야 한다. 최근에는 이 독이 의약분야에서 신약 개발을 위한 재료로 사용되고 있으며, 껍질이 아름답고 희소가치가 있는 데다 종류도 다양해서 수집가도 많이 있다.

■ 창녕 송현동7호분 출토
말띠꾸미개
(국립가야문화재연구소)

수 있다. 창녕 지역 사람들은 남해안의 고성이나 함안·합천·고령·부산
복천동 그리고 백제와도 폭넓게 교류하였다. 전남 순천과 고흥 지역에
서도 창녕계의 토기가 확인되었는데, 이것은 창녕 세력이 가야 및 신라
와 등거리정책을 편 결과이거나 정치적으로 퍽 자유로운 입장이었음을
시사하는 것이다. 바꿔 말해서 창녕은 신라 또는 고령이나 함안과 같은
가야에 뒤지지 않는 세력이었으며, 가야 및 신라 양측으로부터 강력한
견제를 받지 않았을 것이라고 추리할 수 있다.

신라의 입장에서 보면 창녕 지역은 낙동강 서편으로 진출하기 위한
일종의 전초기지 역할을 할 수 있는 곳이었다. 또한 가야의 입장에서는
신라와 교섭할 수 있는 중재자 역할을 해주는 곳이었다고 보아도 무리
가 없을 듯하다. 이런 입장이었으므로 창녕 세력은 낙동강 수로를 이용
하여 대외 활동을 활발하게 전개할 수 있었다. 그러나 무슨 까닭인지 낙

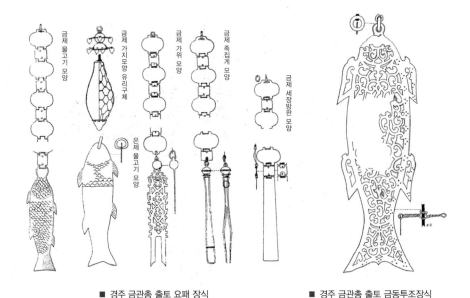

금제 물고기 모양  금제 가지모양 유리구체  금제 가위 모양  금제 족집게 모양  금제 세장방판 모양  은제 물고기 모양

■ 경주 금관총 출토 요패 장식                    ■ 경주 금관총 출토 금동투조장식

동강 서편의 고령 지역에서는 낙동강을 이용한 대외활동이 여유롭지 않
았던 것 같다. 고령 세력은 아마도 낙동강 하류의 수운교통에 제약을 받
았던 것으로 볼 수 있다. 바로 이 점에서 대가야 사람들이 5세기 중반 이
후 고성·사천 등 서부경남 해안 지역이나 나주·신안 등 전남 서해안 지
역의 항구를 개척하기 위해 몸부림친 배경을 추리해볼 수 있는 것이다.

### 철제 환두대도에 은상감으로 새긴 16자의 의미

일본 도쿄박물관은 가야시대의 단룡문환두대도[34] 한 자루를 소장하
고 있다. 그런데 이 유물은 1945년 이전에 한국에서 구입했으며, 출토

• • • • • • • • • •
34. 單龍文環頭大刀. 손잡이 뒷머리의 둥근 고리 안에 한 마리의 용 모양 장식이 들어 있는 환두대도

지가 가야 지역이라는 것 외에는 자세히 알려진 게 없다고 한다. 일제 강점기에 도굴꾼들의 손에서 일본인에게 넘어간 것이지만, 환두대도[35]가 나온 곳이 가야 지역인 것만큼은 분명하다고 한다. 이 환두대도의 실물은 아직 한국에는 공개되지 않았고, 다만 도록이나 책자를 통해 유물 사진과 간단한 내용만 확인된 상태다. 그러므로 아직까지 이 칼의 제작지가 어느 나라이며 어떤 목적에서 만든 것인지는 자세하게 알 수 없다. 일본의 자료에는 단순히 우리나라 삼국시대의 것이라고만 하였고, 가야권에서 나온 환두대도라고 하는 정도이다.

이것은 은상감으로 글자를 새긴 철제 환두대도이다. 그러므로 제작 시기는 아무리 빨라도 4세기 중반 이전으로는 올라갈 수 없다. 은상감 기법이 한국에 도입된 시기가 4세기 중엽이기 때문이다. 그러나 이 칼은 5세기 이후의 물건으로 보는 것이 자연스러울 것 같다. 칼의 제작기법과 유형, 백제·신라·가야 삼국의 정치관계 등 여러 가지를 감안할 때 4세기로 올려 보기보다는 그것이 훨씬 자연스럽기 때문이다. 그런데 여기에 한 가지 문제가 있다. 이 칼이 가야 지역에서 나왔다 해서 반드시 가야의 칼이라고 말할 수 없다는 점이다. 가야 외에도 그 제작지로서

••••••••••
35. 영남지방에 길이 70~80cm가 넘는 대형 도(刀, =외날칼)가 도입된 것은 2세기로서 이것은 전쟁에서 전술의 변화를 의미하는 것으로 볼 수 있다. 이와 아울러 환두대도는 권력자(지배자)의 상징물로 등장한다. 손잡이 끝에 둥근 고리가 있어서 '손잡이 둥근 고리칼'이란 이름으로도 불린다. 손잡이둥근고리는 초기에는 단순한 모양의 철제고리였다. 그러나 철기를 다루는 제작기술이 발전하면서 고리 안에 장식이나 어떤 모양까지 갖추게 되었다. 고리 안에 만들어 넣은 문양에 따라 환두대도의 이름이 달라진다.
용봉문이 있는 것은 용봉문환두대도이며, 세잎(三葉)의 나뭇잎이 있는 것은 삼엽환두대도라고 부른다. 이 외에 삼루환두대도(三累環頭大刀), 소환두대도(素環頭大刀) 등의 구분이 있다. 용봉문, 삼엽, 삼루, 소환두대도의 순서에 따라 사용자의 신분이 위에서부터 아래로 차이가 있다. 가야에서는 용봉문환두대도가 최고의 신분이 사용한 환두대도였으나 신라에서는 삼루환두대도가 최고 신분에서 썼다. 신라의 삼엽환두대도는 통상 금으로 장식하였다. 용봉문환두대도는 백제·가야·신라에서 모두 출토된다. 하지만 가야에서 출토된 것이 가장 많다.

백제·신라 두 나라를 더 꼽을 수가 있다. 시대를 좀 늦춰서 보면 고령 대가야도 그 대상에 넣을 수 있다. 생산지가 가야일 수도 있고, 가야 이외의 나라에서 제작되어 가야에 건네 준 것일 수도 있다는 뜻이다. 더구나 일본에서의 분석에 따르면 글자체가 육조시대의 서체라고 한다. 6조시대라 하면 4세기 중반 이후~6세기 말 이전이 이 칼을 만든 시기라고 볼 수 있겠다.

백제였든 신라였든 환두대도는 왕을 비롯해 지배자의 전유물이라고 해도 틀리지 않는다. 더구나 이 칼은 환두 안에 용 한 마리를 넣어 만든 단룡문환두대도이다. 용이나 봉황은 지배자의 상징이므로 아무나 가질 수 있는 것이 아니다. 이런 칼을 가진 사람은 가야의 왕이었음이 분명하고, 이런 칼을 주문 생산할 수 있는 위치에 있는 사람은 백제·신라·가야 모두 국왕이나 최상층 지배층뿐이다. 그렇기에 이 칼이 가야 지역의 대형봉분을 갖춘 무덤에서 나온 것이라면 그것을 받은 쪽은 가야권의 국왕이어야 한다.

칼에는 17자의 글자가 은상감으로 새겨져 있다. 엑스선 촬영으로 한 글자만 제외하고 나머지는 모두 판독을 했으며, 전체적인 내용 또한 명확하게 알 수 있었다. 칼의 명문을 보자.

不畏也○令此刀主富貴高遷財物多也 (○는 해독하지 못한 글자)

이상의 16자에 실은 뜻은 "두려워하지 말라. 이 칼의 주인으로 하여금 부귀를 많이 누리게 해 주리라"는 내용이다. 칼자루 바로 앞까지 칼등에 새긴 이 명문銘文은 어느 시대나 사람들이 갖고 사는 염원을 그린 평범한 내용이라고 볼 수 있다. 일찍이 樂浪富貴낙랑부귀라는 글자가 새겨진 낙랑시대의 와당瓦當이라든가 경주 서봉총瑞鳳塚에서 富貴부귀라는 글자가 쓰여 있는 천 조각이 발견된 바 있고, 중국에서는 富貴高遷부귀고천이라는 말을 관용구처럼 사용한 사례가 꽤 많이 있다. 이 칼에도 '부귀고천'이란 관용적 표현이 들어 있으니 일단 중국의 영향을 감안해볼 수 있다.

어느 시대든 사람들은 권세와 재물을 갈망하였으며 그 같은 희망과 염원을 자신이 사용하는 물건이나 집 또는 서류 등 어딘가에 흔적으로 남겨두었다. '이 칼을 가진 자는 부유해지고 더욱 귀해지며 재물이 많아질 것'이라는 내용은 그 자체만으로 보면 평이하다. 그 당시 사람 누구나 갖고 있던 염원이었을 것이므로 이런 글귀가 반드시 칼을 쓰는 무사들 사이에서만 길상어吉祥語로 사용하던 말이었다고 볼 수도 없다.

그러나 '不畏也(두려워 말라)'와 '令此刀主(이 칼의 주인으로 하여금)'라는 내용을 보면 이 칼의 명문이 그저 단순한 길상어가 아니라는 생각이 든다. 이 칼은 은상감 칼로서 그것도 용을 표현한 환두대도이다. 당시에는 무척이나 비싼 고급품이었다, 이런 칼은 평민은 가질 수 없었다. 최상층 실력자만이 가질 수 있는 최고의 고가품이었고, 그 자체가 지배자의 상징이었다. 더구나 이런 칼을 가진 신분이면 권력과 재물을 가질 만큼 가진 사람이다. 그런데 무엇을 두려워하고 걱정한단 말인가. 문장 내용으로 보면 단순히 높은 자리와 재물을 잃거나 얻지 못할까 걱정하지 말라는 것은 아니다. 이것은 아마도 평범한 길상어를 빌어서 칼을 준 쪽의 의도를 전한 내용이라고 볼 수 있지 않을까 싶다. 신라나 백제 어느 쪽으로든 몸을 의탁하면 부귀와 신분에 변함이 없고 재물도 많이 거둘 수 있으니 안심하라는 메시지를 전달하기 위한 예물이며 위세품이었다고 볼 수 있지 않을까? 한 예로, 만일 신라가 이것을 만들어서 합천의 다라국 수장에게 주었다면, 자신의 신분과 재물을 그대로 유지할 수 있도록 해줄 터이니 걱정하지 말라는 뜻이 된다. 백제나 고령에서 다라국왕에게 주었다 해도 똑같은 관계가 설정될 수 있다.

그런데 이 명문은 내용과 구성상 다소 치졸한 면이 있다. 격조 있는 문장이라기보다는 한국식 한문투가 엿보이는 것이다. 부귀고천富貴高遷으로 끝내면 될 것을 끝부분에 '재물이 많아질 것'이라는 의미에서 '財物多也'를 덧붙인 것이 구차한 문장구성이며, 사족이 되었다.

철제 은상감환두대도의 명문과 소장 배경 등 간단한 내용은 사정상 도-노 하루유키(東野治之)의 『일본고대금석문연구』[36]에 소개된 것을 인용하였다. 도-노 하루유키는 철제 환두대도의 칼등에 은철사로 새겨 넣은 은상감 글자가 서체 상으로 보면 육조六朝 시대의 것이라고 하였다. 그러나 육조시대라고 하면 후한과 삼국이 멸망한 이후로부터 수나라가 중국을 통일한 6세기 말까지를 가리키므로 시대 범위가 너무 넓다. 대략적인 제작시기는 은상감銀象嵌 기술이 한국에 도입된 시기를 감안하면 된다. 은상감 기술은 백제가 가장 먼저 받아들였다. 백제가 중국 남조南朝로부터 은상감기술을 받아들인 것은 4세기 중반이다. 백제에서 칠지도를 만들어 일본에 전한 시점도 대략 이 무렵에 해당한다. 일본의 사례로는 에다후나야마(江田船山)[37] 고분에서 나온 은상감대도를 5세기 전반에 만들어진 것으로 보고 있고, 전방후원분인 이나리야마고분(稻荷山古墳)[38]에서 출토된 금상감철검[39]은 '신해년 7월 중에 기록한다'[40]는 명문이 있어 이를 바탕으로 칼의 제작시기를 471년으로 보고 있다. 지금까지의 발굴 사례로 보아 일본의 경우 은상감이나 금상감 유물의 제작 시기는 5세기 전반 이전으로 올라가지는 않는다. 역시 5세기

36. 『日本古代金石文の硏究』, 東野治之, 岩波書店, 2004
37. 구마모토현(熊本縣)에 있다.
38. 사키다마현(埼玉縣)에 있다.
39. 칼의 한 면에 57자, 나머지 면에 58자가 새겨져 있다.
40. 辛亥年七月中記

말에 만들어진 전방후원분인 일본 般山古墳반산고분[41]에서도 은상감 칼이 나왔다. 여기서 나온 유물은 모두 1965년에 일본 국보로 일괄 지정되었는데,[42] 은상감 칼에는 75자의 글자가 새겨져 있었다. 이것은 이나리야마고분(稻荷山古墳)에서 나온 상감 명문 칼과 함께 매우 중요한 자료이다.

철제 칼에 은철사로 글자를 새겨 넣은 뒤, 불로 녹여서 단단히 밀착시키는 상감기법을 도입한 백제는 4세기 후반부터 주변국에 상감 금속 제품을 예물로 보냈다. 금동관이나 금동신발은 물론 용봉문환두대도나 철제상감환두대도와 같은 위신재를 보내 친백제 세력을 유도하는데 썼다. 4세기 후반(근초고왕대) 왜에 보낸 칠지도를 시작으로 가야에도 보냈고, 백제의 지방 수장에게도 주었다. 이런 방식으로 철제상감환두대도는 고령과 가야 지역으로 전파되었다. 경북 고령 지산리 32호분에서 나온 은상감당초문단봉환두대도라든가 경남 창원 도계동 6호 석곽묘에서 나온 동상감파상접선문환두대도는 5세기 전반의 유물이다. 용봉문환두대도는 고령·합천·함안의 가야권과 함께 전남 영산강 유역으로도 전파되었다. 5세기 말 옥전고분에서 나온 용봉문환두대도 또한 백제의 것과 매우 유사하다. 고령 지산리 39호분의 단봉문환두대도라든가 나주 신촌리9호분에서 나온 철지금장단봉문환두대도 역시 마찬가지다.

앞에서 설명하였지만, 도쿄박물관이 소장하고 있는 이 은상감환두대도의 출토지가 가야라면 그 제작 시기는 아무리 빨라도 4세기 중반 이후이다. 가야 지역에서 출토된 것이라고 하니 적어도 가야가 신라에 통합되는 562년 이전에 제작되었을 것이다. 그러나 백제와 가야, 가야와

• • • • • • • • • • •

41. 구마모토(熊本縣) 다마나군(玉名郡)에 있다. 5세기 말에 만들어진 전방후원분이다.
42. 梅原末治 발굴

신라의 관계를 감안하면 5세기 이후일 확률이 높고, 그 중에서도 5세기 후반(470년대)부터 6세기 전반을 이 칼의 제작 시기로 보는 게 무난할 것 같다.

그간 합천 쌍책면의 옥전 고분군을 비롯하여 옛 가야 소국이나 고령 대가야의 지배자급 무덤에서는 여러 종류의 환두대도가 출토되었다. 함안에서도 백제와 신라계의 환두대도가 고루 나왔다. 5~6세기 초 백제와 신라는 가야를 자기편에 끌어들이기 위한 포석으로 환두대도나 지배자의 위상과 권위를 높여주는 위세품을 계속해서 가야에 많이 보냈다. 특히 옥전고분군에서는 많은 양의 환두대도가 출토되었는데, 거기에는 백제·신라·대가야의 것이 골고루 포함돼 있다. 5세기 전반의 무덤으로 보고 있는 옥전 42호분에서는 백제계 환두대도 한 자루, 5세기 초의 68호분에서는 신라계 환두대도 그리고 5세기 전반의 23호분·67-A호분에서는 신라계 환두대도가 나왔다. 백제와 신라가 각기 옥전의 수장(합천 다라국왕)에게 친교정책을 펼친 결과로 볼 수 있는 점이다. 그런데 5세기 말로 들어서면 옥전 지역과 신라 및 백제 사이의 교류는 더욱 적극적으로 변화한다. 5세기 말의 옥전 3호분에서는 백제 단봉문환두대도 세 자루, 가야계 환두대도 네 자루가 나왔다. 그리고 8호·28호·70호·71호분에서는 백제계 환두대도가 나왔는데, 70호분에서 나온 것은 상감 칼이다. 35호분(5세기 후반)에서는 단봉문과 당초문을 은상감으로 새긴 환두대도가 나왔는가 하면, 4호분(6세기 초)에서도 백제계 단봉문 환두대도가 나와 백제와 옥전 세력이 가까웠음을 알 수 있다. 이들 중 가야계 환두대도는 고령 대가야에서 제작하여 옥전의 다라국에 건넨 것으로 보고 있다. 대가야 역시 후기에는 옥전 세력을 자기편에 붙들어두기 위해 노력한 것으로 볼 수 있는 점이다. 그러나 6세기 중반에 들어서면 옥전세력은 신라로부터 멀어지는 대신 백제 쪽으로 기울어서 유물에도 백제적인 요소가 많이 나타난다.

환두대도의 단봉문은 애초 중국 남조계의 영향을 받아 제작된 것이지만, 가야계 환두대도는 백제의 제작기법을 계승하였다. 곧이어 백제의 기술을 대가야가 받아들여 나름대로 발전시켰으므로 가야의 기술 또한 우수했다고 볼 수 있다. 그런데 도쿄박물관이 소장하고 있는 가야 은상감 철제 환두대도는 국내 연구자료가 없고 또 우리가 접근할 수 있는 유물이 아니므로 현재로서는 그것을 만든 쪽이 어딘지를 정확히 알 수는 없다. 다만 옥전고분군의 왕릉급 무덤들은 도굴된 흔적이 없었으므로 이 칼이 옥전 지역에서 나왔을 가능성은 지극히 낮다. 확률 상 옥전 외의 지역에서 찾아야 한다는 뜻이다.

앞서 설명하였지만 은상감 기술은 4세기 중반 이전에는 백제·가야·신라 어디에도 없었다. 은상감 칼을 만드는데 시기적으로 기술이 가장 앞선 나라는 백제였지만 5세기 전반으로 내려가면 사정은 달라진다. 5세기 초 이후로부터 고구려 장수왕의 군대가 백제의 한성을 초토화한 475년 이전, 백제는 가야와 한창 가까웠다. 이 시기 백제는 왜와의 교류에 필요한 길목을 확보해야 했으므로 경남 고성이나 함안 세력의 협조를 필요로 했다. 또한 신라의 발을 묶어두기 위해 동반자적인 관계로 고령과도 연합할 필요가 있었다. 동시에 옥전 다라국이나 함안 안라국과도 적극적으로 친교를 가졌다. 시대적 상황이라든가 주변국과의 여러 가지 관계를 감안하면 이 환두대도는 일차적으로 5세기에 백제에서 제작되었을 가능성이 있다.

그러나 백제가 곤욕을 치르던 5세기 후반에는 고령 대가야도 어느 정도 안정된 상태에서 외교에 한층 적극적인 모습을 보인다. 대가야가 점차 세력을 키워가자 신라의 압박이 늘어나면서 고령 대가야 또한 긴장하게 된다. 그렇지만 신라는 함안과 합천·고령 세력이 최소한 신라에 적대적인 입장을 갖지 않도록 해야 할 필요가 있었다. 그것은 백제와 상대하기 위해서도 필요한 전략이었다. 이와 같은 상황을 감안하면 은상감환두대도는 신라에서 보낸 것일 수도 있다. 만약 신라에서 보냈다면 이 칼이 출토지로 창녕 한 군데를 더 추가할 수 있다. 한문 문장을 구성하는데 치졸한 모습을 보인 것으로 판단하면 이 칼은 신라에서 만들어 보냈을 가능성이 있다.

그렇다고 이 칼의 제작지로서 고령의 대가야를 완전히 배제할 수도 없다. 신라보다도 절박한 것은 오히려 대가야였기 때문이다. 즉 5~6세기 초라고 가정하면 은상감기법이 어느 정도 확산된 때로서 백제·대가야·신라 모두 은상감철제환두대도를 만들 수 있었고, 또 그들 모두 그와 같은 위세품을 함안이나 고령·합천 다라국·창녕 등 주변 가야 소국에 보낼 필요가 있는 때였다. 어느 경우든 여러 상황과 시대적 배경 그리고 칼에 새겨진 내용을 감안하면 이 칼이 단순한 예물이었다고 보기는 어렵다.

이 단룡문환두대도는 단룡문을 따로 만들어 부착한 방법을 썼다. 만일 이와 같이 용 한 마리를 따로 만들어서 환두 안에 부착했다면 일단 이 칼의 생산지는 대가야일 확률이 높다. 만일 제작지가 대가야라면 명문 내용으로 보건대 이 칼은 대가야의 무덤에 묻힌 것은 아닐 것이다. 즉, 대가야 외의 가야 지역에서 도굴한 칼일 수 있다는 얘기다.

한편 문장 구성상 '두려워 말라'는 구절에서 이 칼의 제작을 주문한 사람은 '두려움의 대상'을 어떤 것으로 생각하였을까? 무엇을 두려워하는 것인지는 그 뒤에 이어지는 글의 내용에 나타나 있다. 고대 신분제 사회에서 사람마다 두려워한 것은 신분이 낮아지며 재물을 잃는 것이다. 그렇다면 과연 이것이 예물로 보내는 칼에 새겨야 할 길상어로서 적합한 것일까? 칼과 무예로 신분이 높아질 수 있고 재물을 가질 수 있는 것이 고대 사회의 큰 특징이라 할 수 있지만 과연 이것을 굳이 칼에 새겨야 했을까? 칼에 새기는 내용은 대략 그 칼을 가진 자의 좌우명이나 인생관·목표·건강을 위한 길상어일 것이다. 그러나 이 칼에 새긴 문장 가운데 '부귀고천'이란 구절 말고는 관용적으로 쓰는 일반적인 길상어라고 볼 수는 없을 것 같다. 길상어의 표현을 빌렸을 뿐, 그 칼을 보낸 쪽의 메시지를 담은 것이라고 봐야 한다는 얘기다. 즉, 가야의 입장에서 백제를 버리고 신라로 갈 것인가, 아니면 고령으로 갈 것인가 선택해야 하는 마당에 중요한 판단 기준은 무엇일까? 향후 자신이 받을 수 있는 대우나 신분유지에 달려 있는 것이 분명하다. 따라서 이 칼을 만들어 보낸 왕은 상대의 귀순을 권유한 것이며, 그 대가를 상대에게 제시한 내용이라고 해석할 수 있겠다. 단룡문환두대도를 예물로 보낸 이유와 목적이 분명해지는 것이다.

"두려워 마시오. 이 칼의 주인은 부귀와 신분이 더욱 높아지고 재물도 많아질 것입니다."

그러나 글 전체의 구성과 분위기로 보아 이 칼을 받는 쪽을 상당히 낮춰 부르고 있다고 판단된다. '두려워하지 말라'는 말로 시작하면서 그 뒤에 '이 칼의 주인으로 하여금 부귀를 누리고 재물을 많이 갖게 될 것'이라고 하여 칼을 보낸 쪽의 의지를 강조하여 표현하였다. 예를 들어 신라에서 함안 안라국 세력에게 주었다면 안라국의 지배층은 대가야·백제 또한 안라국과의 유대를 강화하던 시기에 이 칼을 받은 것이 된다. 6세기에 고령 대가야가 기타 가야권의 수장에게 주었다면 그 또한 대가야가 주도권을 갖기 위한 것으로 이해할 수 있다. 또 신라 왕이 창녕의 수장에게 주었다면 창녕 세력을 포섭하기 위한 적극적인 노력으로 볼 수 있다. 백제에서 가야권 수장에게 보냈을 경우도 마찬가지이다. 어느 경우든 신분이나 서열상 주는 쪽보다 받는 쪽이 낮았을 것이라고 추리해도 문제가 없을 듯하다. 그러나 아무리 생각해도 '不畏也(두려워 말라)' 또는 '令此刀主(이 칼의 주인으로 하여금)'라는 구절에는 상대에 대한 예우가 부족해 보인다.

　어찌 되었든 이 칼을 보낸 사람은 칼등에 명문을 새긴 대로 그 약속을 반드시 지킬 것이라는 의중을 전하는데 성공하였고, 그 효과는 매우 만족스러웠을 것이다. 그 당시에 이런 방식은 철저하게 양측의 비밀을 지킬 수 있는 훌륭한 수단이었을 것이다. 종이나 천에 쓴 외교문서가 아니라, 보낸 쪽이나 받는 쪽 모두 비밀이 보장된 칼을 예물로 선택하였으며, 예물을 주는 쪽과 받은 사람만이 알아야 하는, 일종의 외교문서였다고 보는 것이다. 이것이 양쪽 모두에게 약속의 증거물이었다고 해석하면 지나친 상상일까?

# 10장

## 가야시대의 로만글라스와 고대 영남지방 유리

### 고대 영남지방 고분에서 발견되는 유리구슬의 비밀

인류사에 있어서 금속의 출현은 인간의 사회 형성에 혁신적인 전기를 가져왔다. 기원전 3천 년경 미케네와 크레타를 중심으로 한 지중해 일원으로부터 시작된 청동기는 인간의 삶을 획기적으로 바꾸었다. 그 뒤로 기원전 20세기에는 중국 하夏 왕조에서도 청동기가 처음으로 사용되기 시작하였다.[1] 실로 청동기의 등장은 인류 문명의 일대 진보였다. 청동기는 생산과 전쟁에 획기적인 변화를 가져왔다. 보다 예리하고 살상력이 높은 무기를 개발해 정복전쟁과 국가 형성에 기여했으며, 칼과 각종 생산도구를 개발해 인간의 삶을 풍요롭게 하였다. 구석기와 신석기시대에 이미 그 원형이 개발된 칼과 도끼는, 보다 정교하고 날카로운

---

1. 물론 요하(遼河) 지역에서는 그보다 한참 빠른 기원전 28~30세기경에 청동기 문명이 시작되었다.

청동 기물로 진화하여 인류를 진보된 문명으로 안내하였다. 비로소 나무를 잘라 주거지를 만들고 더위와 추위 그리고 짐승의 피해로부터 벗어날 수 있었다. 인간은 처음으로 제대로 된 가족과 가정을 만들기 시작하였고, 마을을 이루었으며 마을과 마을을 바탕으로 사회를 이루고 국가를 형성해 갔다.

청동기는 인류에게 농업혁명을 선물하였다. 곡물을 길러 곡식을 주요 식량으로 삼으면서 인류는 오랜 유랑 생활을 접고 정착하였다. 그 과정에서 사회와 국가가 탄생하였다. 청동제 농기구의 사용으로 생산물이 늘어나고 잉여생산물의 저장을 위해 토기나 기타 저장 공간을 개발하였으며, 보다 진전된 경작기술을 개발하여 생산력을 높여 가자 인구는 급격히 늘어났다. 농업을 위해 많은 사람과 집단의 노동력을 필요로 하였고, 그만큼 잉여생산물도 더 늘어났다. 그 과정에서 빈부의 격차와 신분제가 발생했다. 전쟁을 통해 사로잡은 포로 노예와 빈부 차이에 따라 발생한 부채노예가 꾸준히 발생하여 그들이 생산에 투입되었다. 그리하여 평범한 일반 인민과 그들을 지배한 신분층이 출현하였고, 그들 사이에 서열화(신분 분화)가 진행되었다. 이런 신분제의 질서 아래에서 탄생한 대표적인 사례가 지석묘(고인돌)이다. 이것은 부와 권력을 반영하는 것이며 사회와 국가의 출현을 증명하는 상징적 유물이기도 하다.

신분의 분화와 함께 이런 지배층이나 여유계층 사이에서는 부와 권력을 과시하는 도구로서 값나가는 물건이나 장신구와 같은 치장물을 개발해 패용하였다. 각종 옥제품과 청동 귀고리·반지와 같은 패물의 등장이 그것이다. 그러나 청동기시대의 장신구나 패물은 한계가 있었다. 청동이나 옥 제품이 중심을 이루었고, 금·은 장식품을 활용하였으나 장신구의 종류는 다양하지 못했다. 청동기시대 말기에 들어서면 비로소 새로운 변화가 나타난다. 신소재로서 유리가 등장하는 것이다. 중국에 유리가 들어온 것은 기원전 5~3세기의 전국시대로 거슬러 올라간다. 이 유리와 더불어 철과 금이 널리 보급되기 시작하면서 인간의 삶에는 또 다시 변화가 왔다.

철과 금·은·유리는 인간이 불을 다루는 고도의 기술을 축적하면서 얻은 결정체이다. 1000~1300℃ 이상의 고온에서 녹거나 다루기 쉬운 성질을 갖고 있는 이들 재료 중에서 유리는 철기의 등장과 함께 급격히 확산되었다. 즉, 철의 생산과 단야를 위해 불을 다루는 기술이 축적되면서 유리라는 신물질의 생산에 큰 진전이 이루어진 것이다.

유리는 본래 기원전 3000년경, 메소포타미아 지역에서 처음으로 생산되기 시작하여 지중해 동편의 소아시아·중동 지역으로 넘어갔으며, 그 이후 유리 생산기술이 응축되었다고 보고 있다. 이것이 동쪽으로 두 갈래 길을 따라 중국과 한국에 전해졌다. 실크로드 북로와 남로를 따라 중국과 한국으로 전해졌고, 인도에서 남쪽으로 내려가 바닷길로 인도네시아와 말레이시아를 비롯한 동남아시아로 확산되었다. 4~6세기에 인도네시아를 포함한 동남아시아 지역에서 신라에 전해진 유리는 바닷길을 타고 전해진 남방유리였다. 남방유리는 배를 타고 동북 방향으로 올라와 중국 남부를 거쳐 한국으로 전달되었다. 기원전 1세기 이후 3~4세기까지 영남 지방에 전파된 유리는 중국 북방을 따라 내려온 로마유리이고, 그 후인 4~5세기 신라에 전해진 유리 중에는 인도네시아 지역을 거쳐 유입된 것이 있었다. 중국에서 유리가 처음 생산된 시기는 비교적 늦다. 대략 기원전 5세기 전국시대부터로 보고 있는데, 초기의 중국 유리는 납 바륨계 유리였다. "중앙아시아 유목민을 통해 서아시아의 유리가 중국에 처음 전래된 것은 춘추시대 말~전국시대 초였다. 귀족묘에서 출토된 유리는 납 바륨계(Barium glass)로, 이 시기의 유리 제품에는 옥기玉器 형태를 모방한 것도 많다. 전한시대엔 비단길을 통해 로마·이슬람 지역 유리가 들어왔다. 한대漢代 유리는 납바륨계, 광동廣東·광서廣西 유리는 칼륨(potash) 유리 용기이다."[2] 우리나라 부여 합송리에서 출토된 기원전 3세기의 대롱옥[管玉]이 바로 중국계 유리이다. 그러나 충남 보령시 미산면 평라리에서 출토된 기원전 5세기의 포타쉬(Potash) 유리를 근거로 청동기시대 말기에 한반도에서 유리가 생산되었다는 주장도 나왔다.[3]

한국에 유리가 전해진 시기는 중국보다 한결 늦다. 이 땅에서의 유리생산은 1~3세기에 시작되었다. 소량이지만 기원전 1세기 후반에 제작된 유리구슬도 영남 지방에서는 제법 출토된다. 철기의 성숙기에 유리가 생산되기 시작한 것이다. 초기의 고대 유리는 서울 풍납토성이나 한강 미사리, 진천 석장리, 해남 군곡리 등 철기유적에서 생산되기 시작하였다. 이처럼 한국의 고대유리는 철 생산 유적과 밀접한 관계를 갖고 있다. 철을 생산하는 데는 1300도 전후의 높은 온도가 필요하며, 철을 생산할 수 있는 높은 온도에서 유리가 얻어지므로 제철과 유리생산은 불가분의 관계가 있었다.[4] 유리는 철기의 보급과 함께 확산되었고, 이런 사정 때문에 철기시대 유적에서 유리가 집중적으로 나타나는 것이다.

철기시대 유리와 수정·옥은 금과 함께 대단히 값비싼 사치품이자 중요한 소재였다. 목걸이를 만들거나 옷에도 달아 화려함을 더하기 위해

2. 「최근 중국에서 발견된 고대 유리제품과 西安 유적지 발굴조사」, 安家瑤, 『미술사연구』 제7호, 1993
3. 최주 외, 「한국 고대 유리의 국내제조에 대하여」, 『선사와 고대』1, 한국고대학회, 1991
4. 유리의 주성분인 이산화규소(SiO2)의 용융점은 1850도이다. 이 용융온도를 낮추기 위해 용제(Flux)를 첨가한다. 산화나트륨(Na2O3, Soda)를 첨가하면 소다유리(Soda glass), 산화칼륨(K2O, Potash)를 추가하면 포타쉬 유리로 분류한다. 이런 용융제를 쓰면 용융점을 700도까지 낮출 수 있다.

유리를 대량으로 생산하였으며, 수정은 중국을 통해 가공된 형태로 들어와 사용되었다. 기원후 2~3세기 이 땅에서 철기와 함께 유리를 대량으로 생산하고 유통한 선진 지역은 영남의 가야이다. "영남지방에서 출토되는 기원전 1세기~기원후 2세기의 포타쉬 유리는 기원후 3세기에 소다유리로 대체된다. 청동기 후기~철기시대 전기인 기원전 5~4세기에 중국 요령遼寧 지역에 전해진 유리 제작기술이 기원전 2세기 이후 한반도 서북지방으로 전파되었고, 그 후 영남지방으로 포타쉬유리가 전해졌다. 납 바륨 유리는 철기 이전의 세형동검문화와 관련이 있으며, 포타쉬 유리는 철기전파와 관련이 있을 가능성이 높다."[5] 따라서 가야시대 유리는 영남 지역의 가장 특징적인 유물이라고 할 수 있다. 유리는 주로 장신구나 옷에 다는 용도로 쓰였으므로 그 형태는 곡옥(굽은옥)·대롱옥 등이었다. 물론 유리와 함께 수정도 쓰였다. 수정은 다면옥·대추옥과 같은 형태로 가공된 것이다. 가야나 신라의 상류층에서는 수정과 유리를 섞어서 만든 목걸이를 많이 사용하였다. 그러나 유리는 옷에 치장하는 용도로도 상당히 많이 쓰였던 듯하다. 영남 지역의 2~5세기 무덤에서는 2~3천 개의 유리구슬이 출토되기도 하며, 경주 조양동 유적에서는 한 무덤에서 3천 개가 넘는 유리구슬이 나온 바 있는데, 아마도 이런 것들은 '반짝이' 스타일로 옷에 달아 장식효과를 높인 것으로 볼 수도 있겠다. 가야권에서 출토되는 유리구슬은 그 색깔이 다양하다. 2~3세기의 매우 이른 시기에 한국의 남단 지역에서 이처럼 다양하고 많은 양의 옥과 유리구슬이 출토되는 것은 대단히 이채로운 일이라고 하겠다. 당시 한국 사회에서는 자체적으로 유리를 생산하였으며 아주 기초적인 가공을 하였다. 다만 수정과 같은 소재는 절단하여 가공하는 기

5. 문재범, 「한국 고대유리의 계통에 관한 試論」, 『史林』, 首善史學會, 2002년 6월

술을 갖지 못한 시기였다. 유리와 옥 장신구는 대표적으로 와질토기(회청색 경질토기) 문화 단계의 유적인 경주 조양동과 부산 노포동·김해 양동리·경북 성주 예산리와 백전리 등에서도 많이 나왔다. 유리는 목관묘보다는 목곽묘에서 출토되는 양이 압도적으로 많다. 그러니까 가야권의 유리는 2세기 후반~4세기에 집중적으로 생산되었다. 그런데 이들 가야권에서 나오는 유리는 그 형태가 서로 같거나 유사하다. 유리의 성분이나 색상도 대략 같은데, 그것은 제작기술이 대략 같았음을 말해준다.

## 고대 유리 화학조성에 따라 색깔 달라

영남 지역에서 유리의 출토량이 많은 곳은 경주와 김해·합천(쌍책)이다. 이 지역에서 발견되는 유리의 색깔은 청색 계열이 압도적이다. 유리의 색깔은 거기에 포함된 성분의 차이로 결정된다. 유리는 화학적 성분의 조성 비율에 따라 크게 납 바륨유리·소다유리·납유리·포타쉬유리 등과 같은 여러 가지 종류로 나뉜다. 기원전 2세기의 것으로 충남 부여 합송리에서 나온 관옥은 납바륨계 유리이다. 기원전 1세기의 창원 다호리 유적에서 나온 유리라든가 해남 군곡리에서 나온 유리 중에는 바륨이 함유된 중국계 납유리도 있다. 또 경주 황성동유적에서 나온 유리는 제철 용광로 도가니에 붙어있던 것으로, 5세기의 납유리로 밝혀졌다.

1~4세기 가야 사회에서는 아주 작은 구슬 형태의 유리를 대량생산하였다. 국내에서 유리를 생산한 사실을 알려주는 것이 유리거푸집(유리용범)이다. 지금까지 유리용범이 나온 곳은 서울 풍납토성[6]·하남 미

6. 「풍납토성 발굴유물특별전」, 『잃어버린 왕도를 찾아서』, p.103, 서울역사박물관, 2002
   『풍납토성 I-IV』(한신대학교박물관총서 제19책, 한신대학교박물관, 2004

사리[7]·춘천 중도[8]·진천 석장리 제철유적·김제 대목리·해남 군곡리·
나주 왕곡유적·경주 황성동유적·익산 미륵사지(6세기 이후의 유적)·익
산 왕궁리·공주 무령왕릉·공주 수촌리 등이다. 진천 석장리 제철유적
에서는 용광로 안에서 유리찌꺼기가 나왔고, 합천 쌍책의 옥전고분군에
서도 유리와 유리찌꺼기 및 유리팔찌가 나왔다. 특히 합천 쌍책면 성산
리의 옥전고분군이 있는 지역은 가야시대에 생산한 많은 양의 유리구
슬이 유적지 전역에 흩어져 있어서 동네 이름이 구슬밭으로 불렸으며,
이로부터 옥전玉田이란 지명이 생겼다고 전해온다. 20~30여 년 전만 해
도 밭에 밟히는 것이 유리였다고 지역 주민들이 전하고 있어 4~6세기
다라리 옥전 지역에서는 상당히 많은 양의 유리를 생산하였음을 알 수
있다. 합천 쌍책의 다라국에는 상당한 수준의 생산기술을 가진 유리 기
술자가 있었던 것이다. 그런데 아직 옥전고분군에서는 유리용범은 발
견되지 않았다. 참고로, 옥전고분에서는 5세기 말의 로만글라스가 나
왔는데, 이것으로 보아 당시 중국 북방 지역과의 교류가 있었던 것으로
짐작된다.

영남 지방에서 발견되는 4~5세기 이전의 유리는 대부분 길이 1cm
이하로 아주 작은 형태이다. 철기의 보급과 함께 유리구슬이 비로소
이 땅에서 확산된 것은 2~4세기이다. 이 시기에 유리 구슬을 대량으로
생산하였으므로 한 무덤에 수백 개 이상 수천 개의 유리 구슬을 부장품
으로 넣을 수 있었다. 유리구슬이 많이 나온 곳은 대표적으로 경북 성
주(예산·백전리), 경남 합천(옥전)·김해 양동리·대성동, 경주 조양동, 포
항 옥성리, 동래 복천동 등 영남지방의 목곽묘 유적을 들 수 있다. 목

• • • • • • • • • • •
7. 『미사리 문화유적발굴조사보고서』(제5권), 고려대학교발굴조사단·미사리선사유적발굴조사단,
  1994
8. 「中島—進展報告」, 『國立中央博物館報告』第12冊, 국립중앙박물관, 1980

관묘에서도 유리구슬이 나오기는 하지만 그 수가 현저히 적다. 이들은 무덤이나 주거지 유적에서 주로 출토되고 있으며, 김해 양동리 462호 목곽묘에서 출토된 목걸이는 가야인들의 장신구 가운데 최고의 걸작이란 평가가 나왔을 만큼 우수한 유물이다. 남색과 청색·붉은 색의 유리에 금박유리 그리고 수정을 중간에 꿰어 만든 것인데, 이 무덤의 축조시기를 3세기 후반으로 보고 있다. 그러니까 이미 그 시기에 양동리와 김해 일대의 가야인들은 유리구슬을 직접 생산하였고, 외부로부터 들여온 수정을 함께 꿰어 이와 같이 화려한 목걸이를 만들어서 사용하였다. 또 양동리 462호 목곽묘에서 나온 수정이나 금박유리 구슬은 낙랑을 통해 그 제작기법을 들여온 것으로 보고 있는데, 금박유리는 먼저 유리에 금박을 입히고 그 위에 다시 유리를 입힌 것이다. 지금까지 금박유리(=금박옥이라고도 한다)는 경주 금관총과 나주 덕산리9호분·나주 신촌리 9호분·나주 복암리 3호분·천안 청당동 2호분·청당동 14호분·공주 무령왕릉·부산 복천동 80호분 등 5~7세기의 무덤에서는 나왔지만 그것도 3세기의 가야권 무덤에서 나온 것은 양동리 462호분이 유일하다.

4~5세기 신라의 왕릉급 대형고분에서는 병이나 술잔과 같은 유리용기가 출토되었다. 물론 그것들은 이 땅에서 만든 것이 아니라 로마 지역에서 들여온 것이다. 이러한 유리용기를 소위 로만글라스라고 부르고 있지만, 웬일인지 이런 로마 유리제품들은 같은 시기 백제 지역에는 거의 나타나지 않는다. 주로 신라에서 출토되어 왔다. 이것은 간단히 말해서 신라가 중국 서북 지역과의 대외교류에 많은 노력을 기울였음을 알려주는 자료로 이해할 수 있다. 앞에서 설명하였지만 신라에 유리가 전달된 경로는 두 가지가 있었다. ①인도-동남아시아-중국 남부-신라 그리고 ②중국 북서부-신라로 이어지는 실크로드 교역로를 따라

신라에 유리 기술과 외국의 문물이 전해
졌다.

물론 그 당시 한국 땅에서는 주
판알 모양의 수정을 생산하거나
가공할 수 있는 기술이 없었다.
이러한 수정 제품은 서역을 제
외하고는 그 유입경로를 생각하
기 어렵다. 특히 중국의 전한 정권
은 기원전 2세기 초에 서역과 실크로
드를 장악하였으나 그로부터 얼마 뒤에
고급유리를 생산할 수 있는 기술이 중국

■ 공주 수촌리 유적에서 나온
계수호(충남역사문화원)

에 들어왔다. 곧이어 유리 생산 기술은 한국의 여러 지역으로 전파되
었다. 처음에 유리는 평양을 중심으로 한 서북지방을 거쳐 한국 전역에
전파되었다. 따라서 이론상으로는 평양 및 서북한 지역에서의 유리 출
토량이 훨씬 많아야 한다. 그렇지만 실상은 전혀 다르다. 영남 지역에
서의 출토량이 압도적으로 많다. 다만 수정이나 수정다면옥과 같은 것

(앞면)

(뒷면)

■ 풍납토성 출토 유리용범
(경당지구, 너비 3.5cm, 한신대학교박물관)

들은 북한 지역에서 출토되는 것도 꽤 있다. 그것을 낙랑 지역에서 유입된 것이라고 봐야 하겠지만, 그 당시에는 중국에서도 본격적으로 수정을 가공할 수 있는 기술이 없었다. 대략 2~4세기에 나타나는 수정은 소위 파사국波斯國이라고 하는 서역에서 건너온 것으로 보아야 한다. 이때의 파사국은 과거 페르시아 제국으로, 현재의 이란 지방이다.

영남지방의 목관묘와 목곽묘에서 출토되는 유리구슬은 거의 모두 환옥丸玉의 형태이다. 출토량으로 보면 목관묘보다는 목곽묘가 월등히 많다. 한 무덤에서 5~6백 개 이상, 많은 경우 2~3천 개 가량 나오는 경우도 허다하다. 기원전 1세기 전반~기원후 1세기 후반의 무덤 유적인 성주 백전·예산리에서는 한 무덤에서 640개가 넘는 유리구슬이 나온 예가 있다. 출토량으로 보면 그저 단순히 장례를 치르기 위해 구매한 것으로 보기도 어렵다. 그 정도의 양이라면 유리구슬을 전문적으로 생산하는 장인을 두고, 그들로부터 유리구슬을 제공받았을 것이다.

가야와 신라 지역에서 가장 많은 유리가 출토되는 것은 2~3세기이다. 이것은 영남지방의 유리가 가장 유행한 시기이며, 대략 4세기 이후에는 무덤에 부장되는 유리가 점차 줄어든다. 4세기 전반의 백제시대 무덤인 공주 금강 북쪽의 수촌리에서도 동진東晉 시대의 유물과 함께 1천9백 개가 넘는 유리가 출토되었는데, 이것은 백제 지역에서 지금까지 나온 유리 양으로는 최대이다. 계수호鷄首壺를 비롯하여 백제의 중앙 한성에서 지방 세력에게 준 금동관 등 여러 가지 위신재가 포함되어 있는 것으로 보아 수촌리의 실력자들은 유리를 장신구에 썼을 만큼 여유로운 생활을 하였던 것 같다. 수촌리에서는 유리용범도 나와 수촌리 일대를 지배한 사람은 수촌리에서 제작한 유리구슬을 제공받은 것으로 볼 수 있다. 수촌리 고분은 4세기 초·중반 백제의 지방 수장층 무덤 유적인데, 이미 이 시기가 되면 영남 지방의 유리는 전반적으로 양이 줄어들며 쇠퇴하기 시작한다.

가야와 신라·백제는 모두 유리구슬을 생산하는 데에 유리용범(유리 거푸집)을 사용하였다. 유리용범이 있었기에 유리의 대량 생산이 가능하였고, 많은 양의 유리구슬을 부장품으로 사용할 수 있었다. 유리용범은 전국 여러 곳에서 확인되었다. 먼저 춘천 중도유적에서 나온 유리용범은 진흙판에 작은 구멍 여러 개를 줄 맞춰 뚫었다. 직경 5mm, 깊이 5mm의 구멍을 만들고 그 구멍 바닥 한가운데에 직경 1mm의 구멍을 뚫어놓은 것이다. 거푸집을 관통한 이 작은 구멍은 바늘처럼 가는 철심을 꽂기 위한 것이다. 그것은 유리구슬에 구멍을 만들기 위한 용도이다. 유리용범의 각 구멍에 철심을 꽂고 그 안에 세모래를 채워 가마에 넣고 가열하면 모래가 녹아서 유리를 얻을 수 있다. 유리가 굳은 뒤에 철심을 빼내면 길이 0.5~0.7cm의 유리관 형태의 구슬을 대량으로 얻을 수 있는데, 2~5세기의 철기유적에서 나온 유리용범은 전국 어디나 이와 똑같은 형태이다. 같은 모양의 유리용범으로 유리를 생산하였으므로 당연히 유리구슬의 모양이 같다.

하남시 미사리에서 나온 유리용범도 두께가 0.7~0.9cm(폭 9cm)이다. 서울 풍납토성의 북쪽 지역인 경당지구 9호유구에서도 유리 생산에 사용한 용범[9]이 철침과 함께 나왔다. 풍납토성 유적은 용범에 사용한 철침까지 나온 유일한 곳인데, 풍납토성에서 나온 유리구슬은 청색·황색·붉은색 등 다양하다.

진천 석장리 백제시대 제철유적에서 나온 유리용범도 춘천 중도나 풍납토성에서 나온 용범과 같은 모양이다. 익산 왕궁리 유적에서도 유리 생산에 사용한 도가니와 유리가 나왔다. 익산 미륵사지에서도 유리

----

9. 각 구멍의 직경 1mm, 길이 1.6~1.8mm이었다.

제품을 만들던 도구들과 함께 녹색유리가 들러붙은 도가니가 나왔는데, 2백여 점의 유리 가운데 73점을 무작위로 선별하여 분석한 결과 82%가 납유리이고, 그 외에 알칼리계 소다유리도 약간 있었다.

부여 능산리사지에서도 청색·적색·주홍색·연두색·노랑색 유리가 출토되었다. 나주시 왕곡면 옥곡리 방축유물산포지[10]는 주거지와 공방 그리고 무덤이 어우러진 복합유적인데, 여기서 출토된 유리용범은 구멍을 직경 0.6cm 크기로 약간 작게 좌우 줄을 맞춰서 가지런히 팠다.

그런데 특이한 것은 유리용범과 함께 유리곡옥 용범이 출토된 전남 해남 군곡리 패총유적과 경주 황성동유적이다. 군곡리 패총에서도 서울 풍납동이나 춘천 중도 출토 용범과 똑같은 모양의 유리용범이 나왔다. 황성동유적은 경주 지역 최대의 철기 생산유적인데, 이곳에서 사용한 숯(백탄)은 경주 월산리 숯가마에서 공급받은 것이라고 추정하고 있다. 숯을 써서 유리를 생산했을 가능성이 있다고 보는 것이다.

유리는 당시 왕과 귀족층의 화려한 생활을 반영하는 것이지만, 한편으로 이런 것들을 지방 실력자에게 위세품으로 나누어 주기도 하였다. 가야권에서도 유리는 사치품으로서 상류층만이 사용하였다. 영남 지역에서 생산된 유리는 주로 1cm 이내의 소형으로서 그보다 큰 규모의 유리 제품을 만들 수 있는 기술은 없었다. 유리 용기로서 우리가 흔히 로만 글라스라고 부르는 것들은 로마의 동쪽 지역 요르단이나 시리아 일대로부터 이라크·이란 지역에서 들어왔다. 이 로마 유리가 신라 경주 지역에 들어온 것도 4~5세기이다. 이러한 로만글라스는 당시 실크로드의 동쪽 종착점인 경주까지 전달되어 상류층의 사치품으로 꽤나 인기를 누렸을 것이다. 그러나 김해의 지배층은 그보다 더 이른 4세

<hr>

10. 「나주시의 문화유적」(목포대학교박물관총서 제56책), p.113, 나주시·목포대학교박물관, 1999

기 초부터 이미 로마 지역으로부터 들어온 로만글라스를 사용하고 있었다.

한편 4~6세기의 신라는 중동-서아시아-인도-동남아시아의 해상교역로를 따라 들어온 남방 유리도 받아들였다. 인도에서 유리가 전파된 경로 가운데 인도네시아가 있고, 말레이시아·인도네시아 일대에서는 오키나와를 거쳐 올라오는 해류가 있으므로 아마도 4~5세기에 신라는 이 지역과도 교류한 것 같다. 이 유리는 북방 유리와는 제작기법이나 성질이 다르다. 앞에서 설명한 바와 같이 유리는 초기에는 남북 실크로드로 전파되었다. 4~5세기 로만글라스도 같은 경로로 전파되었는데, 이 당시의 유리는 주로 이란 지방에서 실크로드 남로를 따라 우즈베키스탄의 부하라·사마르칸드(고대 康國)·간다라-중국 북방을 거쳐 한국으로 들어온 것으로 볼 수 있다. 물론 전통적인 실크로드상의 거점으로서 고대 강국康國의 중심인 사마르칸트와 타슈겐트를 거쳐 로마유리가 중국과 한국에 전해진 것으로 볼 수 있다. 그렇지만 중국의 기록에는 사마르칸트와 타슈겐트에서 동쪽으로 멀지 않은 곳에 있는 간다라(파키스탄 페샤와르 지역) 사람들이 중국에 유리를 전한 것으로 되어 있다. 신라 지역에서 이런 로마유리가 발견되는 곳은 경주의 왕릉급 대형고분이다. 4세기 중반 이후 신라에는 세장방형 목곽묘의 전통을 이어받아 적석목곽묘가 등장하는데, 이런 적석목곽묘에서는 화려한 장신구와 함께 로만글라스가 출토된 사례가 꽤 있다. 낙동강 동편의 경주 지역에서 유행한 적석목곽묘는 러시아 남부 초원지대와 중앙아시아·알타이산맥·몽골에 이르는 넓은 지역에 분포하는 적석목곽묘와 한 가지 계통으로서 흉노의 전통적인 무덤양식이다. 신라는 일찍부터 흉노인들의 전통적인 무덤양식인 적석목곽묘를 사용하였고, 서역과의 접촉 과정에서 로마 지역과 중앙아시아 일대에 퍼져 있던 로마의 유리와 문물을 받아

들였다. 납바륨 유리인 중국계 유리와 달리 우리나라 고대 유리는 소다
유리이다. 소다유리는 그 계보가 로마유리에 있는 까닭에 신라인들은
이런 로만글라스 또한 서역의 흉노인들을 통해 받아들였을 것이다. 특
히 신라에서는 4세기 말 서안西安 지역을 무대로 한 전진前秦에 사신을
파견하여 불교를 수입하였을 정도인데, 그것도 사실은 흉노 또는 융적
의 정권인 전진前秦과 신라 지배층의 혈통적 유사성이 큰 몫을 하였을
것이다.

그렇지만 4~5세기부터 신라는 계통이 다른 남방유리도 받아들여 양
쪽의 유리기술을 융합한 것 같다. 아마도 신라는 중국 남부지방에 전파
된 남방의 유리 생산기술을 받아들였거나 인도네시아 또는 말레이시아
등과의 직접교류를 통해 유리를 받아들였을 것이다. 하나의 사례이지
만 경주 미추왕릉지구 고분에서 출토된 인물 문양 상감유리는 남방계
유리로 밝혀져 그 무렵 신라는 의외로 폭넓게 국제 교류를 하고 있었음
을 알게 되었다.

그러나 어쩐 일인지 가야 지역에서는 아직까지 유리용범이 출토되지
않았다. 김해 양동리나 대성동·부산 복천동과 연산동·노포동·울산 하
대고분·포항 옥성리(흥해) 등지에서도 유리구슬은 대단히 많이 출토되
었지만 그것을 생산한 유리용범은 나오지 않은 것이다. 가야 유적에서
는 많은 양의 유리구슬이 출토되었으나 정작 그것들을 생산한 유적이
대량으로 나타나지 않았으니 가야 지역에서 유리구슬을 어떻게 생산하
였는지, 그에 대한 정황을 자세히 파악할 수 없다. 가야 지역의 유리 생
산유적은 유리 생산에 꼭 필요한 규사(SiO₂, 이산화규소)가 많은 낙동강변
어딘가에 있었거나 유리생산 공방이 주거지나 왕성 근처 어딘가에 따
로 있었을 수도 있다. 그렇지만 낙동강 하류 지역에서 유리생산 공방
이 따로 보고된 곳은 아직 없으며, 유리용범도 발견되지 않았다. 그것

은 신라의 경우도 마찬가지이다. 다만 경주 황성동유적에서 유리용범과 곡옥 용범이 나왔는데, 이것으로 보아 신라도 가야도 같은 방식으로 유리구슬을 생산하였음을 미루어 알 수 있다.

그러면 영남 지역의 유리는 그 성분으로 보아 어떤 유리 계통일까? 양동리 고분군에서 출토된 많은 양의 유리구슬 가운데 유리 조각(편)만을 따로 추려 62점을 분석한 결과에 의하면 양동리 유리구슬은 모두 알칼리계 유리이다. 이들 알칼리계 유리는 다시 알칼리계 유리와 소다계 유리로 구분되며, 알칼리계 유리는 1세기, 소다계 유리는 2~3세기에 만들어졌음을 알게 되었다. 이들 유리구슬의 성분을 분석하는 데에는 1~4세기의 무덤에서 나온 유리를 사용하였는데 알칼리계 유리에 이어 2세기 말~3세기 초에 만들어진 가야 지역의 소다계 유리는 일본에서 출토되는 것들보다 약 2백여 년이나 앞선 것으로 알려져 있다.

분석 대상으로 삼은 유리는 대략 여섯 가지 색상이다. 영남 지역에서 발견되는 유리의 색상은 이것을 넘지 않지만, 무작위로 선택한 유리구슬 중에서 청색이 36점으로 가장 많다. 그 다음이 벽옥색(Cu-blu, e, 11점)·녹색(6점)·자색(4점)·검은 줄이 있는 적색(2점) 그리고 흰색(3점)이다. 유리구슬 전체의 75%가 벽색 및 청색이다. 그런데 가장 이른 시기에 생산된 유리구슬은 청색이다. 1~4세기 유리구슬의 색깔은 청색이 중심이지만, 3세기에는 청색 외에도 다양한 색상의 유리가 등장한다. 초기의 유리는 알칼리계가 지배적인 양상을 보이다가 2세기 말~3세기 초가 되면 소다계 유리가 차츰 많아진다. 이런 변화는 이 시기에 유리 원료와 제작기술에 변화가 온 것이 아니라면 딱히 설명할만한 근거가 없다. 그런데 어쩐 일인지 4세기를 지나면 옥전 지역을 제외하고는 가야 지역의 유리가 오히려 퇴보하는 양상을 보인다.

유리의 색상은 구리·철·망간과 같은 원소의 함유량과 깊은 관계를 갖고 있다. 주성분 원소의 함량(조성비) 차이에 따라 유리의 색깔이 달라지는 것이다. 적색 유리는 주성분인 규사 외에 구리와 황의 비율이 높다. 노랑색 유리는 납과 주석의 성분이 많은 것이며, 주홍색 유리는 구리산화물의 성분 함유량이 높다. 이들 유리구슬의 성분함량이나 원료·색상·제작연대·유구의 연대 등은 고대 유리 제작지와 원료 또는 제작기술의 전파경로를 이해하는데 기본적인 자료가 된다. 특히 유리제품은 그 특성이나 제작방법·고분과의 시대적 관계 또는 문화 환경을 밝히는데 매우 중요한 자료이다.

유리 제품이 한반도에서 맨 처음 나타난 곳은 평양 지역과 서울 풍납토성 그리고 영호남 지역이다. 유리 생산기술은 이 땅에서 모두 비슷한 시기에 전파된 것으로 보인다. 그러나 1~5세기 유리의 출토량이 가장 많은 곳은 역시 영남 지역이다. 그 중에서도 가장 많은 양의 유리구슬이 나오는 곳은 경남 지역이다. 남북한을 통틀어 그 분포 양상으로 볼 때 유리의 출토량이 압도적으로 많은 곳인데, 경북 성주와 경주를 제외하면 합천·김해·부산·울산 지역이 중심이다. 합천 옥전고분에서도 5~6세기에 유리구슬을 집중적으로 생산하였으나 정작 유리용범이나 유리공방 또는 제철유적이 발견되지 않았다. 단언하기는 어렵지만, 앞으로 이 지역에서 유리공방이나 유리용범 또는 아주 그럴듯한 로만글라스가 더 나타날 가능성이 충분히 있다. 다만 가야 시대 영남 지역 유적에서 나타나는 유리구슬은 그 지역에서 직접 생산한 것이다. 만약 영남 지역에서 생산한 것이 아니라면 유리와 교환할 수 있는 다른 상품 즉, 교환가치가 높은 물건을 생산하는 기반을 갖고 있어야 한다. 경주 일원과 가야 유적에서 나오는 유리 구슬은 외부와의 교환에 의해 들여온 것이 아니라 영남 지역 내에서 생산된 것이 분명하다. 가야인들은 직접 유리 생산기술을 익혀 수요에 충당하였다. 멀리 로마 지역으로부터 중국을 거쳐 유리가 전파된 경로에서 보면 영남지방은 실크로드의 마지막 종착지이며 가야와 신라인들은 일본에 유리를 전해준 최후의 전달자라고 할 수 있다.

아마도 당시 유리의 원료인 규사는 바닷가나 하천에 널려있는 양질의 세모래를 썼을 것이다. 굵은 모래보다 세모래가 더 낮은 온도에서 잘 녹기 때문인데, 그것을 엿볼 수 있는 곳이 풍납토성 유리공방이 아닐까 싶다. 풍납토성 바깥의 한강변에는 풍부한 양의 모래가 있었다. 이 세모래로 풍납토성에서 유리구슬을 만들었을 것이다. 이 시기 한성이나 가야 지역에선 그동안 축적해온 철의 제련과 야철에서 불을 다루는 기술과 경험을 유리 생산에 전용함으로써 유리구슬의 다량생산이 이루어졌다. 도가니에 모래를 넣고 열을 가해 유리를 만들어냈거나 유리 용범에 소량의 규사를 직접 넣고 녹여내는 방식으로 생산한 것이다.

영남 지역에서 가장 이른 시기의 유리는 사천 늑도 유적(기원전 1~2세

■ 천마총 출토 유리잔(높이 7.4cm, 입지름 7.8cm, 문화재청)

기) 등지에서 나왔다. 하지만 영남 지방에서 많은 양의 유리가 부장되는 시기는 2세기 후반~5세기이다. 유리 생산 또는 가공 기술은 누군가에 의해 김해·경주를 비롯한 영남 지역으로 소개되었을 것이다. 1~3세기의 무덤군이 몰려있는 평양의 석암리 29호분에서는 유리구슬과 주판알 모양의 수정 구슬이 함께 나왔다. 수정은 석암리와 영남 지방의 다른 무덤에서도 제법 많이 나왔다. 이처럼 수정과 유리가 나온 가야권 유적으로는 김해 양동리·대성동, 부산 노포동, 울산 하대 유적 등을 대표적인 예로 꼽을 수 있다. 수정이 나오는 무덤의 축조연대는 대략 1~3세기로 볼 수 있다. 평양 지역과 영남 지역에서 나오는 수정은 그 형태가 대략 같다. 그러므로 영남 지역에서 발견되는 수정 구슬은 문화의 전달 경로를 감안할 때 평양 지역을 거쳐 유입되었다고 봐야 한다.

유리구슬과 관련하여 성주읍 예산리 유적(III지구)에서 나온 유리구슬과 목걸이가 당시의 상황을 이해하는데 도움이 될 것으로 보인다. 대표적으로 예산리 2호 목관묘에서는 암청색 또는 녹청색의 반투명 유리구슬 630개가 나왔는데, 이는 목걸이용 구슬이었다. 1세기 후반~2세기 초의 무덤인 5호 목관묘에서도 유리구슬 목걸이와 함께 상당수의 유리구슬이 확인되었다. 7호 목관묘에서는 509개, 11호 목관묘에서는 30개의 목걸이용 유리구슬이 나왔다. 예산리 유적은 낙랑계의 문화요소가 짙어서 고조선 유민의 후예가 남하하여 남긴 것으로 보고 있다. 성주 예산리나 경주 조양동·평양 석암리 등의 유적은 김해 대성동이나 양동리 유적과 밀접한 관계를 갖고 있으며, 앞으로도 영남 지역에서는 얼마든지 더 많은 양의 유리가 나올 것이다.

## 김해 대성동에서 나온 4세기 초의 로만글라스

그간 우리는 경주시내의 대형고분 가운데 적석목곽묘에서 나온 호사스런 로만글라스를 통해 로마유리가 경주의 신라 왕과 귀족들에게 제일 먼저 전해진 것으로 알고 있었다. 짙은 청색의 유리잔이라든가 반투명 녹색 병과 같은 화려한 물건들을 보면서 이런 것들이 어떤 경로를 거쳐 신라에 들어왔으며, 4~6세기의 사람들은 어떻게 이처럼 화려한 물건을 만들었을까 하는 놀라움을 갖게 된다.

유리의 발상지는 이집트로부터 고대 페르시아에 이르는 지역이다. 시리아·요르단·이라크·이란에 걸친 지역으로서 여기서 서쪽으로 터키, 북으로 아제르바이잔·조지아(그루지아) 그리고 동으로 투르크메니스탄·인도·파키스탄·중국 여러 나라로 유리가 전해졌다. 중국은 실크로드를 통해 유리를 받아들였다. 이것이 중국 북방의 대군代郡 지역과 몽고 지역을 거쳐 요동과 평양-경주로 들어왔다. 합천 옥전고분에서 나온 5세기 말의 로만글라스 유리잔 역시 북방 지역으로부터 내려온 것이 분명하다.

■ 경주 월성로 가 13호분에서 나온 로만글라스 유리병. 김해 대성동 91호분에서 나온 로만글라스보다 70여 년이나 늦게 들어온 것이다(대성동고분박물관).

■ 황남대총에서 나온 봉수형<br>(鳳首形) 병(로만글라스)

■ 황남대총에서 나온<br>로만글라스 유리잔

그런데 2012년에 김해 대성동에서 로만글라스 유리병의 손잡이 일부가 나왔다. 이것이 나온 무덤의 조성 시기가 4세기 초반인 340년대로 파악됨으로써 우리는 그간 알고 있던 사실에 드디어 수정을 가하지 않으면 안 되었다. 대성동 91호분에서 나온 이 로만글라스 유리병 손잡이는 로열 블루의 강렬한 색깔을 띠고 있다. 비록 손잡이 중에서도 5cm 정도밖에 안 되는 작은 조각이지만[11] 합천 옥전고분에 이어 낙동강 서편에서 두 번째로 로만글라스가 나온 것이어서 상당한 의미가 있다. 이 로만글라스는 대성동 유적과 김해가야에 대한 그간의 인식에 적잖은

••••••••••

11. 김해 대성동박물관이 '대성동고분군 7차 학술발굴조사'로서 진행한 발굴이었다(2012년 6월 4일<br>　　~9월 26일).

변화를 가져다주었다. 비록 유리병 몸통은 없어지고 손잡이 조각만 남은 것이었지만, 경주보다 훨씬 이른 시기에 김해 지역의 지배층들이 로만글라스를 들여다 사용하였음을 알게 된 것이다. 유리병 손잡이만 남은 것은 아마도 도굴꾼이 황급히 꺼내 가다가 떨어트린 것으로 보고 있다. 이 유리 조각을 국립중앙박물관에서 분석하였는데, 그 성분이 로마유리임을 확인하였다. 이 유리를 발굴한 대성동고분박물관 발굴자들은 대성동 91호분이 340년 무렵에 조성된 것으로 파악하고, 그 당시 김해가야 사람들은 이 로만글라스를 전연前燕에서 들여왔을 것으로 추정하였다.

지금까지 로만글라스는 90% 이상이 경주 지역에서 출토되었다. 그리고 국내에서 가장 오래 된 로만글라스가 나온 곳도 경주였다. 월성로가13호분에서 나온 것이 가장 오래 된 것이었지만, 대성동 91호분에서 로만글라스가 나옴으로써 이제는 달라졌다. 김해의 지배층은 그보다도 몇십 년 더 일찍 이런 고급 용기인 로만글라스를 북방 지역 어딘가로부터 들여와 사용하였던 것이다.

4세기 전반의 로만글라스가 대성동에서 나옴으로써 로마 유리에 대한 생각은 물론이고, 그간 우리가 알고 있던 신라와 가야의 초기 역사에 대한 생각을 드디어 바꾸지 않으면 안 되었다. 그러나 안타깝게도 대성동 지역은 급격한 도시화로 유적이 일찍부터 파괴되었으므로 많은 아쉬움을 남긴다. 아마도 1970년대에 김해공설운동장을 만들면서 고분 집중지역이 파괴되지 않았다면, 그 자리에 있던 유적에서 우리는 더 화려하고 다양한 로만글라스를 볼 수 있었을지도 모른다. 이런 로만글라스는 제작기술과 규모 그리고 디자인에 있어서 한국 땅에서 생산한 유리구슬과는 차원이 다른 것이다.

그러면 대성동고분박물관 측이 제시한 340년경 무렵 북방 지역의 상황은 어떠하였을까? 물론 발해만 서편과 하북성 일대엔 선비족들의 정권이 있었다. 그 중 하나인 선비족 모용씨慕容氏의 정권은 하북성 중산中山[12]에서 시작하였다. 이것이 모용씨의 전연(337~370)이다. 모용씨는 본래 하북성 정현定縣을 중심으로 한 과거 중산국中山國에서 시작하여 하북성의 계현薊縣과 북경을 거쳐 그들의 잔여세력 일부가 오늘의 요령성 조양朝陽으로 옮겼고, 그곳에서 멸망하였다. 북경에서 멀리 요령 지역으로 밀려난 것이다. 모용황慕容皝의 아들 모용준慕容儁이 현재의 북경시 서남쪽에 있는 계薊[13]를 함락시키고 그곳으로 수도를 옮긴 것이 350년이다. 그보다 10년 전쯤에 김해 대성동 사람들은 이 로만글라스를 모용씨의 전연으로부터 받아들였을 것으로 본다는 얘기이다. 김해 대성동 91호분 유리는 340년경에 만든 것으로 보았고, 그렇다면 그 당시의 조건에서 볼 때 전연을 통해 받아들인 것으로 추정한다는 것이다.

그 시기에 중국 북방 지역에서는 아직도 흉노와 선비족 등 5호五胡가 위세를 떨쳤다. 4세기에 들어서면서 흉노족들은 다시 세력을 모아 과거의 영광을 찾으려는 듯했다. 혁명으로 세운 사마의(사마중달)의 서진西晉 정권이 4세기 초에 무너졌다. 서진의 수도 낙양이 흉노 군대의 공격을 받아 함락되고, 회제懷帝는 흉노에 붙잡혀 끌려갔다. 이것이 영가永嘉의 난[14]인데, 이때 서진은 거의 멸망한 것이나 다름없었다. 그 뒤로 다시 장안(서안)에서 민제[15]가 즉위했으나 316년에 또 다시 장안이 흉노의

••••••••••
12. 하북성 정현(定縣)으로, 그곳은 지금의 보정시(保定市)이다.
13. 북연(北燕)의 수도. 薊(계)와 관련하여 현재 북경(北京) 동쪽 가까이에 있는 계현(薊縣)은 전한 무제 때 고조선을 멸망시키고 나서 새로이 정한 것이며, 실제의 계현은 북경 서남쪽으로 한참이나 멀리 떨어져 있는 북역수(北易水) 북쪽 역현(易縣)에 있었다. 역현 서쪽에 그 유명한 계구(薊丘)가 있었다. 이런 관계로 역현 계에 있던 과거 연(燕)의 도성을 연하도(燕下都)라고 한다.
14. 307~312년
15. 愍帝(재위기간 313~316)

■ 340년대 무덤에서 나온 것으로, 경주에서
발견된 로만글라스보다 훨씬 오래 된 것
이다(대성동고분박물관).

■ 김해 대성동 91호분에서 나온
로만글라스 유리병 손잡이(대성동고분박물관)

공격을 받아 함락되었다. 그렇지만 민제도 흉노에 잡혀가 서진이 드디어 멸망하였다. 이렇게 해서 북방의 여러 흉노와 선비족 세력이 팽창하면서 5호16국 시대가 열렸다. 새로운 시대의 시작과 더불어 남쪽에서는 4세기 말 동진이 시작되었다. 이런 혼란과 변화 속에서 북방 흉노족과 탁발선비·모용선비·후조의 갈족을 비롯한 호인胡人들이 다시 발흥하였고, 이후로 계속해서 5호16국의 많은 정권이 명멸하였다. 4세기에도 강국康國[16]·월지국[17] 등으로부터 서역의 문물이 선비족과 기타 북방 5호五胡에 꾸준히 공급되었다. 4세기 초에도 북방 흉노와 선비족들이 로만글라스를 비롯하여 서역의 다양한 문물을 갖다 주는 공급자 역할을 하였고, 그 중 일부가 김해로 내려온 것으로 봐야 한다. 그 뒤로 후연도 서역의 물건을 받아들였다. 그 후로는 전진前秦이나 후조後趙 등으로부터도 들여왔을 것이다. 전연前燕과 마찬가지로 훗날 후연後燕도 흉노인과 선비족[18]

16. 사마르칸트
17. 지금의 우즈베키스탄
18. 융적(戎狄), 백적(白狄) 등. 후연(後燕, 384~407)이 처음에 수도로 정한 하북성(河北省) 정현(定縣)은 본래 백적(白狄)의 본거지였다.

의 정권이었다. 따라서 전연이나 후연의 선비족 언어와 습속은 김해 사람들과 크게 다르지 않았을 것이며, 그들과의 소통과 교류에도 큰 문제가 없었을 것으로 추정된다. 그렇다면 전진(351~394)이나 후연(384~409) 시대에 받아들인 로만글라스도 영남 지역 어딘가에서 더 나타날 가능성은 있다.

한편 주판알처럼 생긴 수정(다면옥)은 중국에서 건너온 것이 아니다. 그 당시 수정을 생산하던 곳은 지금의 이란을 비롯한 중앙아시아 지역이었다. 이것이 실크로드의 사마르칸트smarqand · 타슈켄트 및 간다라 등지를 거쳐 중국 동북부와 한국에 전해졌다. 이런 수정이나 마노 · 유리와 같은 물건을 중국에 들여온 전달자는 흉노인들이었다. 그 중에서도 가장 중요한 역할을 한 중간 전달자는 대월지국 사람들이었다. 4세기 초의 로만글라스 역시 그 전달자를 흉노족으로 보는 게 옳을 것이다.

참고로, 유리에 금박을 입힌 '금박유리구슬'은 이 땅에 3세기에 전해졌다. 수정 · 비취 · 마노 등과 함께 들어온 것으로 추정되는데, 금박유리구슬은 시리아 · 요르단 · 팔레스타인 등을 중심으로 기원전 3세기경에 확산되었다. 아마도 그 기원이 이집트와 알렉산드리아 일대에 있었을 것으로 보고 있지만, 이것이 기원후 4~5세기에 이르면 흑해 · 카스피해 주변과 이란 · 이라크 · 중앙아시아를 넘어서 인도와 동남아시아로까지 확산된다. 현재까지 남한 지역에서 나온 금박유리구슬 가운데 가장 이른 것은 김해 양동리 462호 목곽묘 출토품이다. 이것은 3세기 초에 생산되었을 것으로 추정하고 있으며, 그 다음이 천안 청당동유적 제 5호분에서 나온 것이다(3세기 중엽). 동래 복천동 80호분에서 나온 것은 4세기 전반경의 제품으로 보고 있고, 그 후 신라(경주)권에서는 황남대총 · 금관총(5세기 제품) 등에서 출토되었다. 공주 무령왕릉(6세기), 전남 나주 신촌리 4호분에서도 금박유리구슬이 나왔다.

한편 로만글라스의 유입 경로를 알 수 있는 단서가 『위서』 열전 편에 있다. 대월지국大月氏國에 관한 내용이다. 거기에 북위 세조 때(423~452년) 대월지국은 간다라[19] 이북의 다섯 나라를 복속하였는데[20] 그때 대월지국의 상인이 북위 수도에 와서 "돌을 녹여 오색 유리를 만들 수 있다며 직접 광산에서 돌을 캐어 수도에서 유리를 만드니 서방에서 온 것보다 더 아름다웠다.……이로부터 중국의 유리는 가난하고 천한 사람들조차도 그것을 두 번 다시 보배로 여기지 않았다"고 기록되어 있다. 기록상의 문맥으로 보아 그 유리 기술자는 북천축국(파키스탄) 그러니까 과거 월지국 간다라 출신이거나 사마르칸트에서 유리 기술을 배워 온 사람이었을 것이다.

이 기록을 통해 이란-이라크로 이어지는 실크로드를 따라 유리 생산 기술이 중국으로 들어왔음을 알 수 있다. 이것은 그 이전의 유리 역시 똑같은 경로를 통해 들여왔을 가능성을 암시한다. 우리나라에까지 전해진 로만글라스와 수정의 본고장은 소위 파사국이었을 것으로 추정된다. 당시 파사국 왕은 중국의 이궁離宮처럼 별궁을 갖고 있었고, 해마다 4월이면 놀러 나갔다가 10월에 돌아오곤 하였다고 한다. 아마도 그 무렵의 파사국은 대단히 흥미롭고, 여유가 있는 사회였던 것 같다. 후에 혜초가 파사국에 다녀왔는데, 파사국은 과거 페르시아로서 대략 지금의 이란 지방으로 보면 될 것이다. 그 당시엔 지금의 이란보다는 영토가 약간 더 넓었을 것으로 짐작된다. 『위서』 열전 '서역' 편에는 파사국

••••••••••
19. 북천축국(北天竺國) 간다라(乾陀羅). 현재의 파키스탄 페샤와르 지역

20. 대월지국은 오손(烏孫)·락나국(洛那國), 대완국(大宛國)·강국(康國) 등 5국을 통합하였다. 강국은 예전 강거(康居)의 후예로서 한때 돈황 근처의 소월지국에 살던 사람들이다. 강국 왕의 성씨는 온씨(溫氏)이다(『위서』 지리지). 그러므로 한국과 중국의 온씨는 그 원류가 강국과 흉노인에 있는 것이다.

의 도성과 그곳에서 나는 특산품을 비롯하여 파사국의 농업이며 생활상이 간결하게 그려져 있다.[21] 파사국 왕은 수도 화다和多에 거주하였다고 한다. 아마 그곳은 오늘의 이란 하마단Hamadan 이나 마슈하드가 아니었을까? 4~5세기 이전에 낙랑 그리고 우리나라에 들어온 수정이라든가 수정 다면옥의 생산지는 서쪽으로 시리아·요르단으로부터 이란·이라크 일대로 볼 수 있다. 그러나 수정 가공기술을 감안하면 그 중에서도 이란 지방에서 생산되었을 가능성이 가장 높다.

<hr>

21. 파사국의 도성은 숙리성(宿利城)이며 옛날 조지국(條支國)이다. 중국 대군(代郡)에서 2만4천
280리이다. 성은 사방 10리, 인구 10여 만이다. 강이 성 한가운데를 지나 남쪽으로 흐른다. 땅이
편편하고 금은·유석(鍮石, 구리)·산호·호박·마노·큰 진주가 많다. 유리·수정·슬슬(瑟瑟)·구
리·주석·주사(朱砂)·수은·명마와 노새·낙타·흰코끼리·타조 등이 있으며 울금·소합향·후추·필
발·석밀(꿀)·대추·향부자와 같은 특산품이 난다. 물을 끌어들여 관개시설이 잘 되어 있었으며
오곡을 가꾸고 살았다. 그러나 벼는 없어 벼농사는 이루어지지 않았다. 『위서』 열전 서역(西域)

# 5~6세기 전북 동부지역은 가야의 영역

고대 삼한 사회에 대해서 우리는 진한과 변한의 영남 지역을 제외한 임진강·한강 이남 지방은 마한이 지배했다고 알고 있다. 이후 백제가 마한을 대신함으로써 중부 및 호남 지역은 백제의 영역이 되었으며, 호남과 영남을 가르는 구분선은 삼한시대 이후의 유산일 것으로 생각해 왔다. 하지만 1980년대와 1990년대에 이르러 그것은 사실이 아니었음을 비로소 알게 되었다. 무엇보다도 전북 동부 산간지대는 본래 마한이나 백제의 영역이 아니었다. 1600여 년 전으로 올라가면 상황은 딴판인 것이다. 전북 진안과 무주−장수−남원으로 이어지는 소위 '무진장' 고원지대는 가야의 영역이었다. 뿐만 아니라 순창·구례·순천·여수 등지에 이르는 전남북 동부 산간지대와 남해안 일부 지역에도 가야의 문화가 미쳤다. 여러 유적에서 발굴한 자료에 따르면 5세기 초~6세기 중반 호남의 동부 산간지대에는 가야의 문화와 가야의 정치력이 지배하였다. 백제가 차지하기 전에 가야가 먼저 세력을 편 그 때, 장수·남원 일대에 뿌리를 내린 마한 사람들은 매우 드물었다. 대략 3~4세기 전북 무주·진안·장수 산간 고원지대는 무주공산이라 할 만큼 인적이 귀했다.

이 지역은 비록 척박한 산간 땅일지라도 사람들이 들어가 살 수 있는 곳이 제법 많았다. 낙동강 동쪽의 신라와 끊임없이 다퉈야 했던 가야 사람들의 입장에서는 서쪽으로 평화로운 땅 호남 동부 지역에 주목하지 않을 수 없었다. 그들은 오래지 않아 서해와 남해의 대외 교역항과 해상로를 개척하기 위해 노력하였다. 거창·함양에서 전북 남원과 장수를 중간거점으로 삼아 서해로 나가는 노선을 찾아 나서는 동시에 진주·사천·고성 및 여수권의 남해에 다다르는 길을 개척하였고, 그 과정에서 산청 단성·시천(덕산)과 같은 산간내륙의 거점들을 마련하였다. 5세기 중반 이후에는 가야의 물결이 차츰 남강과 섬진강 하류 지대를 넘어 남쪽으로 확장해 갔다. 그리하여 남해권에서는 순천과 여수 그리고

■ 남원 월산리 가야계 고총고분 발굴 후 전경

■ 남원 월산리 M5호분 출토 토기류

고흥이 가야와 백제의 경계 지대가 되었다. 섬진강 하류 구례·곡성 그리고 순천·여수 지역뿐 아니라 영산강권의 순창·담양·장성·임실 지역도 백제와 가야의 두 문화가 만나는 접경지대로 부상하였다.

한 마디로 5~6세기 초의 전남북 동부 지역은 가야의 영역인 동시에 백제와의 경계지대였다. 이 시기 가야가 전북 동부의 산간지대를 지배한 사실을 처음으로 알려준 것은 남원 월산리고분군이다. 1982년 월산리고분군 발굴을 시작으로 1980년대 남

■ 남원 월산리 M5호분 출토 통형 기대

■ 남원 월산리 M5호분에서 출토된 철제자루 솥 (철제초두, 계간 『한국의 고고학』)

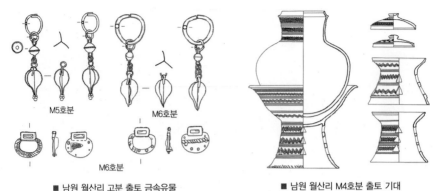

■ 남원 월산리 고분 출토 금속유물          ■ 남원 월산리 M4호분 출토 기대

M5호분

M6호분

M6호분

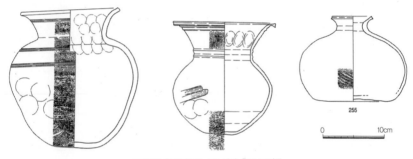

■ 남원 월산리 M5-1호 석곽 출토 토기류

255

원시 아영면과 인월면 일대의 고분을 집중적으로 발굴하면서 비로소 이 지역에 존재했던 가야 문화의 실체를 확인하게 되었다. 그 후 1990 년대에는 이웃 장수군의 금강·섬진강 상류 지역으로 대상을 넓혀 조사 를 계속하는 과정에서 진안·장수군 일대도 남원 지역과 더불어 가야 문화를 바탕으로 꾸준히 발전하였음을 알게 되었다. 이 지역에 있는 봉 분 직경 20m 전후의 중대형급 가야고분은 그 내부에 수혈식석곽묘를 갖고 있었으며, 묘제나 유물은 기본적으로 고령 대가야의 양식이었다. 뿐만 아니라 5세기 중반 이후에는 소가야 양식의 토기류도 일부 무덤에

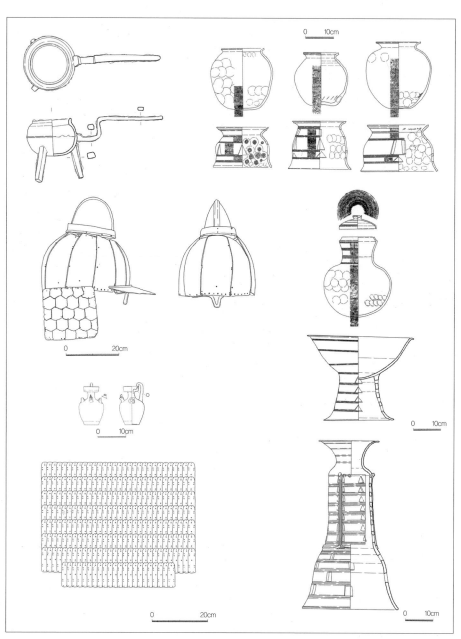

■ 남원 월산리 M5호분 출토 유물들

■ 남원 두락리고분 발굴 당시의 모습(항공사진, 전북대학교박물관)

혼재하는 것으로 보아 이 지역을 지배한 가야 세력은 남해안 지역으로
의 진출을 시도하였음을 알 수 있었다. 남원 지역은 대가야가 남해 및
서해로 진출하기 위한 지름길에 있는 중요 거점이었다. 복잡하고 험한
남해 해로를 거치지 않고 육로로 서해안의 항구에 다다를 수 있는 최단
거리 중간 거점이 남원이었다. 동시에 남원 지역은 백제의 일본 진출에
매우 중요한 중간 거점이었다. 여기서 여수·순천·광양 및 하동·진주
등지로의 최단거리 이동이 가능하였다. 남해안 각 거점과 해상로를 서
로 잇는 중요한 근거지로서 백제와 가야의 이해가 겹치는 곳이었다.

　　장수·남원 지역에 가야계의 수혈식석곽묘가 처음 등장하는 시기는 5
세기 초이다. 장수 지방에 터를 잡은 가야 세력은 육십령 등을 통해 함
양·산청·거창·합천 및 고령 대가야와 밀접한 관계를 갖고 있었다. 고

■ 전남 동부지역 출토
아라가야계 토기
(순천대학교박물관)

■ 전남 동부지역에서 나온
금관가야계 토기
(순천대학교박물관)

령 대가야권에서는 산청이나 하동·진주·사천으로 이어지는 남해안 육
로를 개척하는 동시에 물산이 풍요로운 서해 및 호남 평야지대로의 진
출을 추구하였다. 그리하여 담양·장성 지역을 거쳐 영산강 유역으로
나가는 내륙로와 더불어 진주·사천·하동·고성 등 서부 경남의 거점들
을 확보하였다. 5세기 중반엔 섬진강 하류 주변의 각 거점들이 가야의
세력권으로 들어왔다. 이렇게 5세기 초부터 전남 동부 지역으로 진출한
데에는 가야인들의 절실한 필요가 있었다. 무엇보다도 대외교역항과
소금 및 해산물 공급처를 확보하는 일이었다. 한성백제가 고구려와 북
방 지역에서 영역을 다투느라 남방 경영에 틈이 생긴 공백기를 잘 활용
하여 대가야는 호남 동부 지역으로 순조롭게 진출할 수 있었다.

　4세기 중반까지 진안·장수·남원 지역에는 자연스럽게 성장해온 마
한의 선주 세력이 일부 있었다. 그들이 남긴 유적 중 하나가 장수군 계
남면 침곡리 고기마을의 주거지와 무덤들이다. 침곡리의 마한인들은
몇 가구 안 되는 산촌散村을 이루고 살았다. 2003년 침곡리 주거지 부뚜

■ 남원 두락리고분에서 출토된 토기들(전북대학교박물관)

막 위에서 원저단경호·장란형토기 등 8점의 토기류가 출토되었는데, 이들은 모두 백제 이전 마한 양식의 유물이다.[1] 2005년에도 침곡리유적 남쪽 2백여m 거리에서 같은 시대의 토광묘 6기를 발굴했는데[2] 여기서도 격자문을 가진 원저단경호·이중구연호 그리고 철겸·철도·철부와 같은 철기류와 구슬이 출토되었다. 마한의 문화전통을 가진 이런 세력을 백제보다 먼저 자신의 영향권 내에 끌어안은 것은 가야 사람들이었다. 비록 얼마 안 되는 수였지만, 마한인들은 가야인들과 잘 융화하였다. 가야의 영향을 단적으로 알려주는 실증자료가 장수·남원 지역에 있는 중대형 고분들이다. 대략, 직경 20m 이상의 원형 봉분을 갖고 있는 가야 고분은 장수·남원 지역에 현재 100여 기 이상이 남아 있다. 물론 직경이 13~14m 가량 되는 것까지 계산하면 그 수는 훨씬 많지만 주

••••••••••
1. 기면에 격자문을 갖고 있는 이들 토기는 부뚜막에 올려놓은 상태 그대로 출토되었다. 또 이곳에서 남쪽으로 3~4백여m 거리에서도 장방형주거지와 격자문이 있는 적갈색 연질토기편이 많이 출토되었다.
2. 「장수 거점단지 유통센터부지내 유적시굴조사 중간보고서」, 군산대학교 박물관, 2005

변 지형을 조망하기 좋은 산줄기의 능선에 있는 중대형 고분은 수혈식석곽묘라든가 고령 대가야 양식의 토기와 기타 가야의 특징을 고스란히 간직한 유물들을 갖고 있었다. 합천 등지의 서부 경남 지역과 관계된 유물도 제법 나왔는데, 이런 것들은 5세기 초반 이

■ 남원 두락리고분 금동신발 출토상황
(전북대학교박물관)

후의 전형적인 가야 양식으로서 대가야의 영향을 많이 받았다. 봉분 안에는 순장곽을 배치하고, 중앙에 무덤의 주인을 안치한 수혈식석곽묘를 갖고 있는 가야식 중·대형 고분이 이 지역에 많은 것은 무슨 까닭일까. 5세기 초부터 이곳에 정착한 사람들이 많았기 때문이다. 그들은 대가야와 긴밀한 관계를 갖고 살았다. 그리하여 대가야풍의 문화가 새로이 뿌리를 내림으로써 이 지역이 가야권 서부의 변방이자 백제와의 접경지에 있는 요충으로 성장하였다. 대형 봉분을 가진 고분은 가야나 신라 사회에서 각 지역의 수장층 무덤이다. 남원·장수 지역의 중·대형 고분들에서는 고령 대가야 양식의 유물 외에 서부 경남의 여러 지역과 관련된 유물도 제법 많이 나왔다. 멀리 고성 지역 소가야의 유물도 꽤나 갖고 있었다. 이 일대에 가야 무덤은 대가야의 멸망 직후까지 계속해서 들어섰다.

이러한 가야계 중·대형 고분의 수와 규모는 이 지역 수장층의 지배력과 위상을 말해준다. 낙동강 서편 지역 중에서 남원과 장수 일대에 이런 무덤이 갑자기 나타난 것은 5세기 초 가야 사회의 급격한 변화와 정치적 상황을 설명해 주는 것으로서 고·신연합군의 가야 원정으로 빚어진 충격이 격심했음을 반영한다. 가야 사람들이 전쟁이란 광풍에 휘

말려 낙동강 서편 여러 지역에 유리했음을 알려주는 동시에 임나가라 또는 대가야의 지배력이 그만큼 취약했음을 알려주는 것이다. 만약 임나가라나가 강력한 힘으로 고·신연합군을 물리쳤다면 자신들이 살던 곳을 갑자기 떠나 유민이 되지 않았을 것이다. 그리고 가야의 지배층이 각 지역에 분산되어 거점 세력으로서 새로이 성장하지 않았다면 남원·장수 지역은 물론 가야권 여러 곳에 그토록 많은 대형 고분들이 남아 있지는 않았을 것이다.

## 무덤 크기로 신분 차이를 알 수 있는 장수군의 가야 고분들

전북 장수군은 북으로 진안군과 무주군, 서쪽에는 임실군, 동쪽에는 경남 거창군과 함양군, 남쪽으로는 남원시와 접하고 있다. 진안·무주·장수·남원은 가야와 백제의 문화가 만나는 지역으로서 3세기까지는 마한 문화의 변두리였다. 해발 400m 이상의 고원지대인 진안 지역에도 가야와 백제의 두 가지 문화가 존재하는데, 그 대표적인 유적이 진안 황산리이다. 비록 미약하였으나 4세기에도 진안·장수 지역에 들어와 살던 가야인들이 있었다. 5세기 초반, 본격적으로 가야 문화가 이 일대에 미치기 시작하면서 장수·남원 지역은 대가야 문화의 변방에 편입되었다. 곧이어 백제인과 백제 문화가 밀려와 접촉하였고, 어느덧 5세기 중반이 되면 이 지역엔 가야와 백제의 문화가 뒤섞인다. 5세기까지만 해도 상이한 두 문화는 자연스럽게 만나 큰 갈등 없이 공존하였다. 그리하여 6세기 초 백제가 관심을 갖기까지 이 일대에 기반을 두고 성장한 집단은 수혈식석곽묘를 받아들였다. 가야의 수혈식석곽묘는 5세기 중엽 이후에 이 지역에 확산되었다.

전북 무주·진안·장수·남원 지역의 가야 고분은 1990년대에 본격적으로 발굴하기까지 외부에 거의 알려지지 않았었다. 1996년 장수 천천면의 삼고리고분군[3]을 시작으로 장수읍 동촌리에서는 횡구식석곽묘(백제계 양식)와 횡혈식석실분을 가진 가야계 고분을 처음 확인하였다. 삼고리고분군은 가야 고분의 전형적인 입지조건을 그대로 따르고 있다. 산줄기의 남사면 하단부에 자리하고 있는 20여 기의 중대형 고분은 그 안에 수혈식석곽이 들어 있고, 석곽 바닥에는 강자갈이나 토기편을 깔았다. 삼고리고분은 5세기 초에 처음 들어서기 시작하였는데, 그 중 1~5호분의 석곽들

■ 장수 삼고리 12호분 발굴 후 모습

은 길이가 200cm 이하로 규모가 작다. 수혈식석곽 안에서는 대가야계 토기와 함께 재지계, 즉 장수 지역의 토기류도 나왔다. 1호분에서 나온 무개장경호는 합천 봉계리 14호분 토광묘에서 출토된 것과 유사하다. 삼고리 5호분 출토 유개장경호 또한 합천 봉계리 43호분 및 제10호 토광묘에서 나온 것과 같고, 고령 지산동 32-2호 출토품과도 상당히 닮았다. 바로 이런 것들로 보아 삼고리고분은 5세기 초에 축조되었을 것으로 판단하게 되었다.

장수군에 남아 있는 가야계의 대형무덤을 정리한 〈도표〉의 '전북 동

··········
3. 장수군 천천면(天川面) 삼고리(三顧里)

■ 장수 삼고리 13호분에서 출토된 토기류

부 지역 가야계 고분 분포현황'에서 보는 바와 같이 5~6세기 장수 지역
에는 가야계 중·대형 고분이 약 100여 기 가량 산재한다. 분포 권역별
로는 장계면·계남면·장수읍의 3개 지역으로 나눌 수 있다.[4] 장수군 내
에서도 가야계 대형고분의 밀집도가 높은 지역이 장수읍과 계남면·장
계면인데, 장계면에는 월강리·침곡리[5]·무농리·화양리에 가야시대 고
분군이 주로 분포한다.

• • • • • • • • • • •

4. 『장수 삼봉리·동촌리고분군』 발굴보고서, 곽장근 외, 2005

5. 이 지역에는 4세기 중반까지 자연스럽게 성장해온 토착 세력이 있었다. 이들은 가야 세력의 진출
에 중요한 바탕이 되었다. 그 대표적인 예가 장수군 계남면 침곡리 고기마을의 유적이다. 고기리
와 사곡마을 중간의 방방형 주거지 내 부뚜막 위에서 원저단경호·장란형토기 등 8점의 토기류가
출토되었는데(2003년), 기면에 격자문을 갖고 있는 이런 토기는 부뚜막에 올려놓은 상태 그대로
나왔다. 또 여기서 남쪽으로 3~4백여m 거리에서도 장방형주거지와 격자문이 있는 적갈색 연질
토기편이 많이 출토되었는데, 이런 것들은 백제 이전의 생활유적에서 나온 유물이다. 2005년에
도 인근에서 마한시대 토광묘 6기를 발굴했다(『장수 거점단지 유통센터부지내 유적시굴조사 중
간보고서』, 군산대학교 박물관, 2005). 토광묘에서는 격자문을 가진 원저단경호·이중구연호 그리
고 철겸·철도·철부와 같은 철기류와 구슬이 출토되었다. 그런데 침곡리에서는 이 외에도 가야계
의 수혈식석곽묘와 백제계로 분류되는 횡구식석곽묘가 함께 확인되었다.

**전북 동부 장수 지역 가야계 고분 분포현황**

| 지구 | 지역 | 고분 수 | 지구 | 지역 | 고분 수 |
|---|---|---|---|---|---|
| 장계면 일대 | 장계면 삼봉리 | 25기 | 계남면 일대 | 계남면 화양리 | 1기 |
| | 장계면 월강리 | 20여기 | 장수읍 일대 | 장수읍 동촌리 | 40여기 |
| 계남면 일대 | 계남면 호덕리 | 20여기 | | 장수읍 대성리(섬진강수계) | 5기 |

　　장계면 삼봉리(25기), 월강리(20여 기)·계남면 호덕리(20여 기)·화양
리(1기) 등지에는 60여 기의 가야계 무덤이 몰려 있다. 장수 지역 고분
군 가운데 상당히 중요한 위치를 차지하는 장수읍 동촌리에도 봉토 직
경 20m 내외의 중대형 가야 고분이 밀집되어 있다. 삼봉리·월강리 지
역 가야계 무덤 중에는 수혈식석곽의 길이가 8m 이상이나 되는 것도
있다. 대형 수혈식석곽 주변에서는 고배편이나 유개장경호와 같은 다

■ 장수 삼봉리 1호분 발굴후 전경

■ 장수 동촌리 6호분 발굴 후 모습

양한 기종의 대가야계 토기편이 출토되었다.

봉토의 직경이 20m 이상인 삼봉리의 중대형 수혈식석곽 안에서도 유개장경호와 고배편 등 다양한 종류의 대가야 토기가 나왔다. 삼봉리에서는 봉분 직경 20m 이상의 중대형 가야계 고분 바로 아래층 신분이 묻힌 무덤군도 확인되었는데, 이들 역시 수혈식 석곽 안에 고령 양식의 토기들을 부장품으로 갖고 있었다. 주곽 중앙부 남벽과 연결된 바닥 면에는 환두대도가 놓여있던 흔적이 남아 있었다. 그러나 대부분 도굴되고 관정(관못)을 비롯한 유물 몇 가지만이 출토되어 그 이상 자세한 것을 파악할 수는 없었다.

이 외에도 장계면에는 호덕리를 비롯하여 침곡리·무농리·화양리 등지에 대가야 계통의 무덤이 더 있다. 고분의 숫자는 장수읍 동촌리가 장계면과 계남면보다 훨씬 적다. 반면 무덤의 규모는 장계면·계남면의 고분이 훨씬 크다. 대형 고분의 분포로 보면 장계면 일대에는 금강 상류에서 가장 큰 가야 세력이 있었던 것이다.

중형 고분의 분포수도 장수군에서는 장계면과 계남면 지역이 제일 많다. 그들과 달리 섬진강 상류지역인 장수읍 대성리 일대엔 소규모 집단이 살았다. 장계면·계남면보다 크기가 작은 분묘군이 장수읍 동촌리

와 노하리路下里, 천천면 삼고리 등에
있는 것으로 보아 장수읍 일대엔 세
력과 지위가 낮은 하위계층이 살았던
것으로 볼 수 있다.

지금의 장수읍내 일원보다도
오히려 장계·계남 지역의 고
분 규모가 크고 무덤 수도 한
결 많은 까닭은 서부 영남권과
의 교류에 중요한 곳으로서 사
람과 물자의 소통이 수월한 교통의
요지에 있었기 때문이다. 장계~함양 안
의~거창(또는 합천·고령 등)에 이르는 길이
장계·계남 지역에서 최단거리로 이어지

■ 장수 동촌리 8–1호 고분 출토
유개장경호

므로 두 지역의 교류는 빈번하였고, 또 그만큼 중요했던 것 같다.

지금까지의 발굴결과를 종합해 볼 때 계남면과 장계읍 일대에 남아
있는 가야시대 대형고분의 주인(수장)들은 고령이나 산청·거창·합천·
함양 등지는 물론, 멀리 경남 고성·진주·하동·함안 및 낙동강 건너 창
녕 지역과도 교류하였다.

섬진강 수계와 장수군을 연결하는 길목이라 할 수 있는 장수읍 대성
리 일대도 '장수가야'의 거점 중 하나였다. 대성리 지역에 남아 있는 가
야고분은 비록 그 수는 몇 안 된다. 그렇지만 대성리 일대도 5세기 한
때는 중요한 곳이었다. 다만 대성리고분은 장수군 내에서는 중하위권
수장들의 무덤군으로 볼 수 있다. 아마도 장계읍이나 계남면 지역보다
상대적으로 지리적 중요성이 낮았거나 가야 세력이 이 지역을 오래 지
배하지 못한 결과일 것이다.

■ 장수 삼봉리 고분군 발굴광경(계간 『한국의 고고학』)

장계면 삼봉리와 장수읍 동촌리의 가야계 중대형고분[6]은 대체로 5세기 중엽~6세기 초엽에 조성된 무덤군이다. 장수읍 동촌리의 동촌리고분군은 삼봉리고분군보다 약간 먼저 만들어지기 시작하였는데, 여기엔 약 40여기의 중대형고분이 밀집되어 있다. 장계 지역에 버금가는 세력을 가진 집단이 남긴 유적으로서, 가야계 무덤이 들어서는 조건 그대로 동촌리고분은 마봉산馬峰山에서 뻗어내린 능선과 지류의 정상부를 따라 분포한다.

동촌리 고분 중에는 봉토의 직경이 20m 이상인 중·대형급 무덤도 꽤 있으며, 무덤 안에서는 주로 고령계 토기들이 나왔다. 동촌리 8-1

••••••••••
6. 長水 三峰里·東村里古墳群, 곽장근 외, 群山大學校 博物館·長水郡·文化財廳, 2005

호분에서 출토된 유개장경호는 고령 지산동 35호분 출토품과 흡사하다. 이것은 삼봉리고분 주곽에서 출토된 것보다 크기는 작지만 모양이 같다. 또 동촌리 6-1호·8-2호에서 출토된 광구장경호는 삼봉리에서 출토된 것보다 작다. 그것들도 고령 지산동 44호분 출토품과 흡사하므로 대략 같은 시기에 만든 것으로 보고 있다. 봉토가 확인되지 않은 동촌리 9호분과 2~5호분은 대가야 후기에 유행한 벽석 축조방법을 따르고 있고, 가야토기와 백제토기를 함께 갖고 있었다. 동촌리 6~8호 중대형고분은 5세기 중엽, 삼봉리 중대형고분은 5세기 말엽, 동촌리 2~5호·7호분은 6세기 초엽에 축조된 것으로 보고 있다.

장수 지역의 가야계 무덤에는 5세기 초에 고령 양식이 처음 등장하며, 5세기 중엽~6세기 초까지는 고령 양식의 토기가 절대적인 비중을 차지한다. 일단다투창고배―段多透窓高杯·통형기대 등 일부 기종을 제외하면 고령 양식의 모든 토기가 다 있다. 이런 것들을 보면 장수 지역을 지배한 세력은 고령 지역과 불가분의 관계를 갖고 있었음이 틀림없다.

삼고리와 동촌리에서는 대가야 후기의 유개장경호·편구호扁球壺와 같

■ 장수 삼봉리 3호분 출토 토기류

■ 장수 삼봉리 3호분 출토 마구류

은 토기들이 상당히 많이 출토되었는데, 이러한 기종은 진안 황산리나 금강 북서부 지역에서는 전혀 출토되지 않는다. 다시 말해서 진안 지역과 장수·남원 지역은 서로 차이가 있다. 이것은 호남 동부의 몇몇 내륙로를 따라 백제가 진출한 사실을 입증하는 자료이기도 하다. 그래서 『일본서기』에 "대산성帶山城을 쌓아 동도東道를 차단하고 군량을 나르는 나루를 끊어 우리 군을 곤궁하게 했다. 이에 백제왕이 크게 노하여 대산帶山을 공격하도록 했다"[7]는 기사는 아마도 백제의 동부 진출과 관련이 있는 내용일 것이라고 보고 있다.

한편 장수읍 동촌리 3-2호분에서 나온 무투창유개고배, 9호분의 직구호, 장수 삼고리 7호분의 삼족토기와 같은 6세기 초의 백제 토기로 볼 때, 이 무렵에 장수 지역이 백제에 편입된 것이 아닌가 하는 의심이 든다. 가야계 중대형 고분과 그 바로 아래의 하위계층 분묘로 추정하고

••••••••••
7. 『일본서기』 현종기(顯宗紀) 3년(487년) 조

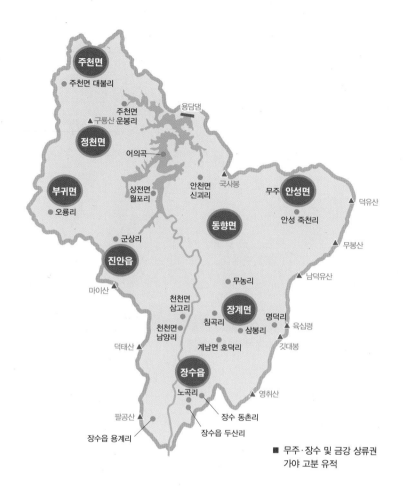

■ 무주·장수 및 금강 상류권
가야 고분 유적

있는 장수 삼고리·호덕리에 백제토기가 본격적으로 등장하는 시기도 6
세기 초이다. 이것을 보면 이 시기 장수 일대의 가야 세력은 백제 문물
을 받아들이면서 독자적인 세력으로 존속했거나 서서히 백제의 영향
권에 들어간 것으로 이해할 수 있다. 반파국이 백제와 기문 지역을 놓
고 치열하게 다투는 것도 6세기 초인 점을 감안할 때 장수·남원 지역은
이 시기에 백제와 꽤 깊은 관계를 가졌거나 갈등을 겪었을 것으로 보

■ 남원시 아영면 월산리 5호분 북쪽 유물 출토상태

인다.[8]

　장수군에서 주목되는 또 하나의 가야계 무덤군은 장수군 계남면 호덕리 고분이다. 대전~통영(무주-장계)간 고속도로 건설공사 구간에서 발굴한 이 유적[9] 또한 가야와 백제의 문화가 어울려 있어 5~6세기 이 지역의 독특한 문화상을 살펴볼 수 있는 사례이다. 계남면 일대의 중대형

• • • • • • • • • •

8. 『일본서기』 계체기 7~9년(513~515) 조에 반파국(伴跛國)이 처음 보인다. 이 반파국은 510년대 중반 기문(己汶) 지역을 놓고 백제와 치열하게 다툰다. 백제는 기문·대사(帶沙) 지역을 차지하는 과정에서 반파국과 가야 서부 변경을 뺏고 빼앗기는 힘든 싸움을 벌인다. 이후 520년대부터는 이 번에는 가야의 동부지역(낙동강) 소국들을 병합하기 위해 신라가 집요하게 가야권을 공격한다.

9. 이 유적은 1996년 11월 29일~12월 28일의 1차 지표조사 및 1997년 1월 18일~4월 17일까지의 2차 지표조사를 통해 조사한 35개 대상 지역을 중심으로 1997년 4월 20일~6월 30일 기간 동안에 시굴조사를 진행했다. 이를 바탕으로 1997년 11월 5일부터 발굴을 시작했다.

고분도 봉토의 중앙에 대형 수혈식석곽을 만들고, 그 주변에 여러 개의 소형 석곽을 배치하고서 순장을 겸하는 가야 고유의 무덤 양식을 따랐다.

이와 같이 5세기 초 이후 장수 지역은 대가야에 속한 소국이었거나 가야권의 독자 세력

■ 남원 월산리 5호분 청자 및 초두 출토상태

으로 존속하면서 대가야와 관련을 가진 가야의 영역이었다. 넓게 보면 임나가라의 최변방 중 하나였다고 하겠다. 장수 분지의 가야 세력은 6세기 초까지 가야 문화를 기반으로 발전하였다. 5세기 초부터 6세기 초까지는 고령 양식의 토기가 묻히다가 6세기 초부터 삼족토기와 직구단경호·병형토기와 같은 백제토기가 수혈식석곽묘에 많이 부장되는 것으로 보아 장계·계남 지역은 6세기 초 이후 백제로 기울었음을 알 수 있다. 『일본서기』에 임나10국의 하나로서 기문己汶이라는 나라가 있는데, 이 기문을 지금의 장수 지역에 있던 나라로 보는 견해가 있다. 장수 지역의 가야 소국을 상기문上己汶, 남원 지역을 하기문下己汶으로 보는 이도 있다. 고대 향찰 표기법상 기문己汶을 장수長水 이전의 지명으로 보는 견해는 타당해 보인다. 그렇다면 남원을 하기문으로 보는 것도 잘못된 일은 아닐 것 같다.

장수와 남원 지역을 지배했던 사람들은 산간분지에 가야 문화를 가지고 들어와 살면서 가야의 중심이 되고자 했다. 부여나 공주보다는 정치·문화·지리적으로 고령 및 거창·산청·합천·함양 등 가야권과 더 가까웠기 때문에 그들은 임나가라의 일원으로 남기를 바랐으며, 낯선 백제의 변방이 되기를 원하지 않았던 듯하다.

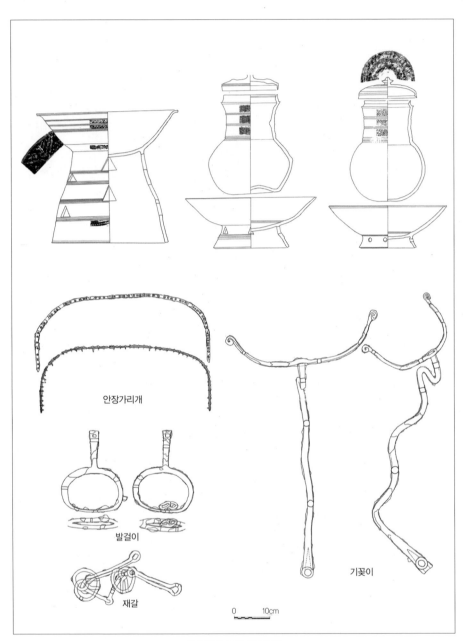

안장가리개

발걸이

재갈

기꽂이

0　　　10cm

■ 두락리 1호분 출토 유물

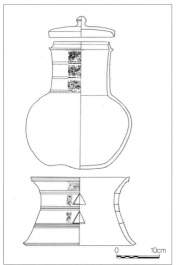

■ 두락리 3호분 출토유물 실측도 ■ 두락리 4호분 출토유물 ■ 두락리 5호분 출토 목걸이
　　　　　　　　　　　　　　　　　(환두대도)　　　　　　　　　　추정 복원도

　　장수군과 남원시 일대에 백제의 지배력이 미치기 전에 가야가 먼저
세력을 펼 수 있었던 것은 무엇보다도 지리적으로 경남북 서부권에서
진출하기 쉬웠기 때문이었을 것이다. 더욱이 한성 도읍기에 백제는 이
지역에 대한 지배권을 분명하게 갖고 못했고 475년 공주 천도 이후에야
가야의 서북진을 적극적으로 차단하기 위해 노력하였을 것으로 추정
된다.

　　장수읍 동촌리와 노하리, 그리고 천천면 삼고리 등엔 장수읍 대성리
세력보다도 지위가 낮은 하위계층의 소규모 고분이 무리를 이루어 분
포한다. 이것으로 보아 이 일대를 지배한 세력들도 나름대로 신분 질
서와 위계에 따라 체제를 유지하였음을 짐작할 수 있다. 무덤의 크기
는 가야 사회에서 신분과 위계를 반영하는 것이니 그와 같이 판단할 수
있다.

5세기 이후의 가야권 여러 세력은 장수·남원처럼 각 지역 거점마다 정치적 구심점을 마련하여 지배력을 구축하였다. 그래서 근래 고령 대가야나 고성 소가야 등과 마찬가지 개념에서 장수 지역을 장수가야, 남원 지역을 남원가야라고 부르기도 한다. 고령을 고령가야, 함안을 함안가야로 부를 수 있다면 그 또한 의미 있는 용어가 될 것이다. '잃어버린 가야'에 대한 새로운 인식 차원에서 편의상 써볼만한 용어라고 생각한다.

## 전북 남원 지역의 가야 고분과 가야 유물들

북쪽의 장수군보다 남원에는 비교적 널찍한 평지가 많다. 이런 조건 때문에 5세기 초 가야대전 직후에 남원 지역 또한 가야의 영역이 되었다. 사람이 들어가 풍요롭게 살 수 있는 널찍한 땅이 있어 가야인들은 남원시 일대에도 중대형 고분들을 많이 남겼다.

그러면 과거 이 일대를 통치한 대형고분의 주인은 어떤 사람들이었을까? 가야 문화를 수용하여 가야의 중심이 되고자 한 토착세력이었거나 고구려·신라 연합군의 가야 원정 직후 김해나 부산을 떠난 이들이었다. 지배층이 와해되어 임나가라 본국이 주도적인 위치를 잃자 사람들은 경남북 서부와 호남 동부 지역으로 옮겨 갔다. 새로운 삶의 터전을 적극적으로 개척하는 동시에 여러 세력과 연계하여 신라 및 백제에 대응할 필요가 있었을 것이다. 그들은 백제에 대해 반감을 갖고 있거나 백제와 친밀한 세력을 적절히 활용하려 하였을 것이다. 백제에 저항적 성향을 갖고 있던 영산강 유역의 마한 후예들과의 연대를 감안하였을지도 모른다. 담양이나 장성 등지에 남아 있는 가야계 고분들은 가야인들의 그와 같은 노력이 남긴 흔적이라고 할 수 있다.

남원 지역의 가야계 고분은 남원시 운봉면 행정리, 아영면 두락리·월산리, 동면 건지리 등지에 집중적으로 분포한다. 인월면·산내면 일대에도 가야계 고분이 있다. 남원의 대표적인 가야 유적인 월산리에는 10여 기의 중대형 고분을 포함하여 총 30여 기의 봉토분이 있다. 여기에는 5세기 중반 무렵의 고령 양식 토기가 묻히는데, 이런 토기가 등장하는 시기는 대략 420~430년대 무렵이다. 인근 행정리와 더불어 월산리에 살고 있던 토착 세력은 5세기에 대가야의 문화를 수용하였다. 그래서 5세기 중반 이후 대형봉분을 가진 고총고분이 집중적으로 들어섰고, 거기에는 재지계 토기와 고령 양식의 토기가 함께 묻혔다. 비록 일부이지만 진주·고성 지역의 소가야계 토기도 함께 부장되었다.

그런데 월산리고분군에서 가장 주목되는 것은 화려한 금동제 환두대도가 나온 월산리 M1-A호분이다. 여기서 나온 금동제 환두대도의 손잡이에는 개미취나 쑥부쟁이 (아니면 국화) 꽃을 닮은 문양이 검은 바탕에 가득 배치되어 있어 화려해 보인다. 이 무덤은 고령 지산동 32호~35호분보다도 크다. 내부 수혈식석곽의 길이만 865cm로서 지산동고분군의 수혈식석곽보다 한결 크다. 지산동 수혈식석곽은 대략 길이가 450~600cm 안팎 범위이다. 고대 사회에서는 어느 나라든 의복과 집의 규모는 신분에 따라 차이가 있었다. 무덤도 예외가 아니다. 무덤에는 그 주인이 살아서 누린 삶이 투영된다. 그런 점에서 월산리·두락리 일대를 통치한 가야 세력은 고령 대가야의 수장 이상으로 큰 지배력을 가졌던 것으로 볼 수 있다. 월산리고분군은 능선을 따라 위쪽으로 올라가며 봉분의 직경이 커지는 특징이 있다. 이것은 아마도 시간의 흐름과 함께 아영면 일대를 지배했던 지배층이 안정되고 더욱 강성한 실력을 갖게 되었음을 반영하는 것으로 볼 수 있겠다.

그러면 월산리고분은 언제 축조되었을까? 여기에는 몇 가지 견해가

■ 남원 두락리 2호분 널길과 막음돌 근경

있다. 토기류에 기준을 두고 5세기 중엽으로 보는 견해(이희준), 마구의
형태로 보아 5세기 말로 보아야 한다는 견해, 그리고 묘제의 특징으로
보아 5세기 후반~6세기 초로 볼 수 있다는 주장 등이다. 한 마디로 5세
기 초 이후 6세기 초까지의 기간에 생긴 무덤군으로 보는 것인데, 대체
로 그 하한은 대체로 5세기 말까지로 본다. 아마도 이 지역에 처음 무덤
을 쓰기 시작한 시기는 5세기 초반경으로 보는 게 자연스러울 것 같다.

　월산리에는 5세기 말 이후로 더 이상 무덤이 들어서지 않는다. 그 대
신 월산리에서 동쪽으로 약 1.5km 거리에 있는 두락리 일대로 대형 무
덤이 옮겨 가서 새로운 무덤군을 형성하였는데, 두락리엔 6세기 초까지
직경 20m 이상의 고분 40여 기가 계속 들어선다. 그런데 월산리와 두
락리 일대의 고분은 가야 고분의 일반적인 패턴에서 살짝 벗어난 것이

있다. 가야 고분은 봉토 주변에 호석을 세우는데, 두락리·월산리 고분은 봉분 주변에 호석을 세우지 않았다. 봉토 내에 주곽을 중심으로 여러 개의 수혈식석곽을 두는 전통적인 가야의 양식도 따르지 않았다. 중앙에 석곽 하나만을 배치한 단곽식 무덤인데, 이런 것은 가야계 대형고분 치고는 예외적인 사례이다. 이와 같은 단곽식 무덤은 순장의 소멸을 뜻하는 것이다. 아마도 이런 변화는 순장을 하지 않는 백제의 영향을 받은 것일 수도 있다. 그것이 아니면 순장에 대한 사회적 인식과 환경이 달라진 데 원인이 있을 수도 있다. 신라는 왕이 죽으면 남녀 각기 5명씩 순장하던 풍습을 법흥왕 3년(502)에 금지하였는데, 그것은 순장에 대한 지배층의 인식이 바뀌었기에 나타난 결과로 볼 수 있다. 5세기 말 창녕 송현동 15호분에 남녀 각 2명씩 순장한 사례가 있지만, 5세기 중후반경 이미 남원 지역에선 순장이 사라진 것이다. 순장의 중단은 인명을 중시하는 인식의 변화라기보다는 아마도 인간의 노동력 즉, 생산성에 가치를 두고 드디어 이때 와서 순장 습속을 버린 것이 아닌가 하는 생각을 갖게 한다.

그런데 남원의 대표적인 대가야계 무덤군인데도 아영면 월산리 고분과 두락리 고분은 그 성격이 약간 다르다. 월산리에는 선주 토착세력의 문화 냄새가 다소 짙은 반면 두락리에는 대가야적 요소가 절대적이다. 초기에 토착세력은 가야 문화를 받아들이면서 자신들의 문화를 미처 다 버리지 않았다. 반대로 이것은 가야인들이 토착 세력과 잘 융화한 결과로 볼 수 있다. 이와 달리 두락리의 무덤들은 이 일대에 정착한 이들이 자신들의 세력을 펴고 안정된 정치력을 형성한 뒤에 생긴 것으로 볼 수 있다.

그러면 월산리·두락리 두 지역의 고분을 남긴 이들은 누구였을까? 동일한 집단의 무덤으로 파악하는 견해가 있다. 그와 반대로 전혀 이

질적인 정치집단으로 보는 견해도 있다(朴天秀). 월산리와 두락리 지배
자들이 서로 다른 집단이었다고 보는 근거는 이전에 있던 무덤들을 없
애고 월산리와 두락리에 가야계 대형 고총고분을 축조했기 때문이다.
이 점 때문에 월산리나 두락리의 세력을 대가야와는 별개의 독립된 지
역세력(朴升圭, 2003)으로 보기도 하고, 무덤에 소형의 철제 모형 농기구
를 부장한 것으로 보아 지역 수장층의 무덤으로 파악하는 견해도 있다
(金在弘, 2003). 물론 월산리 고분군을 대가야의 영향력이 강력하게 미치
기 전인 5세기 중반 이전의 무덤군으로 이해하는 입장도 있다(곽장근).
이런 여러 견해를 종합하면 5세기 초반 지역성이 강한 가야계 무덤으로
시작하여 5세기 후반부터 대가야의 영향을 강하게 받았다는 이야기가
된다. 어느 쪽이든 5세기에 가야계가 들어와 선주인을 지배했다고 보는
것은 같다. 다만 월산리와 두락리의 지배층을 대가야와 같은 세력으로
볼 것인가 아니면 다른 세력으로 볼 것인가의 문제가 남는데, 다른 세
력으로 보는 것이 타당하다고 본다. 그러나 이들과 전혀 다른 시각에서
남강 수계권의 월산리고분군과 섬진강 수계권의 남원 사석리·입암리에
있는 중형급 고분의 주인들까지도 월산리·두락리와 동일한 신분층의
무덤으로 보는 견해가 있다.

그러면 두락리와 월산리의 남원 지역 실력자는 누구이며, 어떤 신분
이었을까? 이 문제는 고령 그리고 주변 지역과의 비교적인 시각에서
바라봐야 하겠지만, 그 주인은 엄연히 임나10국의 한 나라로서 임나가
라 소국의 수장이었거나 임나 본국과 관련된 인물이었을 것이다. 임나
가라 전체에 대한 지배권은 임나 본국에서 갖고 있었으므로 가야 서부
권의 미개척지에 그만한 세력과 근거지를 가지려면 임나 본국의 허가
를 받아야 했을 것이기 때문이다.

월산리와 두락리는 전북 동부 지역에서 가장 규모가 큰 가야 고분

이 있는 곳이다. 여기에는 봉분 직경이 30m 이상인 대형 무덤도 있다. 월산리와 두락리에 이처럼 대형무덤부터 중형급 고분이 생기게 된 배경은 어디에 있었을까? 가야계 대형 고분은 해당 지역의 수장층 무덤으로 볼 수 있으니 아영면 일대가 매우 중요한 곳이었음을 알려주는 것이다. 이 일대는 섬진강과 남강, 전남 서해안 및 전북 장수로 가는 최단거리 중간 거점이다. 호남 지역에서 거창·산청·함양과 고령 지역으로 갈 때 거쳐야 하

■ 담양 계동고분군 출토 가야계 유물
(호남문화재연구원)

는 교통 요지로서 남원에서 운봉~인월~함양 코스와 산청~단성~진주(경호강계), 남원~구례~하동(섬진강)에 이르는 길목에 있는 중요한 거점이었다. 지리산을 우회하는 이 루트를 따라 가야의 물자와 사람들이 움직였다. 그 중심축의 하나가 남원이었다. 남원은 가야권에서 백제 지역으로 나가는 중요한 길목이자 백제가 가야권으로 진출하기 위한 요충이었다. 그것을 잘 보여주는 사례가 601년의 아막성 전투이다. 남원 아영면의 아막성에서 영남으로 진출하기 위해 백제가 신라와 벌인 전투였다. 신라는 백제의 영남 진출을 막지 않으면 안 되었다. 그러나 백제는 끝내 남원 지역을 손에 넣지 못하였다. 결국 신라와의 각축전에서 영남으로 가는 길을 접어야 했지만, 백제와 신라 모두에게 남원은 중요

한 요충이었다. 그것은 백제와 가야에게도 마찬가지였다. 이렇게 중요한 곳이었던 만큼 월산리와 두락리에는 이미 5세기 중반에 강력한 정치체가 존재하였다.

앞서 밝힌 대로 두락리에는 봉분의 직경이 20m 이상인 중대형 가야계 무덤이 40여 기가 있다. 봉분 직경이 30m 이상인 대형 무덤은 2기이다. 한 예로 두락리 2호분은 봉분 직경이 20m 이상인 대형급 무덤이지만 내부 매장공간은 횡혈식 석실분이다. 이것은 쉽게 말해서 겉모양은 가야계, 속은 백제계인 셈이다. 이 지역 수장층의 무덤에 가야와 백제의 무덤 양식이 혼재한다는 것은 양쪽의 문화를 수용한 결과이며, 그것은 양쪽의 정치력이 함께 작용한 결과일 수도 있다.

이 외에도 남원에는 건지리고분군이 있다. 두락리에서 남쪽 방향, 인월면에 있는 가야시대 후기 유적인데, 여기서 나온 토기 역시 고령 양식이 압도적이다. 매장공간은 수혈식석곽. 그러나 거기엔 병형토기 등 백제토기가 섞여 있다. 건지리고분은 월산리나 두락리 고분보다 하위계층의 분묘군으로 파악하고 있다.[10] 가야계 형식인 수혈식석곽의 규모나 거기에 묻힌 토기와 기타 유물로 보더라도 건지리의 무덤은 월산리와 두락리보다 신분이 한참 낮은 이들이 묻힌 무덤임이 분명하다. 건지리와 두락리고분에는 고령 양식의 고배형기대·원통형기대와 같은 토기가 주로 묻히다가 6세기 초가 되면 병형토기와 같은 백제토기가 함께 묻힌다. 대략 560~570년대 무렵까지 고령 대가야 양식의 토기를 부장하다가 그 후로 드디어 신라토기로 대체된다. 이런 변화로 미루어 가야의 멸망과 함께 이 지역은 신라에 완전히 병합되었음을 알 수 있는 것이다.

• • • • • • • • • • •

10. 「토기로 본 대가야의 권역과 그 변천」, 이희준, 『가야사연구—대가야의 정치와 문화』, 경상북도, 1995

아영면 월산리와 더불어 운봉읍 행정리 등 남강 수계권에도 5세기 초부터 대가야 토기가 등장한다. 물론 그 후로 행정리의 토기 양식은 시대에 따라 조금씩 변화한다. 5세기 초엔 남원 지역의 토착적인 양식과 대가야계 토기가 함께 묻히다가 5세기 중엽 이후가 되면 고령 대가야 양식의 토기가 중심에 선다. 그러다가 5세기 말엔 진주와 고성 등 소위 소가야계 토기와 전남북 지역의 재지계 토기가 뒤섞인다.

가야계 고분이 들어서는 5세기 초에는 토착적인 양식[11]과 대가야 양식이 공존하다가 5세기 중엽부터 고령식 토기가 절대적으로 많아지는 변화는 장수·남원 지역에 공통으로 나타난다. 5세기 말까지 대가야계 유물이 압도적인데, 이런 흐름에 변화가 오는 시기가 6세기 초이다. 이 때부터 중대형 고분 내 수혈식석곽에는 새로운 부장 유물이 들어서기 시작한다. 삼족토기를 비롯해서 병형토기나 몸통이 둥근 직구단경호와 같은 전형적인 백제토기가 함께 묻히는 것이다. 중대형 고분만이 아니다. 그보다 훨씬 작은 하위계층의 무덤에도 백제토기가 묻히는 것으로 보아 이 무렵부터 백제의 영향력이 커지는 것을 알 수 있다. 이 지역의 수장이 백제와 자주 접촉하는 시기가 6세기 초였다. 이것이 장수·남원 지역의 수장층이 독자적으로 판단하고 백제와 가까웠던 데서 비롯된 것인지, 아니면 백제와 가야 사이의 등거리 정책에서 나온 결과인지, 또는 백제 정치력의 영향인지는 명확히 알 수 없다. 다만 가야와 백제의 유물이 부장품으로 함께 묻힌 것은 대가야의 절대적인 통치력이 미치지 않았음을 의미하는 것으로 이해할 수 있다. 또 처음에 가야의 전통 위에 백제 양식을 받아들인 것은 이 지역의 수장들이 독자적인 세력으로 존속하였다고 볼 수 있는 근거가 된다. 정치적으로 고령으로부터

----

11. 여기서의 토착적인 양식이란 선주 삼한계의 양식을 말한다. 김해나 함안 지역과 마찬가지로 전북 진안, 장수, 남원 등지에는 삼한계의 토기양식과 유적이 가야계나 백제계 이전에 존재한다.

■ 담양 서옥고분군 2호분 1호, 2호 석곽묘 사진(발굴 당시의 모습, 호남문화재연구원)

어느 정도 자유로웠을 것이라는 판단이 가능하다. 대가야 왕권의 지배
하에서 철저한 관리 감독을 받았다면 가야 변방의 지배층이 사사로이
인접국인 백제와 교류하기는 어려울 것이기 때문이다.

6세기 초, 이처럼 백제의 색채가 짙어지는 것은 백제가 순천·광양
또는 하동·진주·함양 등으로 나가는 최단거리 노선을 개척하면서 나
타난 변화로 볼 수도 있겠다. 백제는 내륙 거점인 남원 지역을 장악하
기 위해 부단히 노력을 기울였으며, 결국 남원 지역의 수장층 또한 좋
든 싫든 백제와 관계를 가졌을 것이다. 그것은 백제가 거창·함양 등을
징검다리로 하여 고령 대가야 및 합천 다라국(옥전)과 친교정책을 펴는
데도 도움이 되었을 것이다. 백제는 가야에게 서해 항로를 제공하고,
그 대신 고성·사천 등지의 항구를 이용하는 호혜관계를 가졌을 수도

있다.

전남 담양이나 장성 지역에 가야의 유물과 묘제가 전파된 것도 5세기였다. 담양 계동고분군이나 서옥고분군[12]·중옥고분군이 여기에 해당한다. 담양은 영남에서 호남으로 이어지는 또 다른 길목이자 서해로 나가는 요지이다. 영산강 상류를 따라 내려가 호남평야와 영산포·나주·신안 등지의 서해 항구로 나가는 중간거점에 해당하는 지역이라고 할 수 있다.

남원 지역에 있는 대가야계 유적으로 보아 대가야 멸망기까지 남원 지역은 대가야의 하위집단으로 존속했다고 보는 견해가 있다. 대가야의 절대적 지배 하에 있었음을 전제로 한 가설이다. 이런 판단은 고령 이외의 지역에서 고령 양식의 토기가 압도적으로 많이 출토되는 것을 바탕으로 나왔다. 물론 전체적인 무덤의 규모를 볼 때 남원 지역의 가야 무덤들이 고령보다는 규모가 작다는 점도 고려되었다. 무덤에서는 고령계 토기 외에도 여러 지역의 토기가 함께 나오고 있지만, 이 지역의 수장층을 고령과 완전히 분리해서 생각할 수는 없다는 것이다. 즉 정치·경제적으로 고령에 예속되어 대가야의 간접지배를 받은 결과라고 보는 것이다.

그러나 이와 달리 "중대형 고분이 없는 지역은 대가야의 직접 지배를 받았다"[13]는 견해(이희준)가 있다. 이것은 가야사 연구에서 대단히 중요한 진전을 가져온 견해라고 평가하고 싶다. 이 말을 뒤집어서 보면 '중대형 고분이 남아 있는 지역은 대가야의 지배를 받았다'는 것이 되니,

∙∙∙∙∙∙∙∙∙∙∙∙

12. 산비탈에 마련된 12기의 가야계 고분으로서 수혈식석곽을 기본으로 하고 있다. 백제 양식과 섞인 것으로서 호형토기·개배·고배·철기 등이 출토되었다. 5세기 후반~6세기 초의 유적으로서 3호분의 분구 정상에서 나온 단각고배는 일본에서 출토되는 스에키(須惠器)와 유사한 양식이라고 보고 있다.

13. 「고령 양식 토기 출토 고분의 편년」, 이희준, 『嶺南考古學』 제15호, 1994

중대형 고분이 있는 가야 지역의 실체를 이해하는데 큰 도움이 될 것이다. 이런 이해는 『삼국지』 한조에 '읍군·귀의후·중랑장·도위·백·장과 같은 관료 체계가 있었다'는 기록을 통해 4세기 이후에도 그 전과 마찬가지로 임나가라 본국 아래에 여러 후국들이 있었으며, 본국의 직할지도 따로 있었을 것으로 추정해온 저자의 견해를 뒷받침해주는 분석이라고 할 수 있다. "임나가라 본국 왕은 중국 주 왕조에서처럼 여러 분봉왕(제후)을 두었으며 그 자신의 직할지도 따로 갖고 있었다"고 보는 것이다. 후국(분봉제후)이 있었다면 그것은 기본적으로 간접통치 방식이다. 따라서 각 후국들은 자체의 군대와 어느 정도의 외교권도 갖고 있었을 것이다. 그러므로 이제 앞서의 견해를 살짝 바꾸어 "중대형 고분이 없는 지역은 임나가라의 직접지배를 받았다"고 보는 바이다. 532년 임나가라 본국이 멸망하자 고령 측은 임나 본국의 가야 지배권을 대신하려는 입장을 취했을 것이고, 이때 함안 안라국이라든가 다른 임나 소국과 갈등을 겪었을 수 있다.

가야와 경계를 맞대고 있는 백제로서는 당장 가야권으로 진출하기 위한 교두보로서 고령보다도 오히려 남원 지역이 더 중요하였을 것이다. 고령에서는 남강권의 자탄(진주)과 섬진강

■ 담양 서옥고분군
　2호, 3호분 출토 유물들
　(호남문화재연구원)

권의 대사(하동)와 같은 곳을 반드시 손에 넣기를 바랐을 것이다. '남원가야'는 섬진강 하류권과 남강권을 통제하는 위치에 있었고, 백제권으로의 진출에 관문이 되는 곳이다. 6세기 초 백제가 남원 지역으로 진출하자 가야가 더욱 굳건히 방비하기 위해 부심하는 것도 이 지역의 지리적 중요성을 말해주는 것이다.

바로 이런 시각에서 장수군 일원에 있는 중대형 고분에 잠든 주인들 또한 남원 지역 가야 고분의 피장자와 동일한 시각으로 이해해야 한다. 남원시 일대는 사실상 전북 최대의 가야 고분 밀집지역이며, 그 중에서 봉분 직경 30m 이상인 두락리의 대형고분은 이 지역을 다스린 최고 수장층의 존재를 알려준다. 장수 지역 고분보다 큰 무덤이 남원 지역에 있는 것으로 미루어 남원 지역 수장들은 장수 지역의 실력자들보다 상위 계층일 수 있다. 다시 말해서 남원 두락리 대형고분의 주인들은 남원 지역의 여타 고분 주인들이나 장수·장계·계남 지역의 수장층보다 더 큰 영역을 통치한 계층이었을 것이다. 고대 사회에서 농지와 생산력에 따라 통치자(수장)의 신분에 차이가 있었다. 즉, 우수한 생산력을 가진 농토와 인구로 그곳을 지배하는 자의 신분이 정해졌던 것이다. 직경 30m가 넘는 두락리 무덤의 규모로 보면 남원 지역의 최고 지배자는 고령 대가야 지배자와 그 위상에 큰 차이는 없었다. 대신 입석리·장교리·행정리·초촌리 등에는 200여 기가 훨씬 넘는 고분이 밀집되어 있는데, 이들은 주로 중소형 무덤으로서 크기에 따라 몇 가지 그룹으로 분류할 수 있다. 무덤의 크기는 곧 지배층의 위계를 반영하는 만큼 이런 무덤들의 규모에 따른 서열은 남원가야의 체제가 신분에 따라 어느 정도 질서 있게 운영되었음을 알려주는 것이다.

## 6세기 초 전북 동부지역, 백제의 횡혈식석실분 채택

남원 지역에는 가야 고분만이 아니라 백제의 전형적인 무덤 양식인 횡혈식석실분이 꽤 있다. 이런 양식은 무주·진안·장수 지역에도 있는데[14] 그것들은 대개 6세기 초 이후에 축조되었다고 보면 된다. 백제 유물이 함께 출토되는 대표적인 유적으로 먼저 장수 동촌리 9호분과 거기서 나온 직구단경호를 들 수 있다. 이것은 논산 육곡리六谷里와 남원 척문리尺門里에서 출토된 직구단경호와 대단히 유사하다. 그 제작 시기를 6세기 초로 보고 있는데, 이것은 백제가 남원·장수 지역으로 진출한 시기와 관련이 있다. 가야계 중대형고분 40여기가 밀집해 있는 장수 동촌리 9호분에서 고령계 양식의 토기류와 백제식 직구단경호가 함께 출토된 것은 이 무덤의 주인뿐만 아니라 당시 이 지역 사람들이 백제·가야 양측의 문화를 수용하고 있었음을 잘 보여준다. 장수 삼고리 7호분에서 나온 회청색 경질의 삼족토기 또한 백제 특유의 표지적인 유물로, 6세기 초에 제작된 것이다. 이 삼족토기는 논산 모촌리 93-2호분에서 출토된 것과 거의 유사하다.

6세기 초 백제가 팔랑치나 육십령을 통해 가야 지역으로 진출하면서 이 지역에 횡혈식석실분이 채택되고 백제토기가 집중적으로 묻히게 된다. 이 지역의 수장층이 백제와도 친밀하게 지냈음을 알려주는 것으로, 만약 고령이나 임나가라 중앙의 관료가 이 지역에 파견되었다면 이런 이중적 문화상을 보이기는 어렵다. 왕권체제에서 엄격하게 통제를 받는 관료가 해당 지역에 파견되었다면 중앙정부의 통제에서 벗어나

●●●●●●●●●●
14. 지표조사 결과 무주군 안성면의 죽천리와 금평리, 진안 동향면 장사리, 장수읍 동촌리·두산리·송천리·용계리, 장계면 무농리, 천천면 남양리 등 금강수계 최상류의 거점 지역에 폭넓게 분포하는 것으로 보고 있다.

제멋대로 백제와 접촉하여 백제의 문물을 받아들이기 어렵고, 그와 같은 대형 무덤이 그곳에 들어서지도 않았을 것이다. 물론 이 지역을 백제가 점령한 결과일 수도 있다. 백제가 전북 동부 지역을 처음 편입한 시기가 대략 6세기 초이기 때문이다.[15] 고대사회에서 수장이 갖는 편리함 중에는 그 자신이 원하면 신속 관계를 바꾸는 방법이 있었다. 사세가 불리할 경우 자신의 지위와 체제·영역을 그대로 유지하면서 소속만 백제로 바꾸는 방법이다. 그것이 일시적인 미봉책일지라도 생존의 카드는 충분히 되었으니까.

한편 장수읍 두산리·송천리·용계리, 장계면 무농리, 천천면 남양리, 무주군 안성면 죽천리·금평리, 진안군 동향면 자산리 등지에도 비록 그 수가 많지는 않지만 횡혈식석실분이 남아 있다.[16] 이러한 횡혈식석실분은 백제 때 군현郡縣의 치소가 있던 곳에 주로 밀집되어 있다. 그래서 횡혈식석실분의 고밀도 분포지역을 백제의 지방거점으로 보는 견해가 있는데, 일견 타당한 분석이다.

장수읍 동촌리에는 판석형 석재로 만든 백제 초기의 횡구식석실분이 남아 있었다. 여기서 동쪽 1.7km 거리의 물메똥산 남쪽에는 장방형 바닥에 강돌을 깐 백제 후기의 횡구식석곽묘가 남아 있었다. 이처럼 대가야 양식의 고분이 백제계 석실분과 석곽묘로 대치되는 현상은 이 지역이 백제에 편입된 결과로 봐야 하지 않을까 싶다. 백제가 이 지역을 영향권 안에 두게 되는 때는 대략 6세기 1/4분기이다.

진안·장수·남원 일대에 횡혈식석실분과 함께 백제토기가 등장하는 것이 백제의 적극적인 진출에 의한 것인지, 아니면 자연스런 교류의 결

---

15. 本百濟古伯伊(一作海)郡景德王改名今長溪縣領縣二鎭安縣本百濟難珍阿縣景德王改名今因之高澤縣本百濟雨坪縣景德王改名今長水郡(『삼국사기』 지리지)
16. 횡혈식석실분은 전북 동부 지역에 많이 분포한다.

과인지는 더 따져봐야 할 것이다. 애석하게도 6세기 초 백제가 이 지역을 아우른 사실을 우리의 역사는 기록으로 남기지 않았기 때문이다. 『삼국사기』나 『삼국유사』마저도 5세기 초부터 대가야가 이 일대를 아우른 사실을 별도로 기록하지 않았다. 다만 『일본서기』를 비롯한 일본 측 자료와 그간의 발굴 자료로 우리가 알 수 있는 것은 장수·남원 지역을 발판으로 백제는 드디어 진주·사천·함안 지역으로 진출할 수 있었다는 사실이다. 고흥 포두면·동강면 일대의 포구를 통해 왜와 교류해야 했던 지리적 제한에서 벗어나 백제는 5세기 이후에 남원-구례-순천-여수·광양(또는 하동)으로 나가는 남해 단거리 해로를 확보하고 왜와 더욱 적극적으로 교류할 수 있었다. 5세기 중반 이후 백제는 영남 지역 남해안 거점을 더욱 확장하여 고성 지역을 통해서도 왜와 교류할 수 있었을 것이며, 함안 안라국과의 우호관계를 통해서도 왜국을 오고간 것으로 보인다.

## 전남 동부해안 지역에 남은 가야토기들

가야 말기 남해에서 가야와 백제의 경계는 지금의 전남 및 경남의 경계선과 대략 비슷하였다. 다만 여수와 순천 지역은 예외다. 여수·순천·광양 지역까지 대가야 및 소가야계 유물이 나오고 있어서 일찍이 가야 세력이 이 지역까지 미쳤음을 알 수 있다. 동시에 이 지역에서는 백제토기도 나온다. 즉, 순천-여수 서쪽이 완전한 백제였던 것이다. 여수 서편, 그러니까 전남 고흥군 포두면 길두리 안동마을에서는 5세기 중엽의 백제계 고분(안동고분)이 발견되어 백제의 주요 지방 실력자가 세력을 펴고 있던 사실이 확인되었다. 길두리는 해창만의 포구라는 점에서 왜로 드나드는 항구의 역할을 했을 것으로 추정된다. 그런데 바로

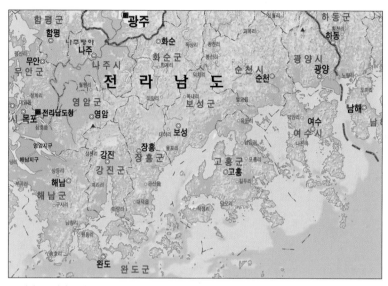

■ 전남동부지역 위치도

인접한 곳인데도 5~6세기 여수·순천 지역과 고흥은 아주 달랐다. 여수
와 순천 지역에는 백제적인 요소와 더불어 가야권의 문화 요소가 짙게
배어 있는 반면, 고흥 지역은 거의 완전히 백제계이다. 그래서 이런 것
을 토대로 "5세기 후반 대가야는 여수·순천 지역을 장악하고 백제·왜
와의 교섭을 중개하면서 강력한 국가로 성장했다"고 파악한 견해(박천
수)[17]가 나왔다. 그러나 그것은 다소 지나친 감이 있다. 대가야가 여수·
순천 지역까지 장악한 증거는 미약하다. 여수·순천 지역까지 대가야
문물이 확산된 것은 분명하지만 그것만으로 대가야가 여수·순천 지역
을 적극적으로 지배하고, 대가야의 주요 항구로 이용했다고 단언할 수
는 없다. 여수·순천 지역에서는 소가야 유물도 꽤 나온다. 그렇다 해서

17. 「大伽耶의 古代國家 形成」, 박천수, 『碩晤 尹容鎭教授 停年退任記念論叢』, 碩晤 尹容鎭教授
    停年退任記念論叢刊行委員會, 1996

■ 순천 왕지동고분에서 나온
   대가야계 토기(순천대학교박물관)

그 지역을 소가야 세력이 장악했다고 볼 수 없는 것과 마찬가지다. 전통적으로 마한의 영역이었고, 후에 백제의 통치력이 미친 이 지역에 가야계 문물이 전파될 수 있었던 것은 이 지역에 일찍이 강력한 정치체가 형성되어 있지 않았기 때문이었다. 단지 가야계 유물이 나온 것만을 가지고 소가야 또는 대가야가 이 지역을 장악했다고 볼 수는 없다. 가야계의 영향이 미치기 시작하자 백제가 강력히 맞서면서 가야권에 편입되지 않은 것이다. 이와 비슷한 사례가 6세기 초 가야 반파국이 기문 지역을 놓고 백제와 다툰 사건일 것이다.

가야인들의 발길은 구례·여수·순천·광양 지역을 넘어 고흥·보성 등에도 미쳤다. 비록 그 자취가 희미하기는 하나 이 일대에도 5세기의 가야계 토기와 문물이 약간 남아 있는 것이다. 이들 전남 동부권에는 함안계 토기(5세기)와 고성계(5세기~6세기 전반) 및 고령계(6세기 전반) 토기가 차례로 나타난다. 5세기 초부터 함안계·고성계·고령계 및 창녕계 가야인들이 전남 동부의 여러 지역으로 나가 활동한 결과이지만, 고흥이나 보성 등 가야권에서 먼 곳일수록 가야 문화의 흔적은 희미하다.

그런데 6세기가 되면 전남 동부 지역에 대가야 토기가 사라지고 백제

토기가 늘어난다. 510년대에 이 지역으로 백제가 진출하면서 나타난 현상으로, 이 시기에 대가야 토기를 흉내 내어 현지에서 만든 토기도 등장한다. 이른바 대가야계와 백제계의 혼합 양식이다.

전남 남부의 동부권 여러 지역에서 가야토기가 나왔다. 여수 장도[18]와 구례 용두리, 광양 용강리[19] 등에서는 함안 양식의 토기도 꽤 나왔다. 가장 이른 것은 4세기 말에 만든 고배인데, 이런 유형의 고배는 여수시 율촌면 장도에서도 나왔다. 이 고배는 진안 황사리고분에서 나온 고령계 유물과 대략 같은 시기에 만든 것으로 보고 있다. 전남 구례의 용두리고분에서는 통형 대각에 마름모꼴 투창이 있는 함안 양식의 고배가 나왔는데, 이것도 4세기 후반의 것으로 추정하고 있다. 광양 용강리 2호 수혈유구에서 나온 화염형투창고배(1점)는 함안 도항리 10호분 출토 고배와 유사하다. 이것은 대략 5세기 중반의 것으로 보고 있다(국립창원문화재연구소, 1999). 4세기 말부터 여수·광양·구례 지역에 함안의 토기들이 나타나는 것은 일찍부터 경남 서부권의 가야 세력이 전남 남해안 동부권에 영향을 미치고 있었음을 알려주는 매우 구체적인 사례이다.

고령과 함안만이 아니라 소가야 양식의 토기도 여수와 순천 지역에서 꽤 나왔다. 여수 화장동[20]·여수 고락산성·여수 죽림리[21]·여수 죽포리

•••••••••••
18. 전남 여수시 율촌면 여동리 장도 마을에서 발굴하나 유적(2003년, 순천대학교박물관이 발굴). 함안 아라가야 양식의 통형고배 1점이 나왔다.
19. 전남 광양시 광양읍 용강리. 청동기시대 주거지(21기), 삼국시대 주거지(3기), 삼국시대 수혈유구(5기) 등을 발굴. 2호수혈유구에서 함안 아라가야의 화염형투창고배 1점이 나왔다(2003년).
20. 전남 여수시 화장동 대통마을에 있는 유적. 청동기시대 주거지(4기)와 삼한~삼국시대 주거지(53기)를 발굴했다(2002년). 가야 토기가 나온 곳은 나 1–1호, 나–3호 삼국시대 주거지. 나 1–1호 주거지에서는 삼국투창고배의 대각편과 점렬문이 있는 개, 컵형토기가 나왔으며 나–3호 주거지에서는 유충문이 있는 개 1점이 나왔다.
21. 죽림리 유적은 2008년에 발굴하였다. 5세기 중엽~6세기 초의 소가야계 석곽묘 31기와 6세기 중반~7세기의 백제계 횡구식석실묘 17기를 발굴하였다. 석곽묘에서는 일부 대가야계 토기도 나왔는데, 그것들은 5세기 말~6세기 초의 것으로 추정하고 있다.

(돌산도)[22]·순천 검단산성[23]·순천 운평리·순천 죽내리[24]·순천 용당동[25]·
보성 조성리[26]·구례 용두리 등을 대표적인 유적으로 꼽을 수 있다.

여수 화장동 나 1-1호 주거지에서 나온 삼각투창고배 대각편과 점렬
문이 있는 개(뚜껑), 컵형토기는 고성 소가야계 토기로서 5세기 중엽의
유물이다. 여수 죽포리 유적에서 나온 광구장경호는 5세기 후반의 유물
이며, 순천 운평리에서 나온 소아야계 개는 고성 세력이 한창 성장하던
5세기 말~6세기 초의 것이다. 순천 죽내리 6호 석곽묘에서 나온 대부직
구호는 고성 연당리에서 나온 것과 유사하며 6세기 초에 만든 것이다.
순천 용당동 1호분 출토 소가야계 토기는 유충문 개·점렬문 개·파배·
유개식 일단장방형투창고배 등 기종이 다양한 편이다. 이런 것들은 용
당동에서 6세기 중반 소가야계 토기를 모방하여 만든 것으로 보고 있다.

순천 검단산성에서 나온 단각고배는 투창이 없는 소가야식 토기인
데, 6세기 중엽에 만든 것으로 보고 있다. 여수 죽포리·순천 죽내리·순

••••••••••

22. 전남 여수시 돌산읍 죽포리에 있는 고분유적. 돌산도의 동쪽편으로서 남해도와 가까운 곳이다.
    여기서 소가야계의 수평구연호(2점), 광구장경호(1점)이 나왔다. 유물과 벽석으로 보아 이들 유
    물이 나온 무덤은 석곽묘일 것으로 짐작하고 있다.
23. 순천시 해룡면 성산리에 있는 산성으로서 광양만에 접해 있는 요충이다. 백제계 토기가 중심이
    지만 일부 대가야계 장경호편과 소가야계 단각고배 등이 나왔다.
24. 순천시 황전면 죽내리에 있는 고분군유적. 순천-남원간 17번국도변에서 발굴한 7기의 무덤군
    으로 관고리와 관못 등이 나왔으며 벽석과 무덤 축조방법으로 보아 백제계(1~3호분)와 가야계
    고분4~7호분)으로 구분하고 있다. 4호~7호분은 관고리나 관못이 없는 가야 후기의 무덤이다.
    6호 석곽묘에서 가야계 토기인 대부직구호가 나왔고, 이 외에 장경호, 개를 지표에서 수습하
    였다.
25. 순천시 용당동 망북마을 서쪽에서 발견된 고분유적이다. 1호석곽묘에서 소가야계 대호라든
    가 컵형토기와 고배, 개 등이 출토되었다. 소가야 영향을 받은 토착세력의 무덤으로 추정하고
    있다.
26. 전남 보성군 조성면 조성리 구릉 정상부 사면에서 발견된 가야계 유적. 이 지역 토착 토기가 중
    심인 가운데 소가야계 발형기대, 삼각투창고배가 각 1점씩 나왔다. 이 두 점의 가야계 토기는 교
    역품으로 보고 있다(2004년 발굴).

■ 여수 화장동3호 주거지(순천대학교박물관)

천 용당동 고분은 5세기 후반~6세기 전반의 소가야계의 유적이다. 순천 검단산성과 여수 고락산성에서 나온 소가야계 단각고배 그리고 순천 죽내리 출토 대부직구호의 대각에는 장방형 투창이 없다. 이것은 5세기에 이 지역에 유입된 소가야계 토기가 드디어 6세기로 접어들어 토착화한 것으로, 현지에서 제작한 모조품일 것으로 추정하고 있다.

5세기 후반 이후 전남 동부 지역의 소가야계 무덤 양식과 토기는 대가야를 닮아간다. 이것을 대가야 세력의 확대에 따라 소가야계의 문화가 위축되는 현상으로 보고 있다. 5세기 후반~6세기 초 무렵은 서부경남과 전남 동부 지역에 소가야

■ 여수 화장동유적에서 나온 가야계 토기 개(순천대학교박물관)

■ 순천 운평리에서 조사한 가야의 수혈식석곽(순천대학교박물관)

계 묘제와 유물이 확산되는 시기였다. 6세기 중반까지는 백제 유물과 현지에서 제작한 가야계 토기가 나온다. 6세기 한동안은 대가야계와 소가야계 유물이 함께 나오다가 소가야계가 후퇴하는데, 이런 경향은 산청과 진주 등 경호강 지역도 마찬가지이다. 이와 같은 배경에서 대가야가 정치적 영향력을 확대하기 전, 이 지역은 소가야 연맹체에 속했을 것으로 보는 견해가 있다(이동희). 5세기 후반에 전남 동부 지역은 소가야 연맹체에 편입되

었으므로 '소가야 연맹체의 가장자리'에 해당한다고 보는 것이다. 그러나 연맹체론의 입장에서 이 문제를 이해하는 것은 적합하지 않다. 다만 고령 세력이 고성을 대신한 데서 빚어진 변화로 볼 수는 있을 것 같다. 이 무렵 고성 세력은 백제와 큰 갈등 없이 존속하였던 것 같은데, 아마도 그것은 고성

■ 순천 검단산성에서 나온 가야계 단각고배
　(순천대학교박물관)

■ 순천 운평리 가야계 고분에서 나온 가야토기들(순천대학교박물관)

세력이 3~4세기부터 전남 영산강권과의 교류를 해온 것과도 관련이 있을 것이다. 전남동부권의 가야 문화를 이해할 때 통상 5세기~6세기 초반의 소가야계, 5세기 말~6세기 전반의 대가야계로 나누어 파악하고 있다. 이것은 고성 세력에 이어 고령 지역 가야인들이 전남동부권으로 진출하는 시기를 가늠하는 일종의 기준이 되는 셈이다.

한편 순천 왕지동·검단산성, 여수 미평동[27]·고락산성, 광양 비평리,[28] 구례 용두리[29] 등지에서도 가야계 토기가 많이 나왔다. 순천 운평리고

• • • • • • • • • • •

27. 여수시 미평동 평지마을 밭에서 확인한 유적이다. 대가야계 양식과 백제계 토기양식이 혼하된 장경호 2점, 단경호 점, 대부단경호 1점, 대부파수부호 1점 등이 출토되었다.

28. 광양시 진상면 비평리 비촌마을 서쪽 구릉에 있는 고분유적으로, 수어댐의 수면 가장자리에 인접해 있다. 마을 주민이 대가야계 유개장경호, 광구장경호 1점씩 수집하여 알려졌는데, 마을 사람들의 이야기로는 이와 유사한 토기들이 주변에서 많이 나왔다고 한다.

29. 전남 구례군 토지면 용두리에 있는 고분군. 가야계의 단경호와 장경호, 대부호, 개, 고배 등의 토기가 나왔다. 고배는 대각에 마름모꼴 투창이 있어 함안(아라가야) 양식으로 분류하고 있다. 소가야계 삼각투창고배와 발형기대 그리고 경부에 파상문이 있는 대가야계 유개장경호도 나왔다.

분군<sup>30</sup>과 왕지동고분군<sup>31</sup>에서는 대가야계 토기가 많이 나왔다. 그 중에서도 운평리 유적은 중요한 비중을 갖고 있다. 봉토의 직경이 10~20m에 이르는 중·소형 가야 고분 7기가 있는 순천의 가장 대표적인 가야계 고분군인데, 2006년과 2008년 두 차례 발굴하였다. 1호(M1호)분은 봉분 직경 10m, 높이 1m로서 가운데 주곽(길이 430cm, 너비 80cm)을 중심으로 4기의 배장곽(길이 200cm 내외, 폭 40~50cm)이 배치되어 있었다.

■ 순천 운평리 2호분 출토 이식
　(순천대학교박물관)

세장방형의 고령계 수혈식석곽으로, 주로 대가야계 토기가 출토되었으며, 6세기 초에 생긴 무덤으로 보고 있다. 여기서 주목되는 것은 2008년 2차발굴 때 확인한 2호분(M2호)과 3호분(M3호)으로, 2호분은 봉분 직경 17m에 봉분 높이 1.5m가 남아 있었다. 봉토 안에서는 가운데의 주석실(1기)과 석곽묘 12기(순장곽)을 확인하였다. 횡혈식석실묘로 추정하고 있으며 소가야 및 영산강 유역의 양식도 엿

· · · · · · · · · ·

30. 순천시 서면 운평리 운평마을 구릉 하단부에 있는 운평리고분에서는 철제갑옷과 대도 및 다량의 토기가 나왔다. 대부분 도굴되었으나 구릉 능선부에 있는 무덤은 7기로서 남아 있는 봉토의 직경은 10~15m 정도이고 높이는 2~3.5m였다. 중형급 고분으로서 노출된 벽석으로 보아 수혈식석곽묘로 파악하고 있다. 운평리고분군에서는 대가야계 유개장경호(1점), 광구장경호(3점), 고배(1점) 및 소가야계 개(4점)을 수습하였다.

31. 전남 광양시와의 경계지대인 순천시 왕지동에서 확인한 5세기 말~6세기 중반의 유적이다. 유적은 평지형 구릉 남서쪽 사면부(해발 43~49m)에 있다. 이곳에서는 가야시대 수혈식석곽묘 8기와 조선 전기의 민묘 1기, 미상유구 1기를 발굴했다. 석곽 서쪽 부곽에서는 장경호·단경호·개배·고배 등 가야계 토기가 중심을 이루는 가운데 백제계의 토기도 섞여 있었다. 주곽에서는 철검·철부·철도자가 나왔으며, 석곽 주변에서 소가야계 통형기대가 나왔다. 대가야 토기도 일부 있다. 5세기 말~6세기 초의 무덤으로 추정하고 있다(2007년 발굴).

보인다. 횡혈식석실분으로 추정되는 주매장부[32]는 훼손되어 연도가 있었는지는 확인하지 못하였다. 대가야 토기가 많이 나왔으나 정작 주석실은 백제 양식도 아니고 대가야 양식도 아니었다. 전남 영양의 자라봉이나 나주 영동리석실분 등, 영산강 유역의 석실분과 유사한 면이 있으며, 진주 수정봉이나 고성 송학동 석실분과도 같은 계통의 양식적 특징도 갖고

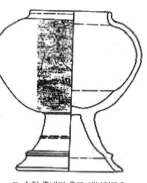

■ 순천 죽내리 출토 대부직구호

있다. 여기서 통형기대가 나왔는데, 그 양식상 고령 지산리 30호분 계통으로 보고 있다. 또 2점의 금제이식과 철모·유자이기(1점)도 나왔다. 배장곽 12기 가운데는 순장곽이 6기 있었는데, 순장곽에서도 대가야계 토기가 나왔으며, 2기의 배장곽에서는 6세기의 신라토기도 출토되었다. 바로 이 순장곽을 토대로 2호분은 운평리 지역의 수장묘로 파악하면서 발굴자들은 "2호분이 대가야와 교섭을 시작한 1세대라면 1호분은 그보다 한 세대 뒤의 무덤"이며 "2호분은 5세기 4/4분기 이른 시기, 3호분은 5세기 4/4분기, 1호분은 고령 지산리 44호분과 45호분의 중간 단계인 500년 전후에 만들어졌다."(이동희)고 파악하였다.

운평리고분에서는 대가야계의 유개장경호·개·광구장경호·기대·고배·대부파수부

■ 순천 용당동 망북 출토가야계토기
(순천대학교박물관)

· · · · · · · · · ·
32. 길이 500~517cm, 폭 230~253cm, 높이 70cm)

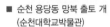
■ 순천 용당동 망북 출토 개
  (순천대학교박물관)

호 등이 출토되었는데, 그 중에서 운평리 출토 유개장경호는 5세기 말
~6세기 초의 유물로 판단하고 있다. 구례 용두리 및 광양 비평리에서
나온 유개장경호는 6세기 초~전반의 대가야계 유물로 보고 있다. 반면
여수 미평동에서 나온 유개장경호는 6세기 중반 백제 토기의 영향을 받
아 그곳에서 직접 만든 것이며, 순천 죽내리 유적 일대의 지표에서 수
습한 유개장경호와 죽내리 성암고분[33] 출토 유개장경호 또한 6세기 중
반에 현지에서 만든 대가야계 유물로 보고 있다.

　다음으로 광양 비평리에서 나온 광구장경호는 6세기 2/4분기의 유
물로 판단하고 있다. 여수 미평동 출토 광구장경호는 현지에서 제작한
것으로서 대가야 양식을 따른 유물이다. 대부단경호나 대부파수부호
도 6세기 2/4분기에 만든 것으로 추정하고 있다. 순천 운평리 출토 일
단투창유개고배는 그보다 약간 이른 6세기 초의 것으로 보고 있다. 이

••••••••••

33. 순천시 황전면 죽내리 성암마을에 있는 고분유적. 구릉 경사면에서 확인되었다(2001년 순천대
　　학교박물관이 발굴). 석곽묘 5기를 확인하였으며 석곽묘는 수혈식으로 추정하고 있다. 이 중 4
　　호 석곽묘에서 대가야계 장경호(1점)이 출토되었다. 나머지는 모두 백제계 토기로서 가야와의
　　교류를 보여주는 유적. 이곳으로부터 북서쪽에 백제시대에 쌓은 성암산성이 있다.

■ 순천 용당동 망북 마을의 가야 유적(순천대학교박물관)

런 사례들로 보아 이 지역엔 6세기 초부터 대가야의 영향력이 미친 것으로 간주하고 있다. 6세기 초반 전남북 동부권에 고성 소가야계 유물에 이어 대가야계 유물이 많이 나오는 것은 그 무렵의 가야와 백제 사이의 경쟁관계를 설명해 주는 것이라고 이해할 수 있다. 가야권 사람들이 전남 동부 지역으로 진출하여 활동하였으며, 그곳에서 백제인들과 만나 새로운 삶을 개척하였던 것이다. 비록 그 수는 많지 않았을지라도 전남 동부지역에 살던 백제인들은 5세기 중반 이후 부쩍 늘어난 가야인들을 만나 큰 갈등 없이 살았던 것 같다. 그 과정에서 백제 정부는 가야인들을 적당히 통제하려 하였을 것이다. 바로 그것이 '계체 6년(512) 12월 왜가 백제에 임나4현을 주었다'는 『일본서기』의 기사로 표현되었을 것이다. 『일본서기』에 "백제가 왜에 조공하면서 임나국任那國의 상치리上哆里·하치리下哆里·사타娑陀·모루牟婁 4현을 달라고 요구하였다. …이에 오호토모노오오호무라지 가나무라(大伴大連金村)가 찬성하여 임나4현을 백

■ 광양 비평리 출토 가야계 토기
(순천대학교박물관)

제에 주었다."고 하였는데, 이 것은 백제가 임나4현을 차지하여 백제의 지배에 들어간 사실을 왜에서 조작한 것으로 이해할 수 있다. 이후 백제는 기문·대사를 놓고 가야와 다툰 끝에 그 땅도 차지하였다. 『일본서기』계체 7년 (513) 6월 조에 "반파국伴跛國이 백제의 기문己汶 땅을 쳐서 빼앗았으니 돌려 달라."고 왜왕에게 요청한 것으로 되어 있고, 그해 11월 왜는 기문과 대사를 백제에게 주었다고 하였다. 또 계체 8년(514)에는 반파국이 자탄子呑과 대사帶沙에 성을 쌓고 왜에 대비하였는데, 이런 기록들은 모두 호남동부권으로 가야 세력이 진출하면서 백제와 빚은 갈등을 그린 내용이라고 이해할 수 있다. 드디어 6세기 초, 백제는 이 지역을 자국 영토로 편입하고, 지배를 위해 사비성의 왕경인王京人을 파견하였다는 견해도 일부에서 제기하고 있다. 하여튼 510~520년대 가야권으로의 진출과 때를 같이하여 백제는 여수·광양·구례·순천 등, 가야와의 접경지대를 강력히 통제함으로써 이들 임나4현이 백제의 지배에 들어왔고, 더 이상 가야인과 가야의 문화가 백제지역에 스며드는 것을 차단하였으므로 고흥·보성 너머 남해안 지역엔 가야계 유적이 없는 것이라고 이해할 수 있다.[34]

• • • • • • • • • •
34. 전영래는 상치리(上哆里)를 전남 여수시(본래 猿村縣), 하치리(下哆里)를 여수 돌산읍, 사타(娑陀)는 전남 순천(『삼국사기』 지리지에서는 昇平郡, 歃平郡, 沙平郡), 모루(牟婁)는 전남 광양읍 (과거 馬老縣)으로, 그리고 기문은 남원으로 비정하였다(「百濟南方境域의 變遷」, 전영래, 『千寬宇先生還甲紀 韓國史學論叢』 p.146).

## [참고문헌]

- 東萊福泉洞 53號墳, 釜山直轄市立博物館, 1992.
- 東萊福泉洞 93·95號墳, 부산광역시립박물관 복천분관, 1998.
- 東萊 福泉同 11號墳 출토의 脛甲에 대하여, 金昌鎬, 嶺南考古學[18호(1996년 6월), p.75~86], 嶺南考古學會.
- 東萊福泉洞古噴群 2, 釜山大學校博物館, 1990.
- 東萊福泉洞古墳群 第5次 發掘調査 99~109號墓, 부산광역시립박물관, 1997.
- 東萊福泉洞古墳群 第6次發掘調査 141~153 號·朝鮮時代 遺構, 釜山廣域市立博物館 福泉分館, 2000.
- 東萊福泉洞古墳群 제4차 발굴조사 57號, 60號. 3, 釜山大學校博物館, 1996.
- 東萊福泉洞 53號墳, 부산직할시립박물관, 1993.
- 東萊 福泉洞 古墳群의 調査内容과 그 性格, 鄭澄元, 『韓國文化研究』4(1991년 12월), p.3~54, 부산대 한국문화연구소, 1991.
- 福泉洞古墳群 東便 整備地域 試掘調査 報告, 福泉博物館, 2004.
- 東萊福泉洞古墳群 第5次發掘調査 38號墳, 福泉博物館, 2011.
- 東萊福泉洞古墳群 第8次發掘調査 167~174號, 福泉博物館, 2010.
- 東萊福泉洞古墳群 第8次發掘調査 160~166號, 복천박물관, 2008.
- 福泉洞古墳群 第7次調査 報告, 福泉博物館, 2004.
- 東萊福泉洞第1號古墳發掘調査報告, 1970年度古蹟調査報告, 金東鎬, 東亞大學校博物館, 1971.
- 「釜山漆山洞第1號古墳發掘調査報告」, 金東鎬, 『文化財』6, 1972.
- 「東萊福泉洞古墳發掘調査報告」, 金東鎬, 『上老大島』, 古蹟調査報 第8册, 東亞大學校博物館, 1984.
- 「釜山市東萊福泉洞古墳群遺蹟1次發掘調査概要와 意義」, 申敬澈, 『年報』第3輯, 釜山直轄市立博物館, 1981.
- 「釜山福泉洞古墳群遺蹟1次發掘調査概要と若干の私見」, 申敬澈, 『古代文化』34-2, 1982.
- 東萊福泉洞古墳群Ⅰ, 釜山大學校博物館遺蹟調査報告 第5輯, 鄭澄元·申敬澈, 1983.
- 「東萊福泉洞 4號墳과 副葬遺物」, 申敬澈·宋桂鉉, 『伽倻通信』第11·12合輯號, 1985.
- 「東萊福泉洞 23號墳과 副葬遺物」, 李尙律, 『伽倻通信』第19·20合輯號, 1990.
- 東萊福泉洞古墳群Ⅱ, 釜山大學校博物館遺蹟調査報 第14輯, 釜山大學校博物館, 1990.
- 「東萊福泉洞 38號墳과 副葬遺物」, 鄭澄元·安在晧, 『三佛金元龍教授停年退任紀念論叢』考古學

編, 1987.

- 「東萊福泉洞古墳群2次調査槪要」, 全玉年·李尙律·李賢珠, 『嶺南考古學』6, 1989.
- 「東萊福泉洞 52·54號墳 發掘調査槪要」, 宋桂鉉, 『年報』第12輯, 釜山直轄市立博物館, 1989.
- 「東萊福泉洞古墳群第3次發掘調査槪報」『嶺南考古學』7, 東亞大學校博物館, 1990.
- 「東萊福泉洞 53號墳」, 宋桂鉉·河仁秀·洪潽植·李賢珠, 釜山直轄市立博物館遺蹟調査報書 第6册, 1992.
- 「東萊福泉洞萊城遺蹟」, 宋桂鉉·河仁秀, 釜山直轄市立博物館遺蹟調査報書 第5册, 1990.
- 「東萊 福泉洞 93·95號墳」, 李賢珠, 釜山廣域市立博物館福泉分館研究叢書 第3册, 1997.
- 東萊 福泉洞古墳群-第5次發掘調査 99〜109號墳, 釜山廣域市立博物館研究叢書第11册, 宋桂鉉·李海蓮, 1996.
- 『咸安道項里古墳群. 1』, 立昌原文化財研究所, 1997.
- 『咸安道項里古墳群. 2』, 立昌原文化財研究所, 1999.
- 『咸安道項里古墳群. 3』, 立昌原文化財研究所, 2000.
- 『咸安道項里古墳群. 4』, 立昌原文化財研究所, 2001.
- 『咸安道項里古墳群. 5』, 立昌原文化財研究所, 2004.
- 『咸安 梧谷里遺蹟 I』, 경남문화재연구원, 2007.
- 『咸安 梧谷里遺蹟』, 한국도로공사·창원대학교박물관, 1995.
- 『咸安 道項里古墳群 出土 5〜6世紀 土器 研究』, 金寶淑, 東亞大學校, 2009.
- 『도항리 말산리 유적』, 경남고고학연구소·함안군, 2000.
- 「阿羅加耶의 成立과 變遷」, 權珠賢, 『啓明史學』4, 1993.
- 「安邪國에 대하여」, 權珠賢, 『大丘史學』50, 1996.
- 「고자국의 역사적 전개와 그 문화」, 權珠賢, 『가야 각국사의 재구성』, 부산대학교 한국민족문화연구소, 2000.
- 「咸安 安羅國의 成長과 變遷」, 金泰植, 『韓國史研究』86, 1994.
- 「浦上八國戰爭과 그 性格」, 南在祐, 『伽倻文化』10, 1997.
- 『安羅國史』, 南在祐, 혜안, 2003.
- 「골포국의 형성과 발전」, 南在祐, 『역사와 경계』54, 2005.
- 『安羅國의 成長과 對外關係研究』(성균관대학교 박사학위논문), 南在祐, 1998.
- 「固城 古自國의 형성과 변천」, 백승옥, 『韓國古代社會의 地方支配』, 한국고대사연구회, 1997.
- 「加耶 地域聯盟體의 成立」, 白承玉, 『加耶 各國史研究』, 혜안, 2003.
- 학술조사보고 제33집 창녕 송현동고분군 6·7호분 발굴조사 개보, 국립창원문화재연구소,

2006.

- 국립가야문화재연구소 학술총서 제43집 1500해앞 16살 여성의 삶과 죽음-창녕 송현동 15호분 순장인골의 복원연구, 국립가야문화재연구소, 2009.
- 「외래계 문물을 통해 본 고성 소가야의 대외교류」『가야의 포구와 해상활동』, 하승철, 인제대학교 가야문화연구소·김해시, 주류성출판사, 2011.
- (財)馬韓文化研究叢書 26, 순천 왕지동고분군, (財)馬韓文化研究院·한국토지신탁, 2008.
- (財)馬韓文化研究叢書 26, 순천 덕암동유적 Ⅰ-墳墓, (財)馬韓文化研究院·한국토지신탁, 2008.
- 「고흥 길두리 안동고분의 축조구조」, 조영현, 『고흥 길두리 안동고분의 역사적 성격』, 2011, 고흥 길두리 안동고분 특별전기념학술대회, 전남대학교박물관.
- 「고흥 안동고분 출토 금동관의 의의」『한성에서 웅진으로』, 임영진, 충청남도역사문화연구원·국립공주박물관, 2006.
- 「大伽耶의 古代國家 形成」박천수, 『碩晤 尹容鎭敎授 停年退任記念論叢』, 碩晤 尹容鎭敎授 停年退任記念論叢刊行委員會, 1996.
- 「장수 거점단지 유통센터부지내 유적시굴조사 중간보고서」, 군산대학교 박물관, 2005.
- 長水 三峰里·東村里古墳群, 곽장근 외, 群山大學校 博物館·長水郡·文化財廳, 2005.
- 「토기로 본 대가야의 권역과 그 변천」, 이희준, 『加耶史研究-대가야의 政治와 文化』, 경상북도, 1995.
- 「고령 양식 토기 출토 고분의 편년」, 이희준, 『嶺南考古學』제15호, 1994.
- 「長水 三峰里·東村里古墳群」, 곽장근 외, 群山大學校 博物館·長水郡·文化財廳, 2005.
- 「政治體의 相互關係로 본 大伽耶王權」, 朴天秀, 『伽耶諸國의 王權』, 仁濟大伽耶文化研究所編, 1995.
- 「大伽耶의 古代國家 形成」, 朴天秀, 『伽耶諸國의 王權』『碩晤 尹容鎭敎授 停年退任記念論叢』, 1996.
- 「大伽耶圈 墳墓의 編年」, 朴天秀, 『韓國考古學報』39輯, 1998.
- 「고령 양식 토기 출토 고분의 편년」, 이희준, 『嶺南考古學』第15號, 1994.
- 「百濟와 加耶의 교섭」, 洪潽植, 『百濟文化』第27輯, 公州大學校 百濟文化研究所, 1998.
- 「湖南 東部 地域의 石槨墓 研究」, 郭長根, 全北大學校 大學院 博士學位 論文, 1999.
- 「大伽耶 墓制의 變遷」, 金世基, 『加耶史研究-대가야의 政治와 文化』, 경상북도, 1995.
- 「고구려 기병과 鎧子-고구려 고분벽화 분석을 중심으로」, 徐榮敎, 『歷史學報』제181집, 2004.
- 「高句麗 長壽王의 對北魏交涉과 그 政治的 의미-北燕을 둘러싸고 이루어진 對北魏關係의 전개」, 李成制, 『歷史學報』제181집, 2004.

- 『中原 高句麗碑 研究』, (社)高句麗研究會編, 學研文化社, 2000.
- 「개로왕의 왕권 강화와 국정운영의 변화에 대하여」, 문안식, 『사학연구』제78호, 韓國史學會, 2005년 6월.
- 「新羅 炤知王代 對高句麗 關係와 政治變動」, 張彰恩, 『사학연구』제78호, 韓國史學會, 2005년 6월.
- 「신라 訥祗王代 고구려 세력의 축출과 그 배경」, 張彰恩, 『韓國古代史研究』33, 광주첨단과학산업단지 발굴조사보고서2, 『光州 月桂洞古墳』, 全南大學校博物館·光州直轄市, 1994.
- 『海南 方山里 長鼓峰古墳 試掘調査報告書』, 殷和秀·崔相宗, 國立光州博物館·海南郡, 2001.
- 학술조사보고 제15輯『咸安 馬甲塚』, 咸安郡·國立昌原文化財研究所, 2002.
- 『骨浦國의 형성과 발전』, 남재우, 「加羅國과 于勒十二曲」, 白承忠, 『釜大史學』19집, 1995.
- 「于勒十二曲의 해석문제」, 白承忠, 『韓國古代史論叢』3, 韓國古代社會研究所, 1992.
- 「1~3세기 가야 세력의 성격과 추이─수로 집단의 등장과 浦上八國의 亂을 중심으로」, 白承忠, 『釜大史學』제30집, 「가야의 정치구조─부체제 논의와 관련하여」, 白承忠, 『한국고대사연구』17집, p.312~313, 2000.
- 『5세기대 남부가야의 세력재편─ 浦上八國 戰爭과 高句麗郡 南征을 중심으로』, 허재혁, 釜山大學校 碩士學位論文, 1998.
- 『大加耶의 形成과 發展研究』, 이형기, 경인문화사, 2009.
- 제5회 학술강연회「동서문화 교류의 관점에서 본 한국의 고대유리」, 이인숙, 『한국학연구』5, 高麗大學校韓國學研究所, 「中國古代琉璃的考古發現與研究」, 安家瑤, 『韓國學研究』5, 高麗大學校韓國學研究所, 「釜山의 三韓時代 遺蹟과 遺物」Ⅱ, 洪潽植, 釜山廣域市立博物館福泉分館研究叢書第3冊, 1998.
- 「영남지역 三角形粘土帶土器의 성격」, 李在賢, 『新羅文化』第23輯, 「三韓後期 辰韓勢力의 成長科程研究」, 全榮珉, 『新羅文化』第23輯, 「弁·辰韓社會의 發展過程─木槨墓의 出現背景과 관련하여」『嶺南考古學』17, 嶺南考古學會, 1995.
- 「초기 진·변한에 대한 고고학적 논의」『진·변한사연구』, 계명대학교 한국학연구원, 2002.
- 제1회 부산광역시립복천박물관학술발표대회『가야사 복원을 위한 복천동고분군의 재조명』, 부산시립복천박물관, 1997.
- 「咸安 安羅國의 成長과 變遷」, 김태식, 『韓國史研究』86, p.82, 1994.
- 「三國時代 昌寧地域集團의 性格研究」『嶺南考古學』13, 嶺南考古學會, 朴天秀, 1993.
- 「中期古墳의 性格에 대한 약간의 考察」『釜大史學』17, 최종규, 부산대학교 사학회, 1983.

- 「포상팔국 전쟁과 그 성격」, 남재우, 『가야문화』제19호, 1997.
- 「三韓의 國邑과 그 成長에 대하여」, 李賢惠, 『歷史學報』69, p.4~5, 1976.
- 「1~3세기 가야 세력의 성격과 추이—수로집단의 등장과 浦上八國의 亂을 중심으로」, 白承忠, 『釜大史學』13, 1986.
- 『伽耶史研究』, 천관우, 일조각, 1977.
- 「咸安 安羅國의 成長과 變遷」, 김태식, 『韓國史研究』86, 1994.
- 『日本古代金石文の研究』, 岩波書店, 東野治之, 2004.
- 『풍납토성 발굴유물특별전』 『잃어버린 왕도를 찾아서』, p.103, 서울역사박물관, 2002.
- 『풍납토성 I-IV』 한신대학교박물관총서 제19책, 한신대학교박물관, 2004.
- 『미사리 문화유적발굴조사보고서』(제5권), 고려대학교발굴조사단·미사리선사유적발굴조사단, 1994.
- 「中島—進展報告」 『國立中央博物館報告』第12册, 국립중앙박물관, 1980.
- 「나주시의 문화유적」(목포대학교박물관총서 제56책), p.113, 나주시·목포대학교박물관, 1999.
- 「장수 거점단지 유통센터부지내 유적시굴조사 중간보고서」, 군산대학교 박물관, 2005.
- 『장수 삼봉리·동촌리고분군』발굴보고서, 곽장근 외, 「토기로 본 대가야의 권역과 그 변천」, 이희준, 『가야사연구—대가야의 정치와 문화』, 경상북도, 1995.
- 「고령 양식 토기 출토 고분의 편년」, 이희준, 『嶺南考古學』제15호, 1994.
- 『加耶聯盟史』, p.85~93, 金泰植, 一潮閣, 1993.
- 가야사 복원을 위한 복천동고분군의 재조명, 부산광역시립박물관 복천분관, 부산광역시립민속박물관복천분관, 1997.
- 金海大成洞·東萊福泉洞古墳群 點描, 釜大史學 19집(1995년 6월), p.19~51, 釜山大學校史學會, 1995.
- 金海 鳳凰洞遺蹟, 부산대학교박물관, 1998.
- 金海 會峴里貝塚, 부산대학교 인문대학 고고학과, 20003.
- 金海 鳳凰洞遺蹟—金海 韓屋生活體驗館 造成敷地內遺蹟發掘調査報告書, 金漢相·洪性雨 外, 慶南考古學研究所, 2007.
- 金海加耶人生活體驗村 造成敷地內遺蹟 I—金海 鳳凰洞遺蹟, 慶南發展研究院·金海市, 2005.
- 光州 月桂洞長鼓墳·雙岩洞古墳, 林永珍·趙鎭先, 전남대학교박물관, 1994.
- 「光州 月桂洞의 長鼓墳 2基」, 林永珍, 『韓國考古學報』31(1994년 10월), p.237~264, 韓國考古學會.
- 固城松鶴洞古墳群：第1號墳 發掘調査報告書(本文), 沈奉謹, 東亞大學校 博物館, 2005.
- 固城松鶴洞古墳群：第1號墳 發掘調査報告書(圖版), 沈奉謹, 東亞大學校 博物館, 2005.

- 固城 松鶴洞 彩色古墳에 대한 硏究, 朴喜正, 東亞大學校, 2006.

- 「固城 松鶴洞 1호분 출토 토기 연구」, 박광춘, 『石堂論叢』35집(2005년 9월), p.43~66, 東亞大學校 石堂傳統文化硏究院, 2005.

- 「固城 松鶴洞古墳 出土 有孔廣口小壺考」『石堂論叢』35집(2005년 9월), p.67~108, 東亞大學校 石堂傳統文化硏究院, 2005.

- 「固城 松鶴洞 第1號墳 築造手法과 內部構造」, 심봉근, 『石堂論叢』35집(2005년 9월), p.1~42, 東亞大學校 石堂傳統文化硏究院, 2005.

- 「최근 中國에서 발견된 古代 유리제품과 西安 유적지 발굴조사」, 安家瑤, 『미술사연구』7호 (1993), p.123, 홍익미술사연구회, 1993.

- 고대 유리의 과학적 분석연구 : 대구 팔달동, 포항 옥성리 유적을 중심으로, 金奎虎·安順天, 영남문화재연구원, 2000.

- (추보) 중국 고대유리의 고고학적 발현과 연구, 安家瑤, 고려대학교 한국학연구소, 2011.

- 한국 고대유리의 계통에 관한 試論, 문재범, 首善史學會, 「韓國 古代유리의 國內製造에 對하여」, 『先史와 古代』1(1991년 6월), p.167~174, 崔炷·都正雲·金善太, 韓國古代學會, 1991.

- 「변·진한 및 가야·신라의 경계-역사지도의 경계 획정을 위한 詩考」, 백승옥, 『韓國古代史硏究』58, 한국고대사학회, 2010년 6월호.

- 「卓淳의 位置와 性格-日本書紀 관계기사 검토를 중심으로-」, 백승옥, 『釜大史學』19, p.87~91.

- 「東萊福泉洞古墳出土 土器類」, 宋桂鉉, 『年報』제13집, 釜山直轄市立博物館, 1991.

- 「廣開土王陵碑文의 任那加羅와 安羅人戍兵」, 金泰植, 『韓國古代史論叢』6, p.51, 韓國古代社會硏究所, 1994.

- 「토기로 본 大伽耶의 圈域과 그 변천」, 李熙濬, 『伽耶史硏究-대가야의 政治와 文化』, 慶尙北道, 1995.

- 「金海大成洞·東萊福泉洞古墳群 點描-金官伽耶 이해의 一段」, 申敬澈, 『釜大史學』19, 1995.

- 「김관가야의 성립과 발전」, 홍보식, 『伽耶文化 遺蹟調査 및 整備計劃』, 경상북도·가야대학교 부설 가야문화연구소, 1998.

- 「4~6세기 安羅國의 영역과 國內大人-칠원지역 古代史 復元의 一段」, 백승옥, 『釜大史學』30, 부산대학교 사학회, 2006.

- 「加耶의 地域聯盟論」, 백승충, 『지역과 역사』17, p.18~39, 부경역사연구소, 2005.

- 『가야의 유적과 유무』, 박천수 외, 학연문화사, 2003.

- 「百濟의 加耶進出過程」, 이영식, 『韓國古代史論叢』7, (재)가락국사적개발연구원, 1995.

- 「5세기 후반 백제와 가야의 국경선」, 이동희, 『고대 동북아시아 역사지도의 현황과 과제-역사지

도, 어떻게 만들어야 좋은가?」, 동북아역사지도편찬위원회 제1회 국제학술토론회, 2007.

- 「百濟의 加耶進出에 관한 一考察」, 金鉉球, 『東洋史學研究』70, 2000.
- 「6세기 전반 백제의 가야진출과정」, 백승충, 『百濟研究』31, 충남대학교백제연구소, 2000.
- 「백제의 가야지역 관계사 : 교섭과 정복」, 김태식, 『백제의 중앙과 지방』, 충남대학교백제연구소, 1997.
- 「加耶墓制의 龕室 再檢討」, 曺秀鉉, 『嶺南考古學』35호(2004년 12월), p.87~112, 嶺南考古學會, 2004.
- 大田~統營間 高速道路(茂朱−長溪間) 建設工事 文化遺蹟發掘調查報告書, 全北大學校博物館·群山大學校博物館·韓國道路公社, 2000. 10.
- 『金海 官洞里 三國時代 津址 : 김해 율하택지사업구간 내 발굴조사보고』, 三江文化財研究院, 2009.
- 『鳳凰土城 : 金海 會峴洞事務所~盆城路間 消防道路 開設區間 發掘調查 報告書』, 慶南考古學研究所, 2005.
- 「金海地域의 古代 聚落과 城」, 李賢惠, 『韓國古代史論叢』8, 1996.
- 「1~3세기 가야정치체의 성장」, 李盛周, 『韓國古代史論叢』5, 1993.
- 『新羅·伽耶社會의 政治·經濟的 起源과 成長』(서울대학교 박사학위논문), 李盛周, 1998.
- 『昌寧桂城里古墳群−桂南1·4號墳』, 嶺南大學校博物館, 1991.
- 「三國時代 昌寧地域 集團의 性格研究」, 朴天秀, 『嶺南考古學』13, 嶺南考古學會, 1994.
- 『昌寧桂城古墳群』, 釜山大學校博物館, 1995.
- 「昌寧地域의 古墳文化」, 정징원·홍보식, 『韓國文化研究』7, 1995.
- 『昌寧桂城古墳群 發掘調查報告』, 慶尚南道, 1977.
- 『昌寧 桂城 古墳群』, 호암미술관, 2000.
- 『大邱 不老洞古墳群 發掘調查報告書(91·93號墳)』, 慶尚北道文化財研究院, 2004.
- 「4~5세기 창녕 지역 정치체의 읍락 구성과 동향」, 李熙濬, 『嶺南考古學』37, 嶺南考古學會, 2005.
- 『星州 星山洞古墳群』, 啓明大學校 行素博物館, 2006.
- 「한반도 남부지역의 왜계 요소−기원후 3~6세기대를 중심으로」, 홍보식, 『한국고대사연구』44, 한국고대사학회, 2006. 12.
- 『達成 竹谷里古墳群』, (財)慶尚北道文化財研究院, 2008.
- 「裝身具로 본 5~6세기 昌寧地域의 政治的 動向」, 이한상, 『한국 고대사 속의 창녕』, 창녕군·경북대 영남문화연구원, 2009.

- 「창녕지역 고총 묘제의 특성과 의의」, 김용성, 『한국 고대사 속의 창녕』, 창녕군·경북대 영남문화연구원, 2009.
- 「대구 서북구 고총과 그 축조집단의 성격」, 김용성, 『中央考古硏究』8, 中央文化財硏究院, 2011.
- 「창녕 계성고분군의 성격과 의의」, 신경철, 『계성고분군의 역사적 의미와 활용방안』, 창녕군·경남발전연구원 역사문화센터, 2012.
- 「창녕 계성고분군의 역사고고학적 의의」, 이성주, 『계성고분군의 역사적 의미와 활용방안』, 창녕군·경남발전연구원 역사문화센터, 2012.
- 「고고자료를 통해 본 창녕 계성고분군의 위상」, 하승철, 『계성고분군의 역사적 의미와 활용방안』, 창녕군·경남발전연구원 역사문화센터, 2012.
- 「고고유물을 통해 본 창녕 정치체의 성격」, 김두철, 『고대 창녕지역사의재조명』, 부산대학교 한국민족문화연구소·창녕군, 2012.
- 「고고자료로 본 비사벌의 대외교류」, 이주헌, 『嶺南考古學』62, 嶺南考古學會, 2012.
- 「고분으로 본 창녕지역 정치체의 동향」, 홍보식, 『고대 창녕지역사의재조명』, 부산대학교 한국민족문화연구소·창녕군, 2012.
- 「창녕 계성고분군의 성격과 정치체의 변동」, 하승철, 『야외고고학』18, (사)한국문화재조사연구기관협회, 2013.
- 「6세기 전반 남해안지역의 교역과 집단 동향」, 홍보식, 『嶺南考古學』65, 嶺南考古學會, 2013.
- 「토기와 묘제로 본 고대 창녕의 정치적 동향」, 하승철, 『신라와 가야의 경계』, 제23회 영남고고학회 학술발표회, 2014.
- 「창녕 영산고분군」, 국립가야문화재연구소, 2014.
- 「昌寧 校洞과 松峴洞古墳群2-第1群收拾調査區間』(學術調査報告77冊), 昌寧郡·(財)우리文化財硏究院, 2015.
- 「묘제로 살펴 본 비사벌의 성격 검토에 대한 토론」, 홍보식, 『비사벌-가야에서 신라로』, 국립김해박물관·우리문화재연구원, 2015.
- 「유물로 살펴 본 창녕지역의 교류·교섭에 대한 검토」, 김혁중, 『비사벌-가야에서 신라로』, 국립김해박물관·우리문화재연구원, 2015.
- 「계성고분군」, 창녕군·경남발전연구원 역사문화센터, 2016.